일제시기 이주일본인의 농업경영과 지역사회 변동

경북지역을 중심으로

일제시기 이주일본인의 농업경영과 지역사회 변동
: 경북지역을 중심으로

초판 1쇄 발행 2018년 9월 28일

지은이 │ 손경희
펴낸이 │ 윤관백
펴낸곳 │ ❮돌판선인

등 록 │ 제5-77호(1998.11.4)
주 소 │ 서울시 마포구 마포대로 4다길 4(마포동 324-1) 곳마루 B/D 1층
전 화 │ 02) 718-6252 / 6257
팩 스 │ 02) 718-6253
E-mail │ sunin72@chol.com

정가 32,000원
ISBN 979-11-6068-207-6 93900

· 잘못된 책은 바꿔 드립니다.
· www.suninbook.com

* 이 논문 또는 저서는 2014년 정부재원(교육부)으로 한국연구재단의 지원을 받아
  연구되었음(NRF-2014S1A5B5A02013352).

일제시기 이주일본인의
농업경영과 지역사회 변동

경북지역을 중심으로

| 손경희 |

도서출판 선인

머리말

이 책은 한국연구재단의 지원으로 3년간 연구한 「일제시기 이주일본인의 농업경영과 지역사회 변동: 경북지역을 중심으로」의 성과를 일부 수정하고 보완한 것이다. 즉 일제시기 한국으로 이주한 일본인의 농업경영과 이를 통한 경북지역의 사회 변동을 고찰해 보았다.

일제 초기부터 일본인들은 식민 농업경영을 목적으로 경상북도 영일군·경산군·경주군 지역으로 많이 이주하였다. 이 지역으로 이주한 일본인들은 이주 초기부터 거액의 자본을 들여 새로운 수리시스템을 만들었다. 동시에 그들은 집약적이고 약탈적인 농업경영 방식을 도입했다. 이를 통해 이주일본인들은 식민 농업경영의 목적인 미곡 생산과 이출을 주도하면서 자본을 축적하였다. 그 결과 경북지역은 큰 사회변동을 경험하게 된다. 본고에서 경북지역을 중심으로 이주일본인들의 농업경영과 지역사회 변동을 연구한 이유는 다음과 같다.

첫째, 경북지역은 이주일본인으로 인해 짧은 기간 동안에 많은 변화를 겪었다. 일제시기 많은 일본인들이 포항·영일·경산·경주 일대의 넓은 평야

지역과 경북철도 연선인 경산·대구·구미 일대로 이주하여 크고 작은 농장들을 개설하였다. 일본인 농장이 증가하면서 이곳은 미곡단작 농업지대로 바뀌었다.

일제 초기 이주일본인들은 경북지역에서 곡물의 거래, 유통, 이출에 유리한 항구와 강(하천)에 주목했다. 우선 그들은 포항항과 형산강, 금호강, 낙동강 인접 지역에 주로 이주했다. 다음으로 이주일본인들은 각 곡물생산지를 도로와 철도를 통해 촘촘히 연결했다. 그 결과 항구와 철도역을 중심으로 새로운 식민도시들이 생겨났다. 경북지역의 새로운 식민도시였던 영일군과 경산군 지역이 일본인들의 이주 공간으로 부상한 것을 연구했다.

둘째, 일본인 이주로 경북 지역민들의 삶이 크게 달라졌다. 일본인들은 개항 이후부터 일제 강점기동안 계속해서 조선으로 건너왔다. 그들은 항구, 철도, 도로 망을 연결하면서 빠른 시간 안에 조선사회를 점유했다. 그리고 토지, 상권, 각종 이권 등을 장악했다. 그 결과 조선 농민들은 자신들의 삶의 근거지와 토지에서 배제되었다. 토지에서 탈락한 조선농민들은 재생산이 불가능해지자 일부는 만주 등으로 해외이주를 떠나야 했다.

그러나 당시 이주일본인들은 오히려 조선총독부, 도청, 군청 등 관의 지원 하에 조선에 정착할 수 있었다. 일제 초기 일본인들은 주로 조선 남부지방으로 이주했다. 경북지역에서는 항구를 통한 포항과 영일군, 철도를 통한 경산군, 대구부, 김천군 등으로 이주를 많이 했다. 이들 지역들은 비옥한 곡물생산지를 배후로 한 교통요충지였다.

경북지역 이주일본인들은 초기에는 잡화, 곡물 등의 거래와 이출에 집중했다. 이를 통해 자본을 축적한 이주일본인들은 토지에 자본을 집중했다. 당시 이주일본인들이 집중한 토지는 두 가지였다. 하나는 비옥한 토지였다. 그들은 기간지이며 수리 환경이 나은 비옥한 토지를 집중적으로 사들인 다음 소작을 통한 농업경영을 했다.

다른 하나는 미간지였다. 미간지인 척박한 황무지, 초생지, 소택지, 간사지(干潟地) 등을 대부받았다. 이주일본인들은 수리조합 사업을 통해 자신들의 미간지를 개간, 개답했다. 수리조합 사업은 일제의 후원 아래 일본인 대지주가 중심이 되어 강력하게 추진되었다. 당시 영일군, 경산군, 경주군의 대표적인 일본인 대지주는 동양척식주식회사와 조선흥업주식회사 등이었다.

셋째, 영일군과 경산군은 경북지역 가운데에서도 개발과 수탈, 제국과 식민, 자본과 토지, 농업경영과 곡물 이출 등의 문제가 집약으로 나타난 공간이었다. 영일군은 포항항을 중심으로 주변 지역에서 생산된 곡물을 수집하여 이출시키는 대표적인 이출 공간이었다. 포항 항구를 중심으로 이주 한 다음 연일평야를 중심으로 농장경영을 하였다. 경산군 지역은 경북 굴지의 곡물시장으로 인근 지역의 화물이 모두 이 지역으로 모였다. 집산된 곡물은 경부철도를 통해 일본으로 이출되었다. 경산군에는 일본인 대지주인 동양척식주식회사와 조선흥업주식회사 경산농장이 소작경영을 하였다.

넷째, 수리조합과 일본인 농업경영에 주목했다. 경북지역의 사회경제 변동은 형산강, 금호강 일대의 수리시스템 변화와 일본인 농업경영, 일본 농장 개설에서 시작하는 바가 컸다. 당시 일제는 수리조합 사업을 조선으로의 일본인 이민 유치에 활용하려는 의도를 가지고 있었다. 일본농민의 이주계획은 일본의 과잉인구를 해소하고 나아가 조선농촌을 동화시켜 식민지 지배체제를 공고히 하는 것이었다. 즉 수리조합 사업을 농촌 지배정책으로 활용하고자 하는 의도였다. 본고에서는 형산강 유역의 대표적인 수리조합인 영일수리조합과 금호강 유역의 대표적인 경산수리조합을 연구했다.

수리조합 사업은 산미증식계획으로 이뤄졌다. 수리조합은 일제시기 일본인들의 이주, 정착, 농업경영, 대지주화에 적극적인 역할을 했다. 이주일본인들은 수리조합을 통해 대지주로 성장하면서 지역사회 유력자로 성장했다. 그리고 수리조합 사업은 지역사회의 성격을 크게 변화시켰다. 수리조합 사업은 단순한 관개개선과 지목변환이 아니라 일본인 대지주들이 이를 통해 지역사회를 장악하는 방법이 되었다.

본고는 모두 5장으로 구성되었다. 제1장부터 제4장까지는 영일군과 경산군의 일본인이주와 농업경영을 중심으로 살펴보았다. 5장의 안강수리조합은 형산강 유역의 수리조합으로 영일군으로 이어지는 지역이라 함께 실었다.

제1장은 일제강점기 경북 영일군을 중심으로 이주일본인의 증가와 토지 소유 확대를 살펴보았다. 영일군은 러일전쟁 이후 대륙병참기지 전초 기지로 의미가 컸다. 일제는 영일군의 어업 자원에 관심을 가지고 어업이민을 적극 추진했다. 초기 부산과 원산에서 활동하던 사업가들이 이 지역으로 이주하여 상업 활동에 종사했다. 일부 이주일본인들은 영일군 인근 지역과의 곡물거래를 통해 축적된 자본을 바탕으로 본격적인 회사경영을 하는 경우도 있었다. 대표적인 인물이 中谷竹三郎이었다. 그는 상업 활동을 통해 번 자본을 토지에 투자하여 영일군에서 대토지 소유자가 되었다.

제2장은 일제시기 경북 경산군을 중심으로 곡물 이출과 이주일본인의 토지소유 확대를 살펴보았다. 경산군은 경부철도 경산역이 생기면서 일본인의 이주가 본격화된 지역이다. 경산군은 일본인 이주에 의해 도시가 형성되고 확대된 식민도시였다. 대구평야와 금호평야를 중심으로 생산된 곡물이 모이고, 경산역을 통해 이출되는 도시였다. 그리고 넓은 평야 지역을 중심으로 일찍부터 일본인 이민이 이루어졌다. 동척이민과 기타 이민이 많이 이루어졌다. 일제의 농업회사도 일찍 설립된 지역이다. 당시 경산군의 최대 지주는 조선흥업주식회사 경산농장이었다.

제3장은 일제시기 영일수리조합의(이하 영일수조라 약함) 설립과 운영을 살펴보았다. 영일수조는 1916년도에 경북 최초로 이주일본인 오스카 소지로 (大塚昇次郎)의 주도하에 설립·운영된 수리조합이다. 영일수조를 통해 일제 초기 일제의 수리조합 정책을 확인할 수 있다. 영일수조는 몽리면적은 형산강 좌안 약 600정보, 우안 약 800정보로 모두 1,400정보였다. 영일수조를 설립할 당시 오스카 소지로는 영일군에 논밭 이외에 국유미간지 6천 정보를 대여한 대지주였다.

제4장은 일제시기 경산수리조합(이하 경산수조라 약함)의 설립과 운영을 살펴보았다. 경산수조는 산미증식계획의 일환으로 1925년 설립되어 해방 이후까지 운영된다. 경산수조를 통해 산미증식계획시기 수조 설립과 운영의 특징을 확인하였다. 경산수조 몽리구역은 경산군 경산면·압량면·진량면·와촌면 일대였다. 경산수조는 몽리면적이 1,404정보의 대규모 수리조합이었다. 경산수조의 설립 주체는 일본인 대지주와 경산군청이었다. 일본인 대지주는 동양척식주식회사와 조선흥업주식회사 경산농장이었다. 경산수조 구역 내 지주 가운데 동양척식주식회사와 조선흥업주식회사 경산농장 소유 토지가 가장 많았다. 일제 초기부터 동양척식주식회사와 조선흥업주식회사 경산농장은 경산군에서 소작을 통한 농업경영을 하고 있었다.

제5장은 경주군 안강수리조합(이하 안강수조라 약함) 설립과 운영을 살펴보았다. 안강수조(1931년)는 산미증식계획시기 설립되었다. 당시 농업대공황이 시작되던 시기 설립된 수리조합의 특징을 확인할 수 있다. 안강수조는 형산강 유역의 연일평야 지대에 일본인 대지주 日浦廣治가 설립·운영했다. 안강수조의 설립 목적은 지역의 공동 이익 도모보다는 일제의 산미증산 실적 달성과 대지주들의 이익 때문이었다. 당시 안강에는 동척과 土佐興農, 일부 일본인 외에는 대지주가 존재하지 않았다. 조선인 대부분이 자작 겸 소작농이거나 소작농이었다. 그렇기 때문에 수리조합 설립으로 인한 혜택을 받을 농가는 일본인 대지주뿐이었다. 본고에서는 일제강점기 경북지역 가운데 영일군과 경산군, 경주군 일대로 이주한 많은 일본인들은 일제의 강력한 수리조합 지원책을 통해 지역의 대표적인 대지주로 성장했음을 확인할 수 있었다.

필자는 이 책을 준비하면서 많은 사람들의 도움을 받았다. 우선 한국연구재단의 연구 지원이 없었다면 이 책을 내기 어려웠다. 그리고 계명대학교 사학과 이윤갑 교수님, 계명인문역량강화사업단(CORE) 이병로 단장님과 여러 교수님들의 격려에 머리 숙여 감사를 드린다. 또한 저에게 돌연 부지런함과 용기를 낼 수 있도록 해 주신 여러 선생님께 고마운 마음을 전한다. 윤관백 선인출판사 사장님께도 감사드린다. 언젠가 출세(?)하면 크게 인사드리고 싶다. 갚을 빚이 많다. 그리고 부모님과 늘 나의 팬(?) 남편과 딸. 늘 고맙고 사랑합니다.

2018년 손경희

차례

표 · 그림 차례

【제1장】

【제2장】

【제3장】

【제4장】

【제5장】

제1장

제1장

/

일제시기 경북지방 일본인 이주와
농업경영

1. 서론

일제 식민지 통치는 총독을 정점으로 한 식민지 관료나 군부에 의해서만
이루어지지 않았다. 일제의 식민 지배체제는 다양한 계층으로 구성된 이주
일본인들을 통해 유지·강화되었다.[1] 일제는 강점이전부터 한국에서의 식
민, 상업, 농업경영에 관심을 가졌다. 당시 일본인들은 농산물의 생산과 거
래가 왕성한 도읍, 해산물·어선이 모이는 지역 진입이 목표였다.[2] 그 결과
많은 일본인들이 한국의 남부지방으로 주로 이주했다. 특히 경부철도 연선
과 상업, 농업, 공업을 경영하여 이익을 낼 수 있는 곳으로 일본인 이주가
이뤄졌다.[3]

---

[1] 이규수는 이주일본인을 재조일본인이란 개념을 쓰고 있다(이규수, 『개항장 인천과 재
조일본인』(보고사, 2015), 6쪽).

[2] 山本庫太郎, 『最新朝鮮移住案内』(民友社, 1904), 68쪽; 靑柳綱太郎, 『韓國植民策』(日漢
書房, 1908, 42쪽.

경북지역에서는 영일·경산 일대의 평야 지역과 경부철도 연선인 경산·대구·구미 일대로 일본인 이주가 많았다.[4] 영일군으로 일본인 이주는 1905년경부터 시작되었다.[5] 영일군은 경북지역에서도 대표적으로 농업이민[6]과 어업이민[7]이 동시에 진행된 곳이다. 영일군은 1920년대 초 "원래 어촌에 불과하였으나 일찍이 일본인 유력 토지경영자 기타 무역상 등이 도래하여 점차 성황을 이루었다. 지금은 일본인 거주자의 수가 5백여 호 인구 2천여에 달하여 대구 다음가는 경북 제2위를 점할 정도로 성장하였다."[8]라 할 정도의 경북지역의 대표적인 도시였다.

영일군의 산업은 농업과 어업이었다. 영일군에 이주한 일본인들은 어업과 곡물무역에 집중했다. 그 이유는 우선 영일군이 경북지역의 대표적인 곡물 생산지인 연일평야를 끼고 있었기 때문이다.[9] 다음으로 영일군은 철도·

3) 吉倉凡農, 『(企業案内)實利之朝鮮』(文星堂書店, 1904), 13~14쪽.
4) 대구신문사, 『鮮南要覽』(1912), 3~4쪽.
5) 영일군사편찬위원회, 『영일군사』(1990), 307쪽.
6) 일본인 농업이민 연구로는 이규수, 「국제질서의 재편과 근대로의 이행: 20세기 초 일본인 농업이민의 한국이주」, 『대동문화연구』 43(2003); 이규수, 위의 책(2015); 최원규, 「日帝의 初期 韓國植民策과 日本人 '農業移民'」, 『동방학지』 77~79(1993); 손경희, 「한말 일본의 농업이민정책과 민족운동」, 『계명사학』 7(1996); 「20세기초 한국의 일본농업이민연구: 동양척식회사를 중심으로」, 『翰林日本學』(한림대 일본학연구소, 2013) 23; 손경희, 1910년대 경북지역 일본 농업이주민의 농장경영:扶植農園을 중심으로」, 『계명사학』 11(2000); 정연태, 1993 「대한제국 후기 일제의 농업식민론과 이주식민정책」, 『한국문화』 14(1993) 등이 있다.
7) 어업이민과 관련된 것은 拓殖局, 『植民地ニ於ケル内地人ノ漁業及移民』(1911); 김수희, 「어업근거지건설계획과 일본인 집단이민」, 『한일관계사연구』 22(2005); 강재순, 『韓國水産誌』 편찬단계(1908년)의 전통어업과 일본인 어업」, 『동북아 문화연구』 27(2011); 심민정 『한국수산지』 편찬시기 부산 지역 일본인거류와 수산활동」, 『동북아 문화연구』 27(2011); 여박동, 「日帝下 統營·巨濟 地域의 日本人移住漁村 形成과 漁業組合」, 『日本學誌』 14(1994); 한철호, 「일본의 동해 침투와 죽변지역 일본인 살해사건」, 『동국사학』 54(2013); 이현호, 「일제시기 이주어촌 '방어진'과 지역사회의 동향」, 『역사와 세계』 33(2008) 등이 있다.
8) 「동해안의 大都市」, 『개벽』 39(1923).
9) 경상북도, 『郡行政一斑』(1929), 17쪽.

항만·도로 등의 기반시설이 일찍부터 마련되어 있어 교통이 편리했다. 특히 포항항을 통해 주변 지역에서 생산된 곡물과 수산물을 일본으로 반출시키는 식민도시의 역할을 하였다.[10]

일제시기 영일군의 중요성에 비해 연구는 거의 이뤄지지 않았다. 그동안 영일군을 대상으로 한 연구는 포항의 일본인 이주와 상품유통,[11] 도시화 과정,[12] 영일군 청년운동 연구[13]가 유일하다. 지금까지의 연구로는 일제시기 많은 일본인들이 이주하여 새로운 식민도시를 형성했던 영일군의 모습을 제대로 파악할 수 없다.

본고에서는 우선 영일군 이주일본인 증가와 상권 장악 과정을 살펴보고자 한다. 영일군에 이주한 일본인들은 곡물무역과 거래에 집중했다. 이를 통해 이주일본인들은 영일군의 상권을 장악한다. 특히 동해중부선과 영일군 인접 지역을 연결하는 도로가 완성되면서 이주일본인들의 상권 확대와 자본 축적 기회가 많아졌다.[14]

다음으로 영일군으로 이주한 일본인들의 농업경영과 토지소유를 살펴본다. 특히 영일군은 이주 일본인의 농업경영으로 큰 사회변동을 겪게 되므로 일제강점기 집중적으로 이루어졌던 농업이민을 연구해야 한다. 일본의 토지 수탈을 논할 때 주목해야 할 것은 일본인 농업회사와 지주들의 토지 수탈이다.[15] 이들은 일제의 강력한 지원 하에 대토지 소유자가 될 수 있었다.[16]

---

[10] 손경희, 「일제강점기 포항의 일본인 이주와 상품유통」, 『계명사학』 19(2008).

[11] 손경희, 위의 글(2008).

[12] 최성원, 「일제강점기 포항의 도시화 과정」, 『경주사학』 38(2013).

[13] 최용석, 「1920년대 경상북도 영일군지역의 청년운동」, 계명대석사학위논문(2010).

[14] 동해중부선은 1916년 4월 29일 조선경편철도(주)에 의해 준공되었다. 처음으로 대구-하양 간의 14마일을 준공하여 1917년 11월 1일부터 영업을 개시하고, 5월 20일에는 하양-琴湖 간 3.4마일, 9월 1일에는 금호-面岳 간 24.1마일의 공사를 진행하여 1918년 10월 31일에 하양-포항 간의 협궤선이 개통됨으로써 대구-포항 간 전 구간의 개통을 보게 되었다(영일군사편찬위원회, 『영일군사』(1990), 395~396쪽).

일제 초기 이주일본인은 농업경영이 수월한 기간지(旣墾地)를 구하여 농업경영을 하려 했다. 그러나 기간지를 구하기가 쉽지 않았다. 결국 영일군에 이주한 일본인들은 일제로부터 막대한 미간지(未墾地)를 대부받아 목장, 농장 등을 개설했다. 대표적인 인물이 오우치 지로(大內治郎)와 오쓰카 쇼지로(大塚昇次郎)였다. 본고에서는 오우치와 오쓰카가 일제로부터 대부받은 영일군 지역의 미간지 토지와 그들의 농업 경영을 확인하고자 한다. 또한 이주일본인들은 이 지역에 미간지를 답으로 전환하기 위해 거액의 자본을 끌어들여 방대한 수리시스템을 만들었다.[17]

2. 일제시기 경북 영일군의 이주일본인 증가와 토지소유 확대

1) 영일군 일본인 이주 증가와 인구 변화

영일군은 원래 장기, 연일, 흥해, 청하 4군이 1914년 3월, 부군(府郡) 폐합(廢合)에 의해 하나의 군이 되었다. 영일군은 경북의 동부를 점한다. 동으로는 동해, 서남은 경주·영천, 북으로는 영덕·청송과 연결되었다.[18]

영일군의 주요 하천은 형산강이었다. 형산강은 경주평야를 통과하여 영

---

15) 이규수, 앞의 책(2015), 36쪽; 일본인농업회사와 동척에 대한 연구로 하지연의 연구가 있다. 하지연, 「일제강점기 일본인 회사지주의 소작제 경영실태: 朝鮮興業株式會社(1904~1945)의 사례」, 『한국민족운동사연구』 54(2008); 하지연, 「1920년대 동양척식주식회사의 농장관리조직과 특수어용단체 운영의 실태」, 『한국민족운동사연구』 85(2015); 하지연, 「『나의 동척 회고록』에 나타난 동양척식주식회사의 농장 운영 실태」, 『한국민족운동사연구』 90(2017); 하지연, 「일제시기 수원지역 일본인 회사 지주의 농업경영」, 『이화사학연구』 45(2012).

16) 原田彦態·小松天浪, 『朝鮮開拓誌』(朝鮮文友會, 1913), 107쪽.

17) 영일수리조합은 일본인 경영의 수리조합으로 1916년 6월 1,400정보로 설립된다(경상북도, 『慶北の農業』(1936), 20쪽).

18) 경상북도, 앞의 책, 1쪽.

일만으로 흘렀다. 기타 대소 하천은 서북 산악에서 시작하여 동해로 흘렀다. 그러나 대부분의 하천은 유역이 짧았다. 그 사이에 연일, 대송, 흥해 평야가 있었다.[19] 특히 연일, 흥해 평야의 토질이 비옥했다.[20] 다음 〈그림 1〉은 1914년 영일군 약도이다.

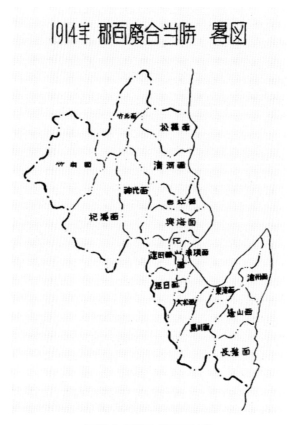

〈그림 1〉 영일군 약도(1914년)

※출전: 일월향지편찬위원회, 『日月鄕誌』(1967).

---

[19] 경북대관편찬위원회, 『慶北大觀』(1958), 1257쪽.

[20] 경상북도, 위의 책, 2쪽.

다음 〈표 1〉은 1911년도 말 경북의 조선인, 일본인 호수와 인구이다. 1911년 말 경북지역에서 조선인 호수가 많았던 곳은 경주, 대구, 상주, 안동, 청도, 성주, 문경 순이었다. 인구는 대구, 상주, 안동, 경주 순이었다. 이주일본인의 경우 대구, 김산, 상주, 경주, 연일 순으로 많았다.

〈표 1〉 경북 호구(1911년 12월말)[21]

부군	조선인				일본인				계			
	호수	인구			호수	인구			호수	인구		
		남	여	계		남	여	계		남	여	계
대구	21,105	53,916	50,792	104,708	2,268	3,933	3,377	7,310	23,436	58,052	54,201	112,253
하양	3,261	6,440	5,980	12,420	47	97	57	154	3,308	6,527	6,037	12,574
신령	5,067	12,567	11,308	23,875	14	20	11	31	5,081	12,589	11,319	23,906
영천	12,377	32,911	28,413	61,324	100	184	155	339	12,477	33,095	28,568	61,663
경주	21,174	53,427	46,651	100,078	177	301	267	568	21,354	53,739	46,918	100,657
장기	7,675	21,203	18,519	39,722	121	211	232	443	7,796	21,414	18,751	40,165
연일	5,337	14,468	12,910	27,378	160	303	231	534	5,497	14,771	13,141	27,912
흥해	9,082	23,758	20,170	43,928	24	167	47	214	9,106	23,925	20,217	144,142
청하	4,711	13,507	11,958	25,465	13	24	16	40	4,724	13,531	11,974	25,505
영덕	6,046	16,652	15,222	31,874	56	83	88	171	6,102	16,735	15,310	32,045
영해	4,830	12,962	11,891	24,853	31	51	36	87	4,861	13,013	11,927	24,940
칠곡	5,145	13,365	12,382	25,747	57	171	113	284	5,202	13,536	12,495	26,031
군위	3,829	10,903	9,941	20,844	20	24	22	46	3,849	10,927	9,963	20,890
의흥	5,790	15,322	13,894	29,216	7	9	11	20	5,797	15,331	13,905	29,236
의성	11,691	32,985	30,609	63,594	42	61	41	102	11,733	33,046	30,650	63,696
비안	9,533	27,766	25,556	53,322	26	41	28	69	9,559	27,807	25,584	53,391
안동	19,690	54,374	50,907	105,282	100	155	142	297	19,798	54,534	51,057	105,600
영천	5,356	14,475	13,404	27,879	36	42	25	67	5,392	14,517	13,429	27,946
풍기	5,494	14,884	13,616	28,500	15	19	12	31	5,509	14,903	13,628	28,531
순흥	4,134	11,522	10,888	22,420	21	30	20	50	4,151	11,562	10,908	22,470
봉화	8,295	26,404	24,171	50,575	24	18	24	42	8,319	26,422	24,195	50,617
비안	3,299	8,879	8,250	17,129	13	19	18	37	3,312	8,898	8,268	17,166
영양	5,336	13,455	11,623	25,078	20	27	33	60	5,356	13,482	11,656	25,138
진보	2,959	8,025	7,063	15,088	7	8	7	15	2,966	8,033	7,070	15,103
청송	6,981	18,904	16,354	35,258	25	38	28	66	7,006	18,942	16,382	35,324
경산	4,815	12,071	10,416	22,487	124	230	179	409	4,941	12,303	10,597	22,900
자인	5,114	12,285	10,876	23,161	32	159	41	400	5,146	12,344	10,917	23,261
청도	14,387	33,236	29,585	62,821	124	203	177	380	14,512	33,441	29,762	63,203
현풍	5,451	14,625	13,227	27,852	24	47	29	76	5,475	14,672	13,256	27,928
고령	9,347	24,148	22,614	46,762	23	32	27	59	9,370	24,180	22,641	46,821

성주	13,805	37,447	34,676	72,123	47	72	73	145	13,853	37,523	34,749	72,272
인동	5,545	14,758	12,283	27,041	33	88	59	147	5,578	14,846	12,342	27,188
김산	8,782	21,013	17,104	38,117	230	436	291	727	9,016	21,491	17,395	38,886
지례	4,849	11,964	11,006	22,970	13	17	21	38	4,862	11,981	11,027	23,008
개령	5,671	16,568	15,347	31,915	28	35	36	71	5,699	16,603	15,383	31,986
선산	11,081	30,567	27,405	57,972	77	108	94	202	11,159	30,679	27,499	58,178
상주	20,980	57,548	50,407	107,955	202	356	277	633	21,186	57,919	50,684	108,603
함창	3,761	10,243	9,614	19,857	42	64	40	104	3,804	10,310	9,654	19,964
용궁	4,926	13,947	13,194	27,141	22	29	32	61	4,948	13,976	13,226	27,202
예천	8,566	22,713	20,929	43,642	29	44	41	85	8,596	22,760	20,970	43,730
문경	12,835	35,616	32,986	68,602	28	46	27	73	12,863	35,662	33,013	68,675
합계	338,108	901,833	814,141	1,715,974	4,502	7,902	6,485	14,387	342,698	910,038	820,668	1,730,706

※출전: 경상북도, 『권업통계서』(1912), 3~5쪽.

일제 초기 영일군의 이주일본인 호수는 경북에서 대구 다음으로 많았다. 이는 포항과 구룡포의 어업이민이 많았기 때문이다.[22] 특히 1910~1911년 영일군의 일본인 이주가 크게 증가했다. 그 이유는 일제의 의병대토벌 작전으로 1909년 말부터 지역의 의병전쟁이 줄어들고, 1910년 이루어진 한일강제병합 때문이었다.[23]

한편 같은 동해안 항구 도시라 하더라도 영일군 인근의 영덕과 영해의 이주일본인 수는 적었다. 의병전쟁이 치열하게 일어났기 때문이다.[24] 1907년 영일군 의병 활동이 치열하여 영일우편소를 습격하기도 했다.[25] 일제는 영일군의 이주일본인이 증가하자 부산영사관 관할에서 1909년 대구이사청 관할로 바꾸었다.[26]

1911년 말 영일군에는 조선인과 일본인 이외 외국인은 없었다. 영일군 전

---

[21] 외국인의 경우 경주 2명, 안동 22명, 경산 4명, 청도 2명, 성주 4명, 김산 42명, 선산 4명, 상주 15명, 함창 3명, 예천 3명이었다(경상북도, 『권업통계서』(1912), 3~5쪽).

[22] 영일군사편찬위원회, 앞의 책, 308쪽.

[23] 영일군사편찬위원회, 앞의 책, 308~309쪽.

[24] 김정미, 「한말 경상도 영해지방의 의병전쟁」, 『대구사학』 42-1(1991).

[25] 田中正之助, 『浦項誌』(1935), 23~24쪽.

[26] 達捨藏, 『慶北大鑑』(1936), 750쪽.

체 조선인 비율은 98.8%, 일본인 0.2%였다. 영일군에서 조선인 호수가 가장 많았던 곳은 흥해였다. 흥해는 영일군에서도 고읍(古邑)으로 '大旱不渴인 沃野'가 많은 지역이었다.[27]

1911년 말 연일, 장기, 흥해, 청하 모든 지역에 일본인이 이주했다. 연일에 이주한 일본인의 한 호 당 평균이 3.3인으로 주로 가족 단위로 이주하였다. 당시만 하더라도 영일군에서 어업이민보다는 농업이민이 더 많이 이루어졌다. 해안에 접하고 있던 영일군에서 어업이민이 적었던 이유는 포항항 개축이 이뤄지지 않아 배를 대기 어려웠기 때문이다. 또한 매년 범람하는 형산강에 토사가 쌓여 선박의 출입이 어려웠다. 1914년 형산강 사방축제공사(砂防築堤工事)가 착수된 후 포항을 중심으로 어업이 발달하였다.[28]

다음 〈표 2〉는 1915년에서 1928년 사이 영일군의 인구 변화이다.

〈표 2〉 영일인구(1915~1928년)

연별	일본인	조선인	중국인	합계	전년도에 비해 증감	인구 증감 비율	
						1919년 즉 10년 전 비교	1924년 즉 5년 비교
1928	3,780	149,980	161	153,921	574	일본인 1할 25	일본인 0.83
1927	3,708	149,466	173	153,347	△8,070	조선인 0.58	조선인 0.21
1926	4,319	156,982	116	161,417	985	중국인 4.55	외국인 0.46
1925	4,245	156,054	133	160,432	10,672		
1924	4,049	145,598	113	149,760	1,113	△는 감소를 표시	
1923	3,783	144,761	103	148,647	4,440		
1922	3,293	140,857	57	144,207	△2,250		
1921	3,241	143,174	42	146,457	△83		
1920	2,937	143,568	34	146,539	1,464		
1919	3,259	141,691	29	145,075	1,360		
1918	3,243	140,450	22	143,715	1,224		
1917	3,001	139,467	23	142,491	4,801		
1916	2,457	135,208	25	137,690	8,686		
1915	2,191	126,786	27	129,004			

※출전: 경상북도, 『군행정일반』(1929), 14~15쪽.

[27] 『동아일보』 1931. 4. 15. 「迎日의 大小都市 發展中의 一般相」.
[28] 達捨藏, 앞의 책, 751쪽.

1915년 영일군의 이주일본인 비율은 0.1%에 불과했다. 1917년부터 이주일본인 비율이 0.2%로 높아졌고, 이후 1928년까지 계속 증가했다. 포항의 경우 1917년 이주일본인의 수가 크게 늘어나면서 지정면이 되었다.[29] 일본인 이주는 홍수로 일시 줄어들다가,[30] 1923년 포항에 수도가 설치되는 등 도시의 기능이 확충되면서 증가했다.[31] 1927년 한발(旱魃)과 홍수 때문에 일시 이주일본인의 수가 줄었다.[32] 한편 조선인들은 토지에서 탈락하여 간도로 이주하는 경우가 많았다.[33]

1929년 영일군으로 이주한 일본인들은 주로 일본의 香川縣, 山口縣, 岡山縣, 廣島縣, 長崎縣, 島根縣, 福岡縣 지역 출신이 많았다. 香川縣 113호로 11.8%, 山口縣 104호로 10.8%, 岡山縣 9.5%로 많았다.

〈표 3〉 영일군 이주일본인 본적 지방(1929년)

부현명	호수	인구			부현명	호수	남	여	계
		남	여	계					
香川縣	113	209	211	420	高知縣	25	62	39	101
山口縣	104	240	237	477	鳥取縣	20	35	36	71
岡山縣	92	165	184	349	兵庫縣	19	39	41	80

29) 田中正之助, 앞의 책, 41쪽; 지정면에 대한 연구로는 이정섭, 「일제 강점기 도시화와 인구이동: 1930년 부(府)와 지정면(指定面) 지역을 중심으로」, 『대한지리학회지』 52-1(2017); 최성원, 「일제강점기 포항 행정구역 변환에 관한 연구」, 『경주사학』 41(2016) 등이 있다.

30) 『매일신보』 「지방통신: 迎日地方 水害」(1920. 9. 1)

31) 『매일신보』 「浦項에 水道計劃」(1923. 4. 23); 『매일신보』 「浦項의 水道 施設, 總工費는 24만 원, 水源地는 達田面地內」(1923. 7. 24).

32) 『매일신보』 「迎日郡에 暴風雨 各面에 被害莫大」(1927. 9. 16); 『매일신보』 「死線에슨 四千六百戶 경북 영일군의 대참상」(1927. 11.12).

33) 영일농민들 간도방면에 漂浪. 旱魃의 餘秧으로 고향 산천을 떠나. 저번 홍수 시에 際하여 경북 영일군 일대 만은 雨量이 부족하여 僅 20耗의 강우에 불과함으로 지방 농민은 遂히 稻作의 餘望이 無함을 자각하고 대용작물로 粟稗藊麥을 파종한 자가 不하며 최하급의 농민 중에는 旣히 가옥과 기타를 방매하여 간도 방면에 이주키를 계획하는 자도 불심하더라(『每日申報』 「迎日農民들 間島方面에 漂浪 旱魃의 餘殃으로 故鄕山川을 써나」(1927. 8. 15)).

廣島縣	62	167	176	343	長野縣	19	39	33	72
長崎縣	56	89	96	185	靜岡縣	14	41	32	73
島根縣	55	140	147	287	大阪府	14	16	21	37
福岡縣	55	115	103	218	鹿兒島縣	13	21	21	42
大分縣	37	76	64	140	三重縣	13	29	22	51
熊本縣	29	57	62	119	新潟縣	11	23	17	40
佑賀縣	29	51	50	101	기타 각 지방	150	249	242	491
愛媛縣	29	38	45	83	합계	959	1,901	1,879	3,780

※출전: 경상북도, 『군행정일반』(1929), 17쪽.

　　영일군의 각 면별 호구를 보면 더 구체적으로 이주일본인의 수를 확인할 수 있다. 다음 〈표 4〉는 1929년 영일군의 호구이다. 1929년이 되면 영일군 18면 가운데 이주일본인이 없었던 지역은 죽북면 한 곳뿐이었다. 나머지 17면에는 모두 일본인이 이주한 상태였다. 이주일본인이 많았던 곳은 창주,[34] 흥해, 동해, 장기 순이었다.

　　1929년 영일군 전체 인구에서 이주일본인이 차지하는 비율은 호수 3.2%, 인구 2.4%를 차지했다. 1929년 이주일본인이 가장 많았던 곳은 포항이었다. 당시 이주일본인 호수 57.3%가 포항에 살았다. 인구 수로도 포항이 60.3%를 차지하여 압도적이었다. 당시 일본인들은 어업과 도시 기능이 잘 되어 있던 포항으로 이주가 많았다.

〈표 4〉 영일군 호구(1929년)

면명	일본인				조선인				중국인				합계			
	호수	인구			호수	인구			호수	인구			호수	인구		
		남	여	계		남	여	계		남	여	계		남	여	계
浦項	550	1,135	1,147	2,282	1,791	4,159	3,773	7,932	20	49	8	57	2,361	5,343	4,928	10,271
兄山	31	2	3	5	1,475	4,007	3,579	7,586	-	-	-	-	1,476	4,009	3,582	7,591
達田	5	5	7	12	996	2,557	2,375	4,932	-	-	-	-	1,001	2,562	2,382	4,944
興海	30	65	59	124	1,898	4,977	4,738	9,715	5	15	3	18	1,938	5,057	4,800	9,857
曲江	4	7	11	18	1,509	4,163	3,932	8,095	-	-	-	-	1,513	4,170	3,943	8,113
新光	2	4	2	6	1,737	4,454	4,185	8,639	1	2	-	2	1,740	4,460	4,187	8,647

34) 영일군 창주면이 1942년 10월 1일 구룡포읍으로 승격되었다(영일군사편찬위원회, 앞의 책, 308쪽).

清河	19	38	22	60	1,990	5,368	5,063	10,431	4	12	1	13	2,013	5,418	5,086	10,504
松羅	4	10	2	12	1,348	3,488	3,391	6,879	1	1	-	1	1,353	3,499	3,393	6,892
竹北	-	-	-	-	1,144	2,999	2,763	5,762	-	-	-	-	1,144	2,989	2,763	5,752
竹南	4	10	9	19	1,319	3,651	3,298	6,949	2	4	-	4	1,325	3,665	3,267	6,932
杞溪	9	20	12	32	3,026	8,345	7,533	15,878	1	7	-	7	3,036	8,372	7,545	15,917
延日	10	21	13	34	1,376	3,749	3,414	7,163	-	-	-	-	1,386	3,770	3,427	7,197
大松	10	13	21	34	1,495	3,923	3,702	7,625	-	-	-	-	1,505	3,936	3,723	7,669
烏川	4	6	5	11	1,472	3,804	3,692	7,496	-	-	-	-	1,476	3,810	3,697	7,507
東海	32	66	52	118	1,400	4,814	3,910	8,724	3	8	-	8	1,435	4,888	3,962	8,850
滄洲	246	446	474	920	2,234	6,394	6,028	12,422	11	34	4	38	2,491	6,874	6,508	13,380
峯山	7	17	6	22	1,029	2,790	2,565	5,355	-	-	-	-	1,036	2,806	2,571	5,377
長鬐	22	37	34	71	1,545	4,294	4,153	8,447	3	13	-	13	1,570	4,344	4,187	8,531
계	959	1,901	1,879	3,780	28,784	77,926	72,054	149,980	51	145	16	161	29,794	79,972	73,949	153,921

※출전: 경상북도, 『군행정일반』(1929), 13~14쪽.

다음 〈표 5〉는 1924년과 1931년 영일군 직업별 인구이다. 우선 조선인들의 직업별 인구를 보면 1924년 농림목축업, 어업 및 제염업, 상업 및 교통업, 공업, 공무 및 자유업 순으로 많았다. 1931년에도 직업별 인구 순위는 바뀌지 않았다. 특징은 농림목축업, 어업 및 제염업, 상업 및 교통업은 1924년에 비해 1931년 남녀 인구 모두 크게 늘어났다.

〈표 5〉 영일군 직업별 인구(1924년, 1931년)

직업	조선인(명)				일본인				중국인			
	남		여		남		여		남		여	
	1924	1931	1924	1931	1924	1931	1924	1931	1924	1931	1924	1931
농림목축업	39,846	61,649	33,901	56,929	91	105	67	115	7	2		
어업 및 제염업	3,686	6,992	3,054	5,873	300	320	244	332				
공업	744	755	506	615	127	243	100	216	2	11	1	8
상업 및 교통업	3,173	3,666	2,558	3,922	625	630	578	645	69	138	1	20
공무 및 자유업	696	480	447	56	270	254	160	5				

※출전: 『동아일보』「迎日郡職業別人口數(浦項)」(1924. 3. 28); 『동아일보』「迎日郡二萬八千戶에 十四萬九千人, 무직인이 一천六백여인, 昨秋國勢調査統計」(1931. 4. 15).

영일군에서 이주일본인들은 1924년 상업 및 교통업, 어업 및 제염업, 공무 및 자유업 순으로 종사자가 많았다. 1931년에도 크게 달라지지 않았다. 특징적인 것은 이주일본인 가운데 1924년보다 1931년에 남자 인구보다 여성 인구가 크게 증가했다. 가족동반 이주가 많아졌음을 알 수 있다. 1935년 조사에서도 크게 달라지지 않았다. 1935년에도 이주일본인들은 상업교통업에 종사자가 가장 많았다.[35]

1929년 영일군 각 면 직업별 표를 보면 다음 〈표 6〉과 같다. 영일군 전체 직업별 인구를 보면 농림목축업 76.9%, 어업 및 제염업 8%, 상업 및 교통업 7%, 공무 및 자유업 2% 순이었다. 영일군에서는 농업인구가 압도적으로 많았음을 알 수 있다.

〈표 6〉 영일군 직업별 표(1929년)

면명	농림목축		어업 및 제염업		공업		상업 및 교통		공무 및 자유업		기타 유업		무직자		합계	
	호수	인구	호수	인구	호수	인구	호수	인구	호수	인구	호수	인구	호수	인구	호수	인구
浦項	360	2,190	198	1,281	113	406	865	3,136	294	1,113	376	1,472	155	673	2,361	10,271
兄山	1,199	7,107	80	145	16	27	69	106	17	39	85	147	10	20	1,476	7,591
達田	949	4,760	.	.	9	43	29	83	14	58	.	.	.	.	1,001	4,944
興海	1,343	7,192	159	1,176	94	344	273	974	43	113	7	25	14	33	1,933	9,857
曲江	1,262	6,848	180	952	8	36	48	209	15	68	.	.	.	.	1,513	8,113
神光	1,660	8,342	.	.	10	51	32	150	38	104	.	.	.	.	1,740	8,113
淸河	1,594	8,424	236	1,244	15	72	103	431	35	141	8	54	22	138	2,013	10,504
松羅	1,030	5,291	192	1,026	13	63	56	248	21	125	5	18	36	121	1,353	6,892
竹北	1,093	5,522	.	.	14	69	30	133	7	28	.	.	.	.	1,144	5,752
竹南	1,100	6,378	.	.	121	256	47	153	32	91	.	.	25	54	1,325	6,932
杞溪	2,953	15,563	.	.	20	72	46	206	17	76	.	.	.	.	3,036	15,917
延日	1,045	5,703	.	.	.	.	278	1,208	9	22	.	.	54	266	1,386	7,197
大松	1,290	6,634	15	60	12	61	29	182	16	54	102	504	41	164	1,487	7,659
烏川	1,425	7,247	.	.	13	104	20	79	18	77	.	.	.	.	1,476	7,507
東海	590	2,834	560	4,616	12	56	156	847	21	90	76	359	20	48	1,435	8,850
滄洲	1,829	10,214	313	1,940	46	162	221	797	45	153	26	84	11	30	2,491	13,380
峰山	903	4,809	50	294	5	19	59	195	5	17	4	13	10	30	1,036	5,377
長鬐	913	5,805	401	1,529	40	196	139	538	77	468	.	.	.	.	1,570	8,531
郡	22,938	120,863	2,384	14,257	563	2,037	2,098	9,673	724	2,836	689	2,676	398	1,577	29,794	153,921

※출전: 경상북도, 『군행정일반』(1929), 16~17쪽.

각 면별로 보면 농림목축업이 많은 지역은 기계, 창주, 신광, 청하, 오천,

---

[35] 達捨藏, 앞의 책, 705~706쪽.

흥해, 대송 순이었다. 이들 지역은 이주일본인이 적었다. 어업 및 제염업은 동해, 장기, 창주, 청하, 포항, 곡강, 흥해, 형산, 봉산 순이었다. 공업은 죽남과 포항이 많았다. 상업 및 교통업은 포항이 압도적으로 많았다.

2) 이주일본인의 곡물거래와 상권 장악

일제 초기 영일군에 이주한 일본인들의 상업 활동은 다양했다. 주로 곡물 잡화, 곡물무역, 금융, 여관무역운송, 여관, 요리, 수륙하객, 상업 및 교통업에 종사했다. 1910년대 영일군 포항에서 다양한 상업 활동에 종사하는 이주 일본인들은 다음 〈표 7〉과 같다.

〈표 7〉 포항 곡물무역 영업자(1912년)

곡물잡화(原分店)	町田文三郎
穀物貿易	岡本利八
穀物貿易	岩佐廣一
穀物貿易	大塚農場
米穀雜貨	淡盛商會 지점
金融	慶尚農工銀行 포항지점
金融	浦項地方金融組合
旅館貿易運送	稻田仲次
旅館	中島百藏
旅館	橋本旅館
旅館	江戸屋旅館
料理	難波樓
料理	朝日亭
水陸荷客扱	竹井商店
水陸荷客扱	浦項運送組
水陸荷客扱	佐藤精一
水陸荷客扱	慶浦運輸組
水陸荷客扱	御手洗彌八
牛乳	吉田俊藏
貸金	渡邊失次郎
菓子	大神辰吉
雜貨五服文房具	松尾猪一郎
貿易漁業質	田中商店
雜貨金物食鹽	大上商店

砂糖石油煙草	倉石虎市
土木建築請負	鶴田芳太郎
土木建築請負	伊藤勝藏
寫眞	登坂金太郎

※출전: 대구신문사, 『鮮南要覽』(1912), 98~99쪽.

당시 영일군에서 이주일본인의 활동 중심이 된 곳은 포항면이었다.[36] 곡물무역은 町田文三郎, 岡本利八, 岩佐廣一,[37] 大塚農場,[38] 淡盛商會 지점[39] 등이 유명했다. 영일군에 처음 이주한 일본인은 나카타니 다케사부로(中谷竹三郎)였다.[40] 그는 1898년부터 경상남도, 경상북도, 강원도 일대에서 해산물 매입과 어업 경영을 했다. 1899년부터 1901년까지는 해산물과 곡물상을 같이 운영했다. 그리고 1904년부터는 포항에서 잡화상 및 해산물과 곡물 등 일반무역을 했다. 그는 1910년에는 포항일본인회 회장이 되었다.[41]

한편 나카타니는 영일군에서 부산에 본점이 있던 淡盛商會 지점을 운영했다. 담성상회는 조선 각지에 지점을 설치한 후 곡물, 해산물, 면사, 면포 거래를 했다.[42] 岡本利八, 岩佐廣一, 岡野四郎助, 富吉松次郎은 곡물·해산물 무역을 했다.[43]

[36] 영일군청이 구 연일군청 자리에 있었다. 1915년 3대 영일군수 일본인 高田官吾가 영일군청 소재지인 연일면 생지동이 영일군의 중심지가 못되고 불편한 점이 많으므로 포항에 거주하던 일본인들이 영일군청 포항유치기성회를 조직하고 영일군청을 포항에 이전토록 맹렬한 유치운동을 전개하여 포항으로 이전했다. 이후 포항이 영일군의 중심이 되었다(일월향지편찬위원회, 앞의 책, 229쪽).

[37] 岩佐廣一은 1920년대 이후 달성군에서 농업경영을 했다(『매일신보』「小作人 救濟策」(1924. 5. 14);『매일신보』「麥多收穫競作成績 前年보다 良好」(1932. 11. 6).

[38] 『매일신보』1914. 1. 22.「内外電報一括: 石塚長官 순시」(1914. 1. 22);『매일신보』「内外電報一括: 石塚長官 순시」(1914. 1. 22).

[39] 淡盛商會는 미곡해산물 수출무역상으로 대표자는 武久掄吉로 부산상업회의소 의원을 역임했다(김동철, 「경부선 개통 전후 부산지역 일본인 상인의 투자 동향」, 『한국민족문화』28(부산대, 2006), 53~54쪽).

[40] 손경희, 앞의 글(2008), 3쪽.

[41] 達捨藏, 앞의 책, 782~783쪽.

[42] 손경희, 위의 글(2008) 3쪽.

영일군은 곡물집산지였다. 매년 쌀 5~6만 석, 콩 3~4만 석이 집산되었다. 영일군에서 거래되는 곡물은 대부분 연일평야에서 생산된 것이었다. 1900년대 초까지만 해도 포항지역의 장시가 활발했다. 특히 함경도 명태 40% 정도가 영일군에서 거래되었다. 상인들은 대구는 물론 안동·의성·예천·김천·상주 멀리는 충청도·전라도 방면까지 진출하여 상거래를 하였다.[44] 당시 부조(扶助市場)는 전국적인 큰 시장으로 경부철도 개설 후에도 교역매매의 활발한 양상은 동래시장(東萊市場)에 비하여도 손색이 없었다.[45]

일제 초기 영일군으로 이입된 물품은 배를 통해 부산에서 온 것이다. 대구포항도로가 완성된 후 대구상인과의 거래도 많아졌다.[46] 영일군으로 이입된 것은 주로 목면, 옥양목, 목면사(木綿絲), 삼베, 연초, 석유, 목재, 가마니, 철물, 명태, 소금에 절인 생선 등이었다. 이출은 곡류, 해산물, 소가죽, 종이 등이었다.[47] 이출품의 것은 콩, 쌀, 소가죽이었다. 매년 콩 3만 석, 쌀 3천 석 이상이 이출되었다.[48]

다음 〈표 8〉은 1912년 영일군 중요 농산물 생산고이다.

〈표 8〉 영일군 중요 농산물(1912년)

부군명		장기	연일	흥해	청하
쌀	作付段別(町)	2,233.3	1,128.5	2,485.6	1,262.2
	收穫高(石)	20,075	8,457	39,712	14,055
	평균1段步收穫高	0.899	0.749	1.023	1.114
보리	作付段別(町)	987.0	833.4	1,160.4	1,479.4
	收穫高(石)	12,791	14,165	17,338	16,270
	평균1段步收穫高	1.100	1.650	1.400	1.025

[43] 田中正之助, 앞의 책, 13쪽.

[44] 영일군사편찬위원회, 앞의 책, 374쪽.

[45] 일월향지편찬위원회, 앞의 책, 18쪽.

[46] 1909년 대구 연일간 도로를 착공했다(『皇城新聞』「道路速成의 斷行」(1909. 7. 16).

[47] 대구신문사, 『鮮南要覽』(1912), 45쪽.

[48] 시장은 매월 1, 6일에 열린다. 間屋13호가 있다. 口錢 육산물은 賣揭高의 3분, 朝鮮魚는 5분, 鹽魚 4분, 건어 3분이었다(조선총독부, 『韓國水産誌』4(1910) 218쪽).

밀	作付段別(町)	37.0	64.9	305.9	201.3
	收穫高(石)	333	649	2,423	1,657
	평균1段步收穫高	0.900	1.000	0.750	0.762
콩	作付段別(町)	1,063.4	872.0	1,074.8	137.6
	收穫高(石)	7,444	7,848	9,673	1,197
	평균1段步收穫高	0.700	0.900	0.900	0.870
팥	作付段別(町)	10.8	18.0	523.0	27.2
	收穫高(石)	65	108	3,138	196
	평균1段步收穫高	0.600	0.600	0.600	0.720
조	作付段別(町)	14.8	23.0	1.6	442.2
	收穫高(石)	118	207	26	5,837
	평균1段步收穫高	0.800	0.900	1.625	1.320

※출전: 경상북도, 『권업통계서』(1912), 18~21쪽.

일제 초기 영일군에서는 쌀, 보리, 콩 생산이 많았다. 영일군내 쌀 수확고는 흥해가 가장 많았다. 쌀 수확고 비율은 흥해 48.2%, 장기 24.3%, 청하 17.0%, 연일 10% 순이었다. 보리, 밀, 콩 모두 흥해가 가장 많았다.

곡물무역이 활발해 지면서 이주일본인들은 본격적으로 합자회사를 만들었다. 1912년 영일군에서 확인할 수 있는 일본인 경영 회사는 합자회사 담성상회 포항지점, 합자회사 담성상회 영해출장소뿐이었다. 이들 회사는 모두 1910년에 창립되었다. 두 회사는 모두 나카타니가 운영하는 곳으로 곡물해산물, 곡물 잡화 등에 집중하였다. 이익 배당률이 연 1할 5보로 상당했다.

〈표 9〉 경북 영일군 일본인 경영 회사(1912년 12월말, 엔)

명칭	위치	창립연월	본점위치	조직	영업종류	공칭자본금	불입자본금	적립금	사채	차입금	대부금	순익금	이익배당비율
합자회사담성상회포항지점	연일군북면포항동	1910.10	부산	합자회사	곡물,해산물	300,000	120,000	19,000	-	10,300	21,000	29,3980,257	연1할5보
합자회사담성상회영해출장소	영해군읍내면성내동	1910.10	부산	합자회사	곡물,잡화	300,000	120,000	19,000	-	10,300	21,000	29,3980,257	연1할5보

※출전: 경상북도, 『권업통계서』(1912), 128쪽.

영일군에서 곡물과 해산물 무역을 통해 자본을 축적한 나카타니는 사업을 계속 확대했다. 다음 〈표 10〉은 나카타니가 운영한 회사이다. 그는 1910년대 영일흥업(주) 이사, 1920년대 경북어업(주)과 공영자동자(주)의 대표가 되었다. 공영자동차(주)의 경우 대구 동성정에 사무실을 두어 사업지역을 대구까지 확대시켰다. 1930년대 그는 포항운수(주), 경북수산(주), 中谷竹三郎상점(주), 조선축산(주), 경북물산(주) 등 사업체 5곳의 대표가 된다.

한편 나카타니는 자신의 사업을 바탕으로 영일어업조합장, 조선박람회평의원, 영일수리조합장,[49] 1920년 경북도평의회원,[50] 포항금융조합장, 1922년 경북산업자문위원,[51] 1923년 경북수산회특별위원, 경산북도수산회장, 1924년 영일군농회특별의원, 포항번영회장,[52] 1926년 조선수산회구제사업 조사 및 실행위원, 1927년 조선수산회평의원, 1928년 조선소방협회특별회원, 영일군 소작위원, 경상북도회의원, 조선총독부산업간담회 경상북도회부의장에 당선되었다.[53] 그 외에도 조선수산물 支那수출조합 상무이사,[54] 경북독농가[55] 등 다양한 직함을 가졌다.

49) 『매일신보』 「全朝鮮各地의 水利事業現況 蒙利面積十一萬餘町步 事業費六千五百萬餘圓」 (1926. 5. 9).

50) 『매일신보』 「지방통신: 도평의원 임명」 (1920. 12. 26).

51) 『매일신보』 「産業諮問委員囑託」 (1922. 12. 1).

52) 『매일신보』 「경북 포항 유지의 강경한 진정, 전매지국 파출소를」 (1924. 4. 11).

53) 逵捨藏, 앞의 책, 783쪽.

54) 『매일신보』 「朝鮮水産物 支那輸出組合 臨時總會」 (1926. 11. 29).

55) 경북독농사 39명 경북 농회에서 도내에 대하여 농사에 경영 열성이 많은 지주로서 경지 10정보 이상의 소유자 중 현재 농사의 진행 개선에 공헌이 다대한 독동가를 조사한 결과 내지인 3명 조선인 29명 계 32명에 달한바 자에 군별 및 씨명을 記하면 여좌하더라. 영일군 포항면 中谷竹三郎(『매일신보』 「慶北篤農家 各郡에 卅九名」 (1927. 2. 21).

<표 10> 中谷竹三郎 운영 회사

회사명	설립 연월일	목적	자본금 (업종)	주소	직책
迎日興業(株)	1918. 7. 1	새끼, 가마니, 멍석의 제조판매, 정미 정맥 제분업, 창고업, 금융업, 화재보험대리점, 위탁품 매매, 물품매매	100,000	경상북도 영일군 포항면 포항동 348	이사
浦項無盡(株)	1923. 10. 10	無盡業 경영	60,000 (금융신탁)	경상북도 영일군 포항면 포항동 261	이사
慶北漁業(株)	1927. 11. 2	鰊, 기타 어업의 경영 또는 수산물 제조 및 수산업 자금의 대부	150,000 (수산업)	경상북도 영일군 포항면 포항동 26-2	대표자
浦項釀造(株)	1928. 4. 3	조선주의 제조 판매 및 품질개량 2. 소맥 제분 및 정미업 3. 양돈업 4. 본 사업에 따르는 업무 일체	50,000 (양조업)	경상북도 영일군 포항면 포항동 367	이사
共榮自動車 (株)	1928. 6. 10	자동차에 의한 여객 및 화물 운반 2. 자동차 임대 3. 자동차 부속 기계기구 판매, 수선 및 공사 청구 4. 전 각호에 관련해서 필요한 업무	410,000 (운수 창고업)	대구부 동성정 1정목 8	대표자
浦項運輸(株)	1931. 3. 21	운송 취급업. 운송업. 운송 청부업. 근해수송업. 艀業. 창고업. 물품 매매. 보험대리업 및 기타 부대사업	100,000 (운수창고)	경상북도 영일군 포항읍 포항동 161	대표자
慶北水産(株)	1931. 9. 5	경상북도 어업조합연합회의 수산물 및 그 제조 가공품의 위탁 판매에 관한 업무 대행, 수산물 및 그 제조 가공품의 위탁 판매 및 매매, 수산물의 제조 가공, 어구 및 그 부속품의 제조 판매, 전 각항의 목적에 필요한 업무	수산업 (250,000)	대구부 신정 115의 51	대표자
中谷竹三郎商店(株)	1934. 6. 20	물품 매매업, 위탁 매매업 및 대리업, 어업 및 농사 각종 사업의 투자 및 경영, 본 사업에 부대하는 업무 일체	상업 (200,000)	경상북도 영일군 포항읍 포항동 492	대표자
朝鮮畜産(株)	1936. 2. 26	목장 및 농장의 경영 생우 및 생육의 이출, 가축류 및 수륙산물 통조림의 제조판매, 생우 및 생육의 판매, 피혁의 무역, 기타 축산과 관련되는 일체의 업무	농림업 (100,000)	경상북도 영일군 포항읍 포항동 585-1	대표자
慶北物産(株)	1937. 2. 28	멍석 잡용가마니 새끼 기타 가공품의 매매, 조림통의 매매, 창고업 및 대리업, 산업 자금 융통, 이에 부대하는 사업	상업 (330,000)	경상북도 영일군 포항읍 포항동 391-10	대표자

※출전: 中村資良, 『朝鮮銀行會社組合要錄』(1921~1939).

1920년대 이후에도 나카타니가 대표였던 회사들은 여전히 어업경영과 수산물 제조, 정미업, 운송업, 물품 매매업, 창고업 등 다양한 영업활동을 하였다. 영일군은 1910년대와 마찬가지로 1920년대, 30년대에도 여전히 다양한 상품이 거래되었다. 〈표 11〉은 1929년과 1935년에 영일군 시장에서 거래된 물품들이다. 농산물, 수산물, 직물, 축류, 잡품 등이 거래되었다. 1929년 시장 수는 13곳이었다가 1935년 신광시장과 세계시장 두 곳이 더 개설되었다.

영일군 시장 1개년 매매고를 보면 1928년에 비해 1935년 1개년 매매고가 57%나 늘어났다. 농산물, 수산물, 잡품, 직물 순으로 매매고가 늘어났다. 1928년 영일군 시장 1개년 매매고를 보면 축류 매매고가 제일 많고, 그 다음이 농산물이었다. 그러나 1934년 매매고가 가장 늘어난 것은 농산물, 수산물, 잡품 등이었다. 당시 철도에 의해 영일군에 이출입된 물품을 보면 다음 〈표 12〉와 같다.

〈표 11〉 영일군 시장 1개년 매매고(1928년, 1935년)

시장	개시 횟수		1개년 매매고(円)												개시일
			농산물		수산물		직물		축류		잡품		계		
	1928	1935	1928	1935	1928	1935	1928	1935	1928	1935	1928	1935	1928	1935	
下城	67	71	3,920	8,210	5,760	7,900	1,300	2,500	6,300	5,010	9,079	4,280	26,359	27,900	1,6
滄洲	65	66	9,000	20,160	800	9,200	6,300	18,900	80	1,520	9,000	7,920	25,180	57,700	3,8
都邱	72	69	3,365	2,691	2,340	1,725	4,700	3,243	350	381	5,150	3,015	15,905	11,055	2,7
延日	66	69	2,481	2,750	6,510	6,500	949	2,070	154	77,650	3,324	5,500	13,418	94,470	3,8
扶助	60	33	6,651	1,500	15,843	3,960	2,203	990	28,827	29,120	5,381	2,640	148,905	38,210	5,10,15, 20,25,30
餘川	68	69	9,680	89,260	10,760	95,940	9,800	9,480	1,280	8,565	12,920	51,450	44,440	255,055	1,6
浦項	66	66	14,020	89,152	11,180	94,500	9,420	9,750	1,120	8,240	10,308	50,400	46,048	252,042	4,9
興海	132	109	13,380	55,798	9,587	80,984	6,734	45,426	74,735	30,210	33,524	56,135	137,960	228,553	2,7. 4,9
杞溪	72	72	33,760	46,014	4,442	7,114	19,700	4,200	83,030	59,526	978	1,192	141,910	118,046	1,6
曲江	-	-	-		-		-		-		-		-		5,10

德城	72	68	9,140	12,900	9,612	8,420	8,240	14,200	13,596	12,400	5,340	7,900	45,928	55,820	1.6
立岩	64	63	2,960	4,800	2,238	2,100	1,324	1,800	10,563	11,790	6,823	4,200	23,908	24,690	3.8
光川	71	62	50,69	3,600	10,650	10,520	6,745	5,400	2,723	3,464	11,076	6,740	36,261	29,724	3.8
神光		64		650		7,200		4,000				2,500		14,350	
世界		60		5,400		3,000		6,000		9,000		6,000		29,400	
合計		941	113,424	342,885	89,722	299,063	77,415	128,319	312,758	256,876	112,903	209,873	706,222	1,237,015	

※출전: 경상북도, 『郡行政一班』(1929), 85-86쪽; 達捨藏, 『慶北大鑑』(1936), 730쪽에서 재정리.

영일군에서 철도로 반출된 물품은 비료, 신선한 생선, 밀가루 등이 대표적이고, 반입된 물품은 쌀, 콩, 목재 등이었다. 비율로 보면 비료 30.7%, 신선한 생선 23.2%, 밀가루 9.7%로 비료가 차지하는 비율이 매우 높았다. 비료의 반출이 많았던 이유는 일제의 수탈적인 증산요구로 비료 사용이 늘어났기 때문이다.[56] 한편 철도를 통해 반입된 물품은 쌀, 콩, 목재가 많았다. 반입 물품 비율을 보면 쌀 72.2%, 콩 5.8%, 목재 3.4%로 쌀이 압도적이었다. 이렇게 반입된 쌀은 포항항을 통해 일본과 다른 도시로 이출되었다.

〈표 12〉 영일군 철도에 의한 반출입 물품(1934년)

품명	반출수량(톤)	반입수량(톤)	품명	반출수량(톤)	반입수량(톤)
쌀	92	21,292	보리	1	705
콩	-	1,729	조	5	145
신선한 생선	5,471	2	석탄	396	-
소금 절인 생선	710	4	누에고치	36	-
소금	1,074	-	비료	7,247	467
목재	301	1,004	잡곡	2	231
연초	-	268	해조	325	5
과일	26	143	면포	9	113
석유	550	4	면사	-	2
멍석	175	62	면	5	-
식수조림	-	-	야채	6	43

56) 김도형, 「일제의 비료정책과 그 성격, 1910~1934」, 『한국민족운동사연구』 1989(4).

시멘트	368	122	철물류	902	10
약재	8	19	밀가루	2,297	30
식료품	181	60	기타	3,406	2,991

※출전: 逵捨藏, 『慶北大鑑』(1936), 715~716쪽.

영일군의 이출입 무역 금액이 1933년도에 이미 4백만 원을 돌파했다. 이
출품의 주요한 것은 현미, 정미, 콩, 생선류, 비료 등이었다. 이입품의 주요
한 것은 밀가루, 사탕, 철물, 기계, 잡화류 등이었다. 영일군 이출입 무역의
연차 비교는 다음 〈표 13〉과 같다.

〈표 13〉 영일군 이출이입 무역 추세(1935년, 원)

연도	이출	이입	합계
1930	628,960	1,042,770	1,681,730
1931	2,546,131	909,103	3,455,234
1932	2,779,417	1,162,897	3,942,314
1933	2,456,399	1,648,290	4,104,689

※출전: 逵捨藏, 『慶北大鑑』(1936), 715쪽.

영일군 이출이입 무역을 보면 1930년 이출 비율이 37.3%, 이입 62.7%로
이입 금액이 절대적이었다. 그러나 1931년 이출이 73.6%, 이입 26.3%로 이
출이 훨씬 많아졌다. 1931년 이후 영일군은 곡물을 모아 일본으로 이출시키
는 식민도시였다.

3. 영일군 이주일본인의 농업경영과 토지소유

1) 大塚昇次郎·大內治郎의 국유미간지 대부

러일전쟁 이전 일본인들은 개항지를 중심으로 전대자금을 통해 수출용
미곡을 확보했다. 그러나 러일전쟁 이후에는 농업 경영에 직접 나서 식민지

지주로서 미곡을 확보하였다.[57] 영일군에 이주한 일본인들은 1910년대부터 농업경영을 위해 토지구입에 적극적으로 나섰다.[58] 1910년대 영일군에 이주한 일본인 가운데 농업에 종사한 수는 다음 〈표 14〉와 같다.

〈표 14〉 영일군 농업자 및 경지 면적(1911년 말)

부군명	면수	동리수	일본인		조선인		경지면적(町)			평균1면에 대한 경지면적	평균농가 1호에 대한 경지면적
			호수	인구	호수	인구	논	밭	계		
장기	6	137	-	-	5,958	26,921	2,223.0	1,124.2	3,357.2	559.52	0.56
연일	8	104	73	155	5,143	24,583	1,241.6	984.4	2,226.0	278.25	0.42
흥해	11	199	6	16	7,515	22,545	2,911.3	1,626.2	4,547.5	413.40	0.60
청하	7	85	-	-	3,901	20,477	1,297.0	1,706.6	3,003.6	429.09	0.77

※출전: 경상북도, 『권업통계서』(1912), 7~8쪽.

일제 초기 영일군에서 일본인 농업이민이 진행된 곳은 연일과 흥해 지역이었다. 당시 영일군의 농업이민은 들이 넓은 연일평야를 중심으로 이뤄졌다. 전체 경지 면적으로 보면 흥해가 가장 많고, 연일이 가장 적었다. 평균 1면에 대한 경지면적은 장기, 청하, 흥해, 연일 순이었다. 평균 농가 1호에 대한 경지면적도 같은 순으로 연일이 가장 적었다. 당시 이주일본인들은 영일군에서도 경지면적이 가장 적었던 연일 지역으로 이주하여 농사를 지었다.

〈표 15〉 영일군 일본인경영의 농업경영자와 소유지 면적(1911년 말)

부군	경영자수	투자액(円)	소유지면적(町)					
			밭	논	산림	원야	기타	합계
장기	-	-	-	-	-	-	-	-
연일	24	12,935	22.8	16.8	-	-	-	39.6
흥해	35	185,350	64.2	43.0	-	-	-	107.2
청하	-	-	-	-	-	-	-	-

※출전: 경상북도, 『권업통계서』(1912), 61~62쪽.

57) 임채성, 「쌀과 철도 그리고 식민지화: 식민지조선의 철도운영과 미곡경제」, 『쌀삶문명연구』 1(쌀·삶문명연구원, 2008), 64쪽.
58) 近藤徹君, 『大邱地方經濟事情』(1913), 13쪽.

1911년 말 일본인 농업경영자는 연일 24명, 흥해 35명이었다. 장기, 청하로 이주한 일본인 농업경영자는 없었다. 투자액은 흥해가 93.4%로 압도적이었다. 일본인 농업경영자들은 주로 논과 밭에 투자했다. 흥해 지역에 이주한 일본인들의 토지소유 규모가 연일보다 더 컸다. 1910년대 초만 하더라도 이주일본인 가운데 대토지 소유자는 없었다. 1911년 말 영일군에서 1만 원 이상 농업경영에 투자한 일본인은 돗토리현 평민[59] 출신인 오쓰카 쇼지로(大塚昇次郎)가 유일했다.

〈표 16〉 영일군 농업경영에 1만 원 이상 투자한 일본인(1911년 말)

경영자 주소성명	소재지면적(町)				자작단별	소작단별	경영종별 면적	투자액 (円)	창업 연월	경영지
	논	밭	산림원야	계						
연일군 북면 포항동 大塚昇次郎	35.0	212.0	119.0	366.0	논 35.0	논 -	보통농사	120,000	1905.3	흥해군 연일군
					밭 -	밭 212.0				

※출전: 경상북도,『권업통계서』(1912), 61~62쪽.

　　오쓰카는 흥해와 연일에 1905년 3월 120,000엔을 투자하여 농장을 창업했다. 다음 〈표 17〉은 오쓰카가 거주했던 연일군 북면의 논밭 1단보에 대한 수지표이다. 구입 가격은 보리, 밀 가격은 상전(上畑) 25엔, 중전(中畑) 18엔, 하전(下畑) 14엔으로 동일했다. 토지 시가는 논벼가 가장 비쌌다. 이 지역에서 농업경영을 하던 일본인들의 지출은 경작비, 종자대, 비료대, 지세를 냈다. 생산 순이익은 논벼의 상전(上田) 수익이 가장 높았다. 생산 순이익에서 지출을 제외한 구입액에 대한 이익도 역시 논벼의 상전이 높았다.

59)『조선총독부 관보』205(1913. 4. 10).

〈표 17〉 일본인경영 연일군 북면 논밭 1단보에 대한 수지(1911년, 엔)

종별		보리				밀				벼				콩			
		上畑	中畑	下畑	平均	上畑	中畑	下畑	平均	上田	中田	下田	平均	上畑	中畑	下畑	平均
購入價格		25,000	18,000	14,000	19,000	25,000	18,000	14,000	19,000	40,000	30,000	21,000	30,333	20,000	16,000	12,000	16,000
時價		40,000	30,000	20,000	30,000	30,000	30,000	20,000	30,000	82,000	60,000	40,000	60,000	28,000	22,000	15,000	21,666
지출	경작비	5,200	3,050	4,600	4,983	5,050	4,900	.550	4,833	6,300	6,300	5,100	5,900	2,734	3,151	2,450	3,112
	種子代	360	360	360	360	350	350	350	350	420	420	420	420	260	293	390	314
	肥料代	1,200	1,200	1,200	1,200	800	800	800	800	4,600	3,000	1,500	3,032	-	-	-	-
	地稅(기타)	250	220	190	220	250	220	190	230	800	600	450	616	200	150	100	150
	計	7,110	6,830	6,350	6,763	6,450	6,270	5,890	6,203	12,120	10,320	7,470	9,969	4,194	3,597	2,940	2,577
收益(생산금액)		10,800	9.00	7,000	8,933	8,000	6,800	6,000	6,933	29,000	21,400	13,800	21,400	6,800	5,400	4,050	5,416
差引損益		3,690	2,170	650	2,170	1,550	530	110	730	16,880	11,080	6,230	11,431	2,606	1,803	1,110	1,829
구입액에 대한 순익 비율		1,476	1,205	0.464	1,143	0,620	0,294	0,078	0,384	4,220	3,693	3,014	3,768	1,303	1,126	0,925	1,149

※출전: 경상북도, 『권업통계서』(1912), 66~67쪽.

이주일본인들의 농업경영에서 벼농사에서 수입이 가장 높았다. 그러나 영일군에서 논을 구입하기가 쉽지 않았다. 당시 대표적인 일본인 농업 경영자였던 오쓰카도 논보다 다른 토지가 더 많았다. 〈표 16〉을 보면 오쓰카의 토지소유 특징은 논보다는 밭과 산림원야가 대부분이라는 점이다. 그의 전체 소유 토지의 90%가 밭과 산림원야였다. 다음 〈표 18〉은 영일군 소작료 비율이다.

〈표 18〉 영일군 소작료 비율(1911년 말)

부군	논			밭		
	징수 방법	소작료 비율	비고	징수 방법	소작료 비율	비고
장기	打租	절반	짚은 소작인 소득	打租	절반	답과 같다
연일	束分	절반	조세 및 종자는 지주의 부담. 읍내 부근에는 타조 및 賭稅의 법도 행함	束分	절반	답과 같다
흥해	打租	절반	짚은 지주 및 소작인 절반	打租	절반	2모작은 1작만 징수
청하	打租	절반	짚은 지주 및 소작인 절반	打租	절반	2모작은 1작만 징수
	賭租	-		金納	-	

※출전: 경상북도, 『권업통계서』(1912), 12~14쪽.

이주일본인들은 대부분 소작으로 농업경영을 했다. 1911년 말 영일군의 소작료 징수 방법을 보면 논과 밭에서 장기·흥해는 타조, 연일은 속분, 청하는 타조와 도조(논은 금납)를 같이 사용하였다. 소작료 비율은 모든 지역에서 절반이었다. 장기는 짚이 소작인 몫이었다. 연일은 조세 및 종자는 지주부담, 흥해와 청하에서는 짚을 지주 및 소작인이 절반씩 나눠가졌다.

한편 오쓰카가 소유한 토지 가운데 밭과 산림원야가 많았던 것은 국유미간지를 불하받았기 때문이다. 경북지역 토지 가운데 미간지는 동해안 지방 하구 부근 및 연해 모래언덕지대 및 중부이남 낙동강 본 지류 연안 등을 제외하고는 적었다. 영일군은 동해안 하구 부근 및 연해 모래언덕지대로 미간지가 상당한 편이었다.[60] 오쓰카는 1908년 국유미간지인 연일군 서면 초생지를 대부받았다.[61]

<표 19> 大塚昇次郎의 국유미간지 처분 사항

번호	대부허가번호	대부지의 소재	대부지의 종류 및 면적	허가 연월일	사유, 변경의 요령
1	경북제5호	경북 연일군 北面 上島洞 邑內面 孝子洞 大峯洞 介在	畑 57町 2326步[62]	1911. 12. 2	국유미간지이용법 제3조
2	경북제4호	경북 延日郡 西面 浣洞 賓字	草生地 6町4511步[63]	1912. 10. 9	1912년 12월 말일에 연기
3	경북제6호	경북 연일군 東面 松內 松亭洞	초생지 56町 5405步	1912. 10. 12	대부기간을 1914년 12월 말일까지 연기
4	경북제7호[64]	경북 연일군 日月面 및 古縣面諸洞	초생지 84町 0000步	1913. 3. 6	대부기간을 1914년 12월 말일까지 변경
5	경북제4호[65]	경북 연일군 서면 浣洞 賓字	草生地 6町 4511	1913. 3. 12	대부기간을 1913년 12월 말일까지 변경

[60] 1911년 6월 「國有未墾地利用法施行規則」의 공포에 의해 면적 3정보 미만의 국유미간지의 구관습에 의해 무허가 이용이 금지되었다. 일제는 국유미간지 처분 권한을 지방장관에 위임했다. 당시 토지조사 및 임야조사의 완성에 의해 토지소유권의 확정, 인구의 증가, 일반 경제의 팽창, 地價의 漸騰을 초래하는 미간지 이용에 점차 주시하게 되었다 (경상북도, 『慶北の農業』(1936), 29쪽).

[61] 『황성신문』「未墾地貸與認許」(1908. 10. 23).

6	附與번호 제22호[66]	경북 흥해군 東下面 南休 里 西面 馬場里 後坪	田 61町0122	1913. 5. 28	국유미간지이용법 제3조에 의해 附 與
7	경북제4호[67]	경북 연일군 서면 浣洞 賓字	초생지 6.4511	1914. 4. 24	대부기간 1915년 12월 말일까지 연 기
8	경북제28호[68]	경북 영일군 大松面 송정 동 및 송내동 介在	초생지 및 황무지 73町9524步	1914. 12. 3	1918년 12월 말일
9	경북제4호[69]	경북 연일군 서면 浣洞 賓字	초생지 6.4511	1914. 12. 21	개정면적 초생지 1町3反8畝2步5合 으로 개정
10	제49호[70]	경북 영일군 烏川面 인덕 동, 浣洞, 文德洞, 龍德洞, 舊政洞	田 98.1618町	1915. 3. 8	국유미간지이용법 제3조에 의해 付 與
11	경북 제6호[71]	경북 영일군 대송면 송내 송정동	초생지 65.540[72]	1915. 4. 19	대부기간을 1917년 12월 말일까지 연 기 허가

※출전: 『조선총독부 관보』에서 정리.

오쓰카는 1910년대부터 본격적으로 국유미간지를 대부받았다. 그는 1911
년부터 1915년 사이 국유미간지를 대부받았다. 대부지는 밭, 초생지, 논, 황
무지 등이었다. 그가 대부 받은 미간지로 밭 57.2326정, 초생지는 4건으로
모두 220.4035정, 논 159.1740정이었다. 모두 합쳐 436.8101정에 이르는 대
규모 토지를 대부받았다.[73] 오쓰카는 1914년에는 경북, 전라남북도, 경기도
지역의 국유미간지도 불하받았다.[74]

[62] 『조선총독부 관보』 제382호(명치)(1911. 12. 5).

[63] 『조선총독부 관보』 제60호(대정)(1912. 10. 11).

[64] 『조선총독부 관보』 제179호(1913. 3. 8).

[65] 『조선총독부 관보』 제185호(1913. 3. 15).

[66] 『조선총독부 관보』 제249호(대정)(1913. 5. 31).

[67] 『조선총독부 관보』 제526호(대정)(1914. 5. 4).

[68] 『조선총독부 관보』 제706호(대정)(1914. 12. 9).

[69] 『조선총독부 관보』 제721호(대정)(1914. 12. 26).

[70] 『조선총독부 관보』 제778호(대정)(1915. 3. 10).

[71] 『조선총독부 관보』 제813호(대정)(1915. 4. 22).

[72] 『조선총독부 관보』 제64호(대정)(1912. 10. 16).

[73] 『동아일보』(1927. 11. 15).

일제는 국가적 식민정책의 실현을 위해서는 보다 대량의 토지를 확보하는 것이 필요하였다. 이에 주목한 것이 미간지였다. 일제는 일본인 및 일본 농업개발회사에 의한 토지의 집적 및 경영과 이주식민을 장려하는 외에 미간지의 개간과 이를 이용한 국가적 차원의 일본인 이주 및 농업경영을 꾀하였다.[75]

오쓰카는 형산강 부근 황무지를 저렴한 가격으로 구입한 후 영일수리조합을 만들고자 했다. 그는 형산강 하류에 수리시설을 만들어 개간을 하거나 방조제를 쌓는다면 방대한 경지를 얻을 수 있다고 보았다. 그는 영일만을 통한 미곡수출의 용이함과 개간가능성을 보고 이 일대 토지를 집중적으로 사들였다.[76]

오쓰카와 비슷한 시기 오우치 지로(大內治郎)가 1907년 4월 포항면으로 이주했다.[77] 그는 초기에는 목축과 농업경영을 같이 했다.[78] 그리고 그는 그는 임업가였다.[79] 오우치의 농업 경영도 미간지를 통한 지주경영 방식이었다.

오우치는 대부받은 미간지에 목장을 세웠다. 그의 목장은 영일군 대송면 송정동의 북쪽 끝에 위치했다. 동은 영일만, 서 및 북은 형산강이 포항동과 경계하고 남은 송정동에 이어졌다. 지형은 동서는 좁고 남북이 길었다. 마치

---

[74] 慶尙北道의 2개 처와 全羅南北道의 各1개 처 京畿道의 1개 처 등 모두 5개 처의 國有未墾地 108町을 慶尙北道 迎日郡 浦項洞 日本人 大塚昇次郎 외 4人에게 貸付되다(『조선총독부관보』(1914. 12. 9); 慶尙北道 迎日郡 興海面 南松洞의 灌漑를 大塚昇次郎 에게 許可하다(『조선총독부관보』(1916. 5. 11).

[75] 이영호, 「일제의 식민지 토지정책과 미간지 문제」, 『역사와현실』 37(2000), 290~291쪽; 미간지 연구로는 송규진, 「논문: 구한말·일제초(1904~1918) 일제의 미간지정책에 관한 연구」, 『사총』 39(1991).

[76] 『동아일보』 「全朝鮮水利組合實査: 慶尙北道, 日人荒蕪地開墾이 設置動機의 重要點, 水稅高率로는 慶北道首位, 迎日水利組合(第一隊 第四班 金科白)」(1927. 11. 15)

[77] 鮮滿硏究會, 『(朝鮮)各道邑의 經濟』(1926), 160쪽.

[78] 大橋淸三郎, 『朝鮮産業指針』(1915), 586쪽.

[79] 그는 포항 중앙 부근의 사유림 150여 정보를 매수하여 식수조림을 했다(逵捨藏, 앞의 책, 794쪽).

낫 모양과 비슷했는데 총면적이 1백 정보였다. 오우치의 목장 운영 토지는 1907년 미간지이용법에 의해 대략 90정보의 대부를 출원했다. 이후 그는 중앙부 32정보를 대부받았다. 그리고 인접 민유지를 매수해서 목장 전면적 40여 정보를 마련했다.[80]

오우치는 농업에서 주곡인 미곡 생산이 어려워 목장 경영에 집중했다. 가축을 기르면서 경제상 유리하다고 생각하여 곡물과 콩을 재배하기 위해 축사 부근 4정보를 개간했다. 한편 그는 밭 2정보를 매입했다. 주로 밀, 고구마, 콩, 땅콩 및 채소를 재배했다. 그중 고구마는 땅이 잘 맞아 상당한 수확고를 올렸다.

〈표 20〉 大內治郞 농작물

종별	작부반별	생산고	생산가격	적요
밀	3.0反	25.00升	200.00円	개간지 많다. 粗放재배에 수확 적다.
고구마	2.0	40.00貫	320.00	작년 침수 약 태반. 평균수확고 적다. 침수한 곳은 4백관 이상이다.
콩	1.5	60.00升	60.00	蒔付후 작년은 鼠害에 입었다. 성적 불량에 더하여 瓜類 및 根菜類를 재배한다.
땅콩	2	-	-	
채소	3	-	120.00	
計	-	-	700.00	

※출전: 大橋清三郞, 『朝鮮産業指針』 상(1915), 589~590쪽.

오우치는 1912년부터 1914년까지 목장 경영에 집중했다. 이후 그는 포항면을 중심으로 상공업, 창고업, 어업 경영, 조선주 제조, 양돈 등의 사업을 확대했다. 오우치는 1918년 영일흥업(주) 감사와 이사, 1919년 朝鮮商工(株),[81] 1927년 慶北漁業(株), 1928년 포항양조(주)의 감사를 맡았다. 그는 1930년대부터 평안남도 진남포 지역으로 정제 소금 판매와 공업 조업 등 사업 영역을 확대했다.

---

80) 大橋清三郞, 위의 책, 587쪽.
81) 『朝鮮銀行會社組合要錄』(1925년판)

〈표 21〉 大内治郎이 운영한 회사

회사명	설립연월일	목적	자본금(원)	주소	직책
迎日興業 (株)	1918. 7. 1	새끼, 가마니, 멍석의 제조판매, 정미 정맥 제분업, 창고업, 금융업, 화재보 험대리점, 위탁품 매매, 물품매매	100,000	경상북도 영일 군 포항면 포 항동 348	감사 1927년 (이사)
朝鮮商工 (株)	1919. 10 .10	1. 물품판매 2. 도량형기 및 일반물품 위탁판매 3. 철공업 4. 기계제작, 据 付설계 및 공사청부 5. 조선 送理 6. 煉瓦, 土管 제조업 7. 해륙운송업 8. 대리점 9. 토목건축공사 청부업 10. 전 각 항에 부대하는 일체의 업무	2,000,000		진남포 철공소 (감사)
岩村精鹽所 (株)[82]	1930. 1. 28	정제 소금의 제조 및 판매, 위에 관련 된 업무의 일체	16,000	진남포부 한두 리 62	이사
西鮮造船 工業組合[83]	1941. 11. 15	공업조업		평안남도 진 남포부 삼화 정 103	사장
慶北漁業 (株)	1927. 11. 2	鰊, 기타 어업의 경영 또는 수산물 제 조 및 수산업 자금의 대부	150,000	경상북도 영일 군 포항면 포 항동 26-2	감사
浦項釀造 (株)	1928. 4 .3	조선주의 제조 판매 및 품질개량 2. 소맥 제분 및 정미업 3. 양돈업 4. 본 사업에 따르는 업무 일체	50,000	경상북도 영일 군 포항면 포 항동 367	감사

※출전:『朝鮮銀行會社要錄』해당 연도에서 재정리.

2) 일본인 농업경영과 토지소유 확대

1920년대 들어서면 영일군 일본인 농업경영자 가운데 30정보 이상의 대
지주가 등장했다. 일본인 대지주들은 주로 보통농사와 과수재배를 했다.[84]
영일군 이주일본인 농업경영자는 다음 〈표 22〉와 같았다. 과수재배를 했던
미츠와포항농장(ミツワ浦項農場) 이외에는 모두 소작을 통해 보통농사를
지었다.

----

82)『朝鮮銀行會社組合要錄』(1933년판).

83)『朝鮮銀行會社組合要錄』(1942년판).

84) 조선총독부,『朝鮮に於ける内地人』(1924~1937), 54쪽.

시기	소유지면적				영농종별	영농방법	창립연월	명칭
	논	밭	기타	계				
1922	-	65.0	85.0	150.0	과수재배	自作	1918. 2	ミツワ浦項農場
1925	27.1	3.3	-	30.4	보통농사	소작	1912. 4	增田三津次
	16.0	15.3	-	31.3	보통농사	소작	1913. 7	上田源治郞
	25.4	8.8	-	34.2	보통농사	소작	1911. 3	北垣又三郞
	15.9	26.3	-	42.2	보통농사 양잠	소작	1917. 11	日華産業株式會社
	35.0	65.0	-	100.0	보통농사	소작	1913. 8	松兼農場
	2.3	91.0	64.8	158.1	과수재배	자작	1918. 2	ミツワ浦項農場

※출전: 조선총독부식산국,『朝鮮の農業』(1922, 1925) 해당 연도 內地人農事經營者調에서 재구성.

1922년 말 영일군에서 30정보 이상의 일본인 농사경영자는 ミツワ浦項農場뿐이었다.[85] ミツワ浦項農場長 농장장은 仲野隆一이었다.[86] 仲野隆一은 영일군에 정착해 살면서 선산군 장천면에서는 광업에도 손을 댔다.[87] 仲野隆一은 1922년 산업자문위원 촉탁,[88] 1935년 영일군 동해면 면의원,[89] 기성회 연합회 회장이 되었다.[90] 그는 민간공로자로 총독부에서 표창을 받을 정도로 식민 활동에 적극적이었다.[91] 1925년 이주일본인 가운데 30정보 이상

---

[85] ミツワ浦項農場은 동경 丸見屋商店 三輪善兵衛의 포도농장이었다. 직원 15명, 인부 연인원 3만 2천 명을 사용했다(邊捨藏, 앞의 책, 785쪽).

[86] 仲野隆一은 1888년 3월 9일생으로 靜岡縣 志太郡 葉梨村 출신이다. 현주소지는 慶尙北道 迎日郡 浦項邑이다. 그는 都邱金融組合組長, 浦項國防議會長, 慶尙北道農會特別議員, 迎日郡小作委員, 日月學校組合 管理者 등으로 선발되었다(『조선인사흥신록』 242쪽;『조선공로자명감』 112쪽); 仲野隆一은 大邱日報社(株), 慶北貨物自動車(株), 日東食品(株), 慶北興産(株) 등의 회사 감사와 이사를 맡았다(『朝鮮銀行會社組合要錄』(1929년, 1937년, 1939년판)).

[87] 그는 선산군 장천면에 있는 金銀東鉛鑛山을 5월 15일 대구의 佐藤茂藏과 함께 鑛業權을 設定했다(『매일신보』「鑛業權設定・移轉」(1935. 5. 14).

[88] 『매일신보』「産業諮問委員囑託」(1922. 12. 1).

[89] 『매일신보』「全朝鮮에 亘한 面議當選續報」(1935. 5. 24).

[90] 『매일신보』「東海中部線改築運動 期成會 聯合會委員 卄五日上城 關係要路에 陳情」(1935. 8. 28).

[91] 『매일신보』「榮譽의 表彰者-九千六百六十七名-民間功勞者名簿」(1940. 10. 2).

농업경영자는 6명으로 늘어났다. 이 시기 이주일본인 농업경영자는 모두 소작으로 농사를 지었다.

〈표 23〉 영일군 농업자수(1929년)

면명	지주(甲)	지주(乙)	자작	자작 겸 소작	소작	계
浦項	162	71	83	108	115	539
兄山	2	18	309	616	254	1,199
達田	-	11	138	371	429	949
興海	4	6	366	464	586	1,426
曲江	-	20	271	428	543	1,262
神光	6	219	226	455	754	1,660
淸河	8	45	628	547	384	1,612
松羅	1	11	265	651	201	1,129
竹北	-	20	211	397	465	1,093
竹南	-	9	436	386	279	1,100
杞溪	2	12	505	1,067	1,367	2,953
延日	3	21	110	448	463	1,045
大松	-	22	275	568	425	1,290
烏川	-	22	259	729	485	1,495
東海	8	28	187	153	214	590
滄洲	15	248	291	621	654	1,819
峰山	-	6	182	467	248	903
長鬐	-	3	493	246	171	913
郡	211	792	5,235	8,722	8,027	22,987

※출전: 경상북도, 『郡行政一班』(1929), 57~58쪽.

이주일본인의 농업경영으로 영일군 농업환경이 크게 변화되었다. 1929년 영일군 농업자수를 보면 〈표 23〉과 같았다. 지주(갑), 지주(을), 자작, 자작 겸소작, 소작으로 나누어 구체적으로 확인할 수 있다.[92] 영일군의 농업자수 가운데 지주는 포항면 중심으로 재편되었다. 농업자가 가장 적었던 포항면

---

[92] 지주(갑)은 가장 많은 경지를 소작하고 스스로 경작하지 않는다. 지주(을)는 소유경지의 대부분을 소작시키고 일부를 스스로 경작하는 것. 자작은 오로지 자기 소유 경지를 스스로 경작하는 것. 자작겸소작은 자기의 경지를 경작하는 동시에 타인의 경지를 경작하는 것. 소작은 타인 소유의 경지를 경작하는 것. 소작은 화전민 56호를 포함한다.

이 지주(갑), 지주(을)의 숫자가 가장 많았다. 그러나 자작, 자작겸소작, 소작 농업자가 가장 적었다. 특히 포항면의 지주(갑) 비율은 76.7%로 절대적이었다.

당시 영일군 전체 농업자는 비율로 보면 지주(갑) 0.9%, 지주(을) 3.4%, 자작 22.7%, 자작겸소작 37.9%, 소작 34.9%였다. 영일군 농업자 가운데 자작겸소작과 소작을 합하면 72.8%로 영세함을 알 수 있다. 자작겸소작과 소작의 비율이 가장 높았던 지역이 기계면이었다.

영일군의 경지 면적을 보면 영일수리조합 설립 후에도 전의 비율이 매우 높았다. 토지대장 등록지 답의 비율이 51.4%, 전 48.6%로 답이 조금 많았다. 토지대장 미등록 경지가 많은 지역은 형산, 송라, 동해, 창주 등 이주일본인이 많은 곳이었다.

1929년 영일군 경지 면적을 보면 다음 〈표 24〉와 같다. 토지대장 등록지 논 1모작 토지가 92.5%를 차지했다. 영일군 토지대장 등록지 상황을 보면 비옥한 논보다 밭이 많았다. 논 1모작 토지가 가장 많은 지역은 기계, 대송, 곡강, 신광 순으로 많았다. 밭의 토지를 보면 기계, 창주, 신광, 오천 순이었다. 토지대장 등록지 토지의 특징은 상공업이 발달하고 도시화가 진행된 포항이 가장 토지가 적었다.

〈표 24〉 영일군 경지 면적(1929년, 정)

면명	토지대장 등록지					토지대장 미등록경지				화전
	畓			전	계	畓		전	계	
	1모작	2모작	계			1모작	2모작			
浦項	45.4	5.7	51.1	86.0	137.1	-	-	-	-	-
兄山	611.5	52.7	664.2	372.8	1,037.0	34.4	-	.6	35.0	-
達田	751.9	4.9	756.8	340.9	1,097.7	1.5	-	1.6	3.1	-
興海	773.8	22.1	795.9	426.3	1,222.2	2.0	-	-	2.0	-
曲江	858.5	21.4	879.9	474.4	1,354.3	.2	-	6.7	6.9	-
神光	847.0	156.2	1,003.2	792.6	1,795.8	3.9	-	1.1	5.0	-
淸河	693.1	41.1	734.2	724.5	1,458.7	2.0	-	.8	2.8	2.4
松羅	507.1	50.6	457.7	409.4	867.1	42.3	-	14.9	57.2	-

竹北	215.3	11.3	226.6	615.8	842.4	.6	-	4.7	5.3	38.0
竹南	263.1	12.0	275.1	664.1	939.2	1.0	-	-	1.0	2.4
杞溪	990.1	246.2	1,236.3	1,595.5	2,831.8	6.4	.2	4.2	10.8	-
延日	632.8	118.1	750.9	525.1	1,276.0	10.2	-	2.7	12.9	-
大松	883.6	47.3	930.9	410.6	1,341.5	1.0	-	7.7	8.7	-
烏川	664.8	21.1	685.9	764.1	1,450.0	-	-	-	-	-
東海	206.7	5.3	212.0	430.3	642.3	12.3	-	43.5	55.8	-
滄洲	520.1	6.3	526.4	936.9	1,463.3	26.8	-	59.0	85.8	-
峰山	421.7	4.5	426.2	375.9	802.1	-	-	-	-	-
長鬐	462.4	3.7	466.1	513.5	979.6	-	-	-	-	-
計	10,248.9	830.5	11,079.4	10,458.7	21,538.1	144.6	.2	147.5	292.3	40.4

※출전: 경상북도, 『郡行政一班』(1929), 58~59쪽.

1929년 당시 영일군 자작소작별 면적을 보면 다음 〈표 25〉와 같다.

〈표 25〉 영일군 자작소작별 면적(1929년, 반)

面名	자작겸소작농의 자작		자작겸소작농의 소작		자작농(지주 포함)		소작농의 소작	
	畓	田	畓	田	畓	田	畓	田
浦項	9.7	28.5	9.3	15.6	22.4	27.7	9.7	14.2
兄山	391.8	200.3	97.0	39.2	107.4	45.4	68.0	87.9
達田	156.5	67.0	258.8	121.2	112.6	51.3	228.9	101.2
興海	197.6	180.9	202.9	104.7	141.8	74.9	253.6	65.8
曲江	279.5	277.0	391.4	68.8	102.3	106.6	106.7	22.0
神光	251.4	110.2	272.7	186.3	197.6	269.9	181.5	226.2
淸河	113.5	150.4	131.3	74.1	272.1	384.7	217.3	115.3
松羅	158.1	26.6	89.6	10.7	197.6	369.2	12.4	2.9
竹北	97.8	231.0	62.5	206.1	65.4	176.2	.9	1.6
竹南	131.2	311.9	127.2	334.8	11.2	12.2	5.5	5.2
杞溪	275.2	473.5	323.5	332.3	261.9	373.6	375.7	416.0
延日	121.2	139.0	277.1	92.7	197.3	142.1	155.3	151.3
大松	284.3	266.5	369.4	41.3	153.2	82.4	124.0	20.4
烏川	170.0	277.4	172.8	129.8	144.7	385.4	198.4	131.5
東海	50.8	109.3	59.6	107.9	40.3	111.8	61.3	102.3
滄洲	211.7	665.6	126.7	84.3	122.2	174.3	65.8	12.7
峰山	108.0	117.8	85.6	76.5	141.0	116.1	91.6	65.5
長鬐	283.8	328.4	146.3	142.8	4.6	3.8	31.4	38.5
計	3,292.1	3,802.4	3,203.7	2,169.1	2,295.6	2,907.6	2,288.0	1,579.6

※출전: 경상북도, 『郡行政一班』(1929), 59~60쪽.

영일군 자작소작별 면적에서 자작농(지주)의 비율이 높지 않았다. 자작겸

소작농의 소작과 소작농의 소작의 논 49.5%, 밭 35.8%로 논의 소작비율이 거의 절반을 차지했다. 자작농(지주포함) 논 20.7%, 밭 27.8%로 영일군의 경우 논의 소작 비율이 매우 높았다.

조선인 토지 소유자의 비율이 91.5%, 일본인 토지 소유자 비율이 8.5%였다. 조선인의 경우 밭 소유가 가장 많았다. 다음 〈표 26〉은 영일군 토지 소유자별 조사이다. 조선인 토지 소유자의 비율이 91.5%, 일본인 토지 소유자 비율이 8.5%였다. 조선인의 경우 밭 소유가 가장 많았다. 일본인 토지 소유의 특징은 논 소유가 많았다.

〈표 26〉 영일군 토지 소유자(1929년, 정, 엔)

구분		田	畓	垈	雜種地	계
조선인	地積	9,772.6610	9,702.0104	826.5028	173.2013	20,475.3825
	地價	1,584,195.76	3,902,440.40	335,243.51	22,679.90	584,559.57
일본인	地積	636.1317	1,134.3717	49.7003	64.2113	1,884.6220
	地價	108,723.52	386,099.87	100,138.85	10,350.24	606,212.48
외국인	地積	-	-	.5000	-	.5000
	地價	-	-	46.45	-	46.45
계	地積	10,409.7927	10,836.3821	876.9101	237.4126	22,360.5125
	地價	1,693,919.28	4,288,540.27	435,428.81	33,030.14	6,450,918.80

※출전: 경상북도, 『郡行政一班』(1929), 32~33쪽.

〈표 27〉 영일군 토지 소유자(거주지별, 1929년, 평)

면명	면내 거주자	군내 거주자	경주군 거주자	영천군 거주자	청송군 거주자	영덕군 거주자	기타 거주자	계
浦項	451,938	31,582	7,962	312	-	-	34,581	526,375
兄山	1,207,967	1,964,362	10,863	56	3,151	897	418,914	3,606,210
達田	1,892,281	1,122,861	189,103	4,742	4,989	1,508	185,746	3,401,230
興海	2,931,175	647,315	22,362	3,257	3,239	5,580	224,223	3,837,161
曲江	2,390,157	455,800	32,600	10,400	4,900	6,790	215,600	4,116,247
神光	4,403,641	397,383	202,069	5,610	5,375	-	308,135	5,322,213
淸河	6,907,812	972,017	518,261	29,021	73,035	30,718	187,006	8,717,870
松羅	1,969,081	404,016	1,126	-	528	176,343	51,850	2,602,954
竹北	2,351,968	201,145	37,729	47,338	222,416	-	48,404	2,909,000
竹南	2,388,638	242,666	88,838	80,754	40,594	37,998	54,592	2,934,080
杞溪	3,363,969	1,031,223	9,188	715	8,507	50,013	151,858	4,615,200

延日	2,342,374	1,010,412	132,872	4,135	-	-	577,021	4,066,814
大松	2,448,853	1,404,084	52,645	389	458	2,157	327,370	4,235,956
烏川	2,854,502	1,048,810	55,392	112	1,256	-	425,615	4,378,687
東海	1,575,058	256,068	8,802	-	-	1,023	33,435	1,874,386
滄洲	3,761,898	515,308	63,105	1,885	-	-	45,933	4,388,139
峰山	1,804,182	591,953	65,310	261	748	-	39,646	2,502,100
長鬐	2,786,318	132,346	153,891	-	-	1,033	5,708	3,079,296
郡	50,764,387	12,429,361	1,655,118	188,987	369,196	314,060	3,150,723	62,725,532

※출전: 경상북도, 『郡行政一班』(1929), 33~34쪽.

당시 영일군 토지 소유자의 거주지를 보면 위의 〈표 27〉과 같았다. 영일군내 뿐만 아니라 경주군, 영천군, 청송군, 영덕군에 거주하는 경우도 있었다. 영일군내 토지 소유자 가운데 면내 거주자가 가장 많았고 다음이 군내 거주자, 경주군 거주자가 많았다. 영일군 토지 소유자 가운데 군내거주가 많았던 곳은 형산이 유일했다.

4. 결론

본고에서는 일제강점기 경북 영일군을 중심으로 이주일본인의 증가와 토지소유 확대를 살펴보았다. 일제 초기 일본인들은 도로와 철도 교통이 편리하고, 넓은 평야지역을 배후로 한 곳으로 이주했다. 이러한 조건을 갖춘 곳이 경북지역에서는 영일군이었다.

영일군은 러일전쟁 이후 대륙병참기지 전초 기지로, 어업 자원의 관심으로 어업이민이 추진되었다. 그러나 초기 항만시설이 갖추어지지 않아 농업이민이 더 많이 이뤄졌다. 연일평야를 중심으로 농산물 집산에 주목했다. 그러나 당시 이주일본인들이 농사지을 토지를 구하기는 쉽지 않았다.

일제시기 영일군은 이주일본인으로 인해 짧은 기간 동안 많은 변화를 겪었다. 일본인 농장이 증가하면서 이곳은 미곡단작의 농업지대로 바뀌었다.

그 과정에서 비료, 농기구, 정미, 운송, 토목, 금융 등 미곡의 생산, 분배, 유통과 관련된 여러 산업이 성장하였다. 영일군에 이주한 일본인들은 상권 장악을 바탕으로 자본을 축적한 다음 회사경영을 하는 경우도 생겼다. 포항에 가장 먼저 이주했던 中谷竹三郎이 대표적이었다. 中谷竹三郎은 초기 상업 활동을 하다 경북어업(주), 공영자동차(주), 포항운송(주), 경북수산(주), 中谷竹三郎商店(주), 조선축산(주), 경북물산(주) 등의 다양한 사업을 운영한다.

영일군에 이주한 일본인들은 형산강 하구의 미간지에 주목했다. 일제로부터 미간지를 대부받아 개간을 했다. 영일군은 1916년 경북에서 가장 먼저 영일수리조합을 만들었다. 영일군 이주일본인들은 농업이민에 큰 관심을 가졌다. 1911년 말 영일군에서 1만 원 이상 농업경영에 투자한 일본인은 연일군 북면 포항동에 살았던 大塚昇次郎이 유일했다. 그는 자신의 농장을 1905년 3월 120,000엔을 투자하여 창업했다. 그의 농장은 흥해와 연일에 있었다. 한편 영일군에서 기간지를 차지하기 어려웠던 이주일본인들은 주로 미간지(原野, 황무지, 草生地, 沼澤地, 干瀉地)를 대부받았다. 그들은 일제로부터 대부받은 미간지를 통해 빠른 시간 안에 대토지 소유자가 되었다.

대표적인 인물이 大內治郎과 大塚昇次郎이었다. 大塚昇次郎도 답 소유보다 다른 토지가 더 많았다. 大塚昇次郎이 소유한 토지 가운데 전과 산림원야가 많았던 것은 국유미간지를 불하받았기 때문이다. 大內治郎의 농업 경영도 미간지를 통한 지주경영 방식이었다. 大內治郎은 미간지에 목장을 세웠다. 大內治郎은 1910년대와 1920년대 포항면을 중심으로 상공업과 창고업, 어업 경영, 조선주 제조, 양돈 등의 사업을 했다. 한편 大塚昇次郎이 소유한 형산강 하천 일대의 막대한 미간지를 논으로 전환하기 위해 수리조합을 설립하고자 한다. 그 결과 경북에서 일본인이 세운 최초의 수리조합인 영일수리조합을 설립한다. 大塚昇次郎은 영일수리조합 설립자였다.

그러나 1920년대 영일수리조합의 부실로 농업경영이 어렵게 된다. 특히 영일군의 포항면이 성장하면서 1920년대 이후가 되면 영일군에서 이주일본인들은 상업 및 교통업에 종사하는 경우가 많았다.

이주일본인의 농업경영으로 인한 영일군의 변화가 다음과 같았다. 첫째, 영일군의 농업자수 가운데 지주는 포항 중심으로 재편되었다. 농업 토지가 가장 적었던 포항면이 지주(갑), 지주(을)의 숫자가 가장 많았다. 자작, 자작 겸소작, 소작 농업자가 가장 적었다. 둘째, 영일군의 경지 면적을 보면 영일 수리조합 설립 후에도 전의 비율이 매우 높았다. 토지대장 등록지 답의 비율이 51.4%, 전 48.6%로 답이 조금 많았다. 토지대장 미등록 경지가 많은 지역은 형산, 송라, 동해, 창주 등 이주일본인이 많은 곳이었다.

셋째, 영일군 자작소작별 면적에서 자작농(지주)의 비율이 높지 않았다. 자작겸소작농의 소작과 소작농의 소작의 답 49.5%, 전 35.8%로 답의 소작 비율이 거의 절반을 차지했다. 자작농(지주포함) 답 20.7%, 전 27.8%로 영일군의 경우 답의 소작 비율이 매우 높았다. 넷째, 영일군 토지 소유에서 이주일본인들은 답 소유가 많았다. 조선인 토지 소유자의 비율이 91.5%, 일본인 토지 소유자 비율이 8.5%였다. 조선인의 경우 전 소유가 가장 많았다. 다섯째, 영일군 토지 소유자의 거주지를 보면 영일군내 뿐만 아니라 경주군, 영천군, 청송군, 영덕군에 거주하는 경우도 있었다. 영일군내 토지 소유자 가운데 면내 거주자가 가장 많았고 다음이 군내 거주자, 경주군 거주자가 많았다.

제2장

제2장

/

일제시기 경북 경산군의
이주일본인 증가와 농업경영

1. 서론

식민지 사회는 총독부 관리와 군인, 경찰체계를 정점으로 지주와 상인을 비롯한 각종 비생산 부문에 종사하는 다수 일본인이 지배하는 피라미드 구조였다. 그 아래 대다수 조선인이 존재하는 형태였다.[1] 일본인들은 러일전쟁 이후 통감부가 설치되자 조선의 어느 곳에서나 거주할 수 있게 되었다.[2]

조선에 이주한 일본인들은 거류지 이외 특히 경부철도 연선의 각 도시에 주목했다.[3] 철도가 개통되자 종래 포구와 장시를 중심으로 형성되었던 상품

---

[1] 이규수, 『개항장 인천과 재조일본인』(보고사, 2015), 11쪽.

[2] 전성현, 「식민지와 식민지민 사이, '재조일본인' 연구의 동향과 쟁점」, 『역사화 세계』 48(2015), 44쪽.

[3] 吉倉凡農, 『(企業案內)實利之朝鮮』(文星堂書店, 1904), 13~14쪽; 조선민보사, 『경북산업지』(1920), 329쪽.

이동 루트가 철도연선을 중심으로 재편성되었다.[4] 당시 철도 개통 자체가 새로운 도시를 탄생시켰다.[5] 경북에서는 경부철도 연선 지역인 경산·대구·김천 등이 일본인 이민과 일본 상품의 침투 거점이자 곡물 이출 중심지가 되었다.[6] 철도 건설이 미작지역에 대한 일본인의 정착을 가져와 일본식 농법에 의한 미작생산이 이루어질 수 있는 조건을 제공했기 때문이다.[7]

경산군으로는 경부철도 부설 이후 동척과 일본인 농업이민이 증가했다.[8] 경산군은 경상도의 가장 큰 경지인 금호강 유역의 대구평야를 끼고 있었다. 대구평야는 영천, 하양, 자인, 경산, 대구, 칠곡 등 여러 군에 걸쳐 있었다.[9] 대구평야는 '조선의 국부를 위한 寶庫'로 평가받을 정도로 비옥하고 농산물 생산이 많았다.[10] 그 결과 경산은 '1909년 밀양에 버금하는 소도회'[11]로 알

---

4) 정재정, 『일제침략과 한국철도(1892~1945)』(서울대출판부, 1999), 13쪽.

5) 高成鳳, 『植民地の鉄道』(日本経済評論社, 2006), 75쪽; 철도와 식민도시에 대한 연구로는 전성현, 「일제시기 東萊線건설과 근대 식민도시 부산의 형성」, 『지방사와 지방문화』 12-2(2009); 손경희, 「1910년대 경부선 개통과 도시성격의 변화: 경상북도 金泉을 중심으로」, 『역사와 담론』 55(2010); 송규진, 「일제식민통치 초기 대전의 발전과 도시화 과정에 관한 연구」, 『지역발전연구』 8(2001); 전홍식, 『식민통치전략과 도시공간의 변화: 일제시기 충주를 중심으로』(한국교통대학원 박사학위논문, 2016); 박선희, 「일제강점기 도시공간의 식민지 근대성: 전주를 사례로」, 『문화 역사 지리』 19-2(2007); 김백영, 「일제하 식민지도시 수원의 시기별 성격 변화」, 『도시연구』 8(2012); 허영란, 「일제시기 여수의 도시화 과정과 지역사회의 대응」, 『대동문화연구』 67(2009) 등이 있다.

6) 경산역 정거장이 설치된 후 토지가 넓어 농촌 시장이 열렸다(三成文一郎 외, 『한국토지농산조사보고 III 경상도 전라도』한상찬 외 역(민속원, 2013), 558쪽; 손경희, 위의 논문(2010).

7) 임채성, 「쌀과 철도 그리고 식민지화: 식민지조선의 철도운영과 미곡경제」, 『쌀·삶문명 연구』 1(2008), 63쪽.

8) 이규수, 「국제질서의 재편과 근대로의 이행: 20세기 초 일본인 농업이민의 한국이주」, 『대동문화연구』 43(2003); 최원규, 「日帝의 初期 韓國植民策과 日本人'農業移民'」, 『동방학지』 77-79(1993); 문춘미, 「20세기초 한국의 일본농업이민연구: 동양척식회사를 중심으로」, 『翰林日本學』 23(2013); 손경희, 「1910년대 경북지역 일본 농업이주민의 농장경영:扶植農園을 중심으로」, 『계명사학』 11(2000); 정연태, 「대한제국 후기 일제의 농업식민론과 이주식민정책」, 『한국문화』 14(2003).

9) 대구평야는 동서 약 13리, 남북 1리부터 3리로서 경지 면적은 약 44,100정보에 달했다 (三成文一郎 외, 앞의 책, 215쪽).

10) 山本庫太郎, 『最新朝鮮移住案内』(1904), 15쪽.

려질 정도로 경북 북부 평야의 미곡집산지가 되었다.[12]

본고는 경산군 일본인 대지주와 수리조합과의 상호관계를 밝히기 위한 선행연구이다. 먼저 경산군의 일본인 이주 증가와 곡물 거래를 살펴보고자 한다. 경산군은 경부철도 부설로 인한 일본인의 이주와 도시 형성, 지역 사회의 변화 등이 뚜렷한 지역이다. 그러나 지금까지 일제시기 경산군에 관한 연구는 없었다. 경산군에 이주한 일본인[13]들은 초기 곡물거래에 집중했다. 그들은 대구평야에서 생산된 곡물들을 수집하여 경산역을 통해 일본으로 이출시키는 역할을 했다. 일제는 강점 내내 일본으로의 곡물 이출에 집중했다.[14]

둘째, 경산군 이주일본인들의 농업경영과 토지소유 특징을 살펴보고자 한다. 일제 초기부터 일본인들과 일본 농업회사들은 대규모 농장을 개설하여 농업경영을 하였다. 당시 일제가 자본수출을 정책적으로 주선하여 주요 곡창지대에 지주적 상품생산을 적극적으로 선도할 일본인 농장을 대규모로 설치한 결과였다.[15]

당시 경산군에는 이주일본인 농장과 동양척식주식회사(이하 동척이라 약함), 조선흥업주식회사(이하 조선흥업이라 약함) 경산농장[16] 등이 거대한 기간지를 바탕으로 지주경영을 하였다.[17] 조선흥업 경산농장은 한국척식주식

11) 小松悅二 編, 『新撰韓國事情』(1909), 554쪽; 1912년 경상도의 대구, 안동, 경주, 김천, 상주 다음의 도회로 경산을 소개하고 있다(納富由三, 『(朝鮮) 商品と地理』(日本電報通信社京城支局, 1912), 102쪽)

12) 佐瀨直衛, 『최근대구요람』(1920), 97쪽.

13) 재조일본인 연구에 대한 연구사로 전성현, 앞의 논문(2015), 33~35쪽; 이형식, 「재조일본인 연구의 현황과 과제」, 『일본학』 37(2013) 등의 글이 있다.

14) 橫山要次郎, 『朝鮮米輸移出の飛躍的發展とその特異性』(1938).

15) 이윤갑, 『한국 근대 상업적 농업의 발달과 농업변동』(지식산업사, 2011), 192쪽; 이규수, 앞의 책(2015), 36쪽.

16) 조선흥업 경산농장은 1910년 경산출장소로 불리다가 1914년 이후 경산관리소라 칭했다. 1936년 기록에는 경산농장으로 되어 있어 본고에서는 경산농장으로 통칭한다.

회사(이하 한국척식이라 약함)[18]와 한국흥업회사(이하 한국흥업이라 약함)
가 합병하여 만든 것이다. 조선흥업의 규모와 실적은 동척을 제외한 한국
내 일본 농업회사 중 최대였다.[19]

셋째, 조선흥업 경산지점 토지 소유의 특징을 살펴보고자 한다. 조선흥업
경산농장 일대로 경산(1925년)·연호제(1929년)·금호(1931년) 등 세 수리
조합을 설립되었다.[20] 조선흥업은 처음부터 비옥한 논을 중심으로 토지를
집적했다. 그 결과 당시 조선흥업은 수리조합의 몽리혜택 의존도가 높지 않
았다. 그러나 조선흥업 경산농장은 다른 농장과 달리 수리조합 의존도가 높
았다.[21] 그 이유를 드러내기 위해서는 수리조합 연구가 필수적이다. 그러나
본고에서는 경산군 지역의 수리조합에 대한 구체적인 연구는 별도의 논문에
서 다루고자 한다.

본고에서는 국사편찬위원회에서 소장하고 있는 『경산군군세개요』(1925년)
를 활용했다. 『경산군군세개요』는 경산군 연혁, 지지, 인정풍속, 행정구획, 호
수인구, 산업(보통농사, 잠업, 축산, 임업, 면적, 제지), 상업, 교육, 도로·교
통·운수, 금융, 통신, 조세부과, 예산, 직원 수, 구적, 관내이정표 등의 내용이

---

[17] 조선흥업주식회사 기본 자료를 波形昭一 외 감수, 『(朝鮮興業株式會社) 既往十五年事
業概説; 朝鮮興業株式会社二十五年誌; 朝鮮興業株式会社三十周年記念誌』(ゆまに書房,
2002)으로 묶어냈다. 본고에서는 기본적으로 이 자료를 사용했다. 인용할 때 원 자료명
만 인용한다. 조선흥업주식회사에 대한 연구로는 하지연, 「일제강점기 일본인 회사지
주의 소작제 경영실태: 조선흥업주식회사(1904~1945)의 사례」, 『한국민족운동사연구』
54(2008); 하지연, 「澁澤榮一 자본의 朝鮮興業株式會社 설립과 경영실태」, 『한국 근현
대사 연구』39(2006); 윤수종, 「일제하 일본인 지주 회사의 농장 경영 분석: 조선흥업주
식회사의 사례」, 『사회와 역사』12(1988); 하지연, 「삽택계(澁澤係) 지주회사 조선흥업
주식회사(朝鮮興業株式會社)(1904~1945)의 재무구조와 대주주 및 경영진 분석」, 『이화
사학연구』35(2007); 하지연, 『일제하 식민지 지주제 연구 : 일본인 회사지주 조선흥업
주식회사 사례를 중심으로』(혜안, 2010) 등이 있다.

[18] 小松悅二 編, 『新撰韓國事情』(1909), 277쪽.

[19] 하지연, 위의 책(2010), 28쪽.

[20] 국가기록원, 『일제문서해제: 수리조합편』(2009), 261쪽.

[21] 하지연, 앞의 책(2010), 163~164쪽.

상세하게 포함되어 있어 일제시기 경산군 연구에 큰 도움을 줄 수 있다.

2. 경산군 일본인 이주 증가와 곡물 거래

1) 일본인 이주 증가와 인구 변동

경산군은 삼한시대 변한과 진한의 중심부에 속하였던 압독 소국으로 신라 파사왕 23년(102년) 신라에 합병됐다. 경덕왕 9년(750년)에 경산지역은 장산군, 하양지역은 화성현, 자인지역은 자인현으로 불리었다. 고려 태조 23년(940년) 장산현으로 불리다 현종 9년(1018년)에 경주에 속하게 되었다. 그후 충선왕 때 장산을 경산으로 개칭하고, 공양왕 3년(1391년) 다시 군으로 승격되었다. 조선 태조 4년(1395년) 경산군이 다시 현으로 강등되었다가 선조 34년(1601년) 경산현, 하양현이 경주부에서 대구부로 예속되었다. 경산군은 고종 32년(1895년) 경산현, 자인현이 군으로 승격되었다. 1914년 부군 통폐합 때 자인, 하양과 신녕군 남면 일부를 합병해 경산군이 되었다.[22]

경산군의 지세를 보면 중앙부 및 서북은 대개 평야지대였다. 그중 북부 금호강 연안은 평탄하고, 비옥한 평야로 농산물이 풍부했다. 경산·압량·하양·와촌·안심 지역이 특히 비옥했다.[23] 아래 〈그림 1〉 경산 지도를 보면 대덕산은 용남산의 서남에 솟아 있었다. 선의산, 구용산은 경산군의 동남에 환성산맥은 그 북쪽이 완만하지만 대개 높고 험했다. 군내 오목천, 남천이 북쪽으로 흘러 금호강에 합류되었다. 경산군은 크고 작은 제언이 441개로 관개가 편리했다.[24]

---

22) 경산문화원, 『다시 쓰는 경산이야기』(2009), 11~12쪽.
23) 경산군, 『경산군세개요』(1925), 2쪽.

<그림 1> 경산 지도

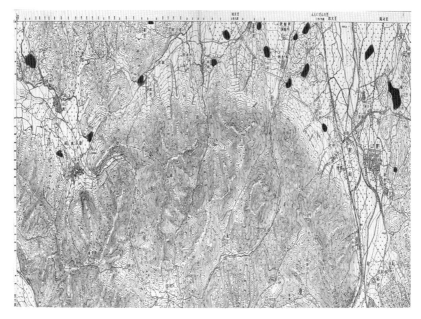

※출전: 조선총독부, 「경산」, 『조선지형도』(1921~1922).
※비고: 검은색으로 칠한 부분은 각 제언.

경산군의 일본인 이주는 경부철도가 부설되면서 시작되었다. 동척이민[25]
과 자유이민이 동시에 이뤄졌다.[26] 경산군의 일본이주자 수를 보면 1906년
54명에서 1907년 116명으로 증가했다. 호수는 14호에서 43명으로 증가했
다.[27] 1908년 조사에 의하면 경산군 이주일본인은 하양 11호, 2명, 경산 19
호, 62명으로 매년 조금씩 늘었다.[28]

24) 逵捨藏, 『慶北大鑑』(東洋文化協會印刷部, 1936), 925~926쪽.
25) 경산군으로 1911년 제2회 동척이민으로 20호가 이뤄졌다(『매일신보』 1911. 10. 5 「제2회
이민의 배치」이 가운데 경산 이주가 61%로 이 지역에 집중된 것을 알 수 있다. 경산군
은 동척 제3회 정부 출자지였다(『매일신보』 「동척 제3회의 정부출자지」(1912. 6. 1);
『매일신보』 「동척출자지」(1912. 6. 20).
26) 동양척식주식회사, 『식민통계』 7, 8(1918), 14쪽.
27) 통감부, 『韓國ニ於ケル農業ノ經營』(1907), 22쪽.

다음 〈표 1〉은 1911~1920년도 말 경산군의 조선인, 일본인 호수와 인구이다. 경산군은 1914년 이전 경산·하양·자인 세 군으로 분리되어 있었다. 1911년 말 경산군으로 이주한 일본인은 전체 호수 가운데 1.5%, 인구 1.1%에 불과했다. 남녀 비율로 보면 남 58.2%, 여 41.7%로 비슷했다. 한 호당 2~3인으로 당시 가족 동반 이민이 대부분이었다. 일본인 이주 지역은 하양 23.1%, 경산 61.0%, 자인 15.7%로 주로 경산 지역에 집중되었다.

〈표 1〉 경산군 호구(1911~1920년)

연도	지역	일본인		조선인		외국인		합계	
		호수	인구	호수	인구	호수	인구	호수	인구
1911	하양군	31	98	3,300	15,391	-	-	3,331	15,489
	경산군	82	304	4,735	21,530	-	-	4,818	21,838
	자인군	30	98	5,002	23,069	1	4	4,818	21,838
1912	하양군	47	154	3,325	15,974	-	-	3,372	16,128
	경산군	124	409	4,854	22,487	2	4	4,980	23,900
	자인군	32	100	5,027	23,161	-	-	5,059	23,261
1913	경산	101	336	594	2,755	1	4	696	3,095
1914	경산군	281	1,044	14,381	69,094	3	10	14,665	70,148
1915	경산	126	378	633	2,968	3	10	762	3,356
	경산군	285	999	13,874	66,579	3	10	14,162	67,588
1916	경산	94	462	534	2,623	4	13	632	3,098
	경산군	251	1,133	13,980	69,006	4	13	14,235	70,152
1917	경산	104	463	576	2,692	4	13	684	3,168
	경산군	281	1,217	14,025	70,056	5	17	14,311	71,290
1918	경산	96	458	535	2,711	1	1	674	3,062
	경산군	274	1,237	14,089	71,416	4	13	14,367	72,666
1919	경산	111	556	599	2,645	3	12	713	3,213
	경산군	292	1,296	14,287	73,989	4	16	14,583	75,301
1920	경산	100	388	676	3,366	5	15	781	3,769
	경산군	306	1,181	14,681	76,863	8	23	14,995	78,067

※출전: 조선총독부, 『조선총독부통계연보』 해당 연도에서 작성.
※비고: 1913년은 〈주요시가지 현재 호구〉 가운데 경산만 조사. 1915년부터 1920년까지 〈주요시가지 현재 호구〉와 〈경산군 호구〉 두 가지로 정리.

28) 『대한매일신보』 「일인매토조사」(1908. 1. 31).

1915~1920년까지 주요시가지인 경산과 경산군의 일본인 호구는 전체적으로 변동이 크지 않았다. 경산과 경산군의 일본인 호구 변동은 동일시기에 다른 형태로 나타났다. 경산은 1916년 호수는 줄어들었지만 인구는 증가했다. 그러나 1920년이 되면 1916년에 비해, 인구 168명이 줄어들었다. 그 이유는 경동선 부설로 경산의 상권이 인접 도시인 대구로 통합되었기 때문이다.[29]

경산군 일본인 호구 특징은 1916년 호수는 34호 줄어들었는데, 인구는 134명 늘었다. 이 시기부터 이주일본인들의 가족 동반 농업이민이 늘어난 것으로 보인다. 한편 1920년 일본인 호수는 14호 늘었지만 인구는 115명이나 줄어들었다. 그 이유는 경편철도 개통으로 교통이 편리한 대구로 일부 이주일본인이 거주지를 옮겼기 때문이다.[30]

한편 1920년대 경산군으로 이주한 일본인 수는 변동이 거의 없었다. 1923년에 일시 줄어들었다가 다시 1,100명 이상 수를 유지했다.[31] 1923년 일본인 수의 감소는 1922년에 일어난 경산군 일대 폭풍우와 우박으로 인해 농작물이 전무해졌기 때문이다.[32]

---

[29] 조선민보사, 앞의 책, 329쪽.

[30] 1917년 대구–포항 간 경편철도가 대구에서 하양까지 개통되었다. 1918년 하양에서 영천군 금호까지 개통되었다(『매일신보』 「河粱輕鐵 개통」(1918. 5. 25)).

[31] 〈경산군 이주일본인 수(1920년대)〉

연도	경산군
1921	1,213
1922	1,206
1923	1,099
1924	1,130
1925	1,146
1926	1,132
1927	1,107
1928	1,152
1929	1,239
1930	1,192

※출전: 『조선총독부통계연보』 해당 연도 재작성.

다음 〈표 2〉는 1924년 말 경산군 호구이다. 경산군 전체 호수에 대한 일본인의 비율은 1.8%, 인구 1.3%에 불과했다. 각 면의 일본인 호수 비율은 경산면 37.1%, 하양면 24.6%, 압량면 12.8%, 자인면 10.7% 순이었다. 이주일본인의 각 호 평균 인구가 2.5명으로 가족 동반 이주였음을 알 수 있다. 경산군 11개 면 가운데 1924년에 비해 1930년 일본인 인구가 증가한 곳은 8곳으로 하양만 증가 폭이 크고 다른 곳은 조금 늘었다. 경산, 자인, 압량은 오히려 일본인 인구가 줄어들었다.

〈표 2〉 경산군 호구(면별, 1924년 말)

면명	면적 (방리)	동수	일본인 (1924)		일본인 (1930)	조선인		외국인		합계	
			호수	인구	인구	호수	인구	호수	인구	호수	人口
경산	1.00	17	104	431	419	1,559	7,690	7	27	1,670	8,149
고산	2.00	13	3	10	18	1,156	6,248	-		1,159	6,158
안심	3.20	17	13	60	87	1,399	7,831			1,412	7,891
하양	3.00	16	69	250	300	1,357	6,991	7	16	1,433	7,257
와촌	3.00	14	4	13	25	1,389	7,058			1,393	7,071
진량	3.50	25	4	15	23	1,771	9,504	-		1,715	9,519
자인	1.40	16	30	129	115	1,264	6,440	3	8	1,297	6,577
용성	3.70	20	6	12	13	1,643	8,997	-		1,649	9,009
남산	2.00	18	4	22	22	1,239	6,806	1		1,243	6,828
압량	3.60	27	36	175	158	1,603	8,387	-		1,639	8,562
남천	3.70	12	7	13	16	862	4,747	-		869	4,760
계	30.10	195	280	1,130	1,196	15,188	80,599	17	52	15,477	81,781

※출전: 경산군, 『경산군군세개요』(1925), 4쪽; 1930년 일본인 인구는 조선총독부, 『조선국세조사보고』6(1930), 56쪽에서 작성.

　다음 〈표 3〉은 1932년 말 경산군 호구이다. 당시 경산군 일본인 호수는 295호, 인구 1,188명이었다. 위의 〈표 2〉의 1924년 일본인 수에 비하면, 10년이 지난 뒤임에도 불구하고 호수는 15호, 인구는 58명 증가하는데 그쳤다. 당시

---

32) 『매일신보』「경산 일대에 폭풍 우박, 농작물은 전무한 대참해를 이뤄」(1922. 6. 7); 『매일신보』「지사 박해지 시찰」(1922. 6. 19).

경산군 지역 이주일본인의 증가가 많지 않았던 것은 대구 상권의 확대[33]와 거대지주 조선흥업 경산농장의 영향이 컸다. 조선흥업 경산농장은 조선인 소작 중심으로 경영되었다. 그 결과 개별 이주일본인의 증가로 이어지지 못했다.

<표 3> 경산군 호구(1932년 말)

호구	일본인	조선인	중국인	기타 외국인	계	1리 호수 503호
호수	295	15,752	3	2	16,052	1리 인구 2,582인
인구	1,188	82,155	9	4	83,356	1호 평균 5.2인

※출전: 경산군, 『경산군군세개요』(1933).

다음 <표 4>는 경산군 직업별 호구(1924년 말)이다. 1924년 말 경산군 이주일본인들의 직업별 호수 비율을 보면 농림목축업 41.1%, 공무 및 자유업 29.2%, 상업 및 교통업 17.5%, 공업 11.4%로 농림목축업에 종사하는 경우가 가장 많았다. 직업별 인구 비율도 농림목축업 46.1%, 공무 및 자유업 24.8%, 상업 및 교통업 17.5%, 공업 10.2%로 호수 비율과 차이가 없었다.

<표 4> 경산군 직업별 호구(1924년 말)

종별	일본인		조선인		외국인		합계	
	호수	인구	호수	인구	호수	인구	호수	인구
농림목축업	115	521	12,149	67,743	-	-	12,264	68,464
어업 및 제염	-	-	12	74	-	-	12	74
공업	32	116	243	1,282	-	-	275	1,398
상업 및 교통업	49	210	964	4,032	15	45	1,028	4,287
공무 및 자유업	82	281	422	1,822	2	7	506	2,110
기타 유업자	1	1	983	3,928	-	-	984	3,929
무직	1	1	409	1,518	-	-	410	1,519
합계	280	1,130	15,182	80,599	17	52	15,474	81,781

※출전: 경산군, 『경산군군세개요』(1925), 4쪽.

[33] 일제시기 대구 상권 변화 연구로는 임식경, 「대구읍성의 철거와 일본인 상권의 변화」 (한국교원대 석사학위논문, 2008); 古川昭, 『大邱の日本人』(ふるかわ海事事務所, 2007); 김동철, 앞의 논문(2006) 등의 연구가 있다.

다음은 경산군의 농업인구를 살펴보겠다. 〈표 5〉에서 보면 1926년부터 1930년까지 일본인 농업 호수의 변동은 거의 일어나지 않았다. 1929년 일시 줄어들었을 뿐이다. 1926~1930년 사이 이주일본인 가운데 농업에 종사하는 호수 비율은 전체 경산군 농업 인구 가운데 0.75~0.8%에 불과했다.

〈표 5〉 경산군 농업자수(1926~1930년)

연도	호수				인구	총호수	총인구
	일본인	조선인	외국인	계			
1926	106	11,722	-	11,828	62,627	16,047	85,631
1927	102	11,738	1	11,841	62,671	15,974	85,414
1928	106	13,052	1	13,159	71,571	15,565	82,102
1929	94	12,395	-	12,489	69,589	15,334	80,968
1930	102	12,681	1	12,784	71,506	15,946	83,442

※출전: 경상북도, 「농업자수」, 『농무통계』(1926~1930) 재작성.

2) 일본인의 곡물 거래와 곡물 이출

경산군은 대구에서 동쪽으로 10리 떨어진 경북 굴지의 미곡집산지였다. 경산은 도로가 완비되지 않아 교통이 불편했지만 자인, 신령, 하양, 영천, 경주 및 의성 일부의 물자를 모으는 위치에 있었다. 그 결과 경산 상인들의 상업자금은 오히려 대구를 능가했다. 한편 경산 이주일본인은 겨우 80호, 3백여 명에 지나지 않았다. 그러나 동척·한국흥업 등 기타 유력 농업회사가 많았다.[34]

일제 초기 경산군 이주 일본인들은 곡물거래에 집중했다. 다음 〈표 6〉은 1912년 경산의 이주일본인 영업자들이다. 그들은 곡물, 무역품 의탁판매, 물

---

[34] 대구신문사, 『선남요람』(1912), 42쪽; 조선민보사, 앞의 책, 328쪽; 吉倉凡農, 앞의 책), 23~25쪽);『매일신보』「최근의 대구: 자경간 도로현상」(1912. 3. 2);『매일신보』「최근의 대구: 하경선 도로공사」(1912. 2. 19).

엿, 신발 잡화 등을 주로 팔았다.

〈표 6〉 이주일본인 경산 영업자(1912년)

곡물	八尾恭三
곡물	上田儀三郎
곡물	片山忠助
곡물	荒谷常二
곡물	堀家寬三郎
곡물	川井田彌之助35)
곡물	韓國拓植會社36)
곡물	韓國興業會社 出張所
무역품 의탁판매	慶山共榮合資會社
물엿	原梅吉
의사	佐佐木治八郎
요리	吉野亭
신발 잡화	福島商店

※출전: 대구신문사, 『선남요람』(1912), 100~101쪽.

　　구체적으로 무역품 의탁판매는 경산공영합자회사,37) 곡물은 八尾恭三,
上田儀三郎, 片山忠助, 荒谷常二, 堀家寬三郎, 川井田彌之助, 한국식산회사,
한국흥업 출장소가 유명했다. 당시 경산 곡물거래 상인 가운데 조선인은 없
었다.

　　곡물무역을 하던 八尾恭三은 대구곡물신탁(주) 이사, 대구산업금융(주)
이사가 되었다.38) 堀家寬三郎은 1906년 조선에 건너와 경산에서 미곡상을
경영했다. 그는 1916년 익명조합대정상회를 조직했다. 1918년 대구로 본점

---

35) 川井田彌之助는 식료품 공업인 川井田籾摺工場을 1915년 경산군 하양면 금락동에 세웠
　　다(朝鮮工業協會, 『朝鮮工場名簿』(1932)).

36) 『황성신문』「척식회사의 계도」(1906. 11. 22). 『황성신문』「척식출장」(1908. 2. 12).

37) 慶山共榮合資會社는 1911년 12월 설립 허가를 받았다. 설립 목적은 미곡 기타 물품 매
　　매, 창고, 정미, 운송, 위탁판매 등을 목적으로 자본금 12,000円이었다. 본점은 경산군
　　읍내면 금포동에 있었다(『조선총독부관보』 제409호(明治)(1912. 1. 11).

38) 동아경제시보사편, 『조선은행회사조합요록』(1929); 동아경제시보사편, 『조선은행회사
　　조합요록』(1933).

을 옮긴 후 상무이사가 되었다. 1923년 대구정미회사와 합병하여 대구곡물 주식회사를 설립했다. 대구곡물주식회사는 자본금 2백만 원 이상으로 조선 전체는 물론 일본의 각 주요지역에 거래처를 두고 1년에 8백만 석의 이출고 를 올렸다. 그 결과 매년 20%정도의 배당금을 지불할 정도로 사업이 번창했 다. 그는 대구일보 사장도 역임했다.[39]

한편 경산군에 모여 든 곡물은 경산역을 통해 부산과 일본으로 대량 이 출되었다.[40] 경산역은 경산군의 중심으로 성 밖에 있었다.[41] 일제 초기 경 산군의 미곡출하는 대구 시장보다 오히려 많았다. 1910년 경산역은 경부선 에서 여객 운송 1.2%로 12위, 화물 운송 2.3% 7위로 상위 15개 역 안에 포 함되었다.[42]

1910년 경산역의 주요 발송 · 도착 화물의 수량을 보면 다음 〈표 7〉과 같 다. 발송화물 수량은 10,744톤, 도착화물 수량 2,931톤으로 발송화물 수량이 78.5%에 이르렀다. 특히 곡물 발송이 전체 발송의 95%를 차지하여 경산군 이 곡물 이출 중심지인 것을 알 수 있다.

〈표 7〉 경산군 중요한 발송 · 도착 화물의 수량(1910년도)

발송(톤)		도착(톤)	
쌀	5,438	쌀	50
보리	972	잡곡	55
콩	3,791	가마니	521
잡곡	20	생선	52
가마니	21	염간어	350
생선	147	명태	152

[39] 逵捨藏, 앞의 책, 946쪽; 민중시론사조선공로자명감간행회 편, 『조선공로자』(1935), 114 쪽; 淵上福之助, 『朝鮮と三州人』(1933), 253쪽.

[40] 조선총독부철도국, 『조선철도연선시장일반』(1912), 52~53쪽.

[41] 정차장 주변에 경산군청, 순사주재소, 우편소, 학교조합이 있었다(조선총독부철도국, 위의 책(1912), 52쪽); 통감부철도관리국, 『한국철도선로안내』(1908), 22쪽.

[42] 허우긍, 『일제강점기의 철도 수송』(서울대학교출판문화원, 2010), 179쪽.

해초	57	소금	1,294
종이	23	금속기	109
목재	75	술	14
땔감	200	식료품	14
		방적사	10
		성냥	22
		기와	41
		석유	118
		목재	129
계	10,744		2,931

※출전: 조선총독부철도국, 『조선철도연선시장일반』(1912), 52쪽.

당시 경산역에서 발송된 물품은 쌀, 보리, 콩, 잡곡, 가마니, 생선, 해초, 종이, 목재, 땔감 등이었다. 전체 발송 물품 가운데 쌀 50.6%, 콩 35.2%로 모두 85.8%를 차지했다. 경산역 도착 화물은 쌀, 잡곡, 가마니, 생선, 소금에 절인 생선, 명태, 소금, 금속기, 술, 식료품, 방적사, 성냥, 기와, 석유, 목재 등이었다. 발송 물품보다 도착 화물의 종류가 많았다. 특히 소금 44.1%, 가마니 17.7%, 소금에 절인 생선 11.9%였다. 가마니는 곡물 이출용으로 수요가 많았다.

경산역은 타 지역에서 생산된 쌀과 곡물이 아닌 지역에서 생산된 쌀과 곡물들이 이출되었다. 경산군에 집산된 곡물 일부가 경산시장에서 거래되었다. 경산시장은 음력으로 매월 5, 10일 열렸다. 5일은 읍내에서 열리고, 10일에는 들판에서 열렸다.[43] 다음 〈표 8〉은 1911년 경산역 시장 부근에서 생산된 곡물이다. 쌀은 자인군, 보리는 신녕군, 콩은 영천군의 생산량이 많았다. 쌀·보리·콩 등의 생산량이 가장 많은 곳은 자인군이었다. 경산역 부근 시장에서 거래되었던 쌀·보리·콩의 전체양은 250,283석에 달했다.

▓▓▓▓▓▓▓▓

[43] 日韓大阪商報社, 『日韓通商便覽』(1905), 29쪽; 경산군에는 수운은 없었다. 시장과 물자 수송은 육운으로 영천, 신령, 하양, 자인 지역과 밀접했다. 이들 지역과는 하천이 있었지만 다리가 없었다. 우기에는 자주 교통이 두절되었다. 도로는 대개 평탄하여 운송이 편리했다(조선총독부철도국, 앞의 책(1912), 52쪽).

<표 8> 경산역 시장 부근의 생산물 수량(1911년, 석)

지역	쌀	보리	콩	합계
경산군	17,175	14,827	15,441	47,443
자인군	35,000	4,160	22,500	61,660
하양군	22,857	13,633	6,270	42,760
신령군	22,377	16,888	5,355	44,620
영천군	25,000	5,000	23,800	53,800

※출전: 조선총독부철도국, 『조선철도연선시장일반』(1912), 52쪽.

경산역을 통한 곡물 이출은 경부연선에서 인동, 왜관을 제하고는 1위였다.[44] 다음 <표 9>는 1911년 경산역 화물 집산 상태이다. 화물은 기차와 소 등, 짐꾼 3가지 방법으로 이입되었다. 기차 편으로 소금, 석유, 명석, 절인생선, 성냥, 명태, 가마니, 새끼줄 등이 이입되었다. 특히 곡물을 담아 이출할 수 있는 가마니와 새끼줄의 이입이 많았다. 소금, 생선, 석유, 성냥은 인천·부산·구마산[45] 등 항구도시에서 들어 왔다. 가마니와 새끼줄은 일본 福崎에서 들어 왔다.

철도가 아닌 소 등이나 짐꾼에 의해 이입 된 것은 생선, 해초, 숯, 땔나무, 쌀, 콩, 보리 등이었다. 특히 곡물은 대부분 이 방법으로 이입되었다. 생선, 해초는 울산과 영일만에서 이입되었고, 곡물은 영천, 하양, 자인, 신령 및 경산군 각 지방에서 이입되었다.

경산역 이출품은 곡물과 생선, 해초, 숯, 땔나무 등이었다. 이출품의 특징은 곡물 이출이 대부분이라는 것이다. 이입된 곡물의 92.4%가 경산역을 통해 그대로 이출되었다. 특히 쌀의 경우 경산시장에 이입된 양의 97.4%가 이출되었다. 쌀, 보리, 콩은 경성·부산·구마산, 콩은 일본 鹿兒島·尾道·下關로 이출되었다. 생선과 해초는 김천, 숯과 땔나무는 대구로 이출되었다.

---

44) 『매일신보』「대구통신: 도로공사 협의, 각군 치도비, 곡물 수출고」(1912. 8. 9).

45) 1899년 마산항이 개항되자 각국 외국인들이 살게 된 각국 조차지를 구마산이라 했다(이학열, 『간추린 마산역사』(도서출판 경남, 2003), 31쪽).

당시 경북지방으로 尾道 신발, 下關 설탕·밀가루 등이 이입되어 일본의 공장노동자를 비롯한 도시하층민의 식료를 저렴하게 조달하는 역할을 했다.[46]

〈표 9〉 경산역 화물 집산의 상태(1911년)

시장에 이입된 것			시장에서 타지로 이출된 것		
상품	이입량	이입처	상품	이출량	이출처
철도편으로 이입된 것			철도편으로 이출 된 것		
식염	93,000표	인천, 부산	쌀	33,900석	경성, 부산, 구마산
명석	108,000매	구포	보리	1,780석	
절인생선	106,110관	부산, 구마산	콩	16,200석	부산
석유	3,500상	부산	콩	11,307석	鹿兒島, 尾道, 下關 기타 일본
성냥	900상	부산	생선	23,040관	김천
명태	2,528개	부산, 초량	해초	9,360관	
가마니	67,200개	福崎	숯	19,710관	대구
새끼줄	5,000파	福崎	땔나무	13,500관	
소 등 또는 짐꾼에 의해 이입된 것					
생선	40,230관	울산, 영일만	다른 이입 화물로 시장 부근에서 소비되는 외 자인, 하양, 영천 지방에 소 등 또는 짐꾼에 의해 시장 거래 후 이출하는 것이 있어도 수량이 분명하다.		
해초	16,470관	울산, 영일만			
숯	19,710관	자인군			
땔나무	13,500관	자인군			
쌀	34,776석	영천, 하양, 자인, 신령 및 경산군 각 지방			
보리	2,902석				
콩	30,677석				

※출전: 조선총독부철도국, 『조선철도연선시장일반』(1912), 53쪽.

경산군에서 곡물거래를 하던 일본인들은 1917년, 18년 즈음 활동 근거지를 대구로 이동하기 시작했다. 당시 동해중부선의 개통으로 대구역으로 쌀이 모여들었다. 대구를 중심으로 도로가 완비되어 경주, 영천, 경산의 평야를 관통했기 때문이다.[47] 濱崎喜三郎,[48] 光成友三郎,[49] 高田眞豊,[50] 八尾

---

[46] 러일전쟁 이후 경북지역과 오사카 지방 사이에는 조선농민이 생산한 쌀, 콩, 등의 곡물과 자본제적인 기계제 공장에서 생산된 목면, 방적사, 금속제춤 등의 공산품이 상호 교환되는 불가분한 농공분업관계가 형성되었다(이윤갑, 앞의 책(2011), 174~175쪽).

[47] 逵捨藏, 앞의 책, 204~208쪽.

[48] 濱崎喜三郎은 1873년생으로 출신지는 鹿兒島縣 指宿郡 穎娃村이었다. 직업은 곡물상이었다(민중시론사조선공로자명감간행회 편, 위의 책, 114쪽; 淵上福之助, 위의 책, 253쪽, 351).

恭三 등이 대표적인 일본인 곡물상이었다. 당시 경산의 일본인들은 九州지방과 大阪출신으로 경산이 곡물집산지라는 이유로 이주한 경우가 대부분이었다.[51]

3. 경산군 이주일본인의 농업경영과 토지소유 특징

1) 이주일본인 농업경영과 한국척식주식회사

조선에서 1910년대까지 일본인 자본의 투자처로서 농업이 주목받았다.[52] 일본인들은 러일전쟁 이전에는 개항지를 근거지로 하여 주로 전대자금을 통해 농민들로부터 수출용 미곡을 확보하였으나, 이후에는 농업에 직접 진출하여 식민지 지주로서 미곡을 확보하였다.[53]

이주일본인들은 자신들의 농업경영지로 경산군을 주목했다. 경산군은 경부철도 부설로 교통이 편리하고 금호강 유역의 비옥한 대구평야를 끼고 있었기 때문이다. 아래 〈그림 2〉에서 보듯 당시 금호강 일대의 평야를 '대구들'이라 불렀다. 금호강은 영천, 하양, 자인, 경산, 칠원 등 각 군에 연결된 산간에서 발원한 많은 계곡 물이 서쪽으로 흘러 대구의 북쪽을 통과하여 낙동강으로 합해졌다.[54]

---

49) 光成友三郎는 光成商店(合資)의 대표로 1922년 12월 1일 미잡곡 무역 및 위탁 매매. 그에 부대하는 상행위 일체를 담당했다. 자본금 60,000원으로 본점주소: 대구부 금정 1정목 9번지였다(中村資良, 『朝鮮銀行會社要錄』(1923)).

50) 高田眞豊은 大阪 사람으로 공등상업을 나와 경산에서 곡물상을 했다. 대구로 거처를 정한 후 대구거래소 회원, 대구곡물회사 이사가 되었다. 그는 大阪에 본점을 두고 대구를 왕복하며 업무를 보았다(逵捨藏, 앞의 책, 440쪽).

51) 河井朝雄, 『대구이야기』 손필헌 역(대구중구문화원, 1998), 253~254쪽.

52) 高谷弘, 『帝國日本と植民地都市』(吉川弘文館, 2004), 66~72쪽.

53) 임채성, 앞의 논문, 63~64쪽.

경산군에 이주한 일본인들은 곡물거래를 통해 자본을 축적한 다음 농업 경영을 위해 토지구입에 적극적으로 나섰다. 그 결과 토지가 비옥하여 농산 물 생산이 많은 경산군의 토지 가격이 급등했다. 당시 영천, 경주, 자인, 경 산 방면의 지가 비교를 보면 다음 〈표 10〉과 같았다.

〈표 10〉 영천 · 경주 · 자인 · 경산 방면의 지가 비교(1909~1912년)

종별	논 1단보(원)			밭 1단보(원)		
	상	중	하	상	중	하
1909년	45	30	13	15	10	5
1910년	50	35	15	17	12	6
1911년	90	60	30	45	30	15
1912년	100	66	36	47	32	18

※출전: 近藤徹君,『大邱地方經濟事情』(1913), 37~38쪽.

54) 三成文一郎 외, 앞의 책, 130쪽.

이 지역의 경지는 동척, 조선흥업 등이 왕성하게 사들였다. 1912년 지가에 대한 이윤은 대략 8, 9분에서 11~12분 사이로 높았다. 그 결과 논밭 가격은 매년 폭등했다. 1909년에 비해 1912년 상중하를 불문하고 2배 이상 올랐다. 논은 상 2.2배, 중 2.2배, 하 2.7배로 하의 논이 가장 많이 올랐다. 밭은 상 3.1배, 중 3.2배, 하 3.6배로 논보다 밭의 가격이 더 많이 올랐다. 밭에서 하의 경지가 가장 많이 오른 이유는 수요가 많았기 때문이다. 이미 비옥한 논은 동척, 조선흥업이 차지했기 때문이다.

구체적으로 1908~1910년 경산군의 일본인 소유 토지 및 가격을 살펴보면 다음 〈표 11〉과 같다. 일본인 토지소유자는 1908년 185명, 1909년 173명, 1910년 41명으로 줄어들었다. 1910년 소유자의 급감과 함께 토지 소유 면적도 급감했다.

택지는 1908년·1909년 동안 소유자, 면적, 평균가격에서 변동이 없었다. 그러나 1910년 일본인 토지 소유자 수는 절반 줄어들고 면적은 5배가량 늘었다. 가격도 2배로 폭등했다. 논과 밭에서도 일본인 토지 소유자가 1909년에 비해 1910년 급격히 줄어들었다. 논 88.1%, 밭 85.7% 급감했다. 소유 면적은 1910년 논밭 모두 급감했다. 그러나 1909년에 비해 논 1평 가격은 2배로 뛰었다. 이러한 점은 당시 한국척식과 한국흥업 등 농업회사의 토지 소유가 증가하면서 나타난 현상이었다.

〈표 11〉 경산군 일본인 소유 토지 면적 및 가격(원)

연도	택지				논				밭				산림			
	소유자수	면적(평)	가격	평균1평가격	소유자수	면적(평)	가격	평균1평가격	소유자수	면적(평)	가격	평균1평가격	소유자수	면적(평)	가격	평균1평가격
1908	50	1,200	1,200	1,000	55	802,000	80,200	0.100	79	368,490	1,842	…	1	3,550	25	0.007
1909	50	1,200	1,200	1,000	59	846,450	84,645	0.100	63	385,790	1,928	0.050	1	3,530	264	0.007
1910	24	7,339	14,678	2,000	7	230,960	46,192	0.200	9	56,090	3,926	0.070	1	35,414	248	0.007

연도	원야				간사지				기타				합계		
	소유자수	면적(평)	가격	평균1평가격	소유자수	면적(평)	가격	평균1평가격	소유자수	면적(평)	가격	평균1평가격	소유자수	면적(평)	가격
1908	-	-	-	-	-	-	-	-	-	-	-	-	185	1,175,220	83,267
1909	-	-	-	-	-	-	-	-	-	-	-	-	173	1,236,970	88,037
1910	-	-	-	-	-	-	-	-	-	-	-	-	41	329,803	65,044

※출전: 조선총독부, 『조선총독부통계연보』 해당 연도에서 작성.

한편 경산군 일대로 지가가 폭등한 이유는 일본인 농업 투자가 급증했기 때문이다. 다음 〈표 12〉에서 보면 1911년 경산군 일대 일본인 농업 투자자는 하양, 경산, 자인 순이었다. 하양은 일본인 농업 투자자의 소유지 면적이 칠곡, 대구 다음으로 많았다. 소유 면적도 경북 전체의 10%를 차지했다. 경산은 일본인 농업 투자자가 44명으로 대구, 하양 다음으로 많았지만 소유지 면적은 경북에서 두 번째로 적었다. 소유지 면적이 논 3.0정, 밭 4.5정으로 7.5정에 불과했다. 신령의 1.8정 다음으로 적어 경산군 이주일본인들의 다른 지역 이주자들에 비해 토지소유가 영세했다.

〈표 12〉 경북 일본인 경영의 농업(1911년)

부군명	투자자 수	투자액(엔)	소유지 면적(정)					
			논	밭	산림	원야	기타	합계
대구	152	226,123	31.7	293.2	0.5	10.4	-	335.8
하양	62	52,308	37.0	63.8	50.6	14.4	8.6	174.4
신령	1	650	0.3	1.5	-	-	-	1.8
영천	31	14,100	13.9	15.4	8.5	0.8	-	38.6
경주	31	17,833	12.4	18.5	-	-	0.8	31.7
연일	24	12,935	22.8	16.8	-	-	-	39.6
흥해	35	185,350	64.2	43.0	-	-	-	107.2
영덕	3	4,050	4.8	3.9	-	-	-	8.7
칠곡	19	144,608	174.5	270.1	78.3	-	-	522.9
경산	44	8,574	3.0	4.5	-	-	-	7.5
자인	8	10,727	18.6	11.4	-	-	-	30.0
청도	19	7,125	4.9	19.6	-	2.0	-	26.5
현풍	11	24,945	52.1	94.1	-	-	-	146.2
인동	20	45,160	23.4	70.6	15.0	-	-	109.0
김산	2	7,061	46.0	0.5	-	-	-	46.5
개령	2	576	0.4	9.2	-	-	-	9.6
선산	15	6,990	15.4	30.7	-	1.2	-	47.3
상주	24	23,500	38.1	7.6	-	-	-	45.7
함창	8	4,700	6.2	7.5	-	-	-	13.7
합계	511	797,315	569.7	981.9	152.9	28.8	9.4	1,742.7

※출전: 경상북도, 『권업통계서』(1912), 61~63쪽.

　1911~1912년 경산군 일대 일본인 농업인이 조금씩 증가했다. 다음 〈표 13〉

을 보면 하양과 경산은 일본인 농업 호수가 2배 이상 증가했다. 특히 경산은 3.5배 이상 급증했다. 일본인 농업 인구는 하양, 경산 모두 3.8배 증가했다. 그러나 자인은 오히려 호수와 인구 모두 줄어들었다.

1911년 이주일본인 농업자의 비율은 앞 〈표 1〉의 전체 이주일본인과 비교하면 하양군의 농업인이 가장 많았다. 하양군에 이주한 일본인 가운데 호수 53%, 인구 57%가 농업에 종사했다. 경산군에 이주한 일본인은 상업에 종사하는 경우가 더 많았다. 경산군 이주일본인 농업 호수의 비율은 전체 농업 호수의 0.004%에 불과했다. 1912년 평균 농가 1호에 대한 경지면적은 하양 0.72정, 경산 0.85정, 자인 0.86정에 불과했다.[55]

〈표 13〉 경산군 경지면적 및 농업인(1911~1912년)

연도	지역	경지면적(정)			농업인					
		논	밭	합계	일본인		조선인		합계	
					호수	인구	호수	인구	호수	인구
1911	하양군	1,226.0	687.0	1,913.0	10	23	3,080	14,711	3,090	14,724
	경산군	2,188.1	1,166.1	3,354.2	7	25	4,138	18,680	4,145	18,705
	자인군	2,348.4	1,002.4	3,350.8	6	25	4,336	18,960	4,342	18,985
1912	하양군	1,363.0	854.4	2,217.4	25	89	3,037	14,380	3,062	14,469
	경산군	2,306.5	1,266.6	3,573.1	24	95	4,188	18,356	4,212	18,451
	자인군	2,451.9	1,279.9	3,731.8	5	18	4,363	20,017	4,368	20,035

※출전: 조선총독부, 『조선총독부통계연보』 해당 연도에서 작성.

다음 〈표 14〉는 1911년 경산군에 1만 원 이상 투자한 일본인은 中原房一, 淸水德太郎, 한국흥업 등이었다. 이들은 모두 보통농사와 과수재배를 했다. 창업 시기는 1905년 10월부터 1907년 10월로 일제 강점 이전 이미 농장을 운영하고 있었다.

---

55) 경상북도, 『권업통계서』(1912), 7~8쪽.

경영자 주소성명	소유지면적(정)				자작반별(정)		소작반별(정)		경영종별	투자액	창업 연월	경영지 소재지
	논	밭	산림 원야	합계	논	밭	논	밭				
대구부 대구면 남용강정 中原房一	5.6	25.0	17.0	47.6	0.3	15.0	5.3	10.0	보통농사 과수재배	55,000	1905.10	대구부 하양군
대구부 대구면 남용강정 清水德太郎	52.5	6.0	1.5	61.0	0.4	1.0	53.1	4.0	보통농사 과수재배	21,500	1907.3	대구부 자인현
동경시 韓國興業(주)	422.5	311.7	13.1	747.3	-	-	422.5	311.7	보통농사	258,277	1907.10	대구부 외 6군

※출전: 경상북도, 『권업통계서』(1912), 63~64쪽.

中原房一은 대구에 살면서 1905년 하양군에서 과수 재배를 시작했다.[56] 그의 토지 소유 특징은 밭 소유가 많았다. 그는 대구농회 회장,[57] 대구어채 (주) 이사,[58] 조선견사(주) 이사,[59] 경북잠종(합자) 사원[60]으로 일했다. 中原房一은 밭은 주로 자작하고 논은 소작을 주었다. 清水德太郎은 자인군에 서 보통농사와 과수재배를 했다. 그는 대구부협의원,[61] 조선식산은행 대주 주로[62] 활동했다. 한국흥업은 논밭 모두 소작으로 농업경영을 했다.

경산군의 대표적인 일본인 농업회사로 1906년 2월에 세워진 한국척식이 있었다. 한국척식은 澁澤榮一에 의해 설립된 농업회사였다.[63] 한국척식은

---

56) 古川昭, 『大邱の日本人』(ふるかわ海事事務所, 2007), 68쪽.

57) 河井朝雄, 앞의 책, 113~114쪽. 그는 山口縣 군농회의 순회 기사로 벼 종자를 가지고 하양군에서 최초로 시험 재배하였다(河井朝雄, 앞의 책, 149쪽).

58) 『朝鮮銀行會社組合要錄(1933년판)』.

59) 『朝鮮銀行會社組合要錄(1931년판)』.

60) 中村資良, 『朝鮮銀行會社要錄(1921년판)』.

61) 『매일신보』 「대구: 부협의원 경질」(1918. 4. 11)

62) 『매일신보』 「식은대주주」(1918. 9. 22)

63) 澁澤榮一의 조선흥업에 대한 연구로는 하지연의 연구가 대표적이다. 하지연, 「澁澤榮 一 자본의 朝鮮興業株式會社 설립과 경영실태」, 『한구근현대사연구』 39(2006); 하지연, 「삽택계(澁澤係) 지주회사 조선흥업주식회사(朝鮮興業株式會社)(1904~1945)의 재무구 조와 대주주 및 경영진 분석」, 『이화사학연구』 35(2007); 하지연, 앞의 책(2010).

淺野総一郎, 平沼專藏, 鎌田勝太郎, 大橋新太郎, 長森藤吉郎, 中野武營, 掘家 虎造 등 10여 명이 발기하여 자본금 5백 원으로 설립되었다. 한국척식은 기간지를 선택 매수하여 농사의 개량 발달,[64] 황무지 개간에 적극적이었다.[65] 그 결과 1906년 한국척식은 한국 삼남 보고(寶庫)인 경상도에 황무지 약 4만 정보의 개간 권리를 획득했다. 한국척식은 보리농사와 경지 대부를 주로 했다. 땅이 적당한 곳에는 수전을 계획했다. 그 외에는 목장과 뽕밭을 계획하여 나무를 심는 등 다양한 활동을 했다.[66]

한국척식 대표는 鎌田勝太郎이었다. 그는 香川縣 坂出町 출신으로 간장·술을 만들어 香川縣의 다액 납세자가 될 정도로 성공한 인물이었다. 이후 學館長, 香川縣會議場의원, 귀족원의원을 역임했다.[67] 그는 1905년부터 1909년 사이 조선에서 농림업과 회사를 운영했다. 1906년 그가 소유한 논·밭·산림·원야는 439.0정으로 1년 생산액이 4만 8천여 원에 이르렀다.[68]

다음 〈표 15〉는 鎌田勝太郎 관계 회사이다. 그는 1905년 8월 6일 토지 기타 부동산 매입, 농업 및 부대사업 등의 목적으로 조선실업(주)을 설립했다.[69] 같은 해인 1905년 12월 10일 자본금 1,500,000원으로 농업 및 임업 경영을 하는 鎌田산업(주)을 설립했다. 또한 그는 동양생명보험(주) 감사, 조선흥업(주) 이사를 역임했다. 그리고 讚岐信託各(株) 사장, 四國水力電氣, 東洋生命보험(株) 감사역, 高松百十四銀行(주) 상담역, 香川縣育英會 이사장, 鎌田共濟會 회장 등을 역임했다.[70] 그는 특이하게도 다른 이주일본인 농업

64) 『皇城新聞』1906. 9. 26. 「日本人의 韓國拓殖會社」
65) 통감부, 앞의 책, 40~41쪽.
66) 澁澤榮一傳記資料刊行會, 『澁澤榮一傳記資料』16(1957), 636쪽.
67) 四國大觀總務部, 『四國大觀』(1930), 13쪽.
68) 『매일신보』「木浦內地人營業者」(1912. 3. 27)
69) 통감부, 앞의 책(1907), 42쪽.
70) 明治大正史刊行會편, 『明治大正史』(1929), 48쪽.

경영자와 달리 1910년대 이후 귀족원 의원 활동에 주력했다.[71]

<표 15> 鎌田勝太郎 관계 회사(1900~1909년)

회사조합명	자본금	목적	사장/대표	업종	설립연월일
鎌田産業(株)	1,500,000원	토지, 건물, 유가증권을 소유하는 일, 농업 및 임업을 경영하는 일, 전항 조성업무	鎌田勝太郎	농림업	1905. 12. 10
東洋生命保險(株)	2,000,000원	생명보험업	사장(福島宜三) 鎌田勝太郎(감사)	보험	1900. 10. 2
朝鮮實業(株)	2,000,000원	토지 기타 부동산의 매입, 농업 및 부대사업, 식림사업, 금전대부, 광업	鎌田勝太郎	농림업	1905. 8. 6
朝鮮興業(株)	3,000,000원	조선의 利源을 개발하기 위하여 조선에서 토지를 매입하여 농업, 식림, 목축, 농사개량에 관한 각종 사업 및 농산물의 매매, 창고업, 운송업 및 대부업, 이상 부대업무	사장(大橋新太郎) 이사(鎌田勝太郎)	농림업	1909. 9. 19

※출전: 中村資良, 『朝鮮銀行會社要錄』(1921년판)

2) 조선흥업주식회사 경산농장 토지소유의 특징

일제 시기 경산군의 최대 지주는 조선흥업 경산농장이었다.[72] 조선흥업은 1910년 7월 한국척식과 합병하여 한국흥업 경산출장소를 설치했다. 이후 한국흥업은 3년간 토지 매수를 계속 했다.[73] 1913년 한국흥업에서 조선흥업으로 개칭했다.[74] 조선흥업 경산농장은 경부선 경산역 부근으로 영천, 경산, 대구, 청도, 영일의 각 부 군내였다.[75]

한편 조선흥업 각 농장은 농업경영 이전에 창고업, 이출우 검역, 사육관

---

71) 鎌田勝太郎은 1897년 香川縣 다액납세자로 귀족원 의원에 임명된 후 30년간 의원 자리에 있었다(鎌田勝太郎, 『貴族院改革と將來』(大日本印刷株式會社, 1925), 1쪽).

72) 조선흥업주식회사, 앞의 책(1936), 89쪽.

73) 조선흥업주식회사, 『(旣往十年)事業槪況』(1914), 1쪽.

74) 조선흥업주식회사, 앞의 책(1919), 45쪽.

75) 조선흥업주식회사, 앞의 책(1919), 30쪽.

리, 사탕무 재배, 사탕무를 원료로 하는 제당회사 설립, 버드나무, 사과나무, 황색연초, 아편원료인 양귀비 재배, 시험 보급, 뽕밭 및 잠실을 설치 등 다양한 활동을 하였다.[76] 그러나 조선흥업 경산농장은 다른 농장과 달리 설립이래 오로지 농업경영만 했다. 그 이유를 조선흥업 경산농장의 토지소유 특징을 통해 알 수 있다.

조선흥업 경산농장 토지소유의 특징은 첫째, 기간지 중심이었다. 앞의 〈표 14〉를 보면 1911년 말 한국흥업 경산농장이 소유한 토지 면적은 모두 747.3정에 이르렀다. 구체적으로 논 56.5%, 밭 41.7%, 산림원야 1.7%로 논과 밭이 대부분으로 기간지 중심인 것을 알 수 있다.[77] 경산농장의 기간지 중심 토지 소유는 1930년대까지 계속 이어졌다[78]

둘째, 조선흥업 경산농장의 논밭 비율이 6 : 4로 계속 유지되었다. 다음 〈표 16〉을 보면 조선흥업 경산농장의 토지 소유 규모는 계속 확대되었다.[79] 다른 농장과 달리 토지 소유 규모가 계속 증가함에도 불구하고 논밭의 비율이 6 : 4로 계속 유지되었다. 이 비율은 1919년, 1928년, 1936년 통계에도 거의 달라지지 않았다. 조선흥업의 다른 농장들은 경산농장과는 다른 특징을 보였다. 황주농장은 밭 면적의 계속적인 증가, 대전농장은 논 면적의 감소, 목포농장은 논·밭·잡지 모두 증가, 삼랑진은 대규모 잡지의 증가라는 특징을 가지고 있었다.

셋째, 조선흥업 경산농장의 논 소유 면적이 계속 증가했다. 1919년에 비해 1928년 189.2정, 1936년 267.2정 늘었다. 그러나 밭 소유 면적은 1919년에 비해 1928년 110.3정 증가했지만 1936년에는 1928년에 비해 35정 줄어들었다. 특히 1928년 논의 면적이 1919년에 비해 22.9% 늘었다. 그 이유는

76) 조선흥업주식회사, 앞의 책(1929), 60~67쪽.

77) 하지연, 앞의 책(2010), 94쪽.

78) 본고 〈표 16〉 참조.

79) 1923년 말 조선흥업 경산농장의 토지 소유 규모는 1,385.3정보였다(조선총독부, 『朝鮮に於ける内地人』(1924~1937), 54쪽).

1920년대 설립된 경산·금호·연호제 수리조합 때문이었다.[80] 그러나 1928
년에서 1936년 사이 토지 소유는 60정보 증가하는 데 그쳤다. 기간지 중심
인 경산지점에서 수리조합이 설립되고 난 다음 토지 소유를 확대하기가 어
려웠던 것을 알 수 있다. 수리조합 설계 잘못과 대한발로 개량공사가 추가로
진행되어야 했다. 또한 곡가의 하락으로 인한 조합비의 고율과 공사비 부채
의 비싼 이자 등이 심각했다.[81]

〈표 16〉 조선흥업주식회사 경지 분포

지점	연도	토지종별면적(反)			
		논	밭	잡지	계
대구	1919	634.8	453.7	2	1,088.7
	1928	824.0	599	13	1,436.0
	1936	902.0	564	30	1,496.0
황주	1919	243.3	5,426.7	141.1	5,811.1
	1928	642.0	7,458	334.0	8,434
	1936	670	7,375	322	8,369
대전	1919	1,529.4	336.6	91.5	1,957.5
	1928	978.0	323.0	109.0	1,410
	1936	922.0	276.0	83.0	1,281
목포	1919	692.9	1,878.3	10.2	2,581.4
	1928	1,070	2,048	43.0	3,161
	1936	1,268	2,149	63.0	3,480
삼랑진	1919	492.6	602.1	263.8	1,357.7
	1928	583.0	738.0	351.0	1,672
	1936	755.0	534.0	374.0	1,663

※출전: 조선흥업주식회사, 『既往十五年事業槪說』(1919), 11쪽; 조선흥업주식회사, 『조선흥업주
식회사이십오년지』(1929), 표 8; 조선흥업주식회사, 『조선흥업주식회사삼십년지』(1936),
62쪽에서 재구성.

넷째, 조선흥업 경산농장은 잡지가 거의 없었다. 경산농장의 잡지 규모는

---

[80] 조선흥업주식회사 경산농장 관계 수리조합으로 산미증식계획시기 경산, 연호제, 금호
수리조합이 설립되었다(조선흥업주식회사, 앞의 책(1936).

[81] 『동아일보』「實査技師도 設計 缺陷 是認, 도령 언명딸하 디주대회 개최, 慶山水組問題
其後//地主側의 四項 要求」(1928. 1. 19); 『동아일보』「慶山水利組合 原案撤廢를 議決
三十日 評議會에서」(1931. 4. 5).

다른 지점에 비해 매우 적었다. 1919년 0.2정, 1928년 1.3정, 1936년 3.0정에 불과했다. 잡지는 황주농장과 삼랑진 농장이 압도적으로 많았다. 삼랑진 농장의 경우 1919년 19.4%, 1928년 20.9%, 1936년 22.4%로 계속 증가했다. 낙동강 하류의 황무지 때문이었다.

다섯째, 조선흥업 경산농장의 경우 밭 투자 금액보다 논 투자 금액이 2배 이상이었다. 경산농장의 투자금액 비율을 보면 논 77.8%, 밭 21.8%로 논 투자액이 훨씬 많았다. 조선흥업 논밭 투자 사항을 보면 다음 〈표 17〉과 같다.

경산농장의 밭 투자 금액은 전체 조선흥업 밭 투자 금액의 8.5%에 불과했다. 수익도 7.2%로 대전 다음으로 적었다. 경산농장의 논 투자 금액은 18.9%였다. 논 투자 금액은 목포농장이 가장 많고 경산은 황주 다음으로 적었다. 전체적으로 경산농장의 논·밭 투자를 보면 투자 금액은 14.4%였으나 수익은 12.5%로 농장에 비해 가장 낮았다.

〈표 17〉 조선흥업주식회사 논·밭 투자(1928년, 엔)

지목	밭		논		기타		합계	
수익	404,994		397,931		12,324		815,249	
투자	1,125,697		1,799,103		95,819		3,020,619	
적요	투자	수익	투자	수익	투자	수익	투자	수익
황주	560,008	207,223	215,469	27,419	17,115	2,193	792,592	236,835
목포	198,273	96,501	535,451	104,892	4,392	-	938,116	201,393
삼랑진	230,145	55,776	350,206	92,208	54,885	6,396	635,236	154,380
대전	41,505	16,181	356,979	101,042	18,408	3,339	416,892	120,562
경산	95,766	29,313	340,998	72,370	1,019	396	437,783	102,079
계	1,125,697	404,994	1,799,103	397,931	95,819	12,324	3,020,619	815,249

※출전: 조선흥업주식회사, 『조선흥업주식회사이십오년지』(1929), 통계도표.

여섯째, 조선흥업 경산농장이 구역 내 토지 가운데 수리조합 몽리구역 면적이 가장 컸다. 다음 〈표 18〉은 조선흥업 관계 수리조합 일람표이다. 각 농장의 수리조합 수를 보면 목포 2, 삼랑진 8, 대전 1, 경산 3, 해주 1곳이었다. 각 수리조합 가운데 경산농장 구역 내 수리조합 몽리면적 안에 조선흥업 몽리면적이 가장 컸다.

특히 목포 농장의 용산수리조합, 삼랑진 농장의 동면수리조합은 몽리구역
내 조선흥업 소유 토지가 1.0정보에 불과할 정도로 미미했다.[82] 그러나 경
산수리조합의 경우 조선흥업 몽리면적이 129정으로 각 농장 몽리면적 가운
데 가장 많은 부분을 차지했다. 그 이유는 조선흥업 경산농장은 처음 한국척
식이 4만 정보의 황무지 개간권을 확보한 지역을 인수했다. 조선흥업 다른
지점에 비해 수리조합 의존도가 높았기 때문이다.[83]

〈표 18〉 조선흥업주식회사 관계 수리조합(1936년)

수리조합	소재지	몽리면적(정)	조선흥업 관할점	조선흥업 몽리면적(정)
황산	전남 남해군	81	목포	14
용산	전남 진도군	197	목포	1
밀양	경남 밀양군	778	삼랑진	71
제2밀양	경남 밀양군	450	삼랑진	107
하남	경남 밀양군	1,878	삼랑진	93
부북	경남 밀양군	1,010	삼랑진	22
초동	경남 밀양군	431	삼랑진	14
대산	경남 창원군	1,350	삼랑진	87
김해	경남 김해군	1,997	삼랑진	61
동면	경남 창원군	833	삼랑진	1
대흥제	충남 천안군	235	대전	17
경산	경북 경산군	1,404	경산	129
연호제	경북 경산군	96	경산	7
금호	경북 영천군	532	경산	50
취야	황해 해주군	3,107	해주	433

※출전: 조선흥업주식회사, 『조선흥업주식회사삼십년지』(1936), 45쪽.

일곱째, 조선흥업 경산농장은 철도 선로를 중심으로 형성되어 산출 곡물
의 편리한 수송과 유통, 일본으로의 이출 과정에서 물류비용의 절감, 소작료

---

[82] 일본인 농업 경영자 가운데 조선흥업처럼 처음부터 비옥한 논을 중심으로 토지를 집적
하고 대부분 기경지 위주로 매입해 들여 수리조합의 몽리혜택 의존도가 높지 않았던
것은 매우 드문 사례였다(하지연, 앞의 책(2010), 95쪽.

[83] 하지연, 앞의 책(2010), 164쪽.

수취가 용이했다.[84] 조선흥업 경산농장은 경산, 용남, 압량, 하양, 금호, 화산, 조양, 청경 등 모두 8개였다. 경산지점 각 농장들의 총면적은 1,500정보였다.[85] 여덟째, 조선흥업 경산농장 소작인들은 1919년에는 콩, 벼, 금납 3가지 방법으로 소작료를 냈다. 그러나 1928년이 되면 벼(개량 벼, 재래 벼)와 금납 2가지로 냈다. 구체적으로 개량 벼 99.4%, 금납 0.6%로 개량 벼가 절대적이었다. 이것이 가능했던 것이 조선흥업 경산농장같이 대지주들이 품종과 개량농법의 보급을 소작인을 통해 강력하게 요구하였기 때문이다.[86] 한편 일본인의 입맛에 맞는 양질의 미곡생산은 조선 내 생산증대와 함께 수이출 물량을 증가시킬 수 있었다.[87]

〈표 19〉 조선흥업주식회사 소작료(1919년, 1928년)

종별	합계 수량(석)		황주 수량(석)		목포 수량(석)		삼랑진 수량(석)		대전 수량(석)		경산 수량(석)	
	1919	1928	1919	1928	1919	1928	1919	1928	1919	1928	1918	1928
콩	13,790	13,679	12,159	13,679	-	-	-	-	-	-	1,631	-
개량벼	30,962	36,470	2,880	1,933	5,234	7,756	5,119	10,122	9,528	8,860	8,201	7,799
재래벼		339		339		-		-		-		-
보리	2,373	1,193	-	-	865	-	1,508	1,193				
실면	333,577	4,651	-	-	333,577	4,651						
금납	5,055	473	413	179	606	-	3,717	249	-	-	319	47
합계	385,757	56,805	15,452	16,130		12,407		11,562		8,860		7,846
백분비	100	100		28.4		21.8		20.3		15.6		13.9

※출전: 조선흥업주식회사, 『기왕십오년사업개설』(1919), 12쪽; 조선흥업주식회사, 『조선흥업주식회사이십오년지』(1929), 통계도표에서 재구성.
※실면은 백근을 1석, 금납은 벼 평균 단가에 의해 석 수 환산한다. 1919년 실면은 근으로 표시.

---

[84] 하지연, 앞의 책(2010), 113쪽.
[85] 조선흥업의 논의 경우에는 강 유역이나 수리시설이 좋은 지역에 집중적으로 소유하였다. 수리조합 몽리면적 비율이 높거나 그 비율이 낮은 지역은 농장이 하천을 끼고 있는 것이 특징이었다. 또한 이 경지들은 비옥한 토질을 가진 곡창 지대에 분포되어 있음을 알 수 있다(윤수종, 앞의 글, 26쪽).
[86] 소순열, 「한국에서 근대농업기술의 변용: 수용과 이전」, 『농업사연구』 14-1(2015), 6-7쪽.
[87] 임채성, 앞의 글, 65쪽.

경산수조가 설립된 후 조선흥업 경산농장에서는 소작료를 이전보다 3할 정도 더 거두었다. 심지어 조선흥업은 반분하는 소작료에 수리조합 부과금을 회사에서 무는 대신에 소작료를 종전 반분에서 1.5할 더 내게 했다.[88] 경산수조에서는 수조 운영 경비가 약 1만 원 부족하자 이를 지주가 아닌 소작인에게 내게 했다.[89] 또한 조선흥업 경산농장에서는 한해 여파로 소작쟁의가 일어났다. 영천, 청도, 경산 등에서 소작인 5백여 명이 소작료 반절 요구서를 제출했다. 그리고 소작인들은 도 당국에 비참한 한해현황, 생활 상태를 상세하게 적은 진정서를 제출했다.[90]

4. 결론

본고에서는 일제시기 경북 경산군을 중심으로 곡물 이출과 이주일본인의 토지소유 확대를 살펴보았다. 경산군은 경부철도 경산역이 생기면서 일본인의 이주가 본격화되었다. 당시 일본인들은 도로와 철도 교통이 편리하고, 넓은 평야지역을 배후로 한 경산군에 주목했다. 경산군은 일본인 이주에 의해 도시가 형성되고 확대된 식민도시였다.

경산군은 경북 북부 평야의 미곡집산지였다. 일제 초기 경부철도가 건설되면서 일본인들이 경산군으로 이주했다. 그들은 농업과 함께 곡물거래, 곡물 이출에 집중했다. 당시 경산역의 발송화물 가운데 곡물 발송 비율이 전체 발송의 95%를 차지할 정도로 경산군은 곡물 이출 중심 도시가 되었다. 경산

---

88) 『동아일보』「육할 오분 소작료로 빈손만 쥔 농민, 소작인 일동은 매우 격분해 경산수리조합 구역」(1927. 11. 7).

89) 『동아일보』「지주과욕으로 과세조차 난안, 벌서부터 먹을 것이 업다, 경산수리조합 관내작인궁상」(1927. 11. 11).

90) 『대구일보』「旱害の餘弊として遂に小作爭議勃發す: 慶山の朝鮮興業不作人から會社へ 陳情書を出して不調 道當局へ裁斷を申出づ」(1929. 11. 29); 윤수종, 앞의 글, 66~68쪽.

역의 곡물 이출량은 경부연선에서 인동, 왜관을 제외하고는 1위였다.

경산역 이출품은 곡물과 생선, 해초, 숯, 땔나무 등이었다. 이출품의 특징은 곡물 이출이 대부분이라는 것이다. 또한 이입된 곡물의 92.4%가 경산역을 통해 그대로 이출되었다. 특히 쌀의 경우 경산시장에 이입된 양의 97.4%가 이출되었다. 쌀, 보리, 콩은 경성, 부산, 구마산, 일본 鹿兒島, 尾道, 下關으로 이출되었다. 생선과 해초는 김천, 숯과 땔나무는 대구로 이출되었다.

경산역으로 화물은 기차와 소 등, 짐꾼 3가지 방법으로 이입되었다. 철도편으로 소금, 석유, 멍석, 절인 생선, 성냥, 명태, 가마니, 새끼줄 등이 이입되었다. 이입품의 특징은 곡물을 담아 이출하기 위해 가마니와 새끼줄의 이입이 많았다. 소금, 생선, 석유, 성냥은 인천, 부산, 구마산 등 항구도시에서 들어 왔다. 가마니와 새끼줄은 일본 福崎에서 들어 왔다. 철도가 아닌 소 등이나 짐꾼에 의해 이입 된 것은 생선, 해초, 숯, 땔나무, 쌀, 콩, 보리 등이었다. 특히 곡물은 대부분 이 방법으로 이입되었다. 생선, 해초는 울산과 영일만에서 이입되었고, 곡물은 영천, 하양, 자인, 신령 및 경산군 각 지방에서 이입되었다.

이주일본인 가운데 일부는 곡물 무역을 통해 자본을 축적한 후 금호강 일대의 비옥한 토지를 사들여 농업경영에 나섰다. 경산군에 이주했던 일본인들은 일제 전 시기 동안 농림목축업에 가장 많이 종사했다. 경산군 지역은 토지가 비옥하고 농산물 생산이 많아서 경지 가격이 급등했다. 이 지역의 경지는 동척, 조선흥업 등이 왕성하게 사들였다. 1912년 지가에 대한 이윤은 대략 8, 9분에서 11~12분 사이로 높았다. 그 결과 이 지역의 논밭 가격은 매년 폭등했다. 1909년에 비해 1912년 상중하를 불문하고 2배 이상 올랐다.

한편 1911년 경산군에서 1만 원 이상 투자한 일본인은 中原房一, 清水德太郎, 한국흥업 등이었다. 이들은 모두 보통농사와 과수재배를 했다. 창업 시기는 1905년 10월부터 1907년 10월로 일제 강점 이전부터 농장을 운영하였다. 그리고 경산군의 대표적인 일본인 농업회사로 1906년 2월에 세워진 한국척식이 있었다. 한국척식은 澁澤榮一에 의해 설립된 농업회사였다.

한국척식 대표는 鎌田勝太郎이었다. 그는 1905년부터 1909년 사이 조선에서 농림업과 회사를 운영했다. 1906년 그가 소유한 논·밭·산림·원야는 439정보로 1년 생산액이 4만 8천여 원에 이르렀다. 鎌田勝太郎은 香川縣 坂出町 출신으로 醬油·양조를 만들어 香川縣의 다액 납세자가 될 정도로 성공한 인물이었다. 이후 學館長, 香川縣會議場의원, 귀족원의원을 역임했다. 그는 1905년 8월 6일 토지 기타 부동산 매입, 농업 및 부대사업 등을 목적으로 조선실업(주)을 설립했다. 같은 해인 1905년 12월 10일 자본금 1,500,000원으로 농업 및 임업 경영을 하는 鎌田산업(주)을 설립했다. 또한 그는 동양생명보험(주) 감사, 조선흥업(주) 이사를 역임했다.

일제 시기 경산군의 최대 지주는 조선흥업 경산농장이었다. 조선흥업은 1910년 7월 한국척식과 합병하여 한국흥업 경산농장을 설치했다. 1913년 한국흥업에서 조선흥업으로 개칭되었다. 조선흥업 경산농장 토지소유의 특징은 첫째, 기간지 중심이었다. 1911년 말 한국흥업 경산농장이 소유한 토지 면적은 모두 747.3정에 이르렀다. 구체적으로 논 56.5%, 밭 41.7%, 산림원야 1.7%로 논과 밭이 대부분으로 기간지 중심인 것을 알 수 있다.

둘째, 조선흥업 경산농장의 논밭 비율이 6 : 4로 계속 유지되었다. 조선흥업 경산농장의 토지 소유 규모는 계속 확대되었다. 다른 농장과 달리 토지 소유 규모가 계속 증가함에도 불구하고 논밭의 비율이 6 : 4로 계속 유지되었다. 이 비율이 1919년, 1928년, 1936년 통계에도 거의 달라지지 않았다.

셋째, 조선흥업 경산농장의 논 소유 면적이 계속 증가했다. 1919년에 비해 1928년 189.2정, 1936년 267.2정 늘었다. 그러나 밭 소유 면적은 1919년에 비해 1928년 110.3정 증가했지만 1936년에는 1928년에 비해 35정 줄어들었다. 특히 1928년 논의 면적이 1919년에 비해 189.2정 늘었다. 비율로 보면 22.9% 늘었다. 그 이유는 1920년대 설립된 경산·금호·연호제 수리조합 때문이었다. 넷째, 조선흥업 경산농장은 잡지가 거의 없었다. 특히 경산농장의 잡지 규모는 다른 지점에 비해 매우 적었다. 1919년 0.2정, 1928년 1.3정, 1936년 3.0정에 불과했다. 다섯째, 조선흥업 경산농장의 경우 밭 투자 금액보다 논 투자 금액이 2배 이상이었다. 경산농장의 투자금액 비율을 보면 논 77.8%, 밭 21.8%로 논 투자액이 훨씬 많았다.

여섯째, 조선흥업 경산농장이 구역 내 토지 가운데 수리조합 몽리구역 면적이 가장 컸다. 일곱째, 조선흥업 경산농장은 철도 선로를 중심으로 형성되어 산출 곡물의 편리한 수송과 유통, 일본으로의 이출과정에서 물류비용의 절감, 소작료 수취가 용이했다. 여덟째, 소작료를 개량 벼로 냈다. 조선흥업 경산농장 소작인들은 1919년에는 콩, 벼, 금납 3가지 방법으로 소작료를 냈다. 그러나 1928년이 되면 벼(개량 벼, 재래 벼)와 금납 2가지로 냈다. 구체적으로 개량 벼 99.4%, 금납 0.6%로 개량 벼가 절대적이었다. 이것이 가능했던 것이 조선흥업 경산농장같이 대지주들이 품종과 개량농법의 보급을 소작인을 통해 강력하게 요구하였기 때문이다.

조선흥업 경산농장의 수탈적인 소작경영으로 소작쟁의가 일어났다. 영천, 청도, 경산 등에서 소작인 5백여 명이 소작료 반절 요구서를 제출하고, 도 당국에 비참한 한해현황, 생활 상태를 상세하게 적은 진정서를 제출했다.

제3장

일제시기 영일수리조합의 설립과 운영

1. 서론

수리조합(이하 수조라 약함) 사업은 산미증식계획시기에 가장 활발했다.[1] 1910년대 수조사업은 부진했다.[2] 일제가 재정 부족으로 적극적인 수

---

[1] 산미증식계획시기 수리조합 연구로는 박수현, 『일제하 수리조합 항쟁 연구: 1920 년~1934년 산미증식계획기를 중심으로』중앙대박사학위논문(2001); 박수현, 「일제하 수리조합사업과 농촌사회의 변동: 1920~34년 산미증식계획기간을 중심으로」, 『중앙사 론』 15(2001); 박수현, 「1920・30년대 수리조합사업에 대한 저항과 주도계층」, 『한국독 립운동사연구』 20(2003); 전강수, 「일제하 수리조합사업이 지주제전개에 미친 영향: 산미증식계획기(1920~34)을 중심으로」, 『경제사학』 8-1(1984); 주봉규, 「일제하 수리조 합설치에 관한 연구」, 『경제논집』 22-1(1983); 손경희, 「일제시기 경상북도 경주군 안 강수리조합 연구: 일본인 농업경영을 중심으로」, 『대구사학』 124(2016); 박성섭, 「일제 강점기 임천수리조합 설립과 토지소유권 변동」, 『한국독립운동사연구』 51(2015); 정승 진, 「20세기전반 대규모 수리조합사업의 전개: 영광수리조합의 사례분석」, 『대동문화 연구』 36(2000); 손경희, 「일제시기 경상북도 경주군 서면수리조합과 일본인 농업경 영」, 『대구사학』 82(2006); 손경희, 『한국근대수리조합연구』(선인, 2015); 정승진, 「호남 (湖南)지역사회 속의 동진수리조합(東津水利組合): 장기사적 관점에서의 연구서설」, 『대동문화연구』 94(2016) 등이 있다.

조 조성책을 펴지 못했기 때문이다. 당시 일제의 농업정책은 적은 자금으로 효과를 볼 수 있는 우량품종의 보급, 시비량의 증가 등을 통한 농사개량사업에 치중했다. 토지개량사업은 재래의 제언·보 수축에 집중되었다.[3] 그러나 총독부의 제언과 보 수축사업 보조는 1918년에 중단된다. 1919년부터는 수조 사업 보조가 시작되었다.[4]

일제는 1910년대 기술과 많은 자금을 필요로 하는 수조 사업에 대해서는 법으로 보호하고 장려하는 데 그쳤다. 그 구체적 실행은 지주의 투자에 의존했다.[5] 1910년대 조선에 설립된 수조는 모두 17곳이었다.[6] 대부분 전북과 경남 지역에 설치되었다. 이 두 지역은 일찍부터 일본인 지주들의 토지집적이 활발하게 진행된 곳이다.[7] 전북에서는 만경강 유역에 설립된 수조가 대표적이다.[8]

---

[2] 1910년대 수리조합 연구로는 이애숙, 「일제하 수리조합의 설립과 운영」, 『한국사연구』 50·51(1985)가 대표적이다. 1909~1911년에 설립된 수리조합 연구로 정승진, 「한말 일제초 전통 제언계의 근대적 수리조합으로의 전환: 만경강 하류 沃溝西部氷利紐合의 사례분석」, 『전북사학』 34(2009); 우대형, 「일제하 만경강(萬頃江) 유역 수리조합 연구」, 『동방학지』 131(2005); 정승진, 「일제시대 전익수리조합의 전개과정과 그 역사적 의의」, 『농촌경제』 31-6(2009) 등이 있다.

[3] 박수현, 위의 글(중앙대 박사학위논문, 2001), 10~11쪽; 정연태, 「1910년대 일제의 농업정책과 식민지지주제」, 『한국사론』 20(1988); 이영학, 「1910년대 조선총독부의 농업정책」, 『한국학연구』 36(2015), 556쪽.

[4] 이애숙, 「일제하 수리조합의 설립과 운영」, 『한국사연구』 50·51(1985), 321~324쪽.

[5] 박수현, 위의 글(2001), 11~12쪽.

[6] 1910년대 설립 된 수리조합은 경기도 여화(1919), 심곡(1919), 충북 의림지(1919), 전북 옥구서부(1908), 임익(1909), 임옥(1911), 임익남부(1909), 전익(1910), 고부(1916), 경북 영일(1916), 경남 밀양(1909), 김해(1912), 대저(1916), 평북 대정(1914), 삽교천(1917), 강원 문막(1919) 등 17곳이다(국가기록원, 『국가기록원 일제문서해제: 수리조합편』(2009), 255~269쪽.

[7] 淺田喬二, 『日本帝國主義と舊植民地地主制』(御茶の水書房, 1968), 67~71쪽.

[8] 만경강 유역의 수리조합 연구로는 우대형, 「일제하 만경강 유역 수리조합 연구」, 『일제하 만경강 유역의 사회사: 수리조합, 지주제, 지역 정치』(혜안, 2006); 박명규, 「일제하 수리조합의 창설과정과 그 사회경제적 결과에 관한 연구: 전북지방을 중심으로」, 『성곡논총』 20(1989); 서승갑, 「일제하 수리조합 구역내 증수량의 분배와 농민운동: 임익·익옥수리조합을 중심으로」, 『사학연구』 41(1990); 이경란, 「일제하 수리조합과 농장지주제: 옥구 익산지역을 중심으로」, 『학림』 12·13(1991); 정승진, 「식민지지주제의 동향

1910년대 경북지역에 설립된 수조는 영일군[9]의 영일수리조합(이하 영일수조라 약함)뿐이었다. 영일수조는 1916년에 설립되었다. 본고에서는 영일수조를 통해 1910년대 수조의 설립과 운영 특징을 살펴보고자 한다. 1910년대 수조 사업은 자본이 풍부한 극소수 일본인 대지주 주도로 일본인 지주 밀집지역에서만 주로 추진되었다.[10] 영일수조도 이주일본인과 대지주 오쓰카(大塚昇次郎)의 주도하에 설립되었다.[11]

일제는 영일수조 설립 이래 지원을 계속했지만 1927년에 불량수조가 되었다.[12] 본고에서는 영일수조가 왜 1927년에 불량수조가 되었는지 원인을 규명하고자 한다. 그동안 '식민지근대화론' 입장에서는 수조 사업의 부실화 원인을 1920년대 말 1930년대 초 농업공황에 따른 쌀값 폭락이라는 외적 요인을 주로 강조했다.[13] 그러나 영일수조의 수조 사업 부실화는 외적 요인보다는 수조 사업 자체에 기인하고 있다는 점을 밝히고자 한다.

다음으로 영일수조는 1935년 조선총독부의 불량수조 정리계획 대상인 갑조합(5개), 을조합(35개), 병조합(28개)에 포함되지 않았다.[14] 1927~1929년

(1914~1945): 전북『익산군춘포면토지대장』의 분석」,『한국경제연구』12(2004); 松本武祝「植民地朝鮮における農業用水の開發と水利秩序の改編: 萬頃江流域を對象に」,『朝鮮農村の'植民地近代'經驗』(社會評論社, 2005); 정승진, 「한말 일제초 전통 제언계의 근대적 수리조합으로의 전환: 만경강 하류 옥구서부빙리유합의 사례분석」,『전북사학』34(2009); 정승진, 「일제시대 전익수리조합의 전개과정과 그 역사적 의의」,『농촌경제』31-6(2009).

9) 영일군의 일본인 이주 증가와 상권장악, 농업경영, 토지소유에 대해서는 손경희, 「일제강점기 경북 영일군의 이주일본인 증가와 토지소유 확대」,『대구사학』122(2016)의 연구가 있다.

10) 박수현, 위의 글(2001), 12쪽.

11) 손경희, 위의 글(2016), 185~186쪽.

12) 경상북도,『慶北の農業』(1928), 9쪽;『동아일보』「不良水利組合 救濟의 對策을 特別委員會에서 審議」(1927. 10. 12);『동아일보』「全朝鮮水利組合實査: 慶尙北道, 日人荒蕪地 開墾이 設置動機의 重要點, 水稅高率로는 慶北道首位, 迎日水利組合(第一隊 第四班 金枓白)」(1927.11.15.);『매일신보』「經營難에 싸진 迎日水組 債務整理斷行」(1928.2.20).

13) 이영훈 외,「부평수리조합의 재정구조」,『근대조선수리조합연구』(일조각, 1992); 김재훈,「1925~1931년 米價하락과 부채불황」,『한국경제연구』15(2005).

까지 계속 불량수조에 이름을 올렸던 영일수조가 왜 불량수조 정리계획 대상에 포함되지 않았는지 확인하고자 한다.

본고에서는 영일수조와 관련된 자료로 국가기록원에 소장되어 있는『영일수조설치관계서류』(영일수조, 1916)를 이용했다. 이 자료에는 영일수조 조합장 부조합장 선임 인가의 건, 이력서, 공사 건 등 조합설치와 관련된 다양한 자료들이 포함되어 있다. 그리고『영일수리조합공사인가서류』(영일수리조합, 1918~1919)에는 영일수조 공사와 관계된 자료들이 포함되어 있다. 이러한 자료들은 영일수조 설립과 운영을 살펴보는 데 큰 도움이 된다.

2. 영일수리조합 설립 이전 영일군 수리 관개 상황

영일수조 몽리구역은 영일군 형산, 대송, 연일 3면을 지나는 형산강[15] 하류지역이었다.[16] 이 지역은 포항면 구역으로 1917년 특별지정면이 되었다.[17] 형산강은 하천의 규모로 보면 남한 내 10위로 큰 편이다.[18] 그러나 일제 강점 전부터 형산강 하류는 수재(水災)로 논농사의 어려움이 많은 지

---

[14] 조선총독부농림국,『經營困難ナル水利組合ノ各組合別整理』(1934).

[15] 형산강은 한반도에서 유일하게 남에서 북으로 흐르는 하천이다. 형산강은 경주를 통과하여 포항으로 흘렀다(강태호,「형산강의 현황과 관리 방안」,『경주연구』17-1(2008), 8쪽); 1910년대 하천 하류에 설립되었던 수리조합에 대한 연구는 만경강 유역의 수리조합 연구가 대표적이었다(홍성찬 외, 앞의 책; 정승진,「한국 근현대 농업수리질서의 장기적 재편과정(1908~1973): 만경강 유역 전북수리조합의 합병 사례분석」,『한국경제연구』26(2009); 정승진,「한말 일제초 전통 제언계의 근대적 수리조합으로의 전환: 만경강 하류 옥구서부수리조합의 사례분석」,『전북사학』34(2009); 우대형,「일제하 만경강(萬頃江) 유역 수리조합 연구」,『동방학지』131(2005); 정승진,「일제시대 전익수리조합의 전개과정과 그 역사적 의의」,『농촌경제』31-6(2009); 松本武祝,「植民地朝鮮における日本人大地主と河川水利用秩序の改編」,『한일관계사연구』51(2015).

[16] 경상북도, 앞의 책(1929), 67쪽.

[17] 田中正之助,『浦項誌』(1935), 353쪽.

[18] 강태호, 앞의 글, 9~10쪽.

역이었다.[19) 1904년 조사에 의하면 형산강 하류 경지 면적은 총 4,000정보로 매년 침수를 당했다.[20) 지역 농민들은 농사짓기가 어려워 다른 곳으로 이주하는 상황이었다.[21)

〈그림 1〉 연일천 유역평지

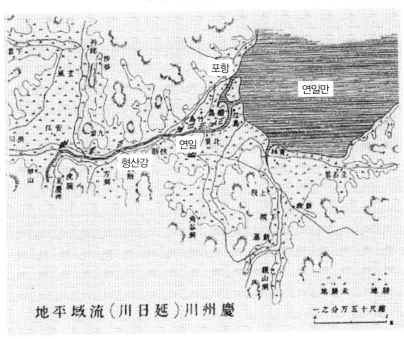

※출전: 三成文一郞, 한상찬 외 옮김, 『한국토지농산조사보고 III』(민속원, 2012), 221쪽.

조선 후기부터 일제 초까지 영일군의 수리시설은 제언 중심이었다. 1757년의 『여지도서』에는 연일군의 제언 수가 24곳으로 전국에서 제일 적었

---

19) 吉田英三郞, 『朝鮮誌』(町田文林堂, 1911), 554쪽; 『황성신문』「延日水災」(1909. 8. 14); 『황성신문』「慶北水害續報」(1909. 9. 1).

20) 三成文一郞, 한상찬 외 옮김, 『한국토지농산조사보고 III』(민속원, 2012), 219~221쪽; 『황성신문』「大雨爲災」(1903. 2. 14).

21) 田中正之助 외, 『浦項誌』(조선민보사포항지국, 1935), 236쪽.

다.[22] 1780년 전후 조선 전역의 제언 수는 3,378개소였다. 이 가운데 경상도 제언은 1,522개소로 45%를 차지할 정도로 많았다. 그러나 영일군의 제언은 63개소로 4.1%에 불과했다.[23]

1910년대 일제는 예산 때문에 수리시설을 적극적으로 설치할 수 없었다.[24] 그 대신 토지개량사업 일환으로 황폐한 제언·보 수축을 권했다.[25] 1910년에는 경북 제언 수는 전국에서 1위였다. 하지만 10여 년 동안 준설과 수리를 하지 않아 제대로 활용하기 어려웠다. 경북에서는 이 시기 제언 317곳을 수리했다.[26]

1912년 일제는 〈灌漑工事補助規程〉을 발포해서 관개 공사를 장려했다.[27] 당시 영일군[28]에는 112곳의 제언이 있었다. 〈표 1〉에서 보듯 1910~1912년까지는 한 곳도 고치지 못했다. 다만 1913년에 5곳을 수리할 예정이었다.

〈표 1〉 영일군 개수 제언(1912년)

부군	제언 수	1910년도 개수	1911년도 개수	1912년도 개수	1913년도 개수예정
장기	8	-	-	-	
연일	21	-	-	-	1
흥해	69	-	-	-	2
청하	14	-	-	-	2
합계	112	-	-	-	5

※출전: 경상북도, 『권업통계서』(1912), 123쪽.

22) 정치영, 「『여지도서』를 이용한 조선후기 제언의 지역적 특성 연구」, 『대한지리학회지』 43-4(2008), 631쪽.

23) 흥해 41곳, 연일 21곳, 장기 1곳이었다(조선총독부, 국토해양부 옮김, 『조선하천 조사서(1929년)』(2010), 8~9쪽).

24) 이영학, 앞의 글, 558쪽; 조선총독부, 「堤堰洑管理規程」, 『조선총독부관보』(1913. 5. 19).

25) 池田秀雄, 「朝鮮産業界の今昔」, 『朝鮮及滿洲』 233(1927), 32쪽.

26) 『황성신문』「경북제언수리」(1910. 7. 12); 『황성신문』「제언수축의 권유」(1910. 8. 10)

27) 경상북도내무부 농무과, 『慶北の農業』(1928), 9쪽.

28) 영일군은 원래 장기, 연일, 흥해, 청하 4군을 1914년 3월 부군폐합(府郡廢合)에 의해 하나의 군이 되었다(경상북도, 『郡行政一斑』(1929), 1쪽).

다음 〈표 2〉는 1912년 영일군 관개별 면적일람표이다. 영일군 전체에서
보에 의해 물 대는 논 비율이 12.8%, 제언에 의해 물대는 논 비율이 11.3%로
제언이 조금 많았다. 영일군에서 천수답이 많은 곳은 흥해와 장기 순이었다.
영일군 전체 논 면적 가운데 천수답 면적 비율이 75.8%에 달해 수리상태가
불량했다.

〈표 2〉 영일군 관개별 면적일람표(1912년 말 조사, 정)

부군	논		보 수	제언 수	보에 의해 물 대는 논		제언에 의해 물 대는 논		천수답	
	면적	비율			면적	비율	면적	비율	면적	비율
장기	2,233.0	29.0	41	8	200.0	20.2	53.0	0.6	1,980.0	33.9
연일	1,241.6	16.1	21	21	429.0	43.4	214.0	24.5	598.6	10.2
흥해	2,911.3	37.8	19	69	255.0	25.8	446.0	51.1	2,210.3	37.9
청하	1,297.0	16.8	4	14	103.0	10.4	159.0	18.2	1,035.0	17.7
합계	7,682.9	100	85	112	987.0	100	872.0	100	5,823.9	100

※출전: 경상북도, 『권업통계서』(1912), 124쪽.

한편 1911~1915년 전국의 관개 상황을 보면 제언 1,817곳, 보 1,902곳으로
모두 3,719곳이었다. 이 시기 제언 수축이 중심이었다. 그러나 1915년 제언
수축 비율은 예정 까지 합쳐 7.8%에 불과했다.[29] 다음 〈표 3〉은 1916년도
조선의 제언 및 보 수축 상황이다. 경북의 제언 총수는 1,793곳으로 가장 많
았다. 경북은 1915 · 1916년 제언 수축도 전라남북도 다음으로 많았다. 보의
총수는 1,902곳으로 전남과 강원도 다음으로 많았다. 그러나 보의 수축은 9
곳으로 매우 미약했다.

29) 『조선휘보』「堤堰狀修築狀況」(1915. 10. 1)

제언 총수	보 총수	1911~1914년 수축 수		1915년 수축 예정		나머지	
		제언 수	보 수	제언 수	보 수	제언 수	보 수
1,817	1,902	94	4	49	-	1,674	1,898

구분 / 도별	제언				보			
	제언 총수	제언 수축 수			보 총수	보 수축 수		
		1915년	1916년	합계		1915년	1916년	합계
경기도	80	43	-	43	1,215	39	8	47
충청북도	122	98	2	100	687	15	6	21
충청남도	355	144	18	162	612	3	2	5
전라북도	513	363	21	384	1,784	-	15	15
전라남도	397	294	16	310	6,997	-	-	-
경상북도	1,793	125	43	168	1,902	5	4	9
경상남도	221	142	14	156	803	58	11	69
황해도	40	11	-	11	1,118	55	13	68
평안남도	7	3	1	4	373	17	2	19
평안북도	2,589	-	-	-	850	21	8	29
강원도	241	1	-	1	3,873	2	1	3
함경남도	19	-	1	1	298	-	8	8
함경북도	7	1	1	2	195	4	3	7
총계	6,384	1,225	117	1,342	20,707	219	81	300

※출전: 조선총독부, 「1916년도 堤堰 및 洑 修築 狀況」, 『조선총독부통계연보』(1916, 제288표).

3. 영일수리조합 설립과 주체

1) 일본인 대지주와 大塚昇次郎

영일수조는 1916년 2월 설립된다.[30] 영일군은 일제강점 이전부터 포항항
이 가진 항구로서 특성 등으로 일본인들이 주목한 지역이었다.[31] 대표적인

---

[30] 『동아일보』「全朝鮮水利組合實査: 慶尙北道, 日人荒蕪地開墾이 設置動機의 重要點, 水
稅高率로는 慶北道首位, 迎日水利組合(第一隊 第四班 金科白)」(1927. 11. 15).

[31] 포항항은 경북 동쪽 끝에 위치한 南鮮 동해안 유일의 무역항이었다. 부산－원산 간 要
津으로 당시 함경남북의 명태어 4할이 이 지역에 내려져 대구는 물론 안동, 의성, 예천,
김천, 상주, 멀리는 충청도부터 전라도 방면까지 진출하고 각지의 시장을 번영케 했다
(田中正之助, 앞의 책, 313~321쪽).

인물이 나카타니 다케사부로(中谷竹三郎)[32]와 오쓰카였다.[33] 특히 오쓰카는 영일군의 미간지와 영일만을 통한 미곡수출의 편리함에 주목했다.[34] 그는 1908~1916년 사이에 영일군 일대 국유미간지를 집중적으로 대부받았다.[35] 그는 영일수조 설립 이전 국유미간지(대여) 6천 정보를 소유한 상황이었다.[36]

　오쓰카가 영일수조 설립을 주도한 이유는 분명했다. 자신이 소유한 미간지를 개간하는 것이다.[37] 다음 〈표 4〉를 보면 그는 1905년 3월 연일군과 흥해군 일대에 大塚농장을 설립했다. 120,000엔을 투자하여 자작과 소작으로 보통농사, 과수, 야채 농사를 지었다. 1912년 영일군에서 1만 원 이상 투자한 일본인 농업경영자는 오쓰카가 유일했다.[38]

　당시 오쓰카의 토지 소유 특징은 산림 원야의 급격한 증가였다. 논 면적은 다른 지목에 비해 크게 증가하지 않았다. 밭 면적은 2년 사이 54.0정 증가했다. 산림원야는 1910~1912년 사이 115.0정이나 늘었다. 산림 원야의 증가는 조림 사업 때문이었다. 조림사업은 그의 토지 소유 확대 방법이었다.[39] 오쓰카는 1910년에 대송면 송정동 모래 언덕을 대부받아 해송(海松)을 심었다. 1917년 7월 조림사업의 성공으로 국유 대부지를 부여받았다. 오쓰카는 이 성공을 바탕으로 포항 중앙 부근의 사유림 150여 정보를 매수하여 식수·조림했다. 그는 1912년 영일군 일대에 179.0정을 소유한 대지주였다.[40]

---

32) 田中正之助, 앞의 책, 320쪽.

33) 山本庫太郎, 『最新朝鮮移住案内』(1904), 67~68쪽; 大塚昇次郎의 원적은 일본 鳥取縣 西伯郡 米子町이었다. 처음 4회는 가주소를 부산 西町 2丁目 7번지에 두고 대여 허가를 받다가 나중에는 경북 연일군 북면 포항으로 옮겨 대여미간지를 이용하는데 나섰다 (『조선농회보』「大塚農場의 未墾地開墾」6-5(1911), 42쪽).

34) 손경희, 앞의 글(2016), 180쪽.

35) 손경희, 앞의 글(2016), 181~187쪽.

36) 영일수리조합, 『영일수리조합설치관계서류』(1916), 460쪽.

37) 『동아일보』(1927. 11. 15).

38) 경상북도, 『권업통계서』(1912), 63~64쪽.

39) 大塚昇次郎은 '조선에서 산업개발의 근본을 治山에 두었다(逹捨藏, 『慶北大鑑』(1934), 793~794쪽).

〈표 4〉 영일군 일본인 농사경영자(1910년 12월말 현재 소유지 논밭 100정보 이상)

연도	경영지	소유지 면적					영농 종별	경영 방법	창업 연월	투자액	경영자
		논	밭	산림 원야	기타	계					
1910	(경북) 연일, 흥해 각군내	25.0	158.0	4.0	-	187.0	보통농사 과수 소채	자작 소작	1905.3	120,000	경북연일 大塚農場
1912	흥해, 연일군	35.0	212.0	119.0	-	366.0	보통농사	자작 소작	1905.3	120,000	大塚昇次郎
1912년 토지소유 증감분		10.0	54.0	115.0	-	179.0					

※출전: 尾西要太郎 편, 『鮮南發展史』(1913), 203쪽; 경상북도, 『권업통계서』(1912), 64쪽에서 재작성.

또 다른 오쓰카의 토지 소유 확대 방법은 국유미간지 개간사업이었다. 그는 1908~1914년 말까지 국유미간지 개간사업을 통해 약 350정보를 개간했다. 그 가운데 오쓰카는 130정보를 부여받았다.[41] 당시 그는 국유미간지 사업에 참여한 일본인 가운데 가장 성공한 대표적인 인물이었다.[42] 그의 국유미간지 대부는 1915년까지 계속 이어졌다. 이후 오쓰카는 본격적으로 수조 사업에 뛰어들었다.[43]

영일수조는 1915년 4월 6일 임시 인가를 받고, 1916년 2월 12일 정식 인가를 받았다.[44] 영일수조는 설립과정에서 관청의 힘을 적극적으로 이용했다. 영일수조 구역인 포항면을 1917년 특별지정면으로 만들었다. 渡邊失次郞을 면장으로 삼았다. 면 상담역에 나타다니, 福島伊平 등이 임명되어 이주일본

40) 逵捨藏, 위의 책, 794쪽.
41) 영일수리조합, 「이력서」, 『영일수리조합설치관계서류』(1916), 457쪽; 『황성신문』 「미간지대여인허」(1908. 10. 23); 김재훈, 「한말 일제의 토지점탈에 관한 연구: '국유미간지이용법(1907년)'을 중심으로」(한국정신문화연구원 석사학위논문, 1984), 82~83쪽.
42) 충남 포산군 小林농장, 전남 영산포 東山농장, 영산강 友流의 旭농장, 경북 연일만 大塚농장 등이다(『조선농회보』 「第3回農業技術官會議忍可事項に對する答申の要點」 6-3(1911), 30쪽).
43) 손경희, 앞의 글(2014), 184~185쪽.
44) 『동아일보』(1927. 11. 15).

인들의 활동이 매우 수월해졌다.[45]

오쓰카는 1915년 4월 18일 영일수조 제1회 발기인회를 영일 군청에서 개최했다. 영일수조 상임위원으로 오쓰카,[46] 나카타니,[47] 福島伊平, 北垣又次郞,[48] 西島次郞 등 이주일본인 5명을 선발했다. 영일수조 설립과 운영의 핵심은 상임위원들이었다. 이들은 수조 설립 이전인 1915년을 기준으로 이전에는 농장경영, 곡물상, 미곡판매 등을 하던 중소자본가들이었다. 그러나 영일 수조 설립 이후 대부분 수조사업과 함께 상업 활동과 회사 경영 등 자본가로 전환한다.

<표 5> 영일수리조합 상임위원(1915년 전, 후)

성명	활동 및 경력	
	1915년 이전	1915년 이후
大塚昇三郞	흥해와 연일 농장 경영(大塚農場, 1905), 자동차 영업, 학교조합 평의원, 포항곡물조합 조합장	영일수리조합 발기인. 영일수리조합장
中谷竹三郞	해산물 매입 및 어업경영, 곡물상. 일본인회 회장(1910). 淡盛商會 지점 운영	면협의회의원(1920), 1918~1936년 영일수리조합장. 영일흥업(주) 이사(1918), 포항무진(주) 이사(1923), 경북어업(주) 대표자(1927), 포항양조(주) 이사(1928), 공영자동차(주) 대표자(1928), 포항운수(주) 대표자(1931), 경북수산(주) 대표자(1931), 中谷竹三郞상점(주) 대표자(1934), 조선축산(주) 대표자(1936), 경북물산(주) 대표자(1937)
福島伊平	일본인회 회원(1907)	면협의회의원(1920), 迎日興業(株) 이사(1928), 浦項無盡(株) 사장, 大福回漕店(株), 福島商店(株) 사장, 丸三漁業(株) 사장, 경북수산(주) 이사, 어업조합 사장

[45] 田中正之助, 앞의 책, 353쪽.

[46] 大塚昇次郞은 1895년 7월 島取縣 심상중학교 졸업, 1895년 9월 동경 고등상업학교 진학. 1898년 米子수산주식회사 전무취체역, 1900년 2월 일본냉장합자회사를 세우고 전무가 됨(영일수리조합, 앞의 글(1916), 457쪽).

[47] 中谷竹三郞이 운영한 회사와 그의 활동에 대해서는(손경희, 앞의 글(2016), 17~19쪽) 확인할 수 있다.

[48] 北垣又次郞은 1922년 영일군 흥해면 용한동 소재 황무지 74.0202町을 植樹 목적으로 貸付 받았다(『朝鮮總督府官報』 1922. 9. 7) 北垣又次郞은 1929년 포항면 면협의회원을 역임했다(『매일신보』「緊張된 各地選擧界 十九名의 亂戰 浦項面의 形勢」(1929. 11. 15).

北垣又次郎	미곡판매, 광산운영	포항양조(주) 감사(1928), 포항운수(주)감사, 포항해륙운송(주)(1928), 영일수리조합장(1937년)
西島次郎	일본인회 회원(1907)	영일수리조합 상임위원

※출전: 中村資良,『朝鮮銀行會社要錄』(1921~1939); 田中正之助 외,『포항지』(1935), 42쪽, 195~250쪽, 254쪽. 영일수리조합,『영일수리조합설치관계서류』(1916), 457~458쪽에서 재구성.

당시 영일수조 조합원은 일본인 148명, 조선인 1,724명으로 모두 1,868명이었다. 국적별로 보면 일본인 7.9%, 조선인 92.2%로 조선인이 대부분이었다.[49] 그러나 영일수조 운영은 이주일본인들이 차지했다. 영일수조에서는 설립 당시 조합장과 부조합장 모두 '상당한 자산 신망을 가진 자'를 내걸었다. 영일수조 규약 제39조에 '조합장, 부조합장 및 조합 의원은 조합 구역 내에 있어서 지세 또는 국유미간지 대부료 연액 5엔 이상을 납부할 수 있는 자'로 정하여 상당한 자산가만이 조합장이 될 수 있었다.[50]

영일수조에서는 1916년 2월 18일 조합원 총회를 열어 조합장과 부조합장을 뽑았다. 조합장은 오쓰카, 부조합장 崔柄翰이었다.[51] 조합 의원은 富吉松次郎, 福島伊平, 增田三津次, 西島二郎, 大上善兵衛, 나카타니, 北垣又次郎, 福島源吉, 秋田火三郎, 許浩一, 吳日鵬, 安永煥, 趙瑩欽, 鄭文圭, 金亨淑, 吳德魯 등 16명이었다. 조합 의원 가운데 일본인 비율은 62.5%였다.[52]

제1대 영일수조 조합장 오쓰카는 조합장이 되기 전 영일군에서 농장경영, 자동차 영업, 학교조합 평의원, 포항곡물조합 조합장 등 다양한 활동을 했던 인물이다. 그는 1914년 10월 포항을 중심으로 자동차 운수 사업,[53] 1915년 1월에는 영일수산주식회사 창업 이사가 되었다.[54]

49) 영일수리조합,「회의록」,『영일수리조합설치관계서류』(1916), 461~462쪽.

50) 영일수리조합,『영일수리조합설치관계서류』(1916), 451쪽.

51) 영일수리조합,「영일수리조합조합장부조합장선임인가의 건」,『영일수리조합설치관계서류』(1916), 456쪽.

52) 영일수리조합,『영일수리조합설치관계서류』(1916), 464~467쪽.

53) 田中正之助 외, 앞의 책, 162쪽.

부조합장 최병한은 1913년 11월 경북 물산공진회에서 4등상을 포상한 인물이다. 그는 1915년 7월 영일군 축산조합고문이 되었다.[55] 영일수조 출납역은 藤野權一이었다. 그는 山口縣 출신으로 경북 경주군 안강에 살았다. 1914년 경주군의 도로 협의비 지불 사무원, 1915년 9월 1일 서기, 1916년 영일수조창립사무소 출납역이 되었다. 부조합장 최병한과 출납역 藤野權一은 영일군에서 농업경영을 하던 인물은 아니었다.[56]

영일수조 조합장의 토지소유를 보면 수조 설립 의도를 알 수 있다. 다음 〈표 6〉은 영일수조 조합구역 내 조합장과 부조합장 토지 소유이다. 오쓰카 조합장의 토지 소유 특징은 논보다 밭이 많았다. 그는 국가로부터 대여 받은 국유미간지 6천 정보를 소유하였다. 그는 수조사업을 통해 6천 정보의 국유미간지를 논으로 지목변환 하고자 했다.

〈표 6〉 영일수리조합 구역 내 조합장 소유지(정)

면명	동명	면적(정)				성명
		논	밭	잡종지	계	
포항, 연일, 대송면	상도, 대잠, 효자, 죽도, 장기, 송내, 송정동	24.6	64.3	2.0	90.9	大塚昇次郎

※출전: 영일수리조합, 『영일수리조합설치관계서류』(1916), 460쪽.

[54] 大塚昇次郎은 1905년 3월 조선으로 이주하여 大塚농장을 만들었다. 그는 1908년부터 1911년까지 일본 주차군에게 목초와 기타 식량을 상납했다. 1912년 대구－포항 간 자동차 영업을 시작했다. 또한 그는 1908년 학교조합 평의원, 1911년 8월 포항지방파산관재인에 추천되었다. 1912년 10월 포항곡물조합 조합장, 조선자동차운반상회를 운영했다(『매일신보』「최근의 全州: 自動車營業願」(1912. 7. 14); 영일수리조합, 위의 글(1916), 457~458쪽.

[55] 崔柄翰은 본적은 경북 영일군 포항면 상도동이었다. 1885년생으로 1892년 사립한문사숙에 입학 한문을 수학했다. 1906년 경성사립양정의숙 법률과에 입학, 1909년 졸업, 1909년 9월 경성사립 측량학교에 입학, 1909년 12월 경성사립 측량학교 속성과을 졸업했다(영일수리조합, 위의 글, 1916, 459쪽).

[56] 藤野權一은 1879년 6월 26일생이다. 1895년 4월 15일 山口縣 豊浦중학제2년 수업, 1899년 3월 통신서기보 시험합격 체신부 통신서기보에 임명되었다(영일수리조합, 위의 글, 1916, 468~471쪽).

영일수조는 영일군 이주일본인 즉 대지주에 의해 운영되었다. 영일수조 2대 조합장은 福島伊平이었다. 그는 원래 어업에 종사하던 인물로 1917년 영일수조 조합장을 역임한 후, 1926년 영일어업조합장,[57] 포항면 협의원이 되었다.[58]

영일수조 3대 조합장은 나카타니였다. 나카타니는 영일군에 처음 이주한 일본인으로 경남, 경북, 강원도의 해산물 매입 및 어업경영을 했다. 그리고 그는 부산에 본점이 있던 담성상회(淡盛商會) 포항지점을 운영했다.[59] 곡물과 해산물 무역을 통해 자본을 축적한 그는 1910년~1930년대 영일어업조합장, 경북평의회원, 포항금융조합장 등 다양한 직함을 가지게 된다.[60] 나카타니는 1918년 7월 영일수조 조합장에 취임한 후 1938년까지 영일수조 조합장으로 근무했다. 일본인 대지주에 의해 운영되었던 영일수조는 1927년 불량수조가 되었음에도 불구하고 조선총독부의 지원을 받아 수조를 유지했다.[61]

2) 영일수리조합 예상 수익과 동척의 지원

나카타니는 1918년 7월 영일수조 3대 조합장이 되었다. 영일수조 설립 목적은 영일군 형산면, 대송면에 걸쳐 형산강 좌우 양안의 평야 약 1,400정보의 지구에 대해 관개개선의 도모하는 것이다. 주요 공사로 영일군 달전면에서 형산강 협착부 양안(兩岸)에 60마력 양수기 각 1대를 설치하고, 형산강 양안의 지구 내 도수용(導水用) 수로를 축조하여 1,400정보를 관개하는 것이었다.[62]

57) 『매일신보』「迎日灣內의 漁業 道綱制限解除를 漁民이 陳情」(1926. 10. 15).
58) 『중외일보』「各地府協議員及重要面協議員選擧: 面協議員」(1926. 11. 23).
59) 손경희, 앞의 글(2016), 173쪽.
60) 손경희, 위의 글(2016), 175~177쪽.
61) 『매일신보』「各地方産業功勞者紹介 慶尚北道 水利組合設立 農村開發에 全力 中谷竹三郎氏」(1932. 1. 17).
62) 영일수리조합, 『영일수리조합토지개량사업보조서류』(1922~1929), 183~184쪽.

영일수조에서는 설립 초기 조선총독부의 인가를 얻기 위해 예상 수익을 매우 높게 책정했다.[63] 〈표 7〉은 영일수조 사업으로 인한 1단보당 수익 증진표이다. 통수 전후 수입은 소작료로만 계산했다. 소작료에서 공과금과 관리비를 제외하고 남는 것이 순이익이다. 통수 전 이익은 논이 가장 높았다. 통수 후 밭의 이익이 4.765엔으로 가장 높을 것으로 예상했다. 밭은 통수 후 소작료 수입이 4배가량 늘어날 것으로 기대했다.

〈표 7〉 영일수리조합 1단보 수익 증진표(엔)

연차	과목	수입 (소작료)	지출			차감이익	이익증진고
			공과금	관리비	관리비 부담 이자		
통수 전	논	3.350	.756	.161		2.332	
	밭	1.800	.550	.090		1.160	
	미간지	.100	.050	.005		.045	
통수 후	논	7.500	.962	.375	.060	6.103	3.771
	밭	7.500	.962	.375	.240	5.925	4.765
	미간지	3.500	.132	.175	.576	2.597	2.552

※출전: 영일수리조합, 『영일수리조합설치관계서류』(1916), 510쪽.

영일수조 설립 과정에서 가장 큰 문제는 일부 일본인 대지주에 의해 급하게 설립된 것이 가장 큰 문제였다. 특히 수조 사업 준비 부족으로 인한 여러 가지 문제가 드러났다.[64]

영일수조에서는 대잠동 소재 대잠제를 개축하여 약 150정보를 관개하고, 형산강 우안 연일면 유주동 소재 조박제를 개축하여 약 200정보를 관개하려

---

63) 설치인가에 필요한 요건은 원칙적으로 구역 내 토지소유자의 동의와 사업의 수익성이 있었다. 총독부는 조합을 인가할 때 기채의 원리상환 연부금액과 조합 경상비 등을 가한 총액이 사업 완성 후 예상 증수 액의 1/2 이상을 초과하지 않는 것을 원칙으로 하여 이 조건에 미달하는 조합은 인가하지 않았기 때문이다(박수현, 앞의 글(2001), 133쪽).
64) 양수기는 그 능률이 예상에 반하여 계획 예정 수량을 양수하기가 불능했다. 당시 공사 시행법이 불완전하여 간선수로의 누수가 많아 몽리면적의 확장도 예정대로 거두지 못했다. 그리고 수해가 매년 영일수조 지구를 황폐케 했다(『매일신보』(1932. 1. 17)); 『동아일보』(1927. 11. 15).

했다. 이 외에 영일군 달전면 형산강 협착부를 이용하여 좌·우안에 60마력 운동기가 운전하는 양수기[65] 2대를 설치하여 좌안 면적 약 260정보에 관개한다. 또한 우안 면적 약 420정보를 관개한다. 그리고 냉천보(冷川洑) 물을 끌어와 형산강 우안 하류 지역 즉 남천 우안 지역의 일대 약 200정보에 조박제 물을 합하여 관개하도록 설계를 했다.[66]

그러나 영일수조 설립 후 여러 차례 수축을 했지만 방수설비가 10% 밖에 되지 않았다.[67] 여기에 수해로 인한 공사의 어려움으로 공사 청부업자가 공사 추가 비용도 요구했다.[68] 영일수조 사업으로 1917년도에 지목 변환된 면적이 120정보에 불과했다.[69]

결국 영일수조에서는 수로지선 사업에 집중하는 것으로 설계를 변경했다. 영일수조 몽리구역 전부를 개답할 시간이 부족했기 때문이다.[70] 다음 〈표 8〉은 1917년 영일수조 관개공사비 예산 총괄표이다.

---

[65] 양수기를 수원으로 하는 조합은 한강·낙동강이라는 조선을 대표하는 대하천의 하류부에 집중되었다. 이들 하천은 하류부에 있어서 완만한 경사를 이루고 있어 자연의 고저차를 관개에 이용하기가 불가능하였다(이영훈 외, 앞의 책, 17~22쪽); 영일수리조합, 『영일수리조합토지개량사업보조서류』(1922~1929), 183~184쪽.

[66] 『동아일보』(1927. 11. 15).

[67] 양수기 취입구 공사 12,000엔, 수로지선 공사 14,000엔으로 영일수조와 공사를 체결했다. 공사 기일 내 준공하면 청부금 외 1,000엔의 상여금을 주는 조건이었다(영일수리조합, 앞의 글(1916), 574~591쪽).

[68] 1916년 4월 하순 대구에 사는 청부업자 吉田俊藏이 영일수조 양수기 취입구 및 수로지선공사를 맡았다. 그런데 5월이 되자 청부업자 吉田俊藏이 폭우로 기초 구조물 손실, 공사 설계서 잘못계산, 기술자 사용 문제 등으로 큰 손실을 예상하고 계약 해제를 요구하면서 소송을 제기했다.

[69] 湯原直平, 「慶北の水利組合成績槪觀」, 『朝鮮彙報』(1917), 176쪽. 영일수리조합 사업 성적(1917년)

지목	면적(정)	수확(석)		적요
		반당	계	
밭	75.00	4.30	3,225.00	
황무지	45.00	2.60	1,170.00	

[70] 영일수리조합, 「영일수리조합사업인가의 건」, 『영일수리조합관계』(1917), 46~49쪽.

공사종류	금액	적요
지선대소지선관개공사비	4,039,669	
간지선설계공사비	2,650,163	
지선및소지선공사비	4,260,000	
계	10,949,832	

※출전: 영일수리조합, 「지선급소지선관개수로공사설계서」, 『영일수리조합관계』(1917), 73쪽.

1917년 영일수조 공사에 의해 좌안 300.0정보와 우안 500.0정보를 관개했다. 이는 원래 계획했던 관개 면적 1,400정보의 57.1%를 달성하는 데 불과했다.[71] 1921년이 되어도 형산강 좌우 양안의 경지 626.0정보를 관개하는 데 그쳤다.[72]

한편 영일수조는 설립 초기부터 재정 안정성이 취약했다. 영일수조는 동양척식주식회사(이하 동척이라 약함) 차입금으로 시작했다.[73] 다음 〈표 9〉는 영일수조의 1915~1917년도 예산이다. 수조비 징수는 1917년부터 할 예정이었다. 그러나 영일수조에서는 1917년이 되어도 수조 공사가 제대로 이루어지지 않아 조합비를 부과할 수 없었다. 당시 영일수조 예산안의 특징은 수조 자체 재원이 전혀 없었다는 점이다.[74]

---

[71] 영일수리조합, 「조합구역내에 있어서 관개상황」, 『영일수리조합관계』(1918), 118쪽.

[72] 영일수조에서 몽리면적을 확장하지 못한 이유 가운데 다른 이유는 양수기 구조의 불완전과 형산강 하류로 지질이 모래가 섞인 흙이 많아 물을 가두기 어려웠기 때문이다(영일수리조합, 「영일수리조합사업인가의 건」, 『영일수리조합관계』(1917), 46~49쪽); 『동아일보』(1927. 11. 15).

[73] 영일수리조합 기채(1916~1917년)이다(영일수리조합, 『영일수리조합설치관계서류』(1916), 500~501쪽).

순서	내역금액(엔)	차입월일	적요
1	50,000	1916년 2월 하순	설립비 감가상각 경영비 및 공사비 지불
2	100,000	1916년 4월 중순	경영비 및 공사비 지불
3	31,912	1916년 6월 중순	경영비 및 공사비 지불
4	8,564	1916년 9월 말일	이자 지불
5	9,524	1917년 3월 말일	이자 지불
합계	390,476		

연도	세입		세출	
1915년(사업 제1년도)	50,000	동양척식주식회사에서 차입	6,085	설립비
	150	잡수입(예금이자)	2,867	사무소비
			64	회의비
			34,400	공사비
			6,734	예비비
합계	50,150		50,150	
	세입		세출	
1916년(사업 제2년도)	6,734	전년도 이월	5,238	사무소비
	150,000	동양척식주식회사 차입금	158	회의비
	400	잡수입	103,476	공사비
			14,800	용지매수비
			6,598	기계운전비
			18,500	조합채비
			2,200	경영비
			6,164	이전비
합계	157,134		157,134	
	세입		세출	
1917년(사업 준공 후 조합예산)	500	전년도 이월	4,684	사무소비
	37,752	조합부과금	132	회의비
	100	예금이자	5,426	기계운전비
			1,000	기계보존적립금
			2,200	영선비
			23,910	연부상환금
			1,000	예비비
합계	38,352		38,352	

※출전: 영일수리조합, 『영일수리조합설치관계서류』(1916), 477~478쪽, 526쪽에서 재구성.

영일수조에서는 수리사업비 목적으로 동척에서 1915~1916년도 사이에 무려 5회에 걸쳐 162,000엔을 차입했다. 이 시기 영일수조에서 갚지 못한 차입미제액이 무려 468,000엔에 이르렀다. 차입미제액과 새로운 차입액을 더하면 630,000엔으로 폭증했다. 당시 조합채의 이율이 연 1할로 상당히 높아 재정이 어려워졌다.[75]

74) 동척의 대부액은 대부분이 농업관련자금으로 대부되고 있었다. 그중에서도 토지개간 및 개량, 수리사업(수리조합과 수리관개)의 세 부분이 전체 자금의 51.3%를 차지하였다. 농사경영, 삼포경영, 신시가경영까지 합하면 71.9%를 차지했다(김호범, 「동양척식주식회사(동양척식주식회사)의 금융활동에 관한 연구」, 『경제연구』 6-1(1997), 113쪽).

회수	기채 인가 연월일	기채 연도	차입연월일	기채 목적	차입액	차입 미제액	이율	차입선	비고
1	1916. 3. 11	1915	1916. 3. 13	수리사업비	50,000	150,000	연 1할	동척	
2	1916. 3. 11	1915	1916. 4. 29	수리사업비	20,000	130,000	연 1할	동척	제1회 5만 엔을 차입.
3	1916. 3. 11	1916	1916. 5. 29	수리사업비	20,000	110,000	연 1할	동척	
4	1916. 3. 11	1916	1916. 5. 31	수리사업비	50,000	60,000	연 1할	동척	
5	1916. 3. 11	1916	1916. 6. 30	수리사업비	42,000	18,000	연 1할	동척	
합계					162,000	468,000			

※출전: 영일수리조합, 『영일수리조합설치관계서류』(1916), 549~552쪽, 569쪽에서 작성.

4. 영일수리조합 운영과 불량수리조합

1) 토지개량사업과 조선총독부의 지원(1915~1929년)

영일수조에서는 수조가 본격적으로 운영되는 1917년부터 이익이 상당할 것으로 예상했다.[76] 이에 영일수조에서는 토지 등급에 따라 조합비 부과금 징수 안 〈표 11〉을 마련했다. 관개개선이 원활히 이루어질 것으로 예상했기 때문이다. 그러나 관개개선 사업이 제대로 이루어지지 않아 1917년이 되어도 조합비를 부과할 수 없었다.

〈표 11〉 영일수리조합 토지등급 면적 및 조합비 부과액

등급	면적(정)	반당부담액(엔)	총부담액(엔)
1등지	479.0	3.420	16,381,800
2등지	83.0	2.989	2,480,870

75) 1915~1916년 조선에서의 평균 이율은 7.67%(1915. 7. 1), 1916년 6.57%(1916.10.20.)였다(조명근, 「일제시기 조선은행 공정이율 결정 방식과 조선에서의 비판」, 『한국사학보』 63(2016)).

76) 영일수리조합, 『영일수리조합관계』(1917), 121쪽.

3등지	283.0	2.708	7,663.640
4등지	140.0	2.658	3,721.200
5등지	49.0	2.277	1,115.730
6등지	35.0	2.112	729.200
7등지	98.0	1.947	1,908.060
8등지	153.0	1.832	2,802.960
9등지	-	-	-
10등지	26.0	1.401	364.260
11등지	94.0	1.070	577.800
12등지	-	-	-
계			37,755.520

※출전: 영일수리조합, 『영일수리조합설치관계서류』(1916), 502~503쪽.

영일수조가 본격 운영되면서 조합비가 부과되었다. 1917년 영일수조 조합비는 8등지로 나누어 부과했다. 위의 〈표 11〉 예상금액에 비해 조합비와 부과금이 상당히 늘어났다. 그 결과 조합비 징수가 어려워 영일수조를 정상적으로 운영하기가 어려웠다.

〈표 12〉 영일수리조합 조합비 및 조세 기타 부과 부담 정도(1917년, 엔)

등급	조합비(反當)	조세 기타 부과금
1	5.500	0.850
2	4.840	0.800
3	4.235	0.750
4	3.740	0.700
5	2.970	0.650
6	2.090	0.600
7	1.115	0.550
8	0.330	0.200
평균	3.103	0.637

※출전: 영일수리조합, 『영일수리조합관계』(1917), 131쪽.

영일수조에서는 사업자금도 동척에서 차입했다. 〈표 13〉에 보듯 영일수조에서는 1916년부터 1924년까지 모두 10회 걸쳐 동척으로부터 차입했다. 연부기간은 27~28개년으로 이율은 최저 연 8분에서 최고 연 9분 3리로 매우 높았다. 동척 차입금액이 총 498,400엔이었다. 연부금은 47,187.500엔으로 총 차입 금액의 10%였다.

<표 13> 영일수리조합 기채 총액 조서(1924년 9월 30일 현재)

회수	상환시기 연월일	차입처	차입금액(엔)	이율	연부기간	연부금(엔)
1	1916. 4. 1	동척	50,000	연 8분	27개년	4,572,400
2	1916. 4. 1	동척	150,000	연 8분	28개년	13,573,330
3	1918. 4. 1	동척	22,300	연 8분	28개년	2,017,900
4	1919. 4. 1	동척	10,700	연 8분	28개년	968,230
5	1920. 4. 1	동척	12,500	연 8분	28개년	1,131,110
6	1920. 4. 1	동척	19,900	연 8분	28개년	1,800,720
7	1922. 4. 1	동척	50,000	연 8분 5리	28개년	4,731,950
8	1922. 4. 1	동척	24,500	연 8분 5리	29개년	2,318,650
9	1924. 4. 1	동척	89,500	연 9분 3리	28개년	9,076,040
10	1924. 4. 1	동척	69,000	연 9분 3리	28개년	6,997,170
계			498,400			47,187,500

※출전: 영일수리조합, 『영일수리조합토지개량사업보조서』(1922~1929), 464~465쪽.

영일수조에서는 토지개량사업 명목으로 조선총독부의 지원을 받았다. 영일수조에서는 1922~1924년 토지개량사업으로 대잠제(大岑堤) 및 조박제(照撲堤)를 새로 축조하고 냉천보를 개수하여 기설 용수로에 연결하여 용수부족을 보충하고자 했다.[77] 영일수조의 토지개량사업 공사 기간은 1922년 12월 26일부터 1923년 5월 30일까지였다.

그런데 토지개량공사 청부업자 紫垣七郎이 공정률 약 8할 이상 시공된 시점에서 돌연 공사를 중지했다. 그 이유는 공사 사역 인부를 청부인의 요구대로 조합에서 출역하지 않은 점, 대잠제 증축 공사에 사용하는 성토 및 점토를 청부인 편의를 봐주지 않은 점, 부대공사를 청부인이 시행해야 하는 점 등을 들었다.[78] 紫垣七郎은 영일수조를 상대로 '공사청부금증액승인 및 손해배상 청구의 소'를 제기했다. 그는 공사 청부 금액 5만 엔 증액과 손해금

77) 영일수리조합, 『영일수리조합토지개량사업보조서류』(1922~1929), 183~184쪽.
78) 영일수리조합, 위의 글(1922~1929), 300쪽.

101,007.77엔을 요구했다. 그러나 사건은 기각되었다. 곧바로 영일수조에서 民第111호로 '공사청부금 증액청구건'에 대해 반소를 제기하여 승소했다. 그러나 영일수조의 공사 진척이 늦어져 영일수조 경영난을 해결하기는 어려웠다.[79]

〈표 14〉 1922~1924년도 경북영일수리조합 공사비 정산액 검정조서

연도	정산액(엔)	검정액(엔)	관계면적(정)	보조금(엔)
1922년도	39,921.01	38,787.72		19,393.860
1923년도	113,280.29	112,367.55	답 420	56,183.775
1924년도	28,602.85	28,602.85	전 609	14,301.425
합계	181,804.15	179,758.12	1,039	89,879.060
기보조금				97,298.000
차감				7,419.000

※출전: 영일수리조합, 『영일수리조합토지개량사업보조서류』(1922~1929), 177쪽.

조선총독부에서는 1922~1824년도에 걸쳐 영일수조에 89,879.06엔을 특별보조했다. 영일수조 공사비 검정액의 50%를 보조했다.[80] 영일수조의 강제적인 토지개량사업은 농민들의 강한 반발을 불러 일으켰다. 토지개량 공사로 몽리구역에 새롭게 편입된 대송면 괴동 및 장흥동의 토지와 냉천보 관계 논 약 100정보 소유 농민 수천 명은 3월 영일수조 설립 통지서를 받은 후

<hr>

[79] 원인은 원고조합은 그 사업상 대잠제 및 조박제 증축 공사 및 냉천보 개수공사에 대해 1922년 12월 26일 수의 계약하고 피고와 아래와 같은 조건에 의해 청부계약을 체결했다. 1. 청부금 9만 5천 엔. 1. 1922년 12월 30일부터 기공하고 1923년 5월 30일까지 완성하는 일. 1. 피고에 있어 계약 기한 내 공사를 완성하지 못하는 지연일수에 대해서 1일 청부금 總高 5/1000에 상당하는 지체 상금을 원고에게 납부하는 일. 1. 공사사용의 재료는 원고의 지정한 주임자의 검사를 받아 불합격의 경우는 다른 것으로 교체하고 검사를 받는다. 1. 피고는 준공기간에서 10일간 공사를 완성하는 것으로 공사에 사역 인부 등에 임금 지불을 게을리 한 것. 원고의 지정한 주임자의 지휘에 따르지 않은 원고에게 계약을 해제할 수 있는 일 등등. 위의 계약에 기초하여 1923년 8월 1일 이후 1924년 1월 7일에 이르는 160일간 1일 금 475엔의 비율로 계산하여 7만 6천 엔 배상을 요구했다(영일수리조합, 위의 글(1922~1929), 300~317쪽).
[80] 영일수리조합, 앞의 글(1922~1929), 174~175쪽.

영일수조 사무소를 습격했다. 대송면에는 한천(寒川)이 있어 따로 수조 사업이 필요 없었다.[81]

한편 폭우로 무너지자 영일수조에서는 조선총독부 은사금을 한천 제방 쌓는 일에 사용하고 조합비를 부과했다. 농민들은 즉각 '조합비부과반대기성동맹회'를 조직한 후 경상북도와 영일군에 진정했다. 이어서 농민들은 직접 변호사를 구하여 소송을 제기했다. 그러나 농민들은 패소했다.[82]

영일수조에서는 토지개량사업 재해복구 공사비도 조선총독부에서 지원받았다. 1925년 7월 중순 이후 여러 번의 대홍수로 영일수조 일부 시설물이 부서졌다.[83] 1925년에는 경지개량 및 확장조성비로, 1926년에는 재해비, 토지개량 공사, 수해복구 보조, 경지개량 및 확장 조성비로 사용되었다.

〈표 15〉 영일수리조합 기 지출 과목

연도	금액	내용	적요
1925년도	3,050엔	경지개량 및 확장 조성비	관개 및 개간사업 공사비보조
1926년도	15,200엔	재해비. 토지개량 공사 수해복구 보조	토지개량 공사 복구비 보조
	700(추가)	재해비. 토지개량 공사 수해복구 보조	토지개량 공사 복구비 보조
	3,514엔	경지개량 및 확장 조성비	관개 및 개간사업 공사비보조
계	22,464엔		

※출전: 영일수리조합, 『영일수리조합토지개량사업보조서류』(1922~1929), 588쪽.

영일수조에서는 1925~1927년 토지개량사업 수해복구 공사비로 조선총독의 보조금 지원을 받았다. 보조 비율은 50%였다. 당시 보조 이유는 1926년 준공예정의 대잠제 배수로 기타 설계 변경을 요하는 부분이 생겼기 때문이다.[84]

---

81) 『동아일보』「영일수리조합무리로 3동농민대분개, 까닭 업시 수세를 밧는다고」(1924. 3. 18).
82) 『매일신보』(1932. 1. 17).
83) 영일수리조합, 위의 글(1922~1929), 595쪽.

<표 16> 영일수리조합 보조금 검정 개요(엔)

연도	사정액	정산액	검정액	보조금	적요
1925년도	6,100.00	4,541.94	4,139.27	2,069.64	
1926년도 소화 원년도	30,400.00 8,429.00	38,765.79	38,522.19	19,261.09	
1927년도	-	2,628.85	2,406.62	1,203.31	
계	44,929.00	45,936.58	45,068.08	22,534.04	
			교부액	22,464.00	
			차인증	70.00	

※출전: 영일수리조합, 『영일수리조합토지개량사업보조서류』(1922~1929), 589쪽.

동척과 조선총독부의 지원에도 불구하고 영일수조는 1927년 불량수조로 전락했다. 그 이유는 수리시설의 필요유무보다 일본인 대지주 중심으로 수조를 설립·운영했기 때문이다.[85] 당시 조선에서 운영·공사 중인 수조는 약 80곳이었다.[86] 그 가운데 불량수조로 구제 신청한 곳은 임진, 심곡, 양천, 양산, 영일, 용진, 진남, 양동, 상남, 연제, 문막 등 11곳이었다. 당시 몽리면적이 1,000정보 이상의 대규모 수조는 양산수리조합(양산수조)와[87] 영일수조 뿐이었다.[88]

1928년 영일수조 정리에 대한 논의가 진행 되었다.[89] 그러나 수조정리에

---

[84] 1926년 3월 31일부 植土제132호 및 1927년 3월 31일부 지령 토지개량사업 수해복구 공사비 보조금은 준공검사 결과 보조금 검정 조서를 통해 이동 없는 것으로 결정했다(영일수리조합, 앞의 글(1922~1929), 589쪽).

[85] 토지개량조합연합회, 『토지개량사업20년사』(1967), 42~43쪽;『매일신보』「불량수조구제 저자요구」(1927. 2. 26);『매일신보』「부량수조구제 저자요구」(1927. 3. 29);『동아일보』「불량수리조합 구제의 대책을 특별위원회에서 심의」(1927. 10. 12);『매일신보』(1932. 1. 17);『동아일보』「구제 대책 결정, 특별 저자로 구채 차환」(1927. 11. 20);『매일신보』「불량수리조합의 구제책성립」(1927. 11. 21);『매일신보』「불량수리조합 저자융통문제」(1928. 5. 8).

[86] 토지개량조합연합회, 위의 책(1967), 39쪽.

[87] 양산수리조합 연구로는 나창호의 연구(「양산수리조합 연구」, 경기대 석사학위논문, 1994)가 있다.

[88] 『매일신보』「성적불량수조 구제방법」(1926. 10. 17).

[89] 『매일신보』「경영난에 빠진 영일수조 채무정리 단행」(1928. 2. 20).

적어도 50만 원의 저리자금이 필요했다. 영일수조는 총독부로부터 수조 정리자금을 지원받지 못해 정리되지 못했다.[90] 영일수조는 1929년 조사에도 불량수조에 포함되었다. 그러나 영일수조는 조선총독부의 지원 하에 해체되지 않았다. 조선총독부에서 영일수조를 해체하지 못했던 이유는 일본인 대지주와 영일군이 가진 입지적인 특징도 컸다. 영일만은 조선의 전형적인 곡물 이출 항구로 영일군은 식민도시의 기능을 하고 있었기 때문이다.[91]

2) 영일수리조합 조합비 결손과 조합채(1930~1940년)

1930년대에도 영일수조는 여전히 조선총독부의 지원으로 운영되었다. 그러나 영일수조에서는 1930년대에도 조합채 규모를 줄이지 못했다. 계속된 한해와 홍수로 토지개량사업과 재해복구사업이 제대로 이루어지지 못했다.[92] 1931년 2월 영일수조 조합장 나카타니는 조선총독부에 '토지개량 재해복구 공사비 보조'를 요청했다. 왜냐하면 1930년 7월 상순 형산강 범람 및 계곡이 무너져 영일수조의 공작물 피해가 많았기 때문이다.[93] 조선총독부에서는 영일수조에 3천 엔을 보조했다.[94]

---

[90] 1928년 2월 14일 경북 도청에서 영일수조 간부, 도당국자와 영일수조 채권자인 동척 대구지점장 小池英勝 등이 모여 정리에 대한 협의를 했다(『동아일보』 「현안의 영일수조 정리는 아즉 막연(대구)」(1928. 2. 17)).

[91] 『매일신보』 「불량수리조합 소요자금」(1929. 6. 22); 『매일신보』(1932. 1. 17)

[92] 『동아일보』 「영일 한재우심 삼만석 감수? 해군의 최근 조사통계」(1927. 8. 25); 『동아일보』 「풍작을 놀애하는 금년, 기아에 쫏겨 동서유리, 평년에 비하야 팔할이나 감수되어 도로공사로 소극적 구제방침 강구, 한재로 농작전멸된 영일」(1927. 11. 12); 『동아일보』 「정든 고향 이별하고 남부여대로 만주행, 맥흉의 결과로함 잔명을 구하고저 한발우심의 영일지방」(1928. 5. 23); 『매일신보』 「경북의 한재 심야산중에 경건한 기우제 형산강도 점점자저서 수조구내도 절망상태 련일에서, 특파원 리우백발 제3신」(1927. 6. 30).

[93] 총 공사비 9,000엔 가운데 2,500엔은 지방비 보조로 2,243엔은 夫役부과에 의해 지불한다. 잔액 4,257엔 즉 총 공사비에서 예비비 공제하고 8,515엔의 5할을 국고보조금에 의해 사업을 완성하고자 했다(영일수리조합, 『영일수리조합소화5년도수해복구공사계획서』(1931), 555쪽).

영일수조 조합장 나카타니가 미작감수와 미가대책으로 조선총독부에게 '미가 대책에 기초한 1931년도 세입결함보전을 위해 기채 인가' 신청을 했다.[95] 이에 대해 조선총독부에서는 동척으로 하여금 영일수조에게 14,000엔을 기채하여 주도록 했다.[96]

한편 이미 영일수조에서 가진 조합채가 상당했다. 〈표 17〉은 1931년 영일수조가 가진 조합채비 조사표이다. 기존 조합채가 615,602엔이나 되었다. 이율은 5.9~7.8%였다. 새로운 조합채는 무려 8.1%의 고율이었다.

〈표 17〉 영일수리조합 조합채비 조서(1931년)

항목	차입액(엔)	이율(%)	연부금(엔)	비고
1	230,000	5.9	18,038.14	
2	63,900	5.9	5,070.62	
3	321,702	7.8	31,089.00	
4	6,725	5.9	593.28	新債
5	7,275	8.1	774.88	
계	629,602		55,565.92	

※출전: 영일수리조합, 『영일수리조합기채인가의 건: 경북』(1931), 17쪽.

영일수조에서 새로운 기채를 받을 수밖에 없는 사정이 드러났다. 기채 신청 전 영일수조에서의 조합원 부담(〈표 18〉)을 조사했다. 이 조사에 의하면 지주 증수익 전부를 충당하고도 1931년도 조합비 가운데 부족한 예산액이 6,132엔이었다. 이 가운데 2,132엔은 세입세출 예산정리에 의해 충당하고 잔액 14,000엔의 세입 결함에 대해서는 다른 보전 방법이 있어야 했다. 기채에 의해 2구좌로 분할 기채했다. 상환 재원은 조합비였다.[97]

94) 영일수리조합, 위의 글(1931), 546쪽.
95) 영일수리조합, 『영일수리조합기채인가의 건: 경북』(1931), 23쪽.
96) 영일수리조합, 위의 책(1931), 11쪽.
97) 영일수리조합, 앞의 책(1931), 14쪽.

연도	부과 예상 면적(정)	시행 전 수량		시행 후 수량		지주증 수량			조합비(엔)	
		反當(석)	총수량(석)	반당(석)	총수량(석)	반당(석)	총수량(석)	금액(엔)	반당	총액
1932	935.0	1.20	11,220	3.11	29,079	1.266	16,857	94,696	7.97	74,439
1933	945.0	1.20	11,340	3.11	29,390	1.266	11,964	95,712	7.85	74,189
1934	970.0	1.20	11,640	3.50	33,950	1.500	14,550	116,400	7.70	74,653
1935	985.0	1.20	11,620	3.50	34,475	1.500	14,775	118,200	7.58	74,654

※출전: 영일수리조합, 『영일수리조합기채인가의 건: 경북』(1931), 26쪽.

영일수조는 조합비를 받아 운영할 수 있는 정상적인 수조는 아니었다. 다음 〈표 19〉는 1928~1940년 영일수조의 조합채 총괄표이다. 영일수조의 조합채는 모두 동척에서 차입했다. 차입금은 기설사업비, 추가개량 사업비, 재해복구사업비, 세입결함보전 등에 쓰였다. 이 가운데 세입결함보전에 사용한 금액이 가장 많았다. 세입결함보전 금액은 1928년 78,800엔에서 1929년 308,800엔으로 급증했다. 그 이유 추가개량 사업비 증가와 영일군 흉작으로 조합비 징수가 어려웠기 때문이다.[98]

영일수조의 조합비 결손은 조합채 미상환으로 이어졌다. 영일수조의 조합채 상환액은 1928년, 1931~1933년 사이 가장 적었다. 1928년도 상환액은 전체 차입액의 4.1%에 불과했다. 1929~1930년 사이 상환액이 20% 초 까지 오르다가 1931~1933년 사이 9.1%까지 내려갔다. 1924년부터 상환액이 늘어나기 시작하여 1939년에는 34.0%까지 증가했다. 그러나 영일수조의 1928~1940년까지 조합채 미상환액이 65.9~90.8%로 수조가 정상적으로 운영되기 어려웠다. 특히 1932년 미상환액은 90.8%에 이르렀다.

---

[98] 『매일신보』「현상으로는 흉작 難免 경북 영일군」(1929. 8. 12).

<표 19> 영일수리조합 조합채 총괄표(1928~1940년, 엔)

연도	차입액						상환액	미상환액
	기설 사업비	구역확장 사업비	추가개량 사업비	재해복구 사업비	세입결함 보전	합계		
1928	286,000	-	83,200	84,460	78,800	532,460	21,990	510,470
1929	286,000	-	140,200	84,460	308,800	819,460	170,375	649,085
1930	296,700	-	129,500	84,460	185,120	695,780	147,925	547,855
1931	296,700	-	129,500	84,460	185,120	695,780	70,496	625,284
1932	296,700	-	129,500	84,460	185,120	695,780	63,699	632,081
1933	296,700	-	129,500	84,460	185,120	695,780	89,614	606,166
1934	296,700	-	129,500	84,460	185,120	695,780	128,621	567,159
1935	296,700	-	129,500	84,460	185,120	695,780	147,925	547,855
1936	296,700	-	129,500	84,460	185,120	695,780	168,572	527,208
1937	296,700	-	129,500	84,460	185,120	695,780	190,540	505,240
1938	296,700	-	129,500	84,460	185,120	695,780	212,617	483,163
1939	296,700	-	129,500	84,460	185,120	695,780	236,816	458,964
1940	296,700	-	147,400	84,460	214,720	743,280	252,870	490,410

※출전: 조선총독부토지개량부, 『朝鮮土地改良事業要覽』 해당 연도에서 작성.

〈표 20〉은 영일수조 세입·세출 결산표(1929~1939)이다. 영일수조는 재정구조는 적자는 아니었다. 동척의 조합채와 조선총독부의 국고보조 등으로 적자를 면하는 형태였다. 영일수조에서 조합비가 차지하는 비율은 1929년 31.5%에 불과했다. 1930~1932년에는 조합비의 비율이 76.9~72.9%로 높아졌다. 1934년 92.0%, 1935년 95.4%로 높아졌다가 1936년 82.1%로 떨어졌다. 1939년에는 17.9%로 급격히 낮아졌다.

〈표 20〉 영일수리조합 세입·세출 결산표(1929~1939년, 엔)

연도	세입						세출				
	경상부		임시부			합계	경상부		임시부		합계
	조합비	기타 수입	조합채비	국고 보조금	기타 수입		유지 관리비	기타 지출	조합채비	사업비	기타 지출	
1929	68,350	8,881	64,400	-	75,071	216,702	19,988	5,266	55,441	104,958	7,419	193,072
1930	48,511	1,774	-	3,000	13,017	66,302	16,877	3,295	38,348	6,264	932	65,716
1931	59,594	1,870	13,995	-	3,020	78,479	13,115	7,419	56,430	126	218	77,308

1932	71,344	1,702	22,307	-	2,381	97,734	14,773	3,807	57,633	95	-	76,308
1934	63,385	1,808	-	-	3,703	68,896	15,756	3,659	47,838	1,184	-	68,437
1935	78,219	1,518	-	-	1,656	81,393	15,070	3,517	49,111	491	12,353	80,542
1936	72,140	1,884	-	-	13,732	87,856	17,432	2,927	48,631	12,489	2,011	83,490
1937	72,621	2,176	-	-	7,820	82,617	15,210	2,844	48,058	1,200	13,484	80,796
1938	74,178	2,574	-	-	3,444	80,196	19,618	3,576	48,058	200	5,211	76,663
1939	23,450	1,992	56,870	25,032	23,058	130,402	21,859	2,495	38,058	31,466	574	104,452

※출전: 조선총독부토지개량부, 『朝鮮土地改良事業要覽』 해당 연도에서 작성.

5. 결론

본고에서는 일제시기 영일수조의 설립과 운영을 살펴보았다. 영일수조 구역은 영일군 형산, 대송, 연일 3면을 지나는 형산강 유역이었다. 영일수조 지구는 형산강 그 중앙을 관류하고, 좌안 면적 약 600정보, 우안 면적 약 800 정보로 모두 1,400정보를 관개하는 것이었다. 영일수조는 수리시설 방식 가운데 양수기 중심의 수리조합으로 계획되었다.

영일수조는 1916년 경북 최초로 대지주 일본인 오쓰카의 주도하에 설립되고 운영되었다. 오쓰카는 1905년 3월 영일군 일대에서 오쓰카농장을 경영했다. 그는 오쓰카농장에 120,000엔을 투자하여 보통농사, 과수, 야채 농사를 소작과 자작으로 지었다. 그는 1910년 12월 영일군 일본인 농사경영자 가운데 논밭 100정보 이상 소유자로는 유일했다.

오쓰카는 형산강 하류의 황무지에 주목했다. 그는 형산강 하류에 수리시설을 만들어 개간을 하거나 방조제를 쌓는다면 방대한 경지를 얻을 수 있다고 보았다. 그리고 영일만을 통한 미곡수출의 편리성을 보고 토지를 집중적으로 사들였다. 영일수조 설립 당시 오쓰카는 영일군에 논밭 이외에 국유미간지 6천 정보를 조선총독부로부터 대여한 대지주였다.

오쓰카의 필요에 의해 설립된 영일수조는 설립 준비 과정이 매우 짧았다. 더구나 수조 설립 타당성 조사도 제대로 이루어지지 않은 상태였다. 그 결과 영일수조는 설립 초기부터 어려운 점이 많았다. 설계 부실로 인한 부채 증가였다. 영일수조의 몽리구역이 형산강 하류라 자연재해에 취약했다. 특히 잦은 폭우로 구조물 손실과 공사의 어려움이 많았다. 영일수조 공사 청부업자가 추가 비용을 요구하여 문제가 되기도 했다. 영일수조 설립 후 여러 차례 수축을 했지만 방수설비가 10%밖에 되지 않았다. 1917년도 지목 변환된 면적이 120정보에 불과했다. 영일수조에서는 수로지선 사업에 집중할 수밖에 없었다.

일본인 대지주 중심의 수조설립이었지만 영일수조는 설립 초기부터 재정 안정성이 취약했다. 경제성을 검토하지 않고 설립되었기 때문이다. 영일수조는 동척의 지원 하에 설립·운영되었다. 당시 영일수조 예산안의 특징은 수조 자체 재원이 전혀 없었다는 점이다. 1915년 1916년 동척에서 차입한 금액이 대부분이었다. 공사가 끝나는 1917년부터 조합비를 부과하려 했지만 수조 공사가 제대로 진행되지 않아 조합비를 부과할 수 없었다.

영일수조 운영도 어려웠다. 영일수조 사업비도 동척에서 기채했다. 기재 목적은 경영비, 공사비 지불, 이자 지불 등이었다. 상환 재원은 조합비였다. 영일수조에서는 1916년부터 1924년까지 총 10회 동척에서 차입했다. 연부 기간은 27~28개년으로 이율은 최저 연 8분에서 최고 연 9분 3리로 매우 높았다.

한편 영일수조에서는 토지개량사업의 일환으로 조선총독부 지원을 받았다. 영일수조 몽리구역이 형산강 하류라 수재가 심하여 물의 집수가 어려웠다. 영일수조에서는 1922~1924년 토지개량사업으로 대잠제 및 조박제를 새로 축조하고 냉천보를 개수하여 기설 용수로에 연결하여 용수부족을 보충하고자 했다.

조선총독은 1922~1924년도 영일수조 공사비 검정액의 50%를 보조했다. 영일수조에서는 토지개량사업 재해복구 공사비도 조선총독부에서 지원 받았다. 1925년 7월 중순이래 여러 차례의 대홍수로 영일수조 기설 공작물이 부서졌다. 1925년도에 3,050엔을 경지개량 및 확장 조성비로 지원받았다. 1926년에는 대홍수를 겪은 후 재해비와 토지개량공사 수해복구 보조 명목으로 모두 19,414엔을 보조받았다.

그러나 1927년 영일수조는 불량수조가 되었다. 그 이유는 사전 철저한 조사 없이 일본인 대지주의 토지 소유 목적으로 급작스럽게 설립되었기 때문이다. 짧은 준비기간으로 인한 설계부실로 부채가 크게 증가했다. 영일수조의 지역적 특징상 잦은 수해로 몽리구역이 황폐화되고 조합비 결손으로 이어졌다.

영일수조의 일본인 대지주 조합장과 일부 일본인 조합원들 조합비 결손을 채우기 위해 계속 기채를 발행했다. 불량수조 구제 특별위원회에서는 저리융자와 상환기간을 길게 늘려주어 조합의 부담을 경감시키고자 했다. 그러나 계속되는 조합채의 증가로 영일수조는 부실화되었다. 결국 1928년 영일수조 정리에 대한 논의가 진행되었다. 그러나 영일수조 정리 자금 50만 원을 조선총독부로터 지원 받기 어려워 정리가 어려웠다.

영일수조의 조합비 결손은 조합채 미상환으로 이어졌다. 영일수조에서는 조합채 상환을 위해 계속 기채를 발행했다. 1928~1940년 영일수조의 조합채는 모두 동척에서 차입했다. 차입금은 기설사업비, 추가개량 사업비, 재해복구사업비, 세입결함보전 등에 쓰였다. 이 가운데 세입결함보전에 사용한 금액이 가장 많았다.

영일수조 운영의 특징은 차입보다 상환액이 적었다는 것이다. 영일수조의 조합채 상환액은 1928년, 1931~1933년 사이 가장 적었다. 1928년도 상환액은 전체 차입액의 4.1%에 불과했다. 1929~1930년 사이 상환액이 20% 초까지 오르다가 1931~1933년 사이 9.1%까지 내려간다. 1924년부터 상환액이 늘어나기 시작하여 1939년에는 34.0%까지 증가했다. 영일수조의 조합채 미상환액은 계속 높았다. 영일수조의 1928~1940년까지 조합채 미상환액이 65.9~90.8%로 수조가 정상적으로 운영되기 어려웠다. 그러나 영일수조는 청산되지 못하고 일제말기까지 그대로 운영된다. 영일수조 운영주체인 일본인 조합장, 영일군이 가진 미곡이출 항구로서 가진 특성 등을 조선총독부에서 무시하기 어려웠기 때문이다.

제4장

제4장

/

일제시기 경산수리조합의 설립과 운영

1. 서론

일제는 1920년대 산미증식계획에 집중했다.[1] 당시 산미증식계획은 철저히 지주 중심으로 진행되었다. 일제는 개별 농가를 직접 상대하기보다 "다수의 예속적인 소작인을 거느린 지주들을 동원하여 소속 농가에 간접적으로 증산을 강요하는 것이 손쉽게 목적을 달성할 수 있는 지름길"이라 생각하였다.[2] 산미증식계획의 일환으로 일제는 초기부터 일본인 대지주를 앞세워 수리조합(이하 수조라 약함)을 설립했다.[3] 수조는 200정보 이상의 토지개량사업을 주도했다.[4]

---

[1] 척식국, 『朝鮮産米增殖ニ關スル意見』(1921).

[2] 久間健一, 『朝鮮農政の課題』(1943), 16.쪽

[3] 박수현, 「일제하 수리조합 항쟁 연구: 1920~1934년 산미증식계획기를 중심으로」(중앙대박사학위논문, 2001); 이애숙, 「일제하 수리조합사업의 전개와 지주제의 강화」(1985); 전강수, 「일제하 수리조합사업과 식민지 지주제」, 『농업경제연구』 57-4(1986); 이윤갑, 『한국 근대 상업적 농업의 발달과 농업변동』(지식산업사, 2011), 244쪽.

그러나 1925년까지 수조사업은 일제의 의도와는 달리 저조하였다. 농민들이 수조사업으로 소작료 인상과 토지 상실을 우려하여 격렬한 반대운동을 벌였기 때문이다.[5] 이 시기 경산수리조합(이하 경산수조라 약함)이 경북에서 4번째로 설립되었다. 경산수조 설립 이유는 일제의 산미증식계획에 순응한 경상북도의 토지개량사업 때문이었다.[6] 경산수조는 몽리면적 1,404정보의 거대수조로 일본인 대지주 중심으로 설립되었다.[7]

경산군의 일본인 대지주는 동양척식주식회사[8](이하 동척이라 약함)와 조선흥업주식회사(이하 조선흥업이라 약함)였다. 일제 초기부터 동척과 조선흥업은 경산군의 비옥한 토지를 중심으로 이민사업과 농업경영을 하였다.[9]

[4] 국가기록원, 『일제문서해제: 토지개량편』(2008), 26쪽.

[5] 박수현, 「일제하 수리조합 항쟁 연구: 1920~1934년 산미증식계획시기를 중심으로」(중앙대박사학위논문, 2001), 14쪽. 이러한 투쟁은 수차례의 격렬한 반대시위와 도청과 조선총독부에 대한 진정서 제출, 수조 추진자에 대한 조합인가신청 철회요구 등 다양한 활동으로 수리조합의 설립을 무기한 연기시켰다(이윤갑, 『한국 근대 상업적 농업의 발달과 농업변동』(지식산업사, 2011), 320쪽).

[6] 경상북도의 토지개량 계획은 1925년 이후부터 12년 간 매년 1,200정보를 토지개량 하는 것이다. 1지구 백 정보 내외의 집단지는 수조 조직에 의하고 기타는 공동의 사업 특히 수리계의 발달을 촉진하여 목적을 달성하고자 했다(경상북도, 『慶北の農業』(1929), 16쪽).

[7] 『동아일보』「경산수리조합인가」(1925. 8. 25); 『조선총독부관보』 1925.8.27. 「경상북도 경산군에 경산수리조합이」; 1925년 설립된 수리조합은 전북 적성, 동진, 전남 송지, 평동, 경북 경산, 경남 영남, 제이함안, 삼랑진, 황해 연해, 평북 구태, 함남 양덕, 함북 학동 등 모두 12곳이었다(국가기록원, 『일제문서해제: 수리조합편』(2009), 255~269쪽; 『동아일보』「전조선수리조합실황답사기: 경상북도 경산수리조합, 을축당년홍수꿋헤 궁농구제코저 起工, 천여정보평야에 관개와 배수」(1927. 8. 28); 경북에서 수리조합은 영일(1916), 보문(1921), 수성(1924), 경산(1925) 순으로 설립되었다(국가기록원, 『일제문서해제: 수리조합편』(2009), 261쪽).

[8] 동척에 대한 연구로 하지연, 「1920년대 동양척식주식회사의 농장관리 조직과 특수어용단체 운영 실태」, 『한국민족운동사연구』 85(2015); 하지연, 「『나의 동척 회고록』에 나타난 동양척식주식회사의 농장운영 실태」, 『한국민족운동사연구』 90(2017); 손경희, 「1920년대 경북지역 동양척식주식회사 및 일본인 농장경영」, 『계명사학』 13(2002); 문춘미, 「20세기 초 한국의 일본농업이민연구; 동양척식주식회사를 중심으로」, 『한림일본학』 23(2013); 동척 제2회 경산군 이민 호수는 20호였다(『매일신보』「제2회 移民의 配置」(1911. 10. 5).

경산군은 비옥한 토지를 중심으로 곡물생산·곡물유통이 활발하여 일찍부터 일제가 주목한 지역이었다.[10]

본고에서는 먼저 경산수조 설립 주체를 살펴보고자 한다. 그동안 수조 연구를 통해 일본인 대지주가 수조 설립 주체임이 드러났다.[11] 그러나 일본인 대지주 가운데 동척과 조선흥업이 중심이 되어 설립 된 수조 연구가 많이 이뤄지지 않았다.[12] 조선흥업의 경우 다른 일본인 대지주나 농업회사에 비하여 수조 의존도가 낮은 편이었다. 당시 조선흥업은 주도적으로 수조를 설립하는 농업회사가 아니었다. 그러나 낙동강 범람에 잦은 피해를 보았던 조선흥업 경산지점의 경우 수조 의존도가 높았다.[13] 경산수조 몽리구역에 조선흥업 경산관리소의 토지 130정보가 포함되었다.[14]

본고의 경산수조 연구를 통해 동척과 조선흥업의 성격을 드러낼 수 있다.

---

9) 손경희, 「일제시기 경북 경산군의 이주일본인 증가와 농업경영」, 『역사와 경계』 100(2016); 三輪如鐵, 최범순 역, 『조선대구일반』(영남대출판부, 2016), 277쪽; 하지연, 위의 책(2010).

10) 손경희, 앞의 글(2016).

11) 조승연, 「일제하 농업생산기반의 형성과 일본인 대지주의 농장경영」, 『민속학연구』 6(1999); 하지연, 『일제하 식민지 지주제 연구: 일본인 회사지주 조선흥업주식회사 사례를 중심으로』(혜안, 2010); 손경희 「일제시기 경상북도 경주군 안강수리조합 연구: 일본인 농업경영을 중심으로」, 『대구사학』 124(2016); 박성섭, 「일제강점기 임천수리조합 설립과 토지소유권 변동」, 『한국독립운동사연구』 51(2015); 손경희, 「일제시기 경북 경산군의 이주일본인 증가와 농업경영」, 『역사와 경계』 100(2016); 관 주도로 수리조합이 설립된 대표적인 예가 경북 경주군 서면수리조합이다(손경희, 『한국근대수리조합연구』(선인, 2015).

12) 동척은 수조 설립의 대행자로 역할을 했다(『중외일보』「동척의 수리조합, 대행예정수」 (1929. 3. 24).

13) 조선흥업 관계 수조 가운데 경산수조 몽리면적이 129정보로 가장 많았다(하지연, 앞의 책(2010), 206쪽). 조선흥업이 주도가 되어 추진한 수조의 사례는 충청남도 新難津 수조 정도이다. 1921년부터 1933년까지 설치된 수조 가운데 조선흥업이 관련된 것은 경북 금호수조, 경남 하남수조, 부북수조 정도뿐이었다(하지연, 「일제강점기 일본인 회사지주의 소작제 경영실태: 조선흥업주식회사(1904~1945)의 사례」, 『한국민족운동사연구』 54(2008), 199쪽.

14) 조선흥업주식회사, 『조선흥업주식회사30주년기념지』(1936).

특히 경산수조 설립 당시 반대운동이 일어나지 않았다. 다른 지역에서는 수조 설립 반대운동이 치열했다.[15] 그 이유는 동척과 조선흥업 때문이었다. 조선흥업 경산지점이 경산군의 최대 지주로 조선농민들은 일본인 대지주들의 토지를 소작하였다.[16]

둘째, 경산수조 운영 주체를 살펴보고자 한다. 경산수조의 설립은 매우 순탄했다. 경산수조 설립에 경산군청이 적극적으로 지원하고 협조했다. 그 결과 경산수조 설립 동의서 날인 거부운동은 일어나지 않았다. 동척 대구지점장 가토 슌페이(加藤俊平)와 조선흥업 경산관리소 소장 시노무라 타다시(下村忠)가 경산수조 운영의 핵심인 창립의원과 평의원을 차지했다.[17] 경산수조 평의원의 특징을 확인하고자 한다.

셋째, 경산수조 운영의 문제점과 조합비를 살펴보고자 한다. 경산수조 측에서는 수조 공사 후 수조비를 받아 정상적으로 운영할 수 있을 것으로 예상했다. 그러나 경산수조 설립 후에도 크게 증수량이 늘어나지 않아 수조비를 받을 수가 없었다. 그럼에도 불구하고 경산수조 설립을 이유로 지주들은 소작료를 인상했다. 경산수조 조합원들의 조합비 항쟁이 일어났다.[18] 경산수조는 1934년 경영이 곤란한 수조 정리계획안 병(丙)에 포함되었다.[19]

---

[15] 박수현, 「1920·30년대 수리조합사업에 대한 저항과 주도계층」, 『한국독립운동사연구』 20(2003); 박수현, 「1920·30년대 수리조합 설치반대운동 추세와 그 원인」, 『사학연구』 67(2002); 빅명규, 「일제하 수리조합의 설치과정과 그 사회경제적 결과에 대한 연구」, 『성곡논총』 20(1989).

[16] 손경희, 위의 글, 『역사와 경계』 100(2006), 98쪽.

[17] 경산수리조합, 『조합설치인가신청서류』(1925).

[18] 당시 조합비 문제를 다룬 신문사설의 상당수도 그 근본적 원인으로 수리조합 사업 자체의 결함을 지적하였다 『조선일보』 「사설」(1931. 11. 26).

[19] 조선총독부농림국, 『經營困難ナル水利組合ノ各組合別整理計劃票』(1936), 1~6쪽; 갱생 수리조합연합회 편, 『更生水利組合聯合會の成立とその所屬組合の將來』(1942), 9~12쪽.

2. 경산수리조합 설립 이전 수리환경과 창립위원

1) 경산수리조합 설립 이전 수리환경

조선후기부터 경산군은 수리시설이 발달된 지역이었다. 조선후기 『여지도서』의 〈제언〉 조에 하양현 6, 경산현 36, 자인현 104 등 모두 146곳의 제언이 있었다.[20) 자인현은 전국에서 제언 수가 3위로 제언 밀도가 높았다. 다음으로 경산현이었다.[21)

〈표 1〉 『여지도서』 경산군 제언(1757~1765년)

하양현	吐山池, 條長池, 茂昌池, 古多文里池, 萬世洑, 植松梁
경산현	冬乙山堤, 鵲堤, 馬館堤, 大豊堤, 夫迪堤, 乾興堤, 사제(竹+司堤), 赤堤, 針法堤, 內甲堤, 下冬乙山堤, 凡堤, 栗塋堤, 三千堤, 乽堤第一姆堤, 乽堤第二妹堤, 甕山堤, 干泉堤, 章山堤, 談峴堤, 院泉堤, 仇勿堤, 梨川外堤, 梨川內堤, 串界堤, 四方堤, 末伊堤, 升堤, 院泉小堤, 仇羅山堤, 串界內堤, 乽吐堤, 院堂堤, 化甘堤, 內谷堤, 梨木峴堤, 旨菴堤, 資谷堤
자인현	赤堤, 三巨里堤, 內加村堤, 外加村堤, 艮羅洞堤, 項洞堤, 彌羅堤, 釜堤, 新寺堤, 大德洞堤, 小德洞堤, 宮加未堤, 加幕堤, 永古洞堤, 栗古介堤, 耳尺堤, 鐵店洞堤, 地靈堤,思良堤, 回谷堤, 龍山堤, 龍頭洞堤, 升堤, 店洞堤, 虎鳴堤, 加音山堤, 加乙旨堤, 山莫洞堤, 於日堤, 於日內堤, 松堤, 安心堤, 沙伊洞堤, 墨谷洞堤, 沙大堤, 上早谷堤, 藥水洞堤, 聖造洞堤, 獨子洞堤, 下早谷堤, 沙於乃洞堤, 大方堤, 大後洞堤, 小後洞堤, 釜堤, 辰方堤, 小辰方堤, 盤谷堤, 要里堤, 上大寺洞堤, 頭應洞堤, 下大寺洞堤, 者羅堤, 者火郎堤, 南山堤, 龍堤, 新堤, 泥堤, 鋤乙堤, 基里堤, 軍堤, 金鶴堤, 注乙堤, 其里堤, 蓮荷堤, 假堤, 丘堤, 鋤堤, 萬世堤, 沙堤, 猪堤, 川馬堤, 柳堤, 重仇堤, 荒堤, 釜堤, 沙火郎堤, 延之堤, 楊陽堤, 赤之堤, 侈尺洞堤, 荒堤, 小馬堤, 釜堤, 新堤, 駕堤, 梨洞堤, 西林洞堤, 婦堤, 柴門堤, 小加里堤, 屈峴堤, 加尺堤, 陵積洞堤, 龍潭堤, 元正洞堤, 鐵方堤, 栗音洞堤, 沙林洞堤, 上大寺新堤, 山大堤, 夢達堤, 後反浦堤

※출전: 변주승 역, 『여지도서 38 경상도 VIII』(흐름, 2009), 128쪽; 변주승 역, 『여지도서 35 경상도 V』(흐름, 2009), 288~291쪽. 변주승 역, 『여지도서 35 경상도 V』(흐름, 2009), 313~321쪽에서 재정리.

---

20) 경산군의 제언 수는 전국 13위였다(이정미, 「경산지역 군현지도와 地誌에서 나타나는 표현요소와 환경인식:『輿地圖書』를 중심으로」, 『경산문화연구』 3(1999), 42쪽).

21) 정치영, 「『여지도서』를 이용한 조선후기 제언의 지역적 특성 연구」, 『대한지리학회지』 43-4(2008), 630~631쪽. 자인현과 경산현 등은 대구도호부의 북부 및 동부에 서로 인접해 있는 군현으로 낙동강 중류와 그에 합류하는 금호강 유역에 해당하는 지역으로 조선후기 제언이 가장 밀집해 분포한 지역이었다(정치영, 앞의 글(2008), 633쪽).

경산군은 1914년 3월 부군폐합에 의해 자인군, 하양군,[22] 신녕군 남쪽 일부를 합병했다.[23] 경산군은 동북 영천군, 남은 청도군, 서는 달성군에 인접했다. 지세는 영천군의 경계는 뾰족한 산지이지만 군내 및 다른 곳은 구릉지역으로 대개 평탄했다.[24]

1904년 일제 조사에 의하면 금호강 연안 논은 관개수가 비교적 풍부하지만 산언덕에 있는 논은 관개수가 부족했다. 산언덕에 저수지를 설치한 곳이 적지 않았지만 그 구조가 모두 불완전했다.[25] 금호강은 원래 물 흐름이 매우 적지만 강바닥과 지표와의 높이 차가 적어 비가 내릴 때에는 강물이 갑자기 범람했다.[26] 그 결과 금호강 연안에는 황폐한 토지가 산재했다.[27]

일제 초기인 1912년 경산군의 제언 수는 267곳이었다. 조선후기 『여지도서』의 제언 수 146곳보다 크게 늘었다. 그러나 1910~1913년까지 경산군에서

---

[22] 하양은 대구에서 약 6리, 輕鐵의 주요 역으로 중요한 화물의 집산지였다. 이 지역에서 영천으로 향하는 곳에 금호역이 있다. 이 지역도 작은 寒村에 지나지 않지만 이 부근 동척이주민이 많이 이주했다(대구상공회의소, 『최근대구요람』(1920), 94쪽).

[23] 逵捨藏, 『慶北大鑑』(1934), 925쪽.

[24] 금호강의 수원은 영천군에서 발원하여 동촌 부근을 관류한다(대구상공회의소, 『최근대구요람』(1920), 94쪽). 금호강은 경북 영천, 경산, 달성의 세 개 군에 걸쳐 있었다. 위천과 남천강의 세 개 유역에 둘러싸여 있다. 지형은 동서로 좁고 길었다. 지세는 대체로 동에서 서로 기운다. 양안의 평야는 계단상으로 하안을 향해 경사가 져서 평탄하고 넓은 경지가 부족하였다(朝鮮及滿洲社편, 『最新朝鮮地誌 上』(1918), 94쪽); 조선총독부, 국토해양부 역, 『치수 및 수리답사서(1920년)』(2011), 59쪽.

[25] 三成文一郎 외, 한상찬 역, 『한국토지농산조사보고III』(2009), 130쪽.

[26] 하양군 읍의 남쪽 강 연안은 홍수의 해가 특히 격심한 구역으로 약 300정보는 모두 자갈땅이 되었다. 각 하천변의 낮은 곳에 흩어져 있는 미경지의 현상은 범람 피해를 입기 쉬운 지역 안에 있으므로 이것을 농업지로 이용하려면 하천물의 범람을 막아야 한다. 그러나 이러한 일은 결코 용이한 작업이 아닐 뿐 아니라 경비도 상당히 들어갈 염려가 있으므로 오히려 현 상태 그대로 이것을 이용하는 것이 좋을 것 같다. 즉 저습지는 현재와 같이 갈대밭으로서 놓아두거나 건조한 부분에 한하여 맥류 혹은 목초류를 재배하고 수해시기 이전에 이것을 수확하든가 기타 지형, 토성의 상태를 감안하여 뽕나무, 대나무 또는 기타 조림지로 하면 될 것이다(三成文一郎 외, 위의 책(2009), 269~270쪽).

[27] 三成文一郎 외, 의의 책(2009), 130쪽.

고친 제언 수는 8곳에 불과했다.[28] 〈표 2〉를 보면 1912년 경산군에 설치 된 관개시설은 보 64, 제언 267개로 모두 331개였다. 제언의 비율이 80.6%로 높았다. 경산군의 논 가운데 보에 의해 물을 대는 면적 28.1%, 제언에 의해 물 대는 면적 49.1%, 천수답이 23.4%로 천수답의 비율이 상당했다. 천수답 의 비율은 하양군 37.0%, 경산군 0%, 자인군 37.5%였다. 경산군의 경우는 천수답이 없었다.

〈표 2〉 경산군 관개별 면적 일람(1912년 말. 정)

부군	논 면적	보수	제언 수	보에 의해 물 대는 논 면적	제언에 의해 물 대는 논 면적	천수답 면적	비율(%)
하양	1,363.0	11	25	401.0	457.0	505.0	37.0
경산	2,306.5	30	72	880.5	1,426.0	-	0
자인	2,451.9	23	170	423.0	1,107.0	921.9	37.5
계	6,085.4	64	267	1,704.5	2,990.0	1,426.9	23.4

※출전 : 경상북도, 『권업통계서』(1912), 123~125쪽.

1920년 조선총독부 『치수 및 수리답사서』의 낙동강 일대의 관개상황을 보면 경산의 제언 267개, 보 63개로 1912년 조사 수와 거의 같았다. 제언 수 는 의성 338곳, 영천 378곳, 경산 267곳으로 세 번째로 많았다. 당시 경산군 의 관개시설이 충분했음을 알 수 있다. 그리고 경산군 논 면적이 6,344.5정 보로 관개면적 비율이 89.0%였다. 경산군은 낙동강 일대에서 고령(94.0%) 다음으로 높았다.

---

[28] 경상북도, 『권업통계서』(1912), 123쪽. 경산군 개수 제언(1912년 말)

부군명	제언 수	1910년도 개수	1911년도 개수	1912년도 개수	1913년도 개수
하양	25	-	-	2	-
경산	72	-	3	-	1
자인	170	1	-	-	1
계	267	1	3	2	2

〈표 3〉 낙동강 관개상황(1920년, 정보)

군명	논면적	제언 개소	제언 관개면적	보 개소	보 관개면적	관개면적	관개면적 비율(%)
봉화	3,226.2	-	-	8	28.4	28.4	0.9
영주	6,539.0	-	-	37	1,050.3	1,050.3	16.0
예천	5,846.0	7	30.8	23	315.1	345.9	6.0
영양	88.30	32	71.0	58	361.5	432.5	49.0
청송	2,000.6	42	205.1	155	568.7	773.8	39.0
안동	6,527.6	9	229.8	24	883.4	1,063.2	16.0
문경	4,768.5	5	39.2	99	1,319.9	1,359.1	29.0
상주	9,634.9	21	312.1	113	1,902.9	2,215.0	23.0
선산	5,257.3	56	418.2	27	1,555.8	1,974.0	37.0
김천	7,702.8	35	383.6	59	1,538.8	1,922.4	25.0
의성	6,893.9	338	2,130.8	126	908.5	3,039.3	44.0
군위	2,707.8	79	564.0	110	1,033.0	1,597.0	59.0
달성	6,344.5	88	1,218.1	104	2,789.1	4,007.2	63.0
칠곡	4,915.7	44	338.8	88	463.2	802.0	16.0
성주	5,074.6	28	133.7	55	589.1	722.8	14.0
고령	2,684.5	6	58.3	31	2,481.5	2,539.8	94.0
청도	4,852.3	16	196.9	55	2,630.8	2,827.7	58.0
경산	6,344.5	267	3,228.3	63	2,431.5	5,659.8	89.0
영천	6,581.4	378	2,378.3	146	1,516.4	3,894.7	59.0
합천	7,426.7	-	191.6	-	342.2	533.8	7.0
거창	4,980.9	-	65.0	-	673.5	738.5	15.0
함양	5,946.6	-	2.0	-	173.9	175.9	3.0
산청	5,717.9	-	29.6	-	663.3	692.9	12.0
밀양	4,905.4	-	204.0	-	708.2	912.2	19.0
창녕	4,975.3	-	121.5	-	197.5	319.0	6.0
함안	3,255.7	-	73.3	-	1,456.0	1,529.3	48.0
의령	3,530.9	-	27.2	-	183.1	210.3	6.0
진주	6,035.5	-	307.6	-	633.9	941.5	16.0
고성	1,129.3	-	-	-	223.0	223.0	22.0
하동	576.2	-	-	-	125.0	125.0	22.0
양산	2,915.6	-	32.0	-	1,979.1	2,011.1	69.0
김해	9,737.8	-	174.0	-	-	174.0	18.0
계	159,124.2	-	13,164.8	-	31,676.6	44,815.84	28.0

※출전 : 조선총독부, 국토해양부 역, 『치수 및 수리답사서(1920년)』(2011), 115쪽.

1925년과 1933년 조사에 의하면 경산군의 제언은 모두 441개였다. 1912년
에서 1925년 사이 늘어난 제언 수가 110개였다. 비율로 24.9% 증가했다. 경

산수조 설립 이전 수리시설이 적극적으로 확충되었음을 알 수 있다. 경산수조 설립이 관개시설 확충에 있지 않음을 알 수 있다.[29]

2) 경산수리조합 창립위원과 일본인 대지주

경산수조는 1925년 5월 10일 설치인가 신청서를 냈다.[30] 경산수조 조합원은 1,465명,[31] 몽리구역은 1,404정보로 경산면, 압량면, 진량면, 하양면 등이었다.[32] 경산수조 설립 목적은 밭 288정보를 논으로 개간하고, 관개수가 부족한 재래 논의 관개개선이었다.[33] 그리고 1925년 '을축년 수해'[34]로 경산군 일대 농작물이 거의 전멸당했다. 당시 경북 도청과 지방 유지들은 수조 공사 이유를 소작인과 궁농(窮農) 보호를 내세웠다. 그러나 이는 겉으로 드러난 이유에 불과했다. 경산수조 설립은 철저히 일본인 대지주들의 이

29) 경산군, 『慶山郡郡勢槪要』(1925), 3쪽; 達捨藏, 『慶北大鑑』(1934), 925쪽.

30) 경산수조는 1925년 8월 1일 인가, 1926년 11월 5일 준공되었다(경산수리조합, 『조합설치인가신청서류』(1925)). 경산수조는 조선식산은행으로부터 457,000원을 20개년 연부로 차입하여 사업을 시작했다(조선식산은행에 대한 연구는 정병욱, 「1918~1937년 조선식산은행의 자본형성과 금융활동」, 『한국사연구』 79(1992); 정병옥, 「1920,30년대 조선식산은행의 농업금융과 식민지지주제」, 『사학연구』, 69(2003); 정병옥, 「농공은행·조선식산은행의 운영주체와 조선인 참여자의 지위」, 『민족문화연구』 38(2003) 등이 있다).

31) 『동아일보』 「전조선수리조합실황답사기: 경상북도 경산수리조합, 을축당년홍수끗헤 궁농구제코저 기공, 천여정보평야에 관개와 배수(제일대 제사반 김두백)」(1927. 8. 28)

32) 경산수조 몽리구역은 경북 경산군 경산면 삼남동, 삼북동, 서상동, 신교동, 상방동, 계양동, 대평동, 대정동, 임당동, 중방동, 대동, 백천동, 압량면 조영동, 의송동, 금구동, 현흥동, 인안동, 신촌동, 용암동, 진량면 양기동, 보인동, 부기동, 봉회동, 상임동, 북동, 선화동, 하양면 환상동, 대조동 등이었다(경산수리조합, 「경산수리조합규약」, 『조합설치인가신청서류』(1925)).

33) 경산수조규약 제2조이다(경산수리조합, 「경산수리조합규약」, 『조합설치인가신청서류』(1925)).

34) 을축년 수해에 대한 연구 성과는 박철하, 「1925년 서울지역 수해이재민 구제활동과 수해대책」, 『서울학연구』 13(1999); 내무부 중앙재해대책본부, 『'25 을축 대홍수』(1994); 고태우, 「일제 식민권력의 재해대책 추이와 성격」, 『역사문제연구』 31(2014) 등이 있다.

익 때문이었다.[35)]

　일제시기 수조 사업은 소수의 설립자들이 절대적인 영향을 가졌다.[36)] 경산수조는 일본인 대지주와 경산군청이 주도했다. 〈표 4〉는 경산수조 창립위원 명단이다. 당시 창립위원 가운데 조선인은 수조 구역 내 각 면장과 대지주가 차지했다. 각 면장들의 토지소유는 매우 미약했다. 조선인 대지주 김사숙은 1911년 경산학교를 설립할 정도의 대부호였다.[37)] 안병길은 경북 관선(官選)의원으로 2회 당선되었다.[38)]

　일본인 창립위원은 코바야시 도쿠지로(小林德次郎), 나오이 이소지(直井磯治), 사토 세이이치(佐藤政一), 시모무라 타다시(下村忠) 등 4명이었다. 고바야시는 제1대 경산수조 조합장이 되었다.[39)] 그 후 고바야시는 영천산업(주) 이사(1927년),[40)] 慶北河陽果物(合資)(1937년)[41)] 사원이 되었다.

　시모무라는 개인 지주가 아니라 조선흥업(주) 경산관리소 소장이었다. 그는 조선흥업 삼랑진 관리소장, 제이밀양수리조합의 사장을 역임했다.[42)] 한

---

35) 『동아일보』(1927. 8. 28);『매일신보』「단연해체설과 소극유지설 두 가지 길에 난호혀서 신음하는 경북경산수리조합의 경영문제 대구에서 지주대회」(1927. 12. 25).

36) 「조선수리조합령」 제3조 설치 규정에 따르면 수조가 성립하기 위해서는 조합원이 될 자 5인 이상이 창립자가 되어 조합 규약을 작성하고, 조합원이 될 자 1/2 이상으로서 조합구역이 될 토지 총 면적의 2/3 이상에 해당하는 토지소유자의 동의를 얻어 총독의 인가를 받아야 했다. 특징적인 것은 5인 이상의 창립자가 사업규약 작성 등 전반적인 사업계획을 수립한 이후 토지소유자들의 동의를 얻도록 한 점이다(박수현, 앞의 글 (2001), 25쪽).

37) 경상북도 경산군내에서 신사 안영모, 김사숙 씨가 본군 청년을 위하여 야학강습회를 설립하고 해소 비용 금액을 일체 부담했다(『매일신보』「경산학교 설립」(1911. 12. 27).

38) 遠捨藏, 앞의 책, 947쪽.

39) 小林德次郎은 경산수리조합 사장이었다(『朝鮮銀行會社組合要錄(1929년판)』).

40) 慶北河陽果物(合資)은 과실의 매매 및 위탁매매, 비료 종묘 농업용 기계기구 해충구제용 약품 및 과실 하조제재료의 매매 및 구입 외탁 알선, 과수경영상 필요한 자금의 융통, 기타 이에 부대하는 업무로 1927년 1월 27일 설립되었다(『조선은행회사조합요록 (1931년판)』).

41) 慶北河陽果物(合資)은 1936년 2월 10일 설립되었다(『朝鮮銀行會社組合要錄(1937년판)』).

42) 『조선은행회사조합요록(1931년판)』.

편 조선흥업 경산관리소는 경산군의 최대 지주였다.[43] 조선흥업 경산관리소 토지 소유가 가장 많았다. 335,883평이었다. 이 가운데 밭 면적이 58,099평으로 상당했다.

〈표 4〉 경산수리조합 몽리구역 내 창립위원 소유 면적과 이력(1925년, 평)

성명	밭	논	계	주소와 이력
許遵				하양면 은호동
小林德次郎	11,120	35,192	46,312	하양면 대조동. 경산수조 조합장. 조선흥업 삼랑진 관리소장, 제이밀양수리조합의 사장. 永川産業(株) 이사(1927년), 慶北河陽果物(合資)(1937년) 사원
金翊奎		1,034	1,034	하양면 남하동
朴景春				진량면 북동
金永佑				진량면 봉회동
金弘培		2,421	2,421	진량면 안촌동
直井磯治		3,605	3,605	압량면 신촌동
佐藤政一	3,696		3,696	압량면 용암동
朴炳采	375	384	759	압량면 인안동. 압량면장
金聖澈	2,309	27,308	29,617	경산면 사정동
소장 下村忠	58,099	27,7784	335,883	조선흥업주식회사 경산관리소 소장
金士淑	3,396	41,994	45,390	경산면 삼남동. 경산학교 설립
安炳吉	13,699	184,454	198,153	경산면 삼남동. 경북 관선(官選)의원
계	92,694	574,176	666,870	

※출전: 경산수리조합, 「조합지적부」, 『조합설치인가신청서류』(1925); 안용식 외, 『일제하 읍 · 면장 연구』(연세대 공공문제연구소, 2012), 150쪽에서 재작성.

경산수조 설립의 또 다른 주체는 경산군청이었다. 경산수조 사무소는 설립 초기 경산군청 안에 있었다.[44] 경산수조의 조사 설계도 대구부 토지개량과에서 맡았다. 경산군청은 식민지 농정의 일선 책임자였다.[45] 경상

---

43) 조선흥업주식회사 경산농장의 토지소유 특징에 대해서는(손경희 「일제시기 경북 경산군의 이주일본인 증가와 농업경영」, 『역사와 경계』 100(2016), 98~104쪽)이 있다.

44) 『동아일보』(1927. 8. 28)

45) 『매일신보』 「경산수리조합 인가 재이」(1925. 5. 24). 각 지방의 행정 관청들은 식민지 농정의 일선 책임자로서 국가시책인 수조 사업의 확충을 위해 조합 설치를 주도했다 (박수현, 앞의 글(2001), 33쪽).

북도의 토지개량 계획은 1925년 이후부터 12년 간 매년 1,200정보를 토지개량 하는 것이었다. 1지구 백 정보 내외의 집단지는 수조 조직에 의하고, 기타는 공동의 사업 특히 수리계의 발달을 촉진하여 목적을 달성하고자 했다.[46)]

수조 설립의 첫 시작은 조합원 동의서 날인이다. 경산수조에서는 수조설립 동의서와 개답 동의서 두 가지를 받았다.[47)] 경산수조 설립 동의서에는 1921년이 기록되어 있어 산미증식계획 초기부터 수조 설립을 준비했음을 알수 있다.[48)] 〈표 5〉 개답 동의서는 조선흥업 경산관리소 소장 시노무라가 직접 받았다. 조선흥업에서는 경산수조를 통한 개답이 목적이었다.

〈표 5〉 경산수리조합 개답 동의서

경산수리조합 몽리지역 내에 있는 자의 소유 전 해 수리조합 설치 상 조합 사업계획에 기초하여 개답 건에 동의한다. 대정 14년 4월 21일 경산군 경산면 사정동 조선흥업주식회사 경산관리소 소장 下村忠

※출전 : 경산수리조합, 『조합설치인가신청서류』(1925).

한편 경산수조 설립에는 동척의 영향력이 컸다.[49)] 동척 대구지점장 가토

46) 경상북도, 『慶北の農業』(1929), 16쪽.
47) 경산군의 대지주이며 지주대회 조사위원 중 모씨는 수조 설립 목적을 '그 조합이 원래 1924년의 旱災에 거의 살길을 잃게 된 이재민을 구제한다는 미명'이었다. 특히 수조 몽리구역 가운데 200여 정보가 감을 잘 탐으로 거기 직접 이해관계가 있는 지주 소작인을 나오도록 하여 총회 때에 이 건으로 출석하였다는 표 라하고 백지에 다가 도장을 받았다. 이것으로 승낙서를 만들었다(『동아일보』「實査技師도 設計 缺陷 是認, 도령 언명딸하 디주대회 개최, 慶山水組問題 其後//地主側의 四項 要求」(1928. 1. 19).
48) 경산수리조합, 『조합설치인가신청서류』(1925).

슌페이가 경산수조 설립 동의서에 첫 번째로 날인했다. 동척은 경산수조 몽리구역 내 논 288,985평, 밭 33,826평, 모두 322,811평을 소유했다. 동척은 조선흥업 경산관리소 다음으로 토지가 많았다.

경산수조 지주 수는 1,482명이었다. 이 가운데 동의자 866명, 부동의자 616명이었다. 동의 비율이 58.4%로 수조 설치의 기준인 조합원의 1/2 이상의 동의를 겨우 넘겼다. 그러나 동의자 소유 면적은 전체 면적의 75.3%로 매우 높았다 그 이유는 동척과 조선흥업 때문이었다.

〈표 6〉 경산수리조합 동의자 · 부동의자

동의자		부동의자		합계	
면적(정)	인원(명)	면적(정)	인원(명)	면적(정)	인원(명)
1,058.4115.	866	345.7511.	616	1,404.1626.	1,482

※출전 : 경산수리조합, 『조합설치인가신청서류』(1925).

경산수조 동의자 가운데 조선인 95.6%, 일본인 4.4%로 조선인이 대부분이었다. 그 이유는 조선흥업과 동척이 소유한 토지 때문이었다. 조선 농민들은 대부분 조선흥업과 동척 소유 토지를 소작하였기 때문이다. 경산군 전체 소작 비율도 높았다.[50] 그리고 경산군청의 힘으로 동의자가 많은 것으로 보인다.[51]

---

49) 동척은 수조에 대한 사업자금의 공급을 통하여 미곡증산이라는 기본 목적의 달성에 기여하면서도 그 자신은 그 과정에서 안정적으로 이자를 획득하였다(전강수, 「일제하 수리조합사업이 지주제전개에 미친 영향: 산미증식계획기(1920~34년)를 중심으로」, 『경제사학』 8(1984), 133쪽)

50) 1925년 경산군의 지주 소작별 호수를 보면 전업 9,550호, 겸업 2,278호이다. 지주(갑) 16호, 지주(을) 305호, 자작 1,108호, 자작겸소작 5,310호, 소작 5,089호였다. 소작 호수의 비율이 53.2%였다. 경상북도, 「지주 · 자작 · 자작겸소작 · 소작별호수」, 『농무통계』 (1927), 3쪽.

51) 조합 설립에 적극적인 지주들을 전면에 내세우고 군청이나 면 직원들이 동의서 날인 작업 등 제반 설립 업무를 추도해 났다(박수현, 앞의 글(2001), 34쪽).

한편 일부 이주일본인은 경산수조 설립에 반대했다.[52] 동의자의 토지소유 규모는 291.86정보로 20.7%를 차지했다. 동의자가 많은 지역은 경산면, 진량면, 압량면, 하양면 등으로 일본인 이주가 많은 지역이었다. 일본인지주 가운데 대구부 거주자가 33명으로 부재지주가 많았다.

〈표 7〉 경산수리조합 동의자

면명	동(洞) 수	동의 인원	조선인	일본인
경산	14	230	119	11
진량	14	200	200	
자인	3	8	8	
남천	6	12	12	
압량	15	220	205	15
하양	7	124	118	6
안심	9	22	22	
고산	4	7	7	
대구부		33	29	4
달성군		4	4	
기타		4	4	
		866	828	38

※출전 : 경산수리조합, 『조합설치인가신청서류』(1925).

경산수조 설립 동의자의 특징은 첫째, 경산수조 몽리구역 내 각 면 면장이 모두 동의서에 날인했다. 둘째, 경산군수 조정환이 적극적으로 나섰다. 그는 경산군 학교비 담임자, 경산군 향교재산관리자, 역둔토 담당자로 각각 동의서에 날인했다. 셋째, 일본인 대지주인 동척 대구지점장 가토, 조선흥업 경산관리소소장 시모무라가 동의했다. 넷째, 대구부 거주 대지주들이 동의서에 날인했다. 대표적으로 가메이시 이소타로(龜石磯泰郎),[53] 鮮南殖産株

---

52) 경산수조 조합원이 많던 압량면에서는 공사 무기 연기를 청원했다. 공사당국의 성의 없는 태도와 총독부의 보조액이 처음 군 당국의 말과 달랐기 때문이다. 그리고 일반 지주 측의 부담이 컸다. 압량면 지주 가운데 공사 무기 연기를 청원한 대표는 佐藤政一과 佐慶改一 등이었다. 佐藤政一은 경산수조 창립위원이 된다(『부산일보』 「경산수리조합 대 지주측의 내분과 원만 해결, 착착 사업은 진척되다」(1925. 9. 26).

式會社 대표자 도조 쇼헤이(東條正平),[54] 대구곡물주식회사 대표자 스가이 쇼이치(官井正一),[55] 하서정의 정해붕,[56] 이장우[57] 등이었다.

경산수조 설립에 동의한 일본인은 38명이었다. 이 가운데 동척, 조선흥업 경산관리소는 100정보 이상의 토지를 소유했다. 그 이외 일본인들은 토지 소유 규모가 많지 않았다. 이들을 제외한 일본인 동의자의 평균 토지 소유 규모는 2,370평에 불과했다. 심지어 경산수조 몽리구역 안에 토지가 한 평도 없는 사람이 8명이나 되었다.[58]

53) 龜石磯泰郎은 和歌山縣 출신으로 1908년 1월 조선에 와서 대구부 上町에 살았다. 각 관청의 어용상인으로 활약하고, 크게 산업을 성공시켰다. 팔운정으로 거처를 옮긴 후 농상경영 및 繭絲間屋業을 열었다(逢捨藏, 『慶北大鑑』(1934), 430~431쪽).

54) 東條正平은 香川縣 仲多度郡으로 1899년에 中央大學 졸업, 朝鮮鐵道株式會社의 전무이사, 朝鮮鐵道 계열의 여러 회사에서 중역 자리에 앉았다. 株式會社朝鮮物産商會 이사, 大正商會 이사, 鮮南殖産株式會社 전무 등 각 방면의 산업에서 사업의 중역으로서 활동했다. 大邱에서 朝鮮鐵道의 모체인 朝鮮中央鐵道株式會社의 감사임원을 지냈다. 私鐵이 합병됨에 따라 朝鮮鐵道의 이사가 되었다(實業タトムス社大陸研究社, 『事業と鄕人』1(1939), 569~570쪽.

55) 官井正一은 대구부의 대표적인 대지주였다(『시대일보』「경북지주의 선전문, 물밀 듯 일어나는 소작운동에 간담이 서늘하니 타협하자고」(1924. 9. 22).

56) 정해붕의 주소는 慶尙北道 大邱郡 西上面 西內洞이었다. 그는 1901년 11월8일 命慶尙北道金礦委員,1902년 8월27일 任慶尙北道觀察府主事 判任六等, 1903년 12월5일 任度支部徵稅主事 判任六等, 1907년 9월 大邱手形組合評議員, 1908년 8월 金融組合大邱設立委員 등을 역임했다. 그는 慶北 金鑛委員, 大邱金融組合 組合長, 大邱電氣會社 監査役, 朝鮮農會 評議員, 大邱銀行 取締役, 慶北糧穀社 取締役, 片倉工業株式會社大邱製糸所 代表였다(대한민국문교부 국사편찬위원회, 『大韓帝國官員履歷書』 31(1972), 734쪽; 강진화, 『대한민국인사록』(1949), 157쪽).

57) 이장우는 1871년 9월 출생이다. 출신지는 慶尙北道 大邱府 下西町 29(원적), 주소지는 大邱府 下西町(원적)이다. 직업은 농업이다. 1903년에 家督을 상속받았다.1918년에 大邱府協議員,1926년에 慶尙北道 協議員, 1934년에 慶尙北道會 副會長, 朝鮮農會 通常議員에 선출되었다. 1918년 이후 大邱府會 議員, 慶尙北道評議員 등으로 府政 및 道政에 참여하고 있으며, 大邱商業會議所 特別評議員도 역임했으며 慶尙北道農會 副會長, 朝鮮農會 通常議員으로 활동했다. 1923년 무렵부터 慶尙南道 金海郡 大渚面 麥島에 있는 본인 소유의 황무지 약 100만 평을 개간하기 시작했다. 1927년 本道의 優良採種畓에서 산출된 穀良都 및 早神力의 볍씨를 배부했다(조선신문사, 『조선인사흥신록』(1935), 529쪽; 『조선총독부시정25주년기념표창자명감』(1935), 1008쪽.

58) 경산수리조합, 『조합설치인가신청서류』(1925).

3. 경산수리조합 운영과 조합비

1) 경산수리조합 평의원과 예산 운영

경산수조는 조합장 아래에 부조합장, 이사, 출납역, 서기, 기사장, 기사로 구성되었다.[59] 경산수조는 관의 영향력이 매우 큰 수조였다. 경산수조 설립 당시 이사에는 경북도청 회계과장 미야자키 이키(宮崎伊吉), 토지개량과 직원 이노우에 도쿠사부로(井上得三郎)가 기사장으로 임명되었다.[60] 경산수조 서기는 기타 아라이(喜多荒井), 黃一河였다.[61]

수조 운영은 평의회에서 결정했다. 평의회에서 평의원 선거를 했다. 평의원 정수는 12명이었다. 평의원의 선임 및 그 보충원 선정을 조합원의 총대인이 모여서 행했다. 경산수조 평의원은 조합비 연액 40원 이상을 납입해야만 될 수 있었다.[62] 그 결과 열등지를 소유한 조합원이 총대인과 평의원이 될 가능성이 높았다. 당시 가장 형질이 떨어지는 1등지의 조합비 최고 액수가 1단보당 8원 50전이었다. 몽리구역 내에서 가장 형질이 좋고 몽리를 적게 받는 10등지의 부과 액수는 최고 1원이었다.[63] 최하 열등지를 소유한 자들은 약 0.5정보 정도만 되면 총대인 및 평의원의 자격이 주어졌다. 양답 소유자들은 4정보 이상이 되어야 자격이 주어졌다.[64]

---

[59] 경산수조규약 제4조.

[60] 『시대일보』「水利組合認可」(1925. 7. 23).

[61] 『부산일보』「경산수리조합 조합장 이사 이하 임명: 빨라도 공사 입찰의 운동 일어나」(1925. 7. 30).

[62] 경산수조규약 제8조. 경산수리조합, 「경산수리조합규약」, 『조합설치인가신청서류』(1925)

[63] 경산수리조합, 『조합설치인가신청서류』(1925).

[64] 『동아일보』「慶山水利組合 原案撤廢를 議決 三十日 評議會에서」(1931. 4. 5).

다음 〈표 8〉은 경산수조의 지주별 소유면적이다. 6단 이하 66.8%, 6단 이상 4.3%, 7단 이상 8단 이하 3.4%, 8단 이상 25.4% 등이었다.

〈표 8〉 경산수리조합 지주별 소유면적

소유면적	인원	적요
6단 이하	990	
6단 이상	64	
7단 이상 8단 이하	51	40엔 이상을 납부하는 자
8단 이상	377	
계	1,482	

※출전 : 경산수리조합, 『조합설치인가신청서류』(1925).

경산수조 평의원은 조합구역 내 토지에 대해 지세 4원 이상 국유미간지 대부료 2원 이상을 납부하는 조합원이 될 수 있었다.[65] 경산수조 설립 당시 지주별 지세를 보면 3엔 이하가 66.5%로 가장 많았다. 4엔 이상의 지세를 내는 비율이 28.3%였다. 조합원의 총대인 및 평의원은 조합 구역 내 토지 7단보 이상 소유자가 될 수 있었다.[66]

〈표 9〉 경산수리조합 지주별 지세

지세액	인원	비율(%)
3엔 이하	986	66.5
3엔 이상	76	5.1
4엔 이상	52	3.5
5엔 이상	368	24.8
계	1,482	100

※출전 : 경산수리조합, 『조합설치인가신청서류』(1925).

1925년 9월 6일 경산공립보통학교 내에서 평의회를 개최하여 평의원을

[65] 경산수리조합, 「경산수리조합규약」, 『조합설치인가신청서류』(1925).
[66] 경산수리조합, 『조합설치인가신청서류』(1925).

선정했다.[67] 총대로서 346명을 소집했다. 이 가운데 위임장 제출 48명과 출석 127명으로 모두 175명이 출석했다.[68] 경산수조 평의원은 경산수조 조합장과 군수가 정했다.[69] 경산수조 제1회 평의원에 동척과 조선흥업도 포함되었다.

<표 10> 경산수리조합 평의원(제1회)

번호	지역	평의원
1		동양척식주식회사
2		조선흥업주식회사
3	하양면	金翊奎
4		篠原宮一
5	진량면	金弘培
6		金永侑
7	압량면	直井磯吉
8		朴炳采
9		安炳吉
10	경산면	李相鎭
11		徐錫榮
12		川北田金太郎

※출전 : 『부산일보』「아슬아슬하게 유회[流會]를 면한 경산수리조합 총대회; 2일간의 회합에서 역직원[役職員] 구성도 갖추어지다」(1925. 9. 11)

경산수조 제1회 평의원은 창립위원과 큰 차이가 없었다. 안병길은 지주로 전북 전주 및 군산지방의 수리사업 및 농사개량에 대한 시설을 시찰 단원,[70] 평의원,[71] 도평의원 등을 역임했다.[72] 또한 조선총독부에서 주최한

---

67) 『부산일보』「경산수리조합 조합장 이사 이하 임명: 빨라도 공사 입찰의 운동 일어나」 (1925. 7. 30).

68) 총대는 조합 내에 7단보 이상의 소유자를 총대로 했다(경산수리조합, 『조합설치인가신 청서류』(1925)).

69) 『부산일보』「아슬아슬하게 유회[流會]를 면한 경산수리조합 총대회: 2일간의 회합에서 역직원[役職員] 구성도 갖추어지다」(1925. 9. 11).

70) 『매일신보』「農業視察團 大邱同民會가 主催」(1925. 9. 5).

71) 『매일신보』「道評議員補選」(1925. 12. 2).

산미증식계획 실시에 대한 조선인대지주 간담회에 대구의 장직상, 청도의 김명옥, 경산의 堀家照躬과 함께 참석했다.[73] 그리고 산미증식계획 갱신을 위한 전선지주회에 경북 대표로도 참석할 정도로 일제의 정책에 적극적으로 협력했다.[74]

압량면의 박병채는 압량면장이었다.[75] 이상진은 慶一精米(株) 이사,[76] 慶北園藝(株) 감사를 역임했다.[77] 경산수조 보충원은 11명으로 일본인은 2명이었다.[78] 경산수조 조합 서기로 新井躍司, 喜多澤次, 黃一河 등을 뽑았다.[79]

경산수조는 설립 초기 국고보조금과 조합채로 운영할 예정이었다. 예산을 보면 사업 1년도 수입은 보조금과 조합채가 대부분이었다. 특히 조합채 비율이 81.3%로 압도적이었다. 세출은 공사비와 토지 보상비가 대부분이었다. 공사는 금호보, 남원보 축조와 남매지 개축이었다.[80] 경산수조에서는 국고보조와 조합채를 공사 1, 2년도에만 받고, 공사 준공 후에는 조합비(99.6%)로 운영할 예정이었다.

[72] 『매일신보』「篤志와 慈善」(1926. 3. 4).
[73] 『매일신보』「지방편린」(1926. 12. 17).
[74] 『매일신보』「産米策更新의 一步 全鮮地主會開催」(1926. 12. 21).
[75] 박병채는 1919~1938년까지 압량면장을 지냈다(조선총독부, 『조선총독부및소속관서직원록』(1919~1938년).
[76] 慶一精米(株)은 1938년 11월 6일 설립되었다. 일반 곡물매매 현백미 조제 및 판매 목재 조제 및 판매 이상 각 영업에 따르는 업무 일체를 했다. 지점 주소는 경상북도 경산군 경산면 중방동 370번지였다(『朝鮮銀行會社組合要錄(1939년판)』).
[77] 慶北園藝(株) 1937년 4월 17일 설립되었다. 원예에 필요한 물품의 매매 중개 원예생산품의 매매중개 원예에 필요한 자금의 융통을 담당했다. 본점 주소는 경상북도 경산군 경산면 중방동 344번지였다(『朝鮮銀行會社組合要錄(1939년판)』).
[78] 보충원은 진량면(都道運, 趙萬元, 徐相孝, 許東柱), 하양면(許梱, 鄭文仲), 압량면(金箕烈, 直井庄治) 경산면(安炳言, 朴容圭, 澤田耕治) 등이다(『부산일보』「경산수리조합 보충원」(1925. 9. 11).
[79] 『부산일보』「경산수리조합 평의원회 개최」(1925. 9. 29)
[80] 경산수리조합, 『조합설치인가신청서류』(1925).

<표 11> 경산수리조합 예산(1925~1926년, 원)

연도	세입			세출		
	내역	금액	비율(%)	내역	금액	비율(%)
1925년도 (사업 제1년도)	보조금	77,564	18.5	사무비	21,930	5.2
	조합채	341,170	81.3	공사비	270,000	64.4
	잡수입	494	0.1	보상비	80,350	19.1
				공사감독비	18,650	4.4
				창립비	5,000	1.1
				조합채비	15,471	3.6
				예비비	7,827	1.8
합계	419,228			419,228		
	세입			세출		
	내역	금액	비율(%)	내역	금액	비율(%)
1926년 (사업 제2년도)	국고보조	28,326	14.7	사무비	11,630	6.0
	조합비	43,480	22.6	공사비	82,634	42.9
	조합채	119,535	62.1	보상비	5,775	3.0
	잡수입	900	0.4	공사감독비	16,350	8.5
				조합채비	37,832	19.6
				예비비	38,020	19.7
합계	192,241			192,241		
	세입			세출		
	내역	금액	비율(%)	내역	금액	비율(%)
1926년 (공사 준공 후 1개년)	조합비	47,880	75.8	관리비	9,960	15.7
	조합채	14,935	23.6	사업비	6,320	10.0
	잡수입	300	0.4	조합채비	44,445	70.4
				일시차입금	2,000	3.1
				예비비	390	0.6
합계	63,115			63,115		
	세입			세출		
	내역	금액	비율(%)	내역	금액	비율(%)
1926년 (공사 준공 후)	조합비	79,466	99.6	관리비	11,790	14.7
	잡수입	300	0.4	사업비	11,820	14.8
				일시차입금	2,500	3.1
				예비비	102	8.1
계	79,766			79,766		

※출전: 경산수리조합, 『조합설치인가신청서류』(1925).

경산수조 공사 준공 후 1개년에는 조합비의 비율이 75.8%, 조합채 23.6%로 조합비에 의해 운영이 가능할 것으로 예상했다. 세출에서는 본격적으로 조합채비를 갚는 것으로 설정하였다. 조합채비가 세출의 70.4%를 차지했다. 경산수조 공사 준공 2년 후는 조합비로만 운영될 것으로 예상했다.

　경산수조에서는 조합비를 조합 사업에 의해 이익을 받는 정도에 따라 부과했다. 조합에서 제정한 몽리지대 수세는 토지를 10등급으로 나누었다. 몽리 전 면적에 대한 수세의 평균이 매 단보당 5원 66전이었다. 당시 경산수조 조합비는 경북지방에서 영일수조 외에 가장 높았다.[81]

〈표 12〉 경산수리조합 등급별 반당 조합비

등급	면적	종목	공사 후 이익			공사 전 이익			차감 이익 (円)	증수익백 분율	조합비 (円)
			수량 (石)	단가 (円)	금액 (円)	수량 (石)	단가 (円)	금액 (円)			
1	200.00	小作料籾公課 차감利高	2.00	10.00	20.00 1.73 18.27	0.90	10.00	9.00 0.50 8.50	9.77	100.00	8.50
2	50.00	同	1.90	10.00	19.00 1.58 17.42	0.95	10.00	9.50 0.66 8.84	8.58	87.81	7.70
3	38.00	同	1.80	10.00	18.00 1.47 16.53	1.00	10.00	10.00 0.81 9.19	7.34	75.12	6.70
4	443.00	同	1.75	10.00	17.50 1.22 16.28	1.05	10.00	10.50 1.22 9.28	7.00	71.64	5.90
5	368.00	同	1.75	10.00	17.50 1.32 16.18	1.10	10.00	11.00 1.32 9.68	6.50	66.53	5.40
6	85.00	同	1.80	10.00	18.00 1.47 16.53	1.20	10.00	12.00 1.47 10.53	6.00	66.41	4.90
7	58.00	同	1.90	10.00	19.00 1.58 17.42	1.40	10.00	14.00 1.58 12.42	5.00	51.17	4.20
8	68.40	同	2.05	10.00	20.50 1.73 18.77	1.65	10.00	16.50 1.73 14.77	4.00	40.94	3.20

81) 『동아일보』(1927. 8. 28).

| 9 | 33.60 | 同 | 1.80 | 10.00 | 18.00
1.58
16.42 | 1.55 | 10.00 | 15.50
1.58
13.92 | 2.50 | 25.58 | 2.00 |
| 10 | 60.00 | 同 | 1.65 | 10.00 | 16.50
1.58
14.92 | 1.50 | 10.00 | 15.00
1.58
13.42 | 1.50 | 15.35 | 1.00 |

※출전 : 경산수리조합, 『조합설치인가신청서류』(1925).

다음 〈표 13〉은 경산수조의 세입·세출 결산표이다. 외형상으로 보아서는 적자상태는 아니었다. 세입보다 세출이 많았던 해는 1928~1929년뿐이었다. 1929년 대공황으로 미가 폭락은 채산성이 낮거나 이미 적자상태에 빠져 있던 수조에 결정적인 타격을 주었다.[82]

경산수조는 조합비로 100% 운영된 시기는 없었다. 조합비 부담 상황을 보면 1927년 0%, 1928년 49.9%, 1929년 82.0%, 1931년 38.0%, 1932년 50.1%, 1933년 49.6%, 1934년 74.4%, 1935년 77.7%, 1936년 79.2%, 1937년 79.1%, 1938년 81.9%, 1939년 90.1%, 1940년 19.7%였다. 1934년부터 1939년 사이 조합비가 차지하는 비중이 높았다.

〈표 13〉 경산수리조합 세입·세출 결산표(1927~1940년, 엔)

연도	세입						세출					
	경상부		임시부			합계	경상부		임시부			합계
	조합비	기타 수입	조합채	국고 보조금	기타 수입		유지 관리비	기타 지출	조합채비	사업비	기타 지출	
1927	-	5483.29	385,000	19,371	7,136.81	416,991.10	24,221.79	484.10	27,701.6	336,113.04		388,520.53
1928	57,833.49	1,635.19	22,000	1,242	32,958	115,668.68	33,228.36	2,044.15	23,205.28	67,494.26	500	126,472.05
1929	56,005	311	-	-	11,950	68,266	24,329	12,802	33,135	1,352	6,953	78,571
1931	55,625	367	66,400	12,284	11,400	146,076	18,101	4,059	92,776	30,876	-	145,812
1932	50,986	689	44,190	-	5,759	101,624	11,639	4,344	45,645	7,647	-	69,272
1933	53,964	861	12,600	8,647	32,605	108,677	11,926	4,676	49,154	40,376	-	106,132
1934	56,817	3,584	7,900	3,079	4,903	76,283	10,229	3,624	48,277	11,536	-	73,666
1935	50,865	4,217	7,700	-	2,617	65,399	13,180	1,892	48,622	339	-	64,033
1936	61,406	2,613	11,400	675	1,372	77,466	11,716	1,138	44,434	10,032	4,077	71,397
1937	58,434	2,667	-	6,246	6,449	73,796	12,875	1,280	45,786	13,125	-	73,066
1938	63,189	5,490	3,170	-	5,252	77,102	21,540	2,356	45,279	137	6,433	75,745
1939	62,989	2,876	-	-	3,988	69,853	18,345	1,717	45,648	362	3,331	69,403
1940	13,084	1,160	41,700	-	10,403	66,347	5,180	2,333	45,631	982	301	64,427

※출전 : 조선총독부토지개량부, 『朝鮮土地改良事業要覽』 해당 연도에서 작성.

82) 국가기록원, 앞의 책(2008), 37쪽.

경산수조는 설치 사업비, 추가개량사업비, 재해복구사업비, 세입결함보전 등의 명목으로 조합채를 계속 발행했다. 다음 〈표 14〉는 경상수조 조합채 총괄표이다.

〈표 14〉 경산수리조합 조합채 총괄표(1927~1940년, 엔)

연도	차입액						상환액	미상환액
	설치 사업비	구역확장 사업비	추가개량 사업비	재해복구 사업비	세입결함 보전	합계		
1927	457,000	-	10,000	-	-	46,700	-	467,000
1928	457,000	-	10,000	-	-	467,000	4,370	462,630
1929	457,000	-	10,000	-	-	467,000	4,370	462,630
1931	457,000	-	48,700	11,500	60,400	577,600	22,761	554,829
1932	457,000	-	48,700	11,500	60,400	577,600	31,199	546,401
1933	457,000	-	51,100	19,700	70,600	598,400	58,384	540,016
1934	457,000	-	51,100	19,700	78,300	606,100	78,900	527,200
1935	457,000	-	62,500	19,700	78,300	617,500	96,650	520,850
1936	457,000	-	62,500	19,700	78,300	617,500	114,122	503,378
1937	457,000	-	62,500	22,870	78,300	620,670	136,814	483,856
1938	457,000	-	62,500	22,870	78,300	620,670	161,680	458,990
1939	457,140	-	62,500	22,870	78,300	620,670	184,512	436,158
1940	457,000	-	62,500	22,870	120,000	662,370	208,290	454,074

※출전: 조선총독부토지개량부, 『朝鮮土地改良事業要覽』 해당 연도에서 작성.

경산수조 조합채 특징은 첫째, 추가개량 사업비로 1927년 1만 원, 1931년 48,700원, 1933년 51,100원, 1935년 62,500원으로 총 네 차례 이루어졌다. 둘째, 1931년부터 세입결함보전이 계속되었다. 1939년 대한발로 인해 1940년에는 12만 원이나 되었다. 셋째, 조합채의 미상환액이 많았다. 미상환액 비율은 1927년 100%, 1928~1929년 99.1%, 1931~1932년 95.9%, 1933년 89.2%, 1934년 85.1%, 1935년 81.5%, 1936년 77.4%, 1937년 71.8%, 1938년 64.8%, 1939년 57.7%, 1940년 54.2%였다. 특히 경산수조의 조합채 미상환액은 1940년까지 절반 이하로 내려가지 않았다.

2) 경산수리조합 운영과 조합비

경산수조 운영 과정에서 여러 가지 문제가 드러났다.[83] 첫째, 경산수조 설계 문제였다.[84] 경산수조는 공사가 끝난 1927년에도 개답 한 논에 급수가 불충분하여 도작(稻作)이 어려웠다. 뿐만 아니라 재래 밭에 파종하지 못하여 큰 손해를 보았다. 그리고 물 걱정을 하지 않았던 곳에서 농사 피해와 수세를 물게 되었다.[85]

경산수조 설치 후 하양면과 압량면에서 불평이 제일 많았다. 원래 이 지역은 금호강 만세량보(萬世梁洑), 상세량보(上世梁洑) 등의 재래 보가 있어 한재의 염려가 없던 지역이었다. 그런데 경산수조 설립 후 오히려 이앙을 못했다. 하양면 일대는 경산수조 금호보 제3간선으로 지대가 높아 도움이 되지 못했다. 경산수조의 설계 부실은 하양면의 어린아이들도 '만세량'을 '망세량 亡世梁'이라 부를 정도였다.[86]

1927년 경산수조 공사 준공 후 조합 부과금이 부과되었다. 그러나 당시 가뭄과 충재(蟲災)로 수확이 보잘 것 없었다. 그러나 조선흥업 경산관리소는 수조 부과금을 회사에서 무는 대신에 소작료를 종전의 반분에서 15% 더하여 소작료 65%를 요구했다. 일반 지주들도 반분하면서 공과금은 물론 조합비조차 소작인에게 부담시켰다.[87] 이는 경산수조 내 지주들만의 특징이

---

83) 경산수조 조합원과는 달리 도 당국에서는 경산수조 문제를 경리와 설계 두 가지로 보았다. 설계에서는 수로간선의 종류와 그 방향이라든지 체계 같은 것이 온통 바뀌어서 물을 대기 다소 불편했다. 설계상 가장 문제는 금호보로 보았다. 금호보로 물을 대어야 모든 간선으로 고루고루 퍼진다. 그것이 잘 되지 못하는 결함이 생겼다고 보았다. 한편 경산수조 문제를 조사한 도 산업부 농무과 難波照治는 다른 문제를 제기했다. 경산수조 문제의 대부분 원인을 소작문제와 곡가 하락으로 생긴 문제로 이해했다(『동아일보』「실사기사도 설계 결함 시인, 도령 언명딸하 디주대회 개최, 경산수조문제 그 후 지주측의 사항 요구」(1928. 1. 19).

84) 『동아일보』(1927. 8. 28).

85) 『동아일보』(1927. 8. 28).

86) 『동아일보』(1927. 8. 28).

〈그림 1〉 경산수리조합 평면도(1925년, 축척 1/5만)

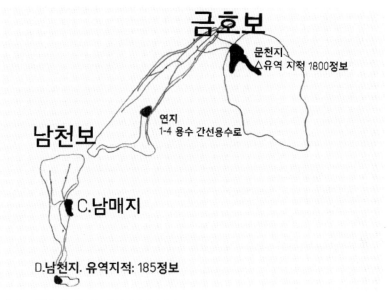

※출전: 경산수리조합, 『조합설치인가신청서류』(1925).
※비고: 1. 제1호 간선용수로. 2. 제2호 간선용수로. 3. 제3호 간선용수로. 4. 제4호 간선용수로.
     5. 대정동지선. 6. 중앙용수로. 7. 남매지도수로.

었다.[88] 당시 경산수조에 대해 조선흥업과 동척 소유 토지가 많은 경산면의

---

[87] 『매일신보』「문제중심은 조합비 수리조합비도 문제요 소작료도 갑하라 요구 쌍방태도
는 굿세다」(1927.11. 7);『동아일보』「지주과욕으로 과세조차 난안, 벌서부터 먹을 것이
업다, 경산수리조합 관내작인궁상」(1927.11. 11);조선흥업은 소작계약 당시 1인에 10원
을 징수했다. 이 가운데 2원은 흥농회 회비로 8원은 계약보증금으로 징수했다. 이를
소작인 명의로 저금하고 계약 해제 할 때 이자를 더하여 반환했다. 이 외 매년 소작료
납입 즈음 소작료 1석에 대해 7승의 벼를 징수했다. 이 가운데 2승은 흥농회 회비, 5승
은 소작인 명의로 저금을 했다. 계약해제 즈음 이자를 더하여 반환했다. 흥농회 회비
로 징수하는 금액은 소작인의 재해구조, 길흉경조, 표창 등에 충당했다.경상북도,『소
작관행조사서』(1932), 25쪽. 1916년경 조선흥업은 자기 소작인을 망라하여 흥농회를 조
직했다. 소작계약체결 할 때 2원을 회비로 징수했다. 1920년 재계변동의 영향을 받아
소직료 체납사가 많아지자 방지책으로 1인에 대해 8원을 추징하여 소작보증금이 되었
다(경상북도,『소작관행조사서』(1932), 25쪽).

[88] 『동아일보』「육할 오분 소작료로 빈손만 쥔 농민, 소작인 일동은 매우 격분해 경산수리
조합 구역」(1927.11.7).

경우 지주나 소작인의 불평이 적었다. 그러나 조선인지주가 대다수인 하양면과 압량면은 반대였다.[89)]

둘째, 처음 경산수조 설립 목적이었던 궁민 구제도 어려웠다. 경산수조 공사를 일본인 청부업자 西本組에게 맡겼다. 그는 직접 인부를 고용하면서 일급(日給) 50전을 바로 지불하지 않고 표를 분급하여 1개월마다 환전해 주어 하루 벌어 사는 노동자들에게 어려움을 주었다.[90)]

셋째, 경산수조 설립으로 일부 지역주민들이 삶의 터전을 떠나야 했다. 경산 연지제(蓮池堤)에서 발원한 용암동 지선 부근 주민 100호가 떠나야 했다. 용암동 주민들은 군 당국과 도 당국에 여러 차례 진정했다.[91)] 원래 용암동은 마을 남쪽에 오목천(五木川)이 흘러 거의 해마다 범람했다. 그런데 경산수조 용암동 지선이 마을 북쪽에 설치되면서 동지선과 오목천 사이에 끼여 버렸다. 그 결과 비가 많이 내리면 오목천 물과 용암동 지선 물이 모여 동네 전부를 휩쓸었다.[92)]

넷째, 지역 농민들의 물싸움이 일어났다. 1928년 7월 14일 오후 한 시경 경산군 압량면 용암동 동민 80여 명과 남신동민 30여 명이 부딪쳤다. 자인면 남신동과 압량면 신대동은 경산수조에 속했다. 용암동은 수조구역 밖으로 수조 구역 안에는 수조 덕으로 모를 심었다. 용암동민들은 수조 구역 밖이라 물을 구하지 못했다.[93)]

1928년 경북 경산군 자인면 일대에 대한발로 수개월 전부터 식량을 구하

‖‖‖‖‖‖‖‖‖‖

89) 『동아일보』(1927. 8. 28).

90) 『동아일보』(1927. 8. 28).

91) 『동아일보』「水路의 威脅으로 一洞民流離, 數次陳情도 結局은 水泡로, 龍岩洞의 今後 運命, 慶山水利組合」(1927. 9. 3).

92) 『동아일보』(1927. 9. 3).

93) 『동아일보』「農水問題로 兩洞民 大格鬪, 경북 경산군 자인면민들이 重輕傷者도 多數」 (1928. 7. 18); 『중외일보』「최초의 石戰이 農具戰으로, 부근 일대는 일시 전쟁판, 경관 대 至急 派送」(1928. 7. 18).

기 어려웠다. 사경에 이른 동포들이 2천여 명에 달했다. 이들은 일본 혹은 만주로 유리하거나 걸식자의 증가로 이어졌다.[94]

경산수조 지주들의 대응은 첫째, 지주대회 개최였다. 대구에서 열린 지주 대회에서 지주와 소작인들은 소작료와 조합비 문제를 논의했다. 해결 방안 으로 '경산수조 차입금 일시 변제 책을 강구하여 전부 지불하고 경산수조를 해체한다. 경산수조 소유의 폐지(廢地)와 기타 쓸모없는 도구를 전부 매각 하여 차입금에 불입'하고자 했다. 그 나머지 금액은 30년 내지 40년간의 장 기 소액 불입제로 변경할 일 등을 결의했다.[95]

경산수조 몽리면적 1,404정보 중 밭을 논으로 지목 변환한 미개답 면적 100정보 이외에 수리 불편한 지역이 40여 정보나 되어 1928년도 관개하지 못한 면적이 150여 정보나 되었다. 금호보의 개조 공사 전에는 도저히 몽리 구역 전반에 급수 만족을 보기 어렵다고 보았다. 그렇다고 개조공사를 단행 하려면 약 13, 4만 원의 공사비가 들어 실현 가능성이 없었다.[96]

둘째, 경산수조 지주 측에서 직접 경영하기로 결의했다. 경산수조 모든 지주들은 대구 조양회관에 모여 경산수조 역원 배척을 결의했다.[97] 왜냐하 면 경산수조 직원들의 높은 임금이 문제가 되었다. 조합장 고바야시는 월 수당 30원씩을 받았다. 늘 하양 자기 별장에 누워 지내고 조합사무소에는 한 달에 한번 갈까 말까 했다.[98]

셋째, 당시 지주들은 경산수조 설립되기 전보다 1단보에 열너말식 이익이

---

94) 『동아일보』「六百餘旱災民에 滿洲粟을配給: 慶山郡慈仁面에서」(1929. 3. 23).

95) 『매일신보』「斷然解體說과 消極維持說 두 가지 길에 난호혀서 신음하는 경북경산수리 조합의 경영문제 大邱에서 地主大會」(1927. 12. 25).

96) 『매일신보』「進退兩難의 慶山水利組合 水利不便으로 實現困難 組合員側解散絶叫」 (1928. 4. 28).

97) 『부산일보』「경산수리조합 역원 배척, 지주가 일어서다」(1928. 1. 27).

98) 조합장 고바야시는 늘 하양 자기 별장에 누워 지내고 조합 사무소에는 한 달에 한번 갈까 말까했다(『동아일보』(1927. 8. 28)).

난다고 예상했다. 그러나 오히려 정반대였다. 당시 지주들은 아래 4가지 요구 조건을 얻지 못하면 몇 해 안 가서 땅이 날아갈 지경이라고 보았다. 그러나 지주들의 요구가 받아들여지지는 않았다.[99]

    1. 앞으로 일으킬 것이 남은 6만 원의 공사는 중지
    2. 그 대신 폐지(廢池)를 이용
    3. 고리로 낸 기채는 저리로 바꾸는 일
    4. 경비 축소

넷째, 경산수조 지주들은 총독부에 진정서를 제출했다. 설계 잘못으로 아주 작은 부분을 제하고는 별로 이익이 없었기 때문이다. 경산수조 평의원 안병길, 박병채 등이 조합장 고바야시, 마야자키, 가타쿠라 기사 등 3명 퇴거를 요구했다. 조합 사무는 회계와 서기 두 명이 임시로 처리했다. 한편 4백여 명의 조합원이 결속하여 '도 당국조차 조합개선에 대한 성의가 없다'하고 직접 총독부에 진정서를 제출했다.[100]

다섯째, 조합원들은 '경산수리조합 몽리인회'를 조직했다. 수조비는 중소지주 이하 모두에게 큰 부담으로 작용했다. 1930년대 초반 미가 폭락은 그 부담을 더욱 가중시켰다.[101] 1931년 3월 16일 오후 2시 반 대구부 신정 조양회관 회의실에서 경산수조 관계지주 1백여 명이 모여 이동우를 임시 의장으

99) 『동아일보』「實査技師도 設計 缺陷 是認, 도텽 언명딸하 디주대회 개최, 慶山水組問題 其後//地主側의 四項 要求」(1928. 1. 19).

100) 『동아일보』「無誠意하다고 組合長逐出 기타조합 개선책을 도모 問題의 慶山水組」(1929. 5. 26).

101) 미가폭락에 대한 우려는 당시에도 컸다. 이달에 朝鮮米穀會는 米價暴落防止策으로써 水利組合을 今後 3年間 新設中止할 것과 外米輸入을 禁止할 것을 總督府에 要求하다 (『동아일보』「이달에 朝鮮米穀會는 米價暴落防止策」(1930. 9. 6)); 김도현, 「궁농민의 2중적 곤란과 궁핍」, 『농민』 1-8(1930. 12. 8); 이병관, 「미가폭락에 대한 대책」, 『농민』 1-8(1930. 12. 8); 김자진, 「과중한 부담에 미가까지 폭락」, 『농민』 1-8(1930. 12. 8); 조선농민사, 「조선농민사의 미가폭락대책안」, 『농민』 1-8(1930. 12. 8) 등이 대표적이다.

로 뽑았다. 이 자리에서 수조의 폐해를 토론하고 경산수조의 폐막을 낱낱이 지적하였다.

> "미가 폭락한 작년에 있어서는 수리조합비와 지세공과금을 제하고 나면 한 푼의 잉여가 없을 뿐 외라 심한 것은 부족이 나는 현상임에도 불구하고 인건비가 2만여 원의 다액을 지출하게 되고 그 기채 금리 율은 고리인 연 9분의 것이 대부분인 만큼 이를 한갓 미가 저락으로 만 미룰 것이 아니라 시설의 근본이 착오된 것이 불소한 것임으로 이들 개정하는 데 있어서는 다소의 완화책으로서라도 인건비를 반감하여 1만 원으로 줄이고 연 9분의 고리를 최저 이율로 인하하고 부채 기한 25개년인 것을 40년으로 연장하고 보(洑) 수리를 재래관습대로 지주와 소작인 협의 수리하여 이로 인연한 조합비를 생각할 것"[102]

지주들은 조합비 경감, 인건비 폐지, 부채의 저리차환 등을 요구했다.[103] 1931년 5월 경산수조는 곡가폭락과 재계불황으로 그 폐해가 막대했다. 당시 고리채금이 528,800원에 달했다. 뿐만 아니라 조합채금은 계속 증가했다. 경산수조 관계지주 1,400여 명이 여러 번 당국에 진정했다. 경산수조 몽리인회에서는 3백여 명 지주가 총독부와 도청에 진정했다. 1931년 5월 13일 오전 10시에 경산수조 몽리인회 대표 이동우, 이상악, 서성가, 황일하 등이 경북도 지사와 산업부장, 농무과장을 찾아 진정서를 제출하였다.[104]

---

102) 『동아일보』「수조폐해완화책 몽리인회조직, 인건비반감 등 문제해결코저, 경산수조 백여지주회합」(1931. 3. 20).

103) 『동아일보』「경산수리조합 원안철폐를 의결, 삼십일 평의회에서」(1931. 4. 5);『조선일보』(1931. 3. 18)『동아일보』(1931. 3. 20);『동아일보』「수리조합반대봉화 경북도 양개수조 설립반대와 개혁 금호수조와 경산수조 수백지주가 맹운동」(1931. 2. 28);『대구일보』「地主會를 開き蒙利人會組織: 米價安に悩む慶山水組員」(1931. 3. 23).

104) 진정사유로는 1. 조합지대의 과거의 槪況, 2. 조합구역내 현재의 상황, 3. 조합설치 동기의 모순, 4. 설계의 부담, 5. 負擔의 과중, 6. 추가공사의 불필요(『동아일보』「부담상환기연장등 육개사항 경산수조진정 천여 명의 지주가 연서하야 십삼일 경북도에(대구)」(1931. 5. 16);『매일신보』「설계결함으로 대지주궐기진정 삼대조항을 열거하야 경산수조손실거대」(1931. 5. 17).

1. 기채액의 이율을 연 5分으로 인하되게 할 것(종전 9분 8리까지 있던 것을)
2. 부채상환기간 24년을 40년으로 연장할 것
3. 금년도 미납 조합비는 내년도에 징수할 것

결국 경산수조는 1935년 실시된 불량수조 정리계획안에 포함된다. 병(丙) 조합에 포함되어 조합채 상환 연한 잔여기간 평균 30년으로 연장, 이사와 주임기사는 도지사가 임면 등으로 정리되었다.[105]

4. 결론

본고에서는 경산수조의 설립과 운영을 살펴보았다. 경산수조는 1925년 8월 일제의 산미증식계획 추진 방침에 따라 1,400여 정보로 설립되었다. 사업 목적은 관개 및 배수시설의 확충이었다.

그러나 경산군은 조선후기부터 수리시설이 발달된 지역이었다. 1912년 경산군의 제언 수는 267곳이었다. 1925년 경산군의 제언 수는 모두 441개였다. 경산군의 경우 경산수조 설립 이전 수리시설이 적극적으로 확충되었다. 당시 경산수조 설립이 관개시설 확충에 있지 않았다.

경산수조 설립은 일본인 대지주와 경산군청이 주도했다. 경산수조 창립 위원들을 통해 알 수 있다. 경산수조 창립위원 가운데 조선인들은 구역 내 면장과 대지주였다. 각 면장들의 토지소유는 매우 미약했다. 창립위원 김사숙은 1911년 경산학교를 설립한 대지주였다. 안병길은 양반으로 경북 관선(官選)의원으로 2회 당선되었다.

일본인 창립위원은 고바야시, 나오이 이소지(直井磯治), 사토 세이이치

---

[105] 조선총독부농림국, 앞의 책, 1~6쪽; 갱생수리조합연합회 편, 앞의 책, 9~12쪽.

(佐藤政一), 시모무라 등이었다. 고바야시는 제1대 경산수조 조합장으로 영천산업(주) 이사(1927년), 慶北河陽果物(合資)(1937년) 사원이 되었다. 시노무라는 조선흥업(주) 경산관리소 소장으로 조선흥업 삼랑진 관리소장, 제이밀양수리조합의 사장을 역임했다. 당시 조선흥업 경산관리소가 경산군의 최대 지주였다. 경산수조 설립에 동척의 영향력이 컸다. 동척 대구지점장 가토 슌페이가 수조 설립 동의서에 첫 번째로 날인했다. 동척은 조선흥업 경산관리소 다음으로 토지 소유가 많았다.

경산수조 동의자 가운데 조선인 95.6%, 일본인은 4.4%로 조선인이 대부분이었다. 그 이유는 조선흥업과 동척이 소유한 토지 때문이었다. 조선 농민들은 대부분 조선흥업과 동척 소유 토지를 소작하고 있었기 때문이다. 경산군 전체 소작 비율도 높았다. 그리고 경산군청의 힘으로 동의자가 많은 것으로 보인다.

한편 일부 이주일본인은 경산수조 설립에 반대했다. 동의자의 토지소유 규모는 291.86정보로 20.7%를 차지했다. 동의자가 많은 지역은 경산면, 진량면, 압량면, 하양면 등으로 일본인 이주가 많은 지역이었다. 일본인지주 가운데 대구부 거주자가 33명으로 부재지주가 많았다.

경산수조 설립 동의자의 특징이 몇 가지 있었다. 첫째, 경산수조 몽리구역 내 각 면 면장이 모두 동의서에 날인했다. 둘째, 경산군수 조정환이 적극적으로 나섰다. 그는 경산군 학교비 담임자, 경산군 향교재산관리자, 역둔토 담당자로 각각 동의서에 날인했다. 셋째, 동척 대구지점장 가토 슌페이, 조선흥업 경산관리소소장 시모무라가 동의했다. 넷째, 대구부에 거주 하는 대지주들도 동의서에 날인했다. 대표적으로 가메이시 이소타로, 鮮南殖産株式會社 대표자 東條正平, 대구곡물주식회사 대표자 官井正一, 하서정의 정해붕, 이장우 등이었다.

경산수조 운영은 평의회에서 결정했다. 경산수조 평의원은 조합비 연액 40원 이상을 납입하는 경우에 될 수 있었다. 경산수조 평의원은 조합구역

내 토지에 대해 지세 4원 이상 국유미간지 대부료 2원 이상을 납부하는 조합원이 될 수 있었다. 경산수조 평의원은 경산수조 조합장과 군수가 정했다. 경산수조 제1회 평의원에 동척과 조선흥업이 포함되었다.

경산수조에서는 수조 공사로 인한 이익을 기준으로 반당 조합비를 산출했다. 경산수조에서는 공사 준공 후 조합비로 충분히 운영 될 것으로 예상했다. 조합비는 조합 사업에 의해 이익을 받는 정도에 따라 부과했다. 조합에서 제정한 몽리지대 수세는 토지를 10등급으로 나누었다. 몽리 전 면적에 대한 수세의 평균이 매 단보당 5원 66전이었다. 경산수조 조합비가 고율이었다. 이는 경북지방에서 영일수조 외에 가장 높았다.

경산수조는 외형상으로 보아서는 적자상태는 아니었다. 세입보다 세출이 많았던 해는 1928~1929년뿐이었다. 나머지 해에는 세입이 많았다. 1929년부터 세입세출 금액이 크게 줄어들었다. 1929년의 대공황으로 인한 미가 폭락은 채산성이 낮거나 이미 적자상태에 빠져 있던 수리조합에 결정적인 타격을 주었다. 경산수조는 1934년 경영이 곤란한 수조로 조합정리계획안 병(丙)에 포함되었다.

경산수조는 설치 사업비, 추가개량사업비, 재해복구사업비, 세입결함보전 등의 명목으로 조합채를 발행했다. 경산수리조합 조합채의 특징은 첫째, 추가개량사업비가 1927년 1만 원, 1931년 48,700원, 1933년 51,100원, 1935년 62,500원으로 총 네 차례 이루어졌다. 전체 비용이 172,300원으로 다액이었다. 둘째, 1931년부터 세입결함보전이 계속되었다. 1940년 매우 컸다. 셋째, 조합채의 미상환액이 매우 컸다. 미상환액 비율은 1927년 100%, 1928~1929년 99.1%, 1931~1932년 95.9%, 1933년 89.2%, 1934년 85.1%, 1935년 81.5%, 1936년 77.4%, 1937년 71.8%, 1938년 64.8%, 1939년 57.7%, 1940년 54.2%였다. 특히 경산수조의 조합채 미상환액은 1940년까지도 절반 이하로 내려가지 않았다.

경산수조 운영 과정에서 여러 가지 문제가 드러났다. 첫째, 경산수조의 설계 문제였다. 개답 한 논에 급수가 불충분하여 도작(稻作)이 어려웠다. 1927년 경산수조 공사 준공 후 조합 부과금이 부과되었다. 그러나 당시 가뭄과 충재(蟲災)로 수확이 보잘 것 없었다. 그러나 조선흥업 경산관리소는 수조 부과금을 회사에서 무는 대신에 소작료를 종전의 반분에서 15% 더 하여 소작료 65%를 요구했다. 일반 지주들도 반분하면서 공과금은 물론 조합비조차 소작인에게 부담시켰다. 이는 경산수조 내 지주들만의 특징이었다. 당시 경산수조에 대해 조선흥업과 동척 소유 토지가 많은 경산면의 경우 지주나 소작인의 불평이 적었다. 그러나 조선인지주가 대다수인 하양면과 압량면은 반대였다.

둘째, 처음 경산수조 설립 목적이었던 궁민 구제도 어려웠다. 경산수조 공사를 일본인 청부업자 西本組가 맡았는데 그는 직접 인부를 고용했다. 그는 인부 일급(日給) 50전을 바로 지불하지 않고 표를 분급하여 1개월마다 환전해 주어 하루 벌어 사는 노동자들에게 어려움을 주었다. 셋째, 경산수조 설립으로 지역주민들이 삶의 터전을 떠나야 했다. 넷째, 경산수조로 인한 지역 농민들의 물싸움이 일어났다.

경산수조 지주들의 대응은 몇 가지로 나타났다. 첫째, 경산수조 조합원들은 지주대회를 열었다. 해결 방안으로 경산수조 차입금 일시 변제 책을 강구하여 전부 지불하고 경산수조를 해체한다. 경산수조 소유의 폐지(廢地)와 기타 쓸모없는 도구를 전부 매각하여 차입금에 불입하고자 했다. 그 나머지 금액은 30년 내지 40년간의 장기 소액 불입제로 변경할 일 등을 결의했다. 둘째, 경산수조를 지주 측에서 직접 경영하기로 결의했다. 그들은 대구 조양회관에 모여 경산수조 역원 배척을 결의했다.

셋째, 당시 지주들은 앞으로 일으킬 것이 남은 6만 원의 공사는 중지, 그 대신 폐지(廢地)를 이용, 고리로 낸 기채는 저리로 바꾸는 일, 경비 축소 등 4가지 방안을 제시했다. 넷째, 총독부에 진정서를 제출했다. 설계 잘못으로 극소 부분을 제하고는 별로 이익이 없었기 때문이다. 다섯째, '경산수리조합 몽리인회'를 조직했다. 경산수조는 1935년 실시된 불량수조 정리계획안에 포함된다. 병(丙)조합에 포함되어 조합채 상환연한 잔여기간을 평균 30년으로 연장, 이사와 주임기사는 도지사가 임면 등으로 정리되었다.

제5장

제5장

/

일제시기 경상북도 경주군
안강수리조합 연구

일본인 농업경영을 중심으로

1. 서론

일제는 1920년대 산미증식계획의 일환으로 대규모 관개개선·개간·간척 등의 토지개량사업을 시행했다.[1] 대규모 토지개량사업은 수리조합(이하 수조라 약함)을 통해 이뤄졌다.[2] 당시 수조 설립 주체는 대부분 일본인 대지주들이었다.[3] 그들은 수조의 설립자이자 운영자가 되었다. 일본인 대지주들은 수조 사업을 통해 자신들의 미간지를 무상으로 개간하고, 토지를 겸병하였다.[4]

---

[1] 河合和男,『朝鮮における産米增殖計劃』未來社(1986), 28쪽.

[2] 松村松盛,「土地改良事業の一般」,『朝鮮及滿洲』262(1929); 토지개량사업 착수 면적 87%, 준공면적의 92%가 수리조합에 의해 이루어졌다(전강수,「일제하 수리조합사업이 지주제전개에 미친 영향」,『경제사학』8-1(1984), 123쪽).

[3] 박수현,「일제하 수리조합 항쟁연구: 1920~1934년 산미증식계획기를 중심으로」(중앙대 박사학위논문, 2001), 1쪽.

[4] 이애숙,「일제하 수리조합사업의 전개와 지주제의 강화」(1985); 전강수,「일제하 수리 조합사업과 식민지 지주제」,『농업경제연구』57-4(1986); 이윤갑,『한국근대 상업적 농업의 발달과 농업변동』(지식산업사, 2011), 244쪽.

산미증식계획 시기 경북지역에는 모두 14개의 수조가 설립되었다.[5] 경주군 강서면 안강수리조합(이하 안강수조로 약함)이 설립되었다. 안강수조는 경북에서 9번째로 설립되었다. 안강수조 설립은 1924년 처음 시도되었다. 그러나 강서면민들의 강력한 반대로 당시 설립되지 못했다. 이후 1930년에 설립되었다. 안강수조의 설립 주체는 동척과 일본인 대지주였다.[6]

당시 일본인 대지주들이 경주군 강서면에 주목한 이유는[7] 비옥한 안강평야 때문이었다. 안강평야는 경주군의 대표적인 쌀 생산지로[8] 일제 강점 이전부터 일본인 농업회사와 농장들이 이 지역에 들어섰다. 러일전쟁 이후 강서면에는 동양척식주식회사(이하 동척이라 약함)[9]와 일본 농업회사인 土佐勸業(주)·韓國實業(주)·朝日興業(주)·土佐興農 등이[10] 설립·운영 중이었다. 강서면으로 이주했던 일본인 대지주들은 농장 개설 후 증산된 미곡을 일본으로 이출하고자 했다. 경주군 강서면은 철도를 통해 포항항으로 연결되었다.[11] 강서면의 일본인 지주들은 기간지형 지주와 미간지형 지주가 결합된 형태였다.[12]

---

5) 경상북도, 『慶北の農業』(1934), 19~20쪽.

6) 경주수리지편찬위원회, 『경주수리지』(1983), 470쪽.

7) 山本庫太郎, 『最新朝鮮移住案内』(1904), 67~68쪽.

8) 안강 지역은 형산강의 북향으로 약 4리, 다시 북으로 한 지류와 합해서 동쪽으로 방향을 바꾸어 변화하는 지점에 삼각형의 동서 2리 남북 3리에 해당하는 비옥한 경지였다(稻州生, 「安康開發の恩人」, 『朝鮮』 97(1923), 120쪽).

9) 손경희, 「1920년대 경북지역 동양척식주식회사 및 일본인 농장경영」, 『계명사학』 13(2002), 2002; 이규수, 『개항장 인천과 재조일본인』(보고사, 2015).

10) 경주수리지편찬위원회, 앞의 책(1983), 470쪽; 최원규, 「동양척식주식회사의 이민사업과 동척이민 반대운동」, 『한국민족문화』 16(2000), 77~84쪽; 동양척식주식회사, 『동척10년사』(1918), 34~37쪽; 조선총독부식산국, 『1927년 朝鮮の農業』(1929), 165쪽.

11) 조선총독부, 『경주군』(1934); 동척과 자유이민을 통해 온 이주일본인들이 농장을 개설하면서 토지 겸병 문제가 심각했다. 당시 "조선의 경지를 蠶X하야 토지겸병의 폐를 더욱 조장하는 자는 이민과 농장의 증가이다."라고 지적했다. 동척 소유지는 주로 땅이 비옥하고 水災, 旱災의 우려가 적으며 교통이 편리한 지대를 선정했다. 일본인 1호의 이민은 조선 농가 2호 내지 10호의 失農, 遊離하는 결과를 가져왔다(韓長庚, 「조선토지 겸병의 추세, 現下 조선농촌의 연구」, 『삼천리』 제15호(1931. 5. 1)).

안강수조 설립 주체는 동척과 일본인 대지주 히우라 코지(日浦廣治)였다. 히우라는 1920년대 초부터 土佐興農이 소유한 기타 지목의 토지를 논으로 변환하기 위해 수조 설립에 적극적으로 나섰다. 그러나 그들이 주장하는 표면적인 안강수조 설립 이유는 당시 자주 발생하던 한해 구제였다.[13]

본고에서는 첫째, 경북 경주군 강서면의 안강수조를 일본인 농업경영을 중심으로 살펴보고자 한다. 그동안 수조 연구는 상당히 많이 진행되었다. 수조 설립과 운영,[14] 반대운동,[15] 지주제,[16] 사업의 경제적 타당성,[17] 개별 수조 연구[18] 등이 이루어졌다. 그러나 일본인 농업경영을 중심으로 한 수조

12) 일본인지주를 기간지형지주(=동척형지주, 농사개량형지주)와 미간지형지주(=불이형지주, 토지개량형지주)로 나누고 있다(이규수,『近代朝鮮における植民地地主制と農民運動』(信山社, 1996), 7쪽).

13)『동아일보』「安康水利工事, 補助金이 六割이면 地主는 反對치 안어」(1925. 1. 7).

14) 임병윤,「산미증식계획: 그 추진주체의 성격규정을 중심으로」,『일제의 한국 식민통치』(정음사, 1985); 이애숙, 위의 글(1985); 손경희,「한국 근현대 경상북도 칠곡군의 수리조합 연구: 운영 주체를 중심으로」,『대구사학』117(2014); 박성섭,「일제강점기 임천수리조합 설립과 토지소유권 변동」,『한국독립운동사연구』51(2015).

15) 손경희,「서면수리조합 설립에 대한 반대운동」,『계명사학』16(2005); 박수현,「1920·30년대 수리조합사업에 대한 저항과 주도계층」,『한국독립운동사연구』20(2003); 박수현,「식민지시대 수리조합반대운동: 1920~34년을 중심으로」,『중앙사론』7(1991).

16) 이경란,「일제하 수리조합과 식민지지주제: 옥구·익산지역의 사례」,『학림』12·13(1991); 정승진,「일제시기 식민지 지주제의 기본 추이: 충남 서천 수리조합지구의 사례」,『역사와 현실』26(1997).

17) 박명규,「일제하 수리조합의 설치과정과 사회경제적 결과에 대한 연구」,『성곡논총』20(1989); 서승갑,「일제하 수리조합 구역내 증수량의 분배와 농민운동: 임익·익옥수리조합」,『사학연구』41(1991); 松本武祝,『植民地期朝鮮の水利組合事業』未來社(1991); 이영훈 외『근대조선수리조합연구』(일조각, 1992); 宮嶋博史『朝鮮水利組合事業の新たな展開(1937~1945년 8·15)『東洋文化研究所創立50周年記念論集』(東京大, 1992); 주익종,「일제하 수리조합 再考: 거래비용적 접근」,『경제사학』28(2000); 정승진,「1930년대 나주 영산강 유역의 농업변동: 多侍水利組合 區域을 중심으로」,『대동문화연구』44(2003).

18) 손경희,「한국 근현대 낙동강 유역의 수리조합 연구: 경상북도 칠곡군의 수리조합을 중심으로」,『대구사학』111(2013); 손경희,『한국 근대 수리조합연구: 경상북도 경주군 서면수리조합을 중심으로』(선인, 2015); 우대형,「일제하 만경강 유역 수리조합 연구」,『동방학지』131(2005); 정승진,「일제시대 전익수리조합의 전개과정과 그 역사적 의의」,『농촌경제』31-5(2009). 정승진,「한국 근현대 농업수리질서의 장기적 재편과정(1908~1973): 만경강 유역 전북수리조합의 합병 사례분석」『한국경제연구』26(2009); 김영규,「일제강점기 철원군 수리조합 연구」,『강원문화사연구』16(2015).

연구는 많이 없었다. 특히 경주군으로 이주한 일본인 농업경영을 중심으로 수조를 연구한 경우는 없었다.[19]

당시 이주일본인들이 강서면에 안강수조를 설립하려 한 이유는 기후가 온화하고, 교통 편리하며 인구가 조밀했기 때문이다.[20] 경주군은 농업과 상공업 경영으로 이익을 낼 수 있는 지역이었다.[21] 강서면으로 이주했던 일본인들은 조선 최대 곡창지대인 안강평야와 형산강 일대의 미간지에 주목했다.[22]

둘째, 안강수조의 설립 주체는 동척과 히우라 등의 일본인 대지주들이었다. 이주일본인들은 동척과 연대하여 안강수조를 만들고 전국 최초로 경지정리사업을 했다.[23] 지금까지 일본인 대지주들이 수조 설립의 주체로 설정되어 있지만 이들의 수리조합 설립 이전 토지 소유 규모와 농업경영을 연구한 경우는 없었다.[24] 이를 확인해야 일본인 대지주들이 이 지역으로 이주한 이유를 알 수 있다. 일본인 대지주의 수조 설립 이유를 알 수 있다.[25]

셋째, 안강수조의 설립 폐해와 반대운동을 살펴보고자 한다. 안강수조는 1924년에 처음 설립이 추진되었다. 그러나 농민들의 치열한 반대운동으로 1930년에 설립되었다.[26] 안강수조는 불량수조가 속출하기 시작한 1930년 7월에 설립된다.[27] 1930년대 초 많은 수조가 정상적으로 운영되기 어려운 상

---

19) 손경희, 위의 책(2015); 이주일본인과 조선인 주도의 수리조합의 차이점은 조합수, 몽리면적, 창설시기, 수원에 따라 차이가 있었다(이영훈, 위의 책, 36~39쪽).

20) 조선총독부, 『경주군』(1934), 4쪽.

21) 吉倉凡農, 『(企業案内)實利之朝鮮』(文星堂書店, 1904), 14쪽; 한국강점 이후 재조일본인의 직업별 구성 추이를 보면 공무와 자유업이 비중이 높아 각 시기를 통해 20~40%에 이른다. 농림과 축산업은 10% 이하였다(이규수, 앞의 책(2015), 69쪽.

22) 成文一郞, 한상찬 외 역, 『한국토지농산조사보고 Ⅲ』(민속원, 2012), 220~221쪽.

23) 경주수리지편찬위원회, 앞의 책, 473쪽.

24) 경북지역 일본인 농업경영에 대한 연구로는 손경희, 「일제시기 경상북도 경주군 서면 수리조합과 일본인 농업경영」, 『대구사학』 82(2006) 있다.

25) 조선인 주도의 수리조합은 산미증식계획 시기 이후 소규모 수리조합으로 설립되었다. 조합장은 주로 조선인 대지주로 부재지주인 경우가 많았다(손경희, 앞의 글(2014), 106~114쪽).

26) 경주수리지편찬위원회, 앞의 책(1983), 470쪽.

황이었다.[28] 미가 폭락으로 많은 수조가 파산 위기였다.[29] 그 결과 당시 산미증식계획 중지 요구까지 나오는 상황이었다.[30]

본고에서는 국가기록원 소장의 『안강수리조합설립인가서류』(1930)를 활용했다. 이 자료에는 안강수조 「동의서」(1930)가 들어 있다. 다음으로 안강수조의 『조합지적부』(1930), 『안강수리조합 조합원명부(규약 동의자』(1932), 『안강수리조합 조합원명부(규약 부동의자)』(1932) 등의 자료를 활용했다. 이 자료에는 조합원들의 토지소재지, 주소, 성명, 지번, 지목, 등위, 면적, 지가, 소유자 주소 등이 상세히 기재되어 있어 안강수조 설립 동의자와 부동의자의 토지소유 규모, 지목별 토지소유 등을 확인할 수 있는 자료이다. 이러한 자료들은 안강수조의 설립 이유를 밝히는 데 큰 도움이 된다. 한편 안강수조의 구체적인 운영에 대해서는 별도의 논문에서 다루고자 한다.

2. 경주군 강서면의 사회 · 경제적 배경과 日浦廣治의 농업경영

1) 경주군 강서면의 사회 · 경제적 배경

경주군 강서면은 신라 파사왕 23년(102)에 비화현이라 부르다가 경덕왕

[27] 불량수리조합 연구로는 장시원, 「부평수리조합의 재정구조」, 『근대수리조합연구』(일조각, 1992); 우대형, 「일제하 만경강 유역 수리조합 연구」, 『일제하 만경강 유역의 사회사』(혜안, 2006) 등이 참조된다.

[28] 松岡正男, 「일본인이 본 조선문제(2), 조선통치와 수리조합문제」, 『삼천리』 4-5(1932). 1930년대 초 수리조합은 미가의 폭락, 파행적 조합운영과 재정난에 따른 부실 조합의 속출, 수리조합사업에 대한 저항의식의 만연 등으로 수리조합사업은 더 이상 지속할 수 없는 상황으로 빠져들었다(박수현, 앞의 글(2001), 18쪽).

[29] 이훈구, 「수리조합의 위기, 조선농촌의 암종」, 『동광』 30(1932).

[30] 馬鳴, 「조선사람의 운명을 制하는 당면의 농촌정책문제, 사회는 모름즉이 큰 주의를 이에 던지라」, 『별건곤』 34(1930); 정인관, 「수리조합은 왜 파탄되나, 농촌좌담회」, 『별건곤』 47(1932).

16년(757) 안강현이 되었다. 고려 현종 9년(1018) 경주도독부 안강현으로 불렀다. 조선시대 안강현은 19개 동리를 관할했다. 1914년 행정구역 통폐합에 의해 강서면이 되었다.[31]

강서면에는 일제 초기부터 동척과 일본인들이 이주하여 농업경영을 하였다.[32] 일본인들은 토지 선정, 토지 가격, 교통의 편리 여부 등을 고려하여 이주했다.[33] 강서면은 이 세 가지를 모두 충족시키는 지역이었다. 첫째, 토지가 비옥했다. 다음 〈그림 1〉에서 보듯 형산강이 강서면 동쪽을 경계로 북쪽으로 흘렀다.[34] 형산강 상류의 안강평야는 유기질을 많이 침전시킨 양질의 사양토 식토로 경주군내에서 면적이 가장 크고, 쌀 품질이 우수했다.[35]

〈그림 1〉 경주군 강서면 지도(1917년)

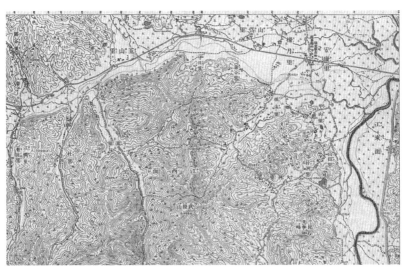

※출전: 조선총독부, 『朝鮮五万分一地形圖. [19-1-13]: 慶州(慶州十三號)』(1917).

31) 김기문 편저, 『경주풍물지리지』(2006), 422쪽.
32) 조선총독부철도국, 『조선여행안내기』(1934), 205쪽.
33) 통감부, 『韓國二於ケル農業ノ經營』(1907), 1~8쪽.
34) 조선총독부, 앞의 책(1934), 208쪽.
35) 경주수리지편찬위원회, 앞의 책, 469쪽.

둘째, 교통이 편리했다. 3등도로가 강서면의 강교리에서 운곡리, 두류리, 옥산리, 산대리, 양월리, 안강리를 경유해서 강동면으로 연결되었다. 또한 안강리에는 동해중부선의 안강역이 있어 강서면에서 생산된 쌀을 포항항을 통해 일본으로 이출시키기에 편리했다.[36]

셋째, 일본인들은 동척이민을 통해 적은 돈으로 토지를 쉽게 구할 수 있었다. 대부분 동척 사유지를 양도받았다. 그리고 미간지가 많았다.[37] 일제는 국가적 식민정책의 실현을 위해서 보다 대량의 토지를 확보하는 것이 필요했다. 일제는 조선의 미간지에 주목했다.[38] 강서면의 형산강 주변에 미간지가 상당했다. 안강평야 내에는 하천이 많아서 관개가 편리하지만 우기에는 매년 침수를 당했다. 경주천 범람 때 침수되는 형산강 연안의 면적이 약 5,000정보에 달했다.[39] 일본인 대지주들은 형산강 주변의 미간지를 매입·개간하여 토지 소유를 확대했다.[40]

일본인들은 강서면의 안강리로 많이 이주했다. 동척 소유 토지가 안강리를 중심으로 양월리, 육통리, 산대리, 갑산리, 인동리에 있었기 때문이다.[41] 다음 〈표 1〉은 1914년, 1929년 강서면 인구이다.[42] 안강리는 동척이민과 일본인 농업이민으로 1914년에 비해 1929년 인구가 가장 많이 증가했다. 경주군의 동척이민은 제2회,[43] 강서면의 동척이민은 제3회 단체 1조, 10호로 시

---

36) 김기문 편저, 위의 책, 448쪽.

37) 동척이민은 갑종과 을종으로 나누는데 갑종이민은 동척 사유지를 2정보 규모로 할당하여 시가에 따라 연리 6분, 5년 거치 25년 연부상환으로 토지소유권을 양도해 주었다(최원규, 앞의 글(2000), 80쪽).

38) 일제는 일본인 및 일본인 농업개발회사에 의한 토지의 집적 및 경영과 이주식민을 장려하는 이외에 미간지의 개간과 이를 이용한 국가적 차원의 일본인 이주 및 농업경영을 꾀하였다(이영호, 「일제의 식민지 토지정책과 미간지 문제」, 『역사와 현실』 37(2000), 290~291쪽).

39) 成文一郎, 한상찬 외 역, 앞의 책(2012), 220~221쪽.

40) 이영호, 앞의 글, 318쪽.

41) 안강수리조합, 『조합원명부(규약동의자)』(1932), 1392~1410쪽.

42) 조선총독부, 앞의 책(1934), 196쪽.

43) 동양척식주식회사, 『식민통계』 4(1915), 43쪽. 경주군 지역의 동척이민의 호수와 인구는 손경희, 앞의 책(2015), 41~47쪽 참조.

작되었다.[44] 동척이민은 계속 증가하여 경주읍 · 안강리 · 모량리 · 아화리에 일본인 이민마을이 형성되었다.[45]

〈표 1〉 경주군 강서면 인구(1914, 1929년)

동리명	구동리명 마을명	1914년		1929년		1914년을 100으로 한 지수	
		호수	인구	호수	인구	호수	인구
강교	판교리	69	295	158	850	97.5	116.1
	야일리	91	437				
하곡	하곡리잔부	110	610	100	574	90.9	94.0
두류	사박리	68	340	205	1,122	112.6	126.3
	두류리	98	478				
	하곡리일부	14	70				
옥산	옥산리	258	1,448	322	1,737	124.8	119.9
산대	산대리	299	1,682	341	1,755	114.0	104.3
양월	양월리잔부	217	1,375	354	1,889	163.1	139.2
	강동면양동일부						
육통	육통리	144	1,187	270	1,300	187.5	109.5
노당	노당리	72	482	115	944	102.9	99.8
	초제리	98	463				
	강동면초감리일부	-	-				
안강	안강리	189	957	341	1,983	160.0	184.1
	양월리일부	24	120				
근계	근계리	150	747	201	957	134.0	128.1
갑산	갑산리	65	353	163	782	136.9	162.5
	산전리잔부						
	강동면호명일부	54	128				
	강동면모서리일부						
대동	대동리	106	486	168	787	96.5	105.0
	박동리	23	125				
	산전리일부	45	138				
검단	검단리	181	879	200	1,013	106.9	111.4
	사방리일부	6	30				
사방	사방리일부	152	616	165	884	108.5	143.5
	강동면모서리일부	-	-				
계		2,535	13,428	3,161	16,577	124.6	123.4

※출전: 조선총독부, 『경주군』(1934), 209~210쪽.

[44] 동양척식주식회사, 『식민통계』 6(1917), 18쪽.
[45] 조선총독부, 위의 책(1934), 304쪽.

다음 〈표 2〉는 1923년 경주군의 동척 경지면적·수확고·이민 수이다. 경주군의 동척 토지 소유는 점점 늘어나 1,200여 정보를 차지했다. 강서면의 동척 경지 면적은 경주면, 서면 다음으로 많았다. 동척 소유 경지면적 비율은 논 47.4%, 밭 52.5%로 밭 면적이 조금 더 많았다. 강서면의 동척이민 호수는 36호로 경주군에서 가장 많았다.

〈표 2〉 경주군 동척 경지면적 · 수확고 · 이민수(1923년)

면명	경지면적(反)		계	수확고(석)		이민수(호)
	논	밭		논	밭	
경주면	5,255	1,788.1	7,043.1	5,661	8,576	1
내동면	1,857.6	965.0	2,822.6	21,047	11,561	35
양북면	1,142.5	1,188.4	2,330.9	11,980	10,966	-
양남면	702.8	551.0	1,253.8	6,921	4,636	-
외동면	2,010.8	952.2	2,963.0	20,820	8,970	-
내남면	1,623.6	1,226.4	2,850.0	18,063	11,110	10
산내면	729.2	869.6	1,598.8	7,945	8,120	-
서면	1,719.5	1,716.6	3,436.1	17,056	16,448	25
현곡면	693.5	685.6	1,378.5	5,625	5,234	-
강서면	1,560.2	1,729.8	3,290.0	16,335	15,945	36
강동면	1,006.0	1,137.3	2,143.3	9,731	9,120	-
천북면	1,109.5	1,193.2	2,302.7	10,959	9,768	-
계	14,680.7	13,003.2	27,683.9	152,138	119,350	107

※출전: 개벽사, 「일천년 고도 경주지방」, 『개벽』 38(1923).

1930년 강서면에 이주한 일본인 가운데 농업 전업 호수가 93.3%로 대부분 농업경영을 하였다.[46] 당시 강서면은 쌀 1만 석 이상을 생산했다.[47] 1930년대 강서면의 대지주인 동척과 土佐興農은 소작으로 농업경영을 했다. 1931년 강서면의 농가 호수 비율을 보면 지주(갑) 0.7%, 지주(을) 2.5%, 자작 17.6%, 자작겸소작 21.4%, 소작 57.6%로 소작비율이 매우 높았다.[48]

46) 조선총독부, 앞의 책(1934), 395~396쪽.
47) 조선총독부, 앞의 책(1934), 399~400쪽.
48) 조선총독부, 앞의 책(1934), 396~397쪽.

강서면은 동척과 土佐興農 때문에 빈부격차가 매우 컸다. 강서면에서는 10만 원 이상 부농은 3명에 불과하며 중농은 아예 없었다. 빈농 가운데 세민 41.3%, 궁민 42.0%, 걸식 13.0%를 차지했다.[49] 1930년대 초 강서면의 부채 호수가 경주군에서 2위로 서면 다음으로 많았고, 상업 부채 호수는 경주군에서 1위를 차지할 정도였다. 더구나 강서면의 부채 총액은 경주군 전체의 24.6%를 차지했다. 개인 부채 금액은 강서면이 가장 많았다. 경주군 전체 개인 부채 금액 가운데 27.9%를 차지했다.[50]

2) 日浦廣治의 농업경영과 土佐興農合名會社

히우라 코지(日浦廣治)는 1884년생으로 日本 高知縣 吾川郡 谷野川村 출신이었다. 1912년 4월 조선에 와 1942년 10월 사망할 때까지 안강에서 살았다.[51] 그는 高知縣立農林學校를 졸업한 후 高知縣의 권업과에서 근무했다. 이후 그는 '高知縣의 산업 개발'이라는 목표 아래 1913년 안강에서 土佐興農을 창립하고 전무이사가 되었다.[52]

히우라는 1915년 경상북도지방토지조사위원회 임시위원,[53] 경주군농회 특별평의원, 조선농회도평의원, 1924년 경상북도평의회원을 역임했다.[54] 당시 히우라 '안강의 日浦, 경주의 日浦'라 불릴 정도로 강서면 안강에서 농업경영에 적극적이었다.[55]

---

49) 조선총독부, 앞의 책(1934), 559~560쪽.
50) 조선총독부, 앞의 책(1934), 560~561쪽.
51) 경주수리지편찬위원회, 앞의 책, 473쪽.
52) 土佐興農合名會社는 1913년 4월 土佐興農會, 6월 土佐興農合名會社라 불렸다(조선총독부식산국,『朝鮮の農業』(1924)『경주수리지』에는 土佐興農合資會社, 稻州生의 글에는 土佐興農組合이라 쓰고 있다. 稻州生, 앞의 글(1923), 120쪽.
53) 『朝鮮總督府官報』(1915. 8. 21).
54) 『朝鮮總督府官報』(1924. 4. 5).

한편 러일전쟁 이후 한국에는 많은 일본 농업회사들이 설립되었다. 福岡,
香川, 高知, 동경, 和歌山, 山口, 島根, 岡山 등의 여러 현에서 조합 또는 회
사를 설립해서 한국에서 농업경영을 시작했다.[56] 강서면에는 高知縣, 香川
縣에 본부를 둔 농업회사 土佐勸業(주), 韓國實業(주), 朝日興業(주) 등이 세
워졌다. 이들 농업회사들은 모두 소작으로 농업경영을 했다.

〈표 3〉 경주군 강서면 일본 농업회사(1906~1908년)

회사명	본부	자본금(엔)	내용	창립연월
土佐勸業(주)	高知縣	2,300만	이민사업, 개간 조림	1908. 1.
韓國實業(주)	香川縣	3천만	금전 대부, 토지 물품의 매매, 대부	1906. 12.
朝日興業(주)	香川縣	3천만	일반 농업경영	1908. 3.

※출전: 中村資良, 『朝鮮銀行會社組合要錄(1927년)』(1929); 이규수, 『식민지 조선과 일본, 일본인』
(다할미디어, 2011), 28쪽; 尾川半三郎, 『實業之朝鮮』(1911, 251쪽): 통감부, 『韓國ニ於ケ
ル農業ノ經營』(1907), 42쪽, 252쪽에서 재구성.

高知縣에 본부를 둔 土佐勸業(주)은 1908년 1월 자본금 2천 3백만 엔으로
창립된 이민사업 회사였다. 이후 개간·조림 사업을 했다. 香川縣의 韓國實
業(주)은 土佐勸業보다는 2년 먼저 1906년 12월 자본금 3천만 엔으로 창립
되었다. 韓國實業(주)은 금전의 대부, 토지 물품의 매매, 및 대부, 농업 기타
부대사업을 목적으로 연 8분의 배당을 했다. 朝日興業(주)은 1908년 3월 자
본금 3천만 엔으로 창립되었다. 이들 농업회사들은 1910년대 동척과 土佐興
農 소유로 바뀌었다.

히우라는 안강수조 설립 이전에는 농사개량에 집중했다. 당시 일본인 농
장·농업회사에서는 농장개설과 동시에 대부분 농사개량에 착수했다. 일본

---

[55] 遠捨藏, 『慶北大鑑』(1936), 864~865쪽.

[56] 小松悅二 編, 『新撰韓國事情』(1909), 278쪽; 이규수, 「20세기 초 일본인 농업이민의 한국
이주」, 『대동문화연구』 43, 2003; 김용섭, 「일제의 초기 농업식민책과 지주제」, 『한국근
현대농업사연구』, 1972; 최원규, 1993, 앞의 글.

인 농장은 일본식 농업기술체계의 전달자였다.[57) 히우라는 농사개량으로 農作適種試驗 · 비료시험 · 방충해 시험 등을 실시하고, 水稻우량품종을 보급하기 위해 채종답을 운영했다. 그리고 간이창고와 정미소를 세웠다. 그는 소작경영에 집중했다. 그리고 그는 농장 수익의 극대화를 위해서 소작미품평회를 개최하고, 소작인에게 비료 구입을 요구했다.[58)

다음 〈표 4〉에서 보면 1922년 말 土佐興農의 토지는 모두 145.0정이었다. 土佐興農의 농업경영은 당시 경북지역 일본인들과 마찬가지로 조선인에게 소작을 주는 농업경영 방식이었다.[59) 소작경영은 토지 관리에 별다른 힘을 들이지 않아도 고율의 소작료를 징수할 수 있었다. 토지가격이 일본에 비해 저렴하여 단순 소작경영으로도 10% 이상의 수익을 올릴 수 있었다.[60) 히우라는 土佐興農의 소작료로 전체 수확의 7할을 요구하여 문제가 되었다.

> "그가 간평을 할 때에는 미리 일반 소작 답에 각각 소작인 성명을 쓴 기를 꽂으라고 명령을 내린 후 혼자 다니면서 마음대로 도조를 정한 후 소작인에게 정액도조의 통지를 하면 가련한 소작인들은 노력과 비용을 계산하지 말고라도 전 수확의 6, 7할의 소작료를 두말 못하고 준다고 하는데 만약 이에 추호라도 반항하면 영영 소작권을 박탈하는 고로 해마다 소작인들은 그저 탄식할 뿐인데 금년에 와서는 더욱 횡포 무리한 행동을 자기 명령대로 기를 자기 논에 꽂지 아니한 논에는 명령 불복종이라고 이때까지 간평을 하지 아니하였음으로 거의 한재 충재로 벌써 4, 5할이나 감소 된 위에 설상가상으로 도적을 맞고 또 서리를 맞아 자못 일부 소작인의 피해가 적지 아니 한다더라"[61)

---

57) 김도형, 「일본인 농장 · 농업회사의 농업기술 보급체계」, 『국사관논총』 77(1997), 173~176쪽.
58) 稻州生, 앞의 글(1923), 120쪽.
59) 대구신문사, 『鮮南要覽』(1912), 34~36쪽; 조선총독부, 『記念表彰者名鑑: 朝鮮總督府 始政二十五周年』(1935), 1006~1007쪽.
60) 김도형, 앞의 글(1997), 169쪽.
61) 『동아일보』(1924. 10. 31).

그는 소작인 이름을 쓴 기를 소작논에 꽂으라고 한 다음 혼자 다니면서 도조를 정했다. 도조는 정액도조로 수확의 6, 7할에 이르렀다. 만약 이에 응하지 않으면 소작권을 박탈했다. 심지어 소작논에 기를 꽂지 않았다는 이유로 간평을 하지 않는 등 횡포를 부렸다.

히우라는 1922년부터 안강수조 설립을 원했다. 당시 그의 토지 소유를 보면 기타 지목의 토지가 35.5정으로 전체 토지 소유 면적의 24.4%를 차지했다. 그는 수조를 통해 기타 지목의 토지를 논으로 바꾸려고 했다. 그러나 표면적인 수조 설립 목적은 한해 예방을 통한 산미증식이었다.[62] 그는 "진실로 조선의 백성을 부유하게 만들기 위해서는 우선 먼저 다수확을 목표로 하여 매진해야 할 것이다. 품종의 개량 따위는 그 다음으로 생각해도 좋다."라며 산미증식에 적극적이었다.[63] 한편 히우라가 산미증식에 적극적인 나선 또 다른 이유는 안강평야의 쌀 때문이었다. 당시 안강 쌀은 일본 왕실에 헌납할 정도로 이름이 나 있었다.[64]

〈표 4〉 경주군 일본인 농사 경영자(30정보 이상)

연도	소유지 면적(町)				영영종별	영농방법	창립연월	명칭
	논	밭	기타	계				
1922	85.0	25.0	35.5	145.0	보통농사	소작	1913. 4	土佐興農會 安康農場
1924	91.0	26.0	170.0	287.0	보통농사	소작	1913. 6	土佐興農合名會社
	51.5	19.5	-	71.0	보통농사	소작	1908. 11	星島大吉
	39.8	9.8	-	49.6	보통농사	소작	1915. 5	阪本英雄
1928	94.0	30.0	178.0	302.0	보통농사	소작	1913. 6	土佐興農合名會社
1931	155	26	3	184.0	보통농사	소작	1913. 6	土佐興農合名會社

※출전: 조선총독부식산국, 『朝鮮の農業』 각 해당 연도에서 재구성.

1924년 경주군에서 토지를 30정보 이상 소유한 일본인 농사 경영자는 土

[62] 『동아일보』 「해갈에 불과한 경북지방의 강우」(1922. 7. 1).

[63] 조선공로자명감간행회, 『朝鮮功勞者銘鑑』(1936), 106쪽.

[64] 당시 일본 왕실에서 안강 쌀을 상식하였다고 한다(경주수리지편찬위원회, 앞의 책, 470쪽).

佐興農, 星島大吉, 阪本英雄 등이었다. 星島大吉은 1908년 11월, 阪本英雄은 1915년 5월 농장을 세웠다. 이들 농장들은 소작으로 보통농사를 지었다. 이 시기 히우라는 사업 영역을 확대하여 정곡제분업, 창고업, 금융 등도 겸하고 일본생명보험·징병보험대리점도 경영했다.[65]

1924년 土佐興農의 토지는 논 31.7%, 기타 59.2%로 기타 지목의 토지 비율이 매우 높았다. 총독부로부터 산 등 기타 토지를 양여 받았기 때문이다.[66] 히우라는 불하받은 미간지를 헐값으로 개간할 목적으로 몽리구역의 관개사정을 전혀 고려하지 않고 수조를 설립하려 했다.[67] 그러나 1928년에도 수조를 설립하지 못해 土佐興農의 기타 지목의 토지가 58.9%에 이르렀다.

1930년 안강수조 설립 이후 히우라 소유 토지 특징은 기타 지목 축소와 논의 급격한 증가였다. 1931년 논 면적이 84.2%로 크게 높아졌다.[68] 土佐興農은 논 202,809평, 밭 21,760평으로 모두 224,569평을 소유했다. 당시 논의 비율이 90.3%였다. 土佐興農 토지는 안강, 양월, 육통, 노당, 산대, 인동, 갑산리 일대에 있었다.[69]

히우라는 안강수조 설립위원장이었다가 1~3대 안강수조 조합장을 역임했다.[70] 그는 1930년대 중반 이후부터 1940년대 들어서면서 농업 경영뿐만 아

[65] 稻州生, 앞의 글(1923), 121쪽.
[66] 1926년 경북 경주군 강서면의 산 94정을 양여 받는 등 토지 소유를 계속 늘려갔다(『朝鮮總督府官報』(1926. 9. 30)).
[67] 『중외일보』「수리조합 창설에 5백여 지주가 반대 표명, 수리조합은 금융벌과 일 농장주만을 위함이라고, 안강수조 창설 반대 분규」(1930. 2. 1)
[68] 조선총독부식산국, 『1931년 朝鮮の農業』(1933), 197~198쪽; 1932년 日浦廣治 개인 소유 토지는 논 15,984평, 밭 3,819평으로 모두 19,803평을 소유했다. 그의 토지는 안강, 양월, 육통, 산대, 근계리에 있었다(안강수리조합, 『안강수리조합원명부(규약에 동의한 자)』 3-1(1932), 671~672쪽).
[69] 안강수리조합, 『안강수리조합원명부(규약에 동의한 자)』 3-1(1932), 688~707쪽.
[70] 경주수리지편찬위원회, 앞의 책(1983), 470~473쪽.

니라 사업의 다변화를 꾀했다. 다음 〈표 5〉는 히우라가 운영한 회사이다. 그는 안강양조(주) 사장, 경주국자(주) 감사, 경북흥업(주) 감사, 경상북도목탄협회(주) 감사, 환안상공(주) 사장 등 다양한 사업 확장을 꾀했다. 또한 안강 지역을 벗어나 포항, 대구지역까지 사업을 확대했다.

〈표 5〉 日浦廣治 운영 회사

회사명	설립연월일	목적	자본금(원)	주소	직책
土佐興農 (合名)	1913. 6	토지 건물매매대부, 농업, 임업의 경영, 창고업, 금융업, 곡물거래 및 이상에 부대하는 사업의 경영	80,000	경상북도 경주군 강서면 안강리 325	사장 (畠中卓爾) 지배인 (日浦廣治)
安康釀造 (株)	1927. 12. 15	조선주 누룩 제조, 농업	10,000	경상북도 강서면 안강리 325	사장
慶州麴子 (株)	1934. 9. 2	누룩의 제조 판매, 누룩의 품질 개량을 위한 연구, 본사업에 직접 부대하는 일체의 업무	43,000	경상북도 경주군 경주읍 황남리 31	감사
慶北興産 (株)	1937. 10. 30	이출우 검역소의 설비, 이출우에 대한 사료 및 인부의 공급, 이출우의 매매 및 위탁업 및 수송의 수탁, 축우의 예탁 및 매매 자금의 융통, 수산물 농산물 및 가축 罐詰業 및 수산물의 가공, 전 각 항에 부대하는 일체의 업무	480,000	경상북도 영일군 포항읍 포항동 585-1	이사
慶尙北道 木炭協會 (株)	1940. 10. 7	경상북도 특산품 취체규칙 제1조 지정에 기초해 목탄 매입 및 판매, 목탄 매매 알선, 목탄 창고 경영, 목탄의 제조사업에 대한 자금의 융통 기타 목탄의 공급 확보상 필요한 사업, 목탄의 수급 원활 및 가격 공정을 계산하기 위해 필요한 사업, 그 외 다른 목탄사의 목적달성 상 필요하다고 인정하는 사업	190,000	대구부 남정 63	감사
丸安商工 (株)	1940. 3. 28	산림업의 경영, 임산물의 가공, 건축재료의 취급, 토목건축의 청부, 위의 각 호에 부대한 사업	120,000	경상북도 경주군 강서면 안강리 233	사장

※출전: 『朝鮮銀行會社組合要錄(1927, 1935, 1939, 1942년판)』

3. 안강수리조합 설립 폐해와 반대운동

1) 저수지 주민 몰락과 사업계획 은폐(1924~1925년)

안강수조는 1924년에 처음 설립을 시도했다. 그러나 강서면민들의 치열한 반대운동으로 5년 후인 1930년 7월 설립된다.[71] 안강수조 몽리면적은 1,050정보였다. 당시 1,000정보 이상 대규모 수조일수록 양답의 강제편입, 대규모 수원 개발에 따른 경지 수몰, 사업비의 과다, 인근지역의 수원 두절이나 경지 침수, 설치과정에서 강제성 등의 폐해가 집중되었기 때문이다.[72]

안강수조 설립 추진 시기는 크게 1924~25년, 1929년 두 시기로 나눌 수 있다. 안강수조 설립은 히우라가 처음 제안했다. 1924년 정무총감 下岡忠治가 산미증식계획을 수립하면서 특히 한해가 심한 지방에 보조금을 많이 준다고 약속하자 그는 이 기회를 이용하여 안강수조를 설립하고자 했다.[73] 히우라의 안강수조 설립 목적은 지역의 공동 이익을 도모하기보다는 일제의 산미증산 실적 달성과 대지주들의 이익을 위한 것이었기 때문에 문제점이 많았다.[74]

강서면민들이 안강수조 설립을 반대한 이유는 첫째, 저수지 일대 주민의 몰락이었다.[75] 안강수조는 저수지형 수조로 설계되었다.[76] 히우라는 안강수조 수원지로 하곡저수지를 만들려고 했다. 그러나 하곡저수지를 만들면 하곡리 백 여 호가 모두 저수지에 잠기게 될 상황이었다.[77] 그리고 용곡 일

---

[71] 경상북도, 『慶北の農業』(1936), 20쪽.

[72] 국가기록원, 앞의 책(2009), 47쪽.

[73] 『대구일보』「安康水利組合沿革: 起工式をあぐるの變遷日浦氏始め絶大の努力」(1930. 10. 13).

[74] 『동아일보』「수리조합문제에 대하여」(1926. 6. 2)

[75] 『동아일보』(1924. 10. 4).

[76] 이영훈 외, 앞의 책, 17쪽.

대 주민들은 자신들의 생활근거지가 사라지자 결사적으로 반대하였다.[78]

둘째, 안강수조 설립을 추진하던 주체들이 주민들에게 사업계획을 은폐하였다.[79] 안강수조 설립 주체는 동척, 土佐興農, 히우라, 강서면장 김종룡[80] 등 일본인 대지주와 면장이었다.[81] 일본인 대지주들은 자신들의 토지를 중심으로 몽리구역이나 수원 등을 정하였다. 그리고 보조금을 많이 받기 위해 사업구역을 확장했다. 그러나 농민들에게는 수조 사업계획 자체를 은폐했다.

셋째, 안강수조 설립을 강제적으로 추진하였다. 수조가 설립되기 위해서는 5인 이상의 창설자가 조합규약을 작성하여 조합원이 될 자 1/2이상으로 조합구역이 될 토지 총 면적의 2/3 이상에 해당하는 토지소유자의 동의를 얻은 동의서와 사업계획서를 총독부에 제출해야 했다. 그러나 안강수조 조합규약과 사업계획서는 지역주민들의 의견 수렴 없이 소수 창설자들에 의해 결정되었다. 대다수 지역 주민들은 계획 과정에는 철저히 배제된 채 결정된 사업계획에 동의냐 부동의냐의 권리만 주어졌다. 토지소유자들의 동의를 받도록 규정된 것은 조합규약이었고 가장 중요한 사업계획서는 제외되었다. 이 때문에 사업계획을 속이고 동의를 받는 경우도 상당했다. 심지어 조합규약도 생략한 채 동의서를 받는 경우도 있었다.[82]

넷째, 안강수조 예상 사업비 증가와 국고보조금의 부족이었다. 1924년 안강수조 설립 측에서는 총 공사비 60~65만 원, 국고보조금 30여 만 원으로 예상했다. 관계 지주들이 부담해야 할 금액 1단보에 최고가 2원, 최하가 5, 60전으로 예상했다. 그러나 1925년이 되자 797,615원으로 총 경비가 증가했

77) 경주수리지편찬위원회, 앞의 책(1983), 477쪽.

78) 『동아일보』「實現되는 安康水利組合(浦項)」(1924. 9. 18).

79) 『동아일보』(1924. 10. 4).

80) 조선총독부, 『조선총독부및소속관서직원록』(1926); 박수현, 위의 글(2001), 86쪽; 『동아일보』(1924. 4. 24).

81) 박수현, 앞의 글(2001), 26쪽.

82) 국가기록원, 앞의 책(2009), 60~61쪽.

다. 그러나 당국의 보조금은 139,803원에 불과했다. 예상금액보다 총 경비가 19만 원 이상 증가했다. 그러나 국고보조 금액은 16만 원 이상 줄어 지주 부담이 4~5배 증가하여 도저히 부담 할 여력이 없었다.[83]

결국 1924~1925년 사이 강서면민들은 히우라가 주도하는 안강수조 설립에 대해 치열한 반대 운동을 벌였다. 안강수리조합에 대한 총독부의 인가가 결정되자 강서면민들은 일제히 반대하며 도청과 총독부에 사업의 부당성을 진정했다.[84] 먼저 1924년 9월 27일 안강소학교에서 안강수조 총회를 개최했다. 이 자리에서 수원지가 된 하곡·강교 양 동민 대표인 정기락, 정병한이 '안강수리조합 설립 절대 반대'를 주창했다. 또한 안강 일대의 청년들도 맹렬한 반대운동을 했다. 죽창대까지 등장했다.[85]

하곡저수지 설립으로 수몰이 예상되었던 하곡동 주민들은 '안강수리조합 반대회'를 조직한 후 반대 이유서를 배부했다. 그 내용은 "수원지가 될 하곡·강교의 토지 20여 만 평과 인구 1천여 명은 침몰의 환을 당할 것이오. 제외되는 강동·강서 양면의 경작 토지는 점차로 수세의 담보물이 되어 불과 수년 내에 모 은행의 소유물이 될 터이니 우리 수백만 인구는 필경 사방에 표류 걸식할 것"이라며 강력히 반대했다. 하곡·강교 양 동민 수 백 명이 10월 1일 강서면 각동으로 순회시위운동을 했다. 그들은 '조합 반대가'를 제창하면서 순회시위운동을 벌였다.[86]

도 당국에 동의 취소 연명 신청을 했다. 이미 안강수조 설립 규약에 동의서에 날인한 지주 104명이 동의 취소 연명 신청을 했다.[87] 그리고 1925년

83) 『동아일보』「十三名上京陳情, 천여 명 디주가 연명하야 반대, 反對猛烈한 安康水利」 (1925. 4. 28).

84) 박수현, 앞의 글(2001), 86쪽.

85) 경주수리지편찬위원회, 앞의 책(1983), 473쪽.

86) 『동아일보』「수백동민 시위운동, 안강수리조합반대로(포항)」(1924. 10. 6).

87) 『동아일보』「백사명이 동의취소, 거익분규하는 안강수리」(1925. 1. 25).

4월 6일 경주군 강서면 양월리 동산에서 강동·강서 양면 지주 약 2백여 명이 모여 안강수조 반대운동을 토의했다. 이 자리에서 양동 이용윤, 양월 정병찬이 반대 연설을 했다.[88] 이후 각 동리에서 대표자 2, 3인을 선출하여 안강수조 반대운동 일체 수속을 위임하고, 비용 전부를 각 동 지주들이 부담키로 가결했다.[89] 1925년 4월 11일 안강 청년회관에서 '안강수리조합 반대 제2회 운동'을 토의한 후 진정위원 29명을 선발하였다.[90] 이 자리에서 반대 결의서와 반대 이유를 밝혔다.[91]

〈반대 이유〉
1. 보조금을 반액으로 감소함은 우리 백성 속인 것으로 인정함.
1. 안강평야는 수리가 편리하여 별도 또 다시 시설을 할 필요가 없고, 또 수세도 당초 예상보다 5배 이상에 다함.
1. 설계가 전부 완전치 못함

안강수조 설립 반대 측에서는 5월 11일 안강 청년회관 내에서 제5회 회의를 개최하고 지방 대표 수 백 명이 모여 토의했다. 인가신청자에게 '인가 신청 반환을 권고'하기 위해 모임 참석을 요구했지만 한명도 참석하지 않았다. 결국 반대 측에서 인가신청자인 안강수조 창립위원장인 히우라 찾아갔다. 그러나 그는 이미 피신한 상태였다.[92]

---

88) 『매일신보』「경주안강수리공사는 재민구제의 절호책 경비도 반만 보조하여 달나고 일반관계자의 진정」(1930. 3. 6).

89) 『동아일보』「안강수리반대, 이백여 명이 모혀 토의」(1925. 4. 10).

90) 『동아일보』「안강수리반대, 진정위원을 선정」(1925. 4. 16).

91) 〈반대 이유서〉 1. 안강수리조합은 우리 두면의 5천 호와 1,300여 정보의 토지를 장차 멸망시킨 줄 알고 최후 한사람 까지라도 싸워 나갈 것. 1. 경비보조금이 당초에 말한 바와 같지 않음으로 지방 관헌을 불신임할 것. 1. 반대운동에 대한 비용은 각 지주가 부담할 일(『매일신보』「안강수리조합 분규 양면지주결속배척, 5천 호 농민을 멸망케 한다고」(1925. 4. 14).

92) 『동아일보』「안강수리조합 폐지운동, 수백대표 또 회의」(1925. 5. 17).

안강수조 설립 반대 측에서는 동의서 반환청구를 했다. 안강수조 설립 추진 측에서 '안강수리조합 공사를 빨리 시작하여 주기를 바란다.'는 뜻으로 추진위원회 의원 백화진 등이 양 면내 수백 인사의 동의·날인을 받았다. 반대쪽에서는 '해만 있고 이득이 없다'며 천 명 가까이 날인을 받아 당국에 진정키로 했다. 이를 위해 약 20명 진정위원을 선정했다.[93]

1925년 5월 1일 안강심상소학교에서 양월·갑산 양 면 지주 1백여 인이 모여 반대진정위원의 보고와 제반 결의가 있었다. 당시 이 자리에 참석했던 山本농무과장과 총독부 坂井技手가 안강수조 사업비 증가에 대해 설명했다. 최초 사업비 65만 원이 79만 원 가량으로 증가 된 것은 공사비 63만 원 외 사무비 2만 4천 원, 공사감독비 3만 7천 원, 창립비 5천 원, 예비비 2만 7천 원, 이자 6만 7천 원(4개년간)을 계산한 것으로 설명했다. 또한 보조금 6할이 2할이 된 것은 다른 수리와 비교하면 평균이라는 설명을 했다. 그러나 반대 측에서는 동의서 반환을 청구하려 오후 7시까지도 돌아가지 않았다. 경찰이 나서서 해산 시켰다.[94] 결국 1925년 6월 22일 안강수조 설립은 무기 연기되었다.[95]

2) 갖은 수단 동원 찬성 날인과 수리조합비의 전가(1929년)

히우라는 1930년 1월 11일 도청에 안강수조 인가신청을 냈다. 그는 1927~1928년 일어난 한재를 예를 들어 면민들에게 수조의 필요성을 강조했다. 1927년에도 면장 崔文斗[96]와 히우라에 의해 안강수조 설립이 시도된 적

---

93) 『동아일보』 「찬성? 반대? 말성만흔 안강수리」(1925. 4. 23).
94) 『동아일보』 「반대측 거익경강, 문제되는 제방은 다시 조사, 안강수리조합사건속보」(1925. 5. 6).
95) 『동아일보』 「안강수리는 무기로 연기」(1925. 6. 22).
96) 崔文斗는 1919년 안강금융조합 사장이었다(『朝鮮銀行會社組合要錄(1933년판)』).

이 있었다. 당시 면 협의회원 및 대지주 10인이 협의하여 설계 변경과 구역 변경할 서류 제출을 하려 했다. 그러나 농민들의 반대로 수조는 설립되지 못했다.[97]

안강수조가 1930년에 설립된 또 다른 이유는 산미증식계획의 일환이었다. 안강수조는 1929~1931년 사이 경상북도에서 200정보 이상의 수조 예상 지구에 포함되어 있었기 때문이다.[98] 안강수조 설립 측에서는 몽리면적을 1929년 1,050정보로 1924년 1,300정보 보다 조금 줄였다. 안강수조 수원지를 하곡·강동에서 강서면 두류로 옮기고, 사업비를 90만 원으로 공사를 시작했다.[99] 그러나 이 사실이 신문지상을 통해 알려지자 다시 설립 반대운동이 일어났다.

당시 안강수조 설립 문제점은 첫째, 히우라 등 몇몇 지주들이 자기 논에 대한 이익만 생각하고 수조를 설립하려 한 점이다. 강서면의 안강평야는 경북의 대평야로 물 흐름이 경북 제일로 대다수의 지주들은 수조를 생각하지 않았다.[100] 안강수조 몽리구역에 포함된 지주들은 대부분 영세 토지소유자로 사업비와 수리조합비를 내기 어려웠다. 심지어 토지 소유 규모에서 안강수조 규약 동의자·부동의자 차이가 없었다. 다음 〈표 6〉처럼 동의자 대부분이 1~3등급에 해당하는 영세농들이었다.[101] 1정보 미만인 1~2등급 토지소유자가 84%였다.

---

97) 『중외일보』 「안강수조 설계구역 변경」 (1927. 7. 22).

98) 경상북도, 『慶北の農業』 (1929), 16쪽.

99) 『동아일보』 「안강수리조합 설치코저 신청」 (1930. 1. 22).

100) 『중외일보』 「수리조합 창설에 5백여 지주가 반대 표명, 수리조합은 금융벌과 일 농장 주만을 위함이라고, 안강수조 창설 반대 분규」 (1930. 2. 19).

101) 본 연구에서는 안강수리조합 조합원들이 소유한 토지를 등급별로 나누어 살펴보고자 한다. 토지 등급을 일반적으로 나누는 토지 등급 구분에 따라 모두 6등급으로 나누어 살펴보았다. 1등급은 0.5정보 미만, 2등급은 0.5~1정보 미만, 3등급은 1~3정보 미만, 4등급은 3~10정보 미만, 5등급은 10~30정보 미만, 6등급은 30정보 이상으로 설정하였다 (손경희, 앞의 책, 26~27쪽).

〈표 6〉 안강수리조합 규약 동의자 토지소유 규모

등급	안강	양월	육통	노당	산대	옥산	두류	하곡	강교	근계	갑산	양동 인동	대동 검단	타 군면	계
1	36	70	63	14	103	55	11	5	1	15	55	20	8	42	498
2	16	20	30	5	26	4	1	1			9	5	2	9	128
3	17	19	8	2	22	1	2				5	8	1	6	91
4	7	5		1	9					2		3		2	28
5	3	1										2		2	8
6														1	1
합계	79	115	91	22	160	60	14	6	1	17	69	38	11	62	745

※출전: 안강수리조합, 『안강수리조합원 명부(규약에 동의한 자)』(1932).

부동의자도 마찬가지였다. 〈표 7〉을 보면 1등급이 73.5%로 동의자보다 더 영세했다. 1정보 미만 토지 소유자가 88%였다. 안강수조 설립 부동의자의 토지 소유 규모가 동의자보다 더 적었다.

〈표 7〉 안강수리조합 규약 부동의자 토지소유 규모

등급	안강	양월	육통	노당	산대	옥산	두류 하곡 강교	근계	갑산	대동	검단	양동	인동	안계	타 군면	계
1	24	42		22	59	31	15	29	25	9	1	28	20	7	95	407
2	4	11	4	4	13	5	3	6	1	1		2	5	1	20	80
3	13	6		2	12	1		1	1	1		4	3		9	53
4	2	1						1				3			4	11
5					1							1				2
6																
합계	43	60	4	28	85	37	18	37	27	11	1	38	28	8	128	553

※출전: 안강수리조합, 『안강수리조합원 명부(규약에 동의한 자)』(1932).

안강수조 몽리구역 안의 대지주는 일본인 토지 소유자들이었다. 일본인 소유 토지가 전체 동의자의 46.8%를 차지했다.[102] 다음 〈표 8〉을 보면 심지어 동척(11.4%)과 土佐興農(9.9%)의 토지 소유 규모가 전체 토지의 21.3%를 차지할 정도로 컸다.

102) 안강수리조합, 『조합원명부(규약에 동의한 자)』(1932).

〈표 8〉 안강수리조합 규약 동의자 일본인 토지소유(평)

지역	성명	답	전	대	계
안강	岡野勇	607			607
	岡野進	595			595
	岡野瑃[103]	14,419	4,705		19,124
	日浦廣治	15,984	3,819		19,803
	星島丈吉[104]	86,633	7,536		94,169
	龍石作十郎	32,639	8,335		40,974
	有澤幾衛[105]	4,048	1,350		5,398
	安岡淸馬	5,195	1,459		6,654
	田村周一	4,676			4,746
	森太一郎	1,343	4,685		6,028
	土佐興農合名會社	202,809	21,760		224,569
	和田直治	3,533			3,533
	久保山新吾	5,399	482		5,881
	野中常吉	307			307
	鹿取德馬	2,304			2,304
	鹿取美繁		718		718
	河村國一	1,255	3,205		4,460
	太田實吉	587	1,631		2,218
	池田慶次郎	6,349	1,513		7,862
	橋詰慶助	6,051			6,051
	平尾利吉	8,490	899		9,389
	神園敬	1,828			1,828
	武山將博	1,564			1,564
	吹野操	7,777	150		7,927
	加藤操	1,359			1,359
	溝淵松馬	1,250			1,250
	西願寺誠一	567			567
	森淳次郎		1,096		1,096
	宮崎憲一郎	1,117			1,117
	安岡繁喜	2,271			2,271
	橋詰反之	3,025			3,025
	平尾安吉	860	607		1,467
	星島眞造	59	1,315		1,374
	橋詰壽幸	1,533			1,533
	藤野權一	1,812			1,812
	池田三右工門	1,510			1,510
	平尾掃部	5,512			5,512
양월	笠木義三郎[106]	30,425	5,563		35,988
	井手口競	9,202	2,566		11,768
	久保山淸八	5,108	1,569		6,677
	久保山彌一	4,046			4,046

			899		899
다른 군면	佐野米子		899		899
	佐野鈴子	318			318
	上田榮吉	100			100
	東洋拓植株式會社	324,451	33,352		357,803
	龍石磯太郎	22,479			22,479
	特達勇助	2,620			2,620
	岡龍太郎	540			540
	安井政男	41,317	2,161		43,478
	久保山三藏	2,230	649		2,879
	島中芳雄	669			669
	川久保音濬 島中芳雄	3,990	2,609		6,599
	川久保音濬		1,139		1,139
	島中卓爾	1,431			1,431
	太口實吉		32		32
	近藤令三郎	1,170			1,170
계		884,853	115,804		1,000,657

※출전: 안강수리조합, 『안강수리조합원 명부(규약에 동의한 자)』(1932).

둘째, 안강수조 설립 측에서는 온갖 수단을 동원하여 수조 설립 동의서에 찬성 날인을 시켰다. 1929년 말 안강소학교에서 60여 명의 찬성파 지주들이 '지주총회라는 명목을 내세워 수조의 창설'을 결의했다. 이후 갖은 수단을 다하여 지주들에게 무리하게 권유하여 찬성 날인케 했다.[107]

안강수조 설치 및 규약 동의서에 서명 날인한 사람은 전체 1,200여 명 가운데 745명이었다. 설립 측의 온갖 찬성 날인 요구에도 불구하고 동의 비율은 57.3%로 겨우 과반수를 넘겼다. 당시 수조 설립은 조합원이 될 자 1/2 이상으로, 조합구역이 될 토지의 총면적 2/3 이상에 해당하는 토지 소유자의 동의를 얻어야 했다.[108] 동의 비율은 동척과 土佐興農이 있는 안강리, 산대

103) 岡野珸은 안강우편소장을 역임했다(『조선총독부 및소속관서직원록』, 1922).
104) 『매일신보』「지방집회: 안강에 농사강연」(1925. 5. 5)
105) 有澤磯衛은 安康釀造(株) 이사를 역임했다(『朝鮮銀行會社組合要錄(1937년판)』
106) 笠木義三郎는 安康釀造(株) 이사, 慶州郡精米合同(株) 이사를 역임했다((『朝鮮銀行會社組合要錄(1937년, 1942년판)』
107) 『중외일보』(1930. 2. 19).
108) 「조선수리조합령」 제3조.

리, 양월리, 육통리 등이 높았다.[109]

셋째, 수조비 전가 문제였다. 안강수조 몽리구역 안 논의 비율이 매우 높아 수조 설립으로 인한 혜택이 농민들에게는 특별히 없었다. 이미 수리 관개가 잘 되어 있는 곳이 대부분이었다.[110] 구체적으로 안강수조 규약 동의자 토지소유를 보면 논 74%, 밭 25.9%, 대지 0.1%로 논의 비율이 압도적이었다.[111] 안강수조 규약 부동의자 토지도 논 75.1%, 밭 24.8%로 논의 비율이 매우 높았다.[112] 그런데도 불구하고 수조를 설립하려 한 것은 수조비 전가 때문이었다. 수조 설립 주체였던 일본인 대지주가 원래 부담해야 했던 조합

109) 안강수리조합, 「동의서」, 『안강수리조합설치인가 및 기타관계서』(1930), 1128쪽.
110) 『중외일보』「수리조합 창설에 5백여 지주가 반대 표명, 수리조합은 금융별과 일 농장주만을 위함이라고, 안강수조 창설 반대 분규」(1930. 2. 19).
111) 안강수리조합, 『안강수리조합원 명부(규약에 동의한 자)』(1932).

〈안강수리조합 규약 동의자 토지 소유(단위: 평)〉

리명	논	밭	대	계
안강	482,969	104,411	42	587,422
양월	183,086	105,863		288,949
육통	57,343	55,822		113,165
노당	29,961	14,862		44,823
산대	216,537	135,637	176	357,350
옥산	31,788	15,647		47,435
두류	18,076	2,541		20,617
하곡	2,916	1,589		4,505
강교		514		514
근계	42,371	5,652		48,023
갑산	49,670	26,236	171	76,077
대동	9,956	652		10,608
사방	1,094			1,094
검단		914		914
양동	133,445	34,069		167,514
인동	3,025	3,546		6,371
안계	1,522			1,522
호악	1,713	3,468		5,181
오금	3,169			3,169
타군	403,251	75,216	93	478,560
계	1,671,892	586,639	482	2,259,013

112) 안강수리조합, 『안강수리조합원명부(규약에 동의하지 않은 자)』(1930), 628쪽.

비를 횡적으로 전가하려 한 것이다.[113]

그 방법은 수조의 몽리구역을 확장시켜 일반 농민들에게 조합비를 내게 했다. 안강수조 몽리구역 1,300여 정보 중에 1,000여 정보는 관개수가 풍족하여 농사에 전혀 지장이 없는 지역이고, 다만 300여 정보만이 수리시설이 필요한 천수답이었다. 300정보를 위해 수조가 필요 없는 1,000여 정보를 몽리구역에 편입한 것이다.[114]

한편 안강수조 설립 찬성 측에서 2월 10일경 안강수조 인가원을 신청키로 되었음이 신문지상에 보도되자 이 사실을 전혀 듣지 못한 일부 지주들이 반대 운동을 시작했다. 당시 반대운동의 흐름은 반대성명서를 발표, 반대동의 날인,[115] 반대 이유서 발표로 이어졌다. 안강수조 반대 측 주장은 다음과 같았다.

〈안강수리조합 규약 부동의 자(단위: 평)〉

리명	답	전	대	임	기타	계
안강	69,996	37,617			126	107,729
양월	61,492	40,275				101,767
육통	49,606	14,070				67,676
노당	18,459	12,470				30,929
산대	109,052	57,921		35		167,008
옥산	25,112	6,721				31,835
두류	8,274	834				9,108
하곡	2,921					2,921
강교	1,139	1,444				2,583
근계	44,084	6,079				50,163
갑산	17,207	6,233	55			23,495
대동	14,934					14,934
검단	551					551
타군	351,011	72,666				423,677
계	773,838	256,330	55	35	126	1,030,184

113) 전강수, 앞의 글(1984), 160쪽.
114) 박수현, 앞의 글(2001), 87쪽.
115) 이석천은 논 34,464평, 밭 15,714평을 소유한 지주였다(안강수리조합, 『안강수리조합원 명부(규약에 동의하지 않은 자)』(1932)).

"찬성 측의 설계는 부정확할 뿐 아니라 극히 모호하며 또 피 측에서 말하는 한해 구제비도 총독부보조금도 뜻대로 될지 안 될지 알 수 없다. 25년 후에 잘 살기 위해 당면의 희생을 당할 수 없다. 사업비를 금융 자본가들에게 차용할 수밖에 없다. 수리조합이란 조선 지주들에게 이익을 주는 것은 극히 적고 금융 자본을 증식시킬 뿐이다. 찬성 측에서는 洑 부역 없어진다니 무엇이니 하지만 부역은 한발 시에 할 일 없는 농민이 장난삼아 하지 마는 1년 수리부담금은 식산이나 금융조합에 가서 빚을 내지 않으면 면할 수 없다. 빚을 내는 것은 토지라도 팔지 않으면 안 된다. 수리조합으로 인하여 증수된 액으로 부담금을 충당할 수 있다는 것은 감언이설에 불과하다."[116]

수조는 일본인이 대농장을 가지려 하는 한 수단 사업에 불과했다. 1930년 7월 안강수조는 맹렬한 반대운동에도 불구하고 총 지주 1,200여 명 중에서 1,100여 명의 찬성자를 얻어 도 당국에 인가원을 제출했다.[117] 찬성자가 늘어난 이유는 안강수조 설립 측에서 당초 계획한 몽리구역 중 일부를 제외하고 사업비도 축소하는 등 사업계획을 재조정했기 때문이다.[118]

4. 결론

본고에서는 일본인 농업경영을 중심으로 일제시기 경상북도 경주군의 안강수조를 살펴보았다. 즉 산미증식계획시기 이주일본인 히우라가 경주군 강서면에 안강수조를 설립하려 한 배경과 과정을 살펴보았다.

경주군 강서면은 일찍부터 수전 농업이 발달한 평야 지대로 형산강의 서

---

116) 『중외일보』(1930. 2. 19).

117) 『중외일보』「안강수조설립에 우부반대격증, 찬성자도 다시 반대로 변해 결국은 와해 내이」(1930. 2. 21)

118) 『동아일보』「안강수리조합 설치코저 신청」(1930. 1. 22); 박수현, 앞의 글(2001), 87쪽.

쪽에 위치했다. 특히 강서면의 안강평야는 강서면과 강동면의 대부분을 차지하는 경주의 여러 평야 중 규모가 가장 큰 평야였다. 안강평야의 쌀에 주목한 일제는 강서면에 동척과 일본 농업회사의 농장 설립을 적극적으로 지원했다. 그 결과 러일전쟁 이후 강서면에 동척과 일본 농업회사인 土佐勸業(주)·韓國實業(주)·朝日興業(주)·土佐興農 등이 세워졌다.

일제 초기부터 강서면에는 동척이민과 일본인 자유이민을 많이 이뤄졌다. 강서면으로 일본인 이주가 많았던 또 다른 이유는 교통의 편리함이었다. 동해중부선의 안강역이 안강리에 위치하여 이곳에서 생산된 미곡을 포항항까지 운반하기가 매우 유리했다. 이주일본인들은 비옥한 안강평야에 농장을 설치하고, 산미증식을 위해 수조를 설립하고자 했다.

안강수조는 동척과 일본인 대지주인 히우라에 의해 설립되었다. 안강수조는 일본인 조합장으로 저수지를 수원으로 하는 1,000정보 이상의 대규모 수조였다. 당시 일본인 주도의 수조는 산미증식계획시기 대규모 수조에서 주로 진행되었다. 조선인 주도의 수조는 산미증식계획시기 이후 소규모 수조로 설립되었다. 조합장은 주로 조선인 대지주로 부재지주인 경우가 많았다.

안강수조 설립위원장이었던 히우라는 1884년생으로 日本 高知縣 吾川郡 谷野川村 출신으로 사망할 때까지 안강에서 살았다. 그는 '高知縣의 산업 개발'이라는 이유로 1912년 4월 조선에 왔다. 1913년 土佐興農을 창립하고 전무이사가 되었다. 당시 日浦廣治는 '안강의 日浦, 경주의 日浦'라 불릴 정도로 강서면 안강에서 농업경영에 적극적이었다.

히우라는 안강수조 설립 이전에는 농사개량에 집중했다. 농사개량으로 농작적종시험·비료시험·방충해 시험 등을 실시했다. 수도우량품종을 보급하기 위해 채종답을 운영하면서 간이창고와 정미장을 설립했다. 농장 수익의 극대화를 위해서 소작미 품평회를 개최하고, 소작인에게 비료 구입을 요구했다. 히우라는 소작료를 직접 간평하여 소작료 7할을 요구할 정도로 수탈경영을 했다.

히우라는 1922년부터 수조 설립을 고려했다. 당시 土佐興農의 토지 소유를 보면 기타 지목의 토지가 35.5정으로 전체 토지 소유 면적의 24.4%를 차지할 정도로 많았다. 그는 수조를 통해 기타 지목을 논으로 전환하고자 했다. 그러나 겉으로 드러난 수조 설립 목적은 한해 예방을 통한 산미증식이었다. 히우라가 산미증식에 적극적인 나선 또 다른 이유는 안강평야의 쌀 때문이었다. 당시 그는 안강에서 생산한 쌀을 일본 왕실에 헌납하였다.

일제 시기 대규모 수조일수록 수조 설립 반대운동이 치열하게 일어났다. 안강수조는 1924년 설립하려 했지만 강서면민들의 치열한 반대운동으로 5년 후인 1930년 7월 설립된다. 그 이유는 안강수조 설립 목적이 지역 공동의 이익을 도모하기보다는 일제의 산미증산 실적 달성과 대지주들의 이익을 위한 것이었기 때문이었다. 당시 안강에는 동척과 土佐興農, 일부 일본인 외에는 대지주가 존재하지 않았다. 조선인 대부분이 자작 겸 소작농이거나 소작농이었다. 그렇기 때문에 수조 설립으로 인한 혜택을 받을 농가는 없었다. 대지주인 동척과 土佐興農, 이주일본인만이 수조 사업의 이익을 볼 뿐이었다.

안강수조는 설립 과정에서 여러 가지 폐해로 반대운동이 치열하게 일어났다. 반대운동은 1924~1925년, 1929년 두 시기로 나눌 수 있다. 1924~1925년 제기된 가장 큰 문제는 수조 설립으로 인한 저수지 주민 몰락과 사업 은폐였다. 그리고 수조 사업의 강제성, 사업비의 증가, 국고보조금의 부족 등 여러 가지 문제가 발생했다. 안강수조 설립 반대 측에서는 도청과 총독부에 사업부당성 진정, 총회 개최, 수조 반대회 조직, 반대 이유서 배부, 순회시위운동 등 치열하게 반대운동을 진행했다. 결국 이 당시는 설립되지 못했다.

1929년 히우라는 한해를 이유로 다시 수조 설립을 시도했다. 당시 가장 큰 문제점은 히우라를 중심으로 한 일본인 대지주의 수전 이익 확대, 갖은 수단을 동원한 찬성날인, 조합비 전가 등이었다. 강서면민들은 반대성명서 발표, 반대동의 날인, 반대 이유서를 발표하면서 반대했다.

그러나 안강수조는 치열한 반대운동에도 불구하고 불량수조가 속출하기 시작한 1930년에 설립된다. 1930년대 초 수조는 미가의 폭락, 파행적 조합운영과 재정난에 따른 부실 조합의 속출, 수조 사업에 대한 저항의식의 만연 등으로 수조 사업은 더 이상 지속할 수 없는 상황이었다. 이 시기 안강수조가 설립 된 이유는 동척, 흥농회사, 히우라 등 일본인 대지주들의 강력한 요구와 강서면장 김종룡 등을 비롯한 관청의 지원 덕분이었다. 그리고 1928년 이미 경상북도 토지개량사업으로 계획되어 있었기 때문에 설립되었다.

부록

부록1

/

경산수리조합 동의 명단

주소	성명
동양척식주식회사	동양척식주식회사 대구지점장 加藤俊平
조선흥업주식회사 경산관리소	소장 下村忠
경산군 경산면 삼남면	安炳吉, 安炳圭, 金士淑,
경산군 경산면 중방동	韓在駿, 徐尙基,
경산군 경산면 백천동	鄭喜陸, 鄭道鎭, 鄭圭鎭, 鄭喜善, 鄭致柱, 鄭喜範, 金仁述, 崔文祚, 崔孝默, 鄭泰述, 鄭在水, 鄭致洙, 申聖述, 申興述, 崔德起, 鄭大用, 鄭基兆, 鄭永錫, 申致均, 申命述, 申甫述, 尹敬孝, 李圭鎬, 朴命吉
경산군 진량면 신상동	柳夬達, 蔡炳在, 崔鳳坤, 張正昊, 金哥倞, 金聖煥, 金順俊, 金石浩, 金壽元, 金潤玉, 裵者宅, 丁永玉, 蔡錫漢, 金聖玉
경산군 진량면 선화동	鄭鳳準, 鄭鎭玉, 李致玄, 陳亮衡, 吳鶴龍, 崔秉敎, 崔命弘, 鄭鎭芯, 鄭鎭賢, 朴乭伊, 鄭禮業, 陳且範, 陳基澤, 金始仁, 金致敎, 裵炳文, 金斗奎, 陳基黙, 蔡渭徵
경산군 진량면 보인동	林成範, 曹錫奎, 李鍾盈, 崔世浩, 徐乙祚, 蔡在昊, 崔益華, 崔世汶, 曹高來, 曹世煥, 許權
경산군 진량면 조동	朴且龍, 朴永述, 林相甲, 朴永春, 朴鳳三, 朴永壽, 裵壽甲, 裵興百, 裵在鍊, 裵己東, 裵興壽, 徐貞奎, 朴相元, 鄭敬鎭, 金聖洪, 朴鳳周, 金成俊, 金壬基, 曹喜明, 曹甲出, 河成烈, 朴永周, 徐泰奎, 林枝秀, 朴景春, 朴在檜, 金正潤
경산군 진량면 부기동	李喜順, 朴在連, 趙貞元, 都漢奎, 都相圭, 都命朝, 金巖又, 孫慶秀, 趙萬元, 金永國, 趙旲金, 金世浩, 金應魯, 徐一順, 曹龍伊, 曹喜潭, 申碩均, 趙甲述, 徐榮洙, 趙章元, 趙振元, 韓鶴伊, 都鎭運, 文壽巖, 鄭一壽, 李甲龍, 金正秀, 朝壬祚, 趙幾元, 金國龍, 金壽龍, 方碩祚, 玄達用, 趙哲伊, 方道煥, 金德洙, 朴柄日

경산군 진량면 양기동	朴性浩, 李儆鉉, 朴天浩, 李春先, 朴元浩, 崔谷蘭, 朴采魯, 蔣鳳日, 曹秉達
경산군 진량면 북동	金正憲, 徐喆祿, 徐錫琨, 金允亨, 金在鶴, 金亘伊, 金扶亘
경산군 진량면 문천동	李楨興, 李仲煥, 曹啓萬
경산군 진량면 내리동	李種煥
경산군 진량면 상림동	曹鳳煥, 宋秉俊, 許鶴伊, 朴方佑, 宋仲憲, 宋基憲, 韓仁錫, 朴木根, 玄鳳千, 李春澤, 金益鉉, 金炳在, 曹邦佑, 朴達伊, 曹文石, 朴德厚, 金斗賢, 曹秉溫, 金永權, 韓晩得, 李德震, 金鳳述, 朴壬石, 曹太煥, 宋秉昊, 玄基楫, 李圭寔, 曹秉五, 李球奉, 李圭原, 曹仁煥, 朴止浩, 宋木生, 宋致德, 許昌遠, 許琦, 玄基根, 曹秉柱
경산군 진량면 안촌동	金弘培, 金鍾昊,
경산군 진량면 속초동	朴時榮, 李愚億
경산군 자인면 서부동	姜文佑, 金秉河
경산군 자인면 신관동	鄭榮柱, 鄭甲柱, 鄭文駿, 李圭元, 李珍雨
경산군 자인면 옥천동	金渭龍
경산군 진량면 봉회동	林相吉, 安炳求, 安炳龍, 曺茂煥, 韓濟梁, 韓濟坤, 李成雨, 曹秉海, 安世浩, 安漢守, 安祥烈, 安相祚, 崔楨圭, 崔正煥, 金柄孝, 金永佑, 金聲采, 金聲玉, 朴漢洙, 朴在鎬
경산군 진량면 가야동	金炳坤
경산군 남천면 대명동	金鎭洙, 金炳奎
경산군 남천면 협석동	韓容惺
경산군 남천면 산전동	崔煥日, 朴鍾榘,
경산군 남천면 송백동	太秉玉, 太夏熙, 金奇珍, 金基進,
경산군 남천면 금곡동	石有楨, 韓性寬
경산군 경산면 옥곡동	鄭銳淵, 鄭璣淵, 鄭德淵
경산군 경산면 신기동	玄禹瑞
경산군 경산면 중방동	徐錫萬, 徐錫殷, 朴來春, 徐錫禹, 加藤林八, 川井田金太郎, 高山村多, 徐大基, 徐錫重, 宇野龍喜, 俞三龍, 張德相, 鄭東俊, 徐錫榮, 徐憲洙, 徐鎭斗, 徐錫東, 徐景洙, 徐相孝, 徐晩洙, 俞永濬, 鄭小香, 成好鎭, 濱崎失八郎, 金應瑞, 俞允龍, 徐錫弼, 徐相穆
경산군 남천면 내석동	鄭時夏
경산군 경산면 대평동	金晶河, 金鴻培, 徐炳旭, 徐性文, 李炳鎬, 徐錫夏, 元錫弘, 徐鳳基, 黃三祚, 徐載幹, 元是化, 徐炳佑, 徐錫浩, 金邦佑
경산군 진량면 보인동	崔楨立, 崔達煥, 崔龍煥, 許奉斗, 曹烈烈, 朴在東, 朴實景
경산군 경산면 대정동	蔣箕煥, 白石淺吉, 佐藤彌助, 高橋來吉, 鄭昌植, 鄭同浩, 鄭四龍, 趙翼根, 鄭源基, 裵南俊, 尹爽宋, 鄭源永, 鄭來植, 鄭源國, 鄭二用, 蔡仁基, 鄭阤鎬, 鄭源彦, 金丁, 徐允華, 金谷禧, 鄭戀鎬, 徐燦均, 鄭景鎬, 鄭明鎬, 鄭鳳植, 鄭佁植, 尹莟宗,
경산군 경산면 대동	池武鎬, 李全熙, 金在錫, 李圭元, 池翰鎬
경산군 경산면 임당동	鄭甲述, 朴根東, 鄭春得, 李錫裕, 李錫禧, 鄭石述, 陳成德, 朴鍾箕, 朴致陽, 殷甲杓, 朴炳俊, 玄學穆, 玄基述, 崔太達, 裵今順, 崔錫沂, 芮壬得, 金九龍, 朴孝煒, 鄭得生, 朴斗元, 金笈, 李潤宇, 裵炳在, 金仁權, 許禾+念, 朴炳朝, 朴坤伊, 朴炳昊, 金且岩, 金東植, 金光斗, 鄭在仁, 金碩順, 玄照, 朴八萬, 朴丙大, 盧性㦿, 金遠術, 金甲順, 朴永甲, 李錫祚, 李錫祉, 李甲龍,

경산군 경산면 삼남동	李龍佑, 李相晃, 鄭貞玉, 金永泰, 李處佑, 李正勳, 丁學伊, 李相鎭, 金昌瑀, 安國模, 朴容圭, 朴元得, 朴能俊, 黃海性, 白富興, 安上仁
경산군 경산면 상방동	李學秀, 李相孝
경산군 경산면 서상동	俞時同, 金桓伊, 朴秋塘, 金奭昊, 金彩龍, 朴成根, 俞達香, 澤田耕治, 藤井時洛,
경산군 경산면 삼북동	蔡柳仙, 馬場ノヅ,
경산군 학교비 담임자	경산군수 曺正煥
경산군 향교재산관리자	경산군수 曺正煥 역둔토,
경산군 진량면장	朴純局
경산군 압량면장	朴丙采
경산군 경산면장	金宅聲
경산군 하양면장	諸達文
경산군 경산면	경산금융조합
경산군 압량면 금구동	鄭德基, 徐載鎬, 成潤寬, 陳台網, 姜永復, 尹弼祚, 姜周夏, 金鎭根, 姜永達, 姜壬秀, 姜允秀, 金洪國, 金暎錫, 金洪贊, 徐鎭奎, 姜永禹, 朴魯純, 金億守, 徐台石, 金桂淑, 郭鎭坤, 金籠守, 姜永運, 金守根, 姜永臺, 姜崙秀, 姜旻秀, 朴再圭, 直井淺吉, 直井嘉吉, 李億守, 金洪台, 姜永穆
경산군 압량면 현흥동	玄玉壽, 白奎壽, 全太奉, 白鎭甲, 李述景, 全達周, 鄭壽衡, 全潤景, 宋炳洪, 全箕文, 玄武範, 鄭炳旭, 白木八太郎, 金炳俊, 金鎭奎, 金尙文, 高木武作, 佑東スコノ, 鄭斗洪, 李錫淵, 李翰淵, 李鍾旭, 李萬一, 鄭斗文, 鄭斗寬, 曹熙翰, 李廷進, 禹濟完, 崔龍杓, 崔洪達, 金成得, 全潤祚
경산군 압량면 압량동	朴永守, 全時宗, 崔守元
경산군 압량면 신대동	全潤祚, 郭介同
경산군 압량면 당리동	朴南鉉, 鄭基璋
경산군 압량면 환상동	鄭東柱, 鄭文範, 鄭文喜, 鄭萬柱, 鄭煩奎, 鄭邦柱, 鄭仁柱, 鄭斗應, 鄭斗海, 鄭承柱, 鄭源柱, 鄭昌述, 鄭文仲, 鄭萬龍, 鄭祉述, 鄭且伯, 鄭坤植, 鄭敬伯, 鄭昌國, 鄭鳳龍, 鄭斗吉, 園田福男, 平田常藏, 白秀仁, 安泰光, 金昌俊, 鄭斗哲, 楮原十藏, 曹幾承, 曹格承, 曹秉麟, 曹水祚, 許儔, 朴辛朝, 曹金巖, 朴曾鎬, 曹台祚, 曹秉善, 曹喜秀, 金壬伊, 曹作荘, 李鳳黙, 曹學魯, 曹秉河, 曹鳳俊, 曹秉洪, 曹鳳鶴, 李秉甲, 金顯伊, 柳鍾元, 曹再元, 韓四龍, 金南鶴, 曹秉潤, 曹萬承, 李春逢, 柳實根
경산군 압량면 부적동	安成憲, 許鑽, 龜井辻松,
경산군 압량면 백안동	白性孝
경산군 압량면 신촌동	安東列
대구부 남산정 262-9	梁應壽
경산군 진량면 양기동	朴孟浩
경산군 하양면 대조동	林黃春, 金一文, 孫震宇, 朴驥德, 孫永周, 孫守甲, 孫丁出, 安康德, 許貴許, 許態旡, 李秉奎, 白武述, 李慶旡, 黃又岩, 李美業, 孫震坤, 李三宗, 篠原富市, 坂本盛三, 許益, 趙貞龍, 小林德次郎, 李聲遠, 白義元, 金且凡, 黃允岩, 崔五東

경산군 하양면 부호동	馬太玉, 許穗, 許矩, 許磮, 許東柱, 許偓, 許秉淵, 許東繁, 許儾, 許倫, 許秉玉, 許償, 許礫, 許申岩, 許鑛, 李熙德, 許鳳壽, 許且元, 許胭, 許台龍, 許修, 許秉周, 許稝, 許環, 許礏, 許石+亨, 許石金, 許稝, 許且術, 許硅, 許玉, 許鉀, 許宗遠, 許傮, 許秉德, 金尙仁, 許珠
경산군 안심면 신서동	李錫文, 李在浩
경산군 경산면 은호동	李寅奎, 李秉浩, 許沖, 許範, 李炅奎, 全致元, 李華奎, 李晚奎, 李廷奎, 李千水, 李喆奎, 李秉德, 全錫基, 張泰元, 崔斗相, 李相華, 李宗奎, 張永河, 李秉灌, 許淏, 李成烈, 許澄, 全熙益, 李炳奎, 鄭文相, 李鳳奎, 張泰成, 崔龍出, 李觀之, 李秉願, 李奭奎, 李煜奎, 李珪運, 全曾述, 李秉日, 李秉濟, 李秉翅, 鄭龍壽, 李得伯, 李石杓, 李邦奎, 李亨奎, 李學奎,
경산군 하양면 남하동	李外大, 李秉煥, 金在聲, 曹秉淑, 李秉淵, 孔洙夏, 金振玉, 宋名木, 曹秉俊, 曹秉汶, 曹秉見, 都泰龍, 曹洛承, 曹秉圭, 曹熺承, 曹萬根, 李永壽, 金在奎, 金末述, 曹秉百, 呂基守, 金仁錫, 金奭奎, 金錫奎, 孫駿莫, 金咏元, 孫鎭坤, 金翊奎, 金秉元, 金揮閭, 朴在憲, 金榮奎, 金奎瓚, 金國覆, 金滉奎, 尹應浩, 鄭佑柱, 李晚孝, 李源式
경산군 하양면 환상동	鄭達柱, 鄭萬壽
경산군 하양면 한사동	曹秉鶴, 曹性煥, 李允㲃, 崔南煥, 崔致閭, 崔鍾萬, 崔相淵, 崔龍大, 崔相龍
경산군 하양면 금락동	近石宇三郎, 李道洲, 金浩龍, 金昌賢, 白石淸太郎, 李圭綖, 朴應瑞, 山口龍助
경산군 하양면 청천동	李玗鉉
경산군 안심면 사복동	李致玟, 李致玟, 李致烈, 鄭龍根, 全台鉉
경산군 안심면 율하동	徐泰成,
경산면 안심면 용계동	玄玉彩
경산군 안심면 서호동	文德洙
경산군 안심면 동내동	崔聖鉉, 裵龍玉, 裵壽岩, 黃聖云, 黃復寬
경산군 안심면 괴정동	南相哲
경산군 안심면 금강동	李珤彦, 李邦彦
경산군 안심면 신서동	柳廷洛, 柳建洛, 柳康福
경산군 압량면 조영동	全敬益, 陳周道, 朴炳薰, 許燁, 成永鎬, 朴炳奭, 朴炳述, 朴炳采, 朴東伊, 朴錫圭, 朴炳朝
경산군 압량면 용암동	鄭源鶴, 金基守, 鄭龜湖, 鄭士在, 金萬坤, 金文坤, 金泰坤, 金秀坤, 金實根, 朴孝健, 鄭鳳壽, 金道煥, 鄭仕鎬, 金億祚, 佐藤小三郎, 佐藤改一, 佐藤アキノ, 佐藤改一, 鄭文集
경산군 압량면 인안동	鄭磯柱, 鄭成彦, 閔和業, 鄭厚柱, 鄭明柱, 鄭煥周, 鄭元柱, 鄭南柱, 鄭斗和, 鄭慶柱, 成述永, 鄭斗元, 鄭炳柱, 全漢武, 閔和業, 金聖澈, 林石伊, 李善敎, 金道敎, 鄭永柱, 鄭斗泰
경산군 압량면 의송동	鄭斗七, 金鳳根, 金斗, 百, 金載仁, 趙鏽都, 金八祚, 李舞熙, 李禹熙
경산군 압량면 신촌동	李愚植, 徐柄萬, 金德守, 金箕福, 金基烈, 直井磯治, 失野良數, 金基滿, 李德淵, 朴基先, 朴炳旭, 李大淵, 金昌烈, 金振烈, 金斗權, 具山㤼, 金箕烈
경산군 압량면 내동	金奎來, 金尙鎭, 鄭致鳳, 李心輔, 尹祥範, 金萬龍, 朴廷默, 李晟淵
경산군 고산면 성동	蔡炳旭
대구부 남산정	徐壽仁, 金大汝, 鄭末良

대구부 명치정	金鍾學, 金在烈
대구부 서성정	李一雨,
대구부 북내정	黃小喜
대구부 금정 21-4	龜石磯泰郎, 鮮南殖産株式會社 대표자 東條正平
대구부 동성정 31-4	徐炳和
대구부 경정 11-4812	李鉉贊, 李達永
대구부 남성정	洪南杰, 金內明,
대구부 남산정	李鎭斗, 李士允, 李庚宰
대구부 덕산정	李根韶
대구부 본정	李根雨
대구부 명치정	許佑
달성군 달서면 비산동	吳顯永
달성군 공산면 지묘동	崔在敎
달성군 해안면 둔산동	崔鍾遠
달성군 가창면 파동	金景允
대구부 시장정 25	李載煥
대구부 덕산정	金應九
대구부 서천벌전정	徐喜瑗
경산군 고산면 욱수동	琴鳳奎, 鄭彌柱
경산군 압량면 용암동	朴永春
경산군 안심면 사복동	全甲鉉
경산군 경산면 중방동	徐性洙, 徐錫宗
경산군 경산면 서상동	金述先,
경산군 경산면 신교동	李基述
경산군 고산면 고산동	鄭台和
경산군 고산면 노변동	鄭今順
경산군 고산면 매호동	申賢均, 申日守, 申始均
대구부 원정 11-432	대구곡물주식회사 대표자 官井正一
대구부 횡정	鄭圭鈺
대구부 남정 131	徐佑淳, 鄭在學
대구부 동운정 6-2	宮井西一
대구부 남성정 17	崔世璔
대구부 하서정	鄭海鴨, 李章雨
대구부 남산정 155	李致奎

※출전: 경산수리조합, 『조합설치인가신청서류』(1925).

부록 2

/

경산수리조합규약

제1장 총칙

제1조 본 조합은 경산수리조합이라 칭한다.

제2조 본 조합은 조합구역에 있어서 관개를 목적으로 한다.

제3조 본 조합의 구역은 경상북도 경산군 경산면 三南洞, 三北洞, 西上洞, 新校洞, 上方洞, 桂陽洞, 大坪洞, 大亭洞, 林堂洞, 中方洞, 大洞, 栢泉洞, 押梁面 造永洞, 儀松洞, 金龜洞, 賢興洞, 仁安洞, 新村洞, 龍巖洞, 珍良面 良基洞, 甫仁洞, 富基洞, 鳳會洞, 上林洞, 北洞, 仙花洞, 河陽面 環上洞, 大鳥洞 가운데 별책 기재의 토지이다.

제4조 본조합은 조합구역내 토지의 소유자 및 국유미간지의 대부를 받은 자를 조합원으로 한다.

제5조 본조합의 사무소는 경상북도 경산군 경산면 삼남동에 둔다.

제6조 본조합의 공고는 조합 게시장에 게시한다.

제2장 組合吏員

제7조 본조합에 조합장 아래 직원을 둔다.

부조합장

이사

출납역

서기

기사장

기사

제8조 조합원의 부과등급 및 매수용지에 관계하는 조사 사무를 처리하기 위해 본조합원에 위원을 둔다. 위원은 10인, 그 임기는 2년이다. 위원은 조합원 가운데 평의회에 자문하고 조합장을 선임한다. 위원 중 결원이 생기면 그 보결하고 선임한다. 위원은 전임자의 잔임 기간 재임한다.

제3장 평의회

제9조 평의원의 定數는 12인이다.

제10조 평의원의 선임 및 그 보충원 선정의 조합원의 총대인 회합하고 이를 행한다. 조합비 연액 40원 이상을 납입한다. 조합원은 조합원의 총대인으로 한다. 총대인은 다른 총대인에 위탁하고 제1항의 선임 및 선정을 하는 것으로 얻는다. 총대인인 법인은 대리인으로 제1항의 선임 및 선정을 행한다.

제11조 평의원은 조합비 연액 40원 이상을 납입하는 자로 하는 것을 요한다.

제12조 조합 이원은 평의원을 겸하는 것으로 한다. 다만 위원은 이 안에 있다.

제13조 법인으로 평의원에 선임하는 것으로 대표자를 정하여 조합에 계출한다.

제4장 급여

제14조 유급이원 재직 1년 이상으로 퇴직하는 때는 퇴직 당시의 급료 월액에 상당하는 금액에 재직연수를 잇는다. 금액을 일시에 지급한다. 단 징계에 의한 금액을 일시에 지급한다. 단 징계에 의해 해직된 때에 한해서 있다.

전항에 의해 지급을 받은 경우 다시 재직한 경우는 전항에 의해 재직연수에 다시 재직 날을 계산한다.

제15조 유급 이원 재직 중 사망한 경우는 사망 당시의 급료 월액에 상당하는 금액에 재직연수를 이어서 금액 및 사망 당시의 급료 4개월분에 상당하는 금액을 그 유족에게 일시에 지급한다.

전항의 재직 년의 연수의 계산에 대해서는 전조 제2항의 규정을 적용한다.

제1항에 의해 일시금을 지급한다. 유족 및 그 순위는 관리 死亡賜金 급여의
예에 의한다.

제5장 조합의 賦務
제16조 조합비는 조합의 사업에 의해 이익을 받는 정도를 표준으로 아래의 등급 부
　　　과율에 의해 부과한다.

　　　1등지 1단보에 대해 금 8원 50전 이내

　　　2등지 1단보에 대해 금 7원 70전 이내

　　　3등지 1단보에 대해 금 6원 70전 이내

　　　4등지 1단보에 대해 금 5원 90전 이내

　　　5등지 1단보에 대해 금 5원 40전 이내

　　　6등지 1단보에 대해 금 4원 90전 이내

　　　7등지 1단보에 대해 금 4원 20전 이내

　　　8등지 1단보에 대해 금 3원 20전 이내

　　　9등지 1단보에 대해 금 2원 이내

　　　10등지 1단보에 대해 금 1원 이내

　　　전항에 규정한 토지의 부과등급은 평의회에 자문하고 정한다.
제17조 조합비는 10월 1일 현재에 의해 부과한다. 조합비의 납기는 평의회에 자문하
　　　고 정한다.
제18조 국유미간지의 대부를 받은 것은 권리를 양도한다. 또는 이용을 폐지한 경우에는
　　　그 조합원 사이에 생긴 조합의 채무의 이행을 위해 조합비를 부과하는 것이 있다.
제19조 夫役現品은 조합비를 표준으로 하고 금액에 환산하여 부과한다.
제20조 공사청부 매매 貸借 및 勞力의 공급은 평의회에 자문하고 指名 경쟁 입찰
　　　또는 수의계약에 의하는 것을 한다. 다만 아래의 경우에는 평의회에 자문하
　　　여 수의계약을 한다.

　　　1. 관청공공단체 또는 이에 준하는 자에 物件을 매입한다. 또는 勞力의 공급
　　　　을 받는다.

　　　2. 예정가격 5백 원 미만으로 한다.

　　　3. 非幸急遽의 즈음 공사 또는 물품의 매입하고, 만약 차입하기 위해 입찰에
　　　　대하는 틈이 없는 일.

4. 특별의 기술을 요하는 공사

5. 입찰에 부치는 것 입찰자 없는 것 또는 동일 조건을 재입찰에 대하는 것을 낙찰자가 없는 일.

6. 공사청부자에 3천 원 이내 추가공사를 청부하는 일

제21조 조합비의 부과를 받는 일 토지가 荒地가 된 것을 지목 변화하는 것 또는 조합구역내에 새로운 토지를 취득하는 것은 그 사실 발생 날부터 10일 내에 토지의 소재지 지목 및 면적을 조합에 계출한다.

제22조 조합원의 주소에 이동하는 것은 10일 내에 조합에 계출한다.

제23조 조합비 부과전에 있어서는 조합원의 총대인의 조합구역내 토지에 대해 地稅 4圓 이상, 국유미간지 대부료 2원 이상을 납부한다. 조합원 평의원은 조합구역내 토지에 대해 지세 4원 이상 국유미간지 대부료 2원 이상을 납부하는 조합원을 요한다.

부록 3

/

경산수리조합 조합지적부

경산면 삼남동	지번	지목	지적 (평)	지세가격 (원)	주소	씨명
경산면 삼남동	1	전	127	12.7	경산군 경산면	金福術
경산면 삼남동	2	답	1,016	295.22	경산군 와촌면 경산동	安回模
경산면 삼남동	5	답	168	48.72	경산군 삼남면 삼남동	安回模
경산면 삼남동	6	답	82	23.78	동경	동척
경산면 삼남동	7	답	1,520	440.8	경산군 남천면 협석동	鄭喜善
경산면 삼남동	8	답	487	141.23	경산군 경산면 삼남동	安炳吉
경산면 삼남동	9	답	562	162.98	경산군 삼남면 삼남동	丁學尹
경산면 삼남동	10	답	253	73.37	경산군 삼남면 삼남동	安炳吉
경산면 삼남동	11	답	897	260.13	경산군 삼남면 삼남동	安炳吉
경산면 삼남동	12	답	225	65.25	경산군 삼남면 삼남동	경산군 學枝費
경산면 삼남동	13	답	814	236.06	경산군 경산면 중방동	徐尙基
경산면 삼남동	14	답	330	95.7	대구부 하서동	鄭海鵬
경산면 삼남동	15	답	156	45.27	경산군 남천면 협석동	鄭喜善
경산면 삼남동	16	답	152	44.08	경산군 삼남면 삼남동	安回模
경산면 삼남동	17	답	530	153.7	경산군 삼남면 삼남동	安回模
경산면 삼남동	18	답	213	61.77	경산군 삼남면 삼남동	李宗佑
경산면 삼남동	20	답	626	181.54	경산군 삼남면 삼남동	安炳吉
경산면 삼남동	83	답	129	24.51	경산군 삼남면 삼남동	白有鶴
경산면 삼남동	116	답	196	41.16	경산군 삼남면 삼남동	安炳吉
경산면 삼남동	117	답	318	82.68	경산군 삼남면 삼남동	安炳吉
경산면 삼남동	127	답	115	29.9	대구부 본정	李根雨

경산면 삼남동	132	답	504	131.04	경산군 삼남면 삼남동	安炳吉
경산면 삼남동	133	답	231	55.44	경산군 삼남면 삼남동	朴還伊
경산면 삼남동	134	답	778	162.28	경산군 삼남면 삼남동	安炳吉
경산면 삼남동	140	답	333	79.92	경산군 삼남면 삼남동	安炳吉
경산면 삼남동	141	답	184	44.16	경산군 삼남면 삼남동	安炳吉
경산면 삼남동	151	답	621	74.52	동경시	조선흥업주식회사
경산면 삼남동	154	답	329	39.24	경산군 경산면 와촌동	金福術

경산시 삼북동	지번	지목	지적 (평)	지세가격 (원)	주소	씨명
경산시 삼북동	18	답	948	274.92	대구부본정2정목	李根雨 외 5인
경산시 삼북동	19	답	1,767	512.43	경산군 삼남면 삼남동	朴元得
경산시 삼북동	20	답	1,058	327.98	대구부 남일동	鄭在學
경산시 삼북동	21	답	958	296.98	경산군 삼남면 삼남동	安炳吉
경산시 삼북동	22	답	791	245.21	동경시	동척
경산시 삼북동	23	답	801	248.31	安炳吉	安士仁
경산시 삼북동	24	답	604	187.24	동경시	동척
경산시 삼북동	25	답	2,046	634.26	경산군 삼남면 삼남동	安炳吉
경산시 삼북동	26	답	414	128.34	경산군 삼남면 삼남동	金士淑
경산시 삼북동	27	답	484	151.28	동경시	조선흥업주식회사
경산시 삼북동	28	답	478	148.18	경산군 경산면 서상동	俞時東
경산시 삼북동	29	답	974	282.46	달성군 城北面 佑山동	金玉卿
경산시 삼북동	30	답	684	198.36	경산군 삼남면 삼남동	金士淑
경산시 삼북동	31	답	693	200.97	경산군 삼남면 삼남동	安國模
경산시 삼북동	32	답	521	151.09	경산군 삼남면 삼남동	鄭貞玉
경산시 삼북동	33	답	548	158.92	동경시	동척
경산시 삼북동	35	답	422	122.38	경산군 경산면 牧枝동	玄禹湍
경산시 삼북동	36	답	532	154.28	경산군 삼남면 삼남동	鄭貞玉
경산시 삼북동	37	답	216	62.64	대구부 동상면 남일동	鄭在學
경산시 삼북동	38	답	258	74.82	동경시	동척
경산시 삼북동	39	답	879	254.91	청도군 화양면 송영동	李鐘河
경산시 삼북동	40	답	243	70.47	동경시	동척
경산시 삼북동	41	답	1,430	414.7	동경시	조선흥업주식회사
경산시 삼북동	42	답	120	34.8	경산군 삼남면 삼남동	安炳吉
경산시 삼북동	45	답	550	159.5	경산군 삼남면 삼남동	金述先
경산시 삼북동	46	답	56	16.24	경산군 삼남면 삼남동	安國模
경산시 삼북동	98	답	448	129.92	경산군 삼남면 삼남동	安炳吉
경산시 삼북동	99	답	882	255.78	경산군 삼남면 삼남동	朴德伊
경산시 삼북동	100	답	434	134.54	경산군 삼남면 삼북동	朴環伊
경산시 삼북동	101	답	868	269.08	경산군 삼남면 삼남동	朴容圭

경산시 삼북동	102	답	608	188.48	대구부 동상면 남일동	鄭在學
경산시 삼북동	103	답	988	306.28	경산군 경산면 중방동	徐尙基
경산시 삼북동	104	답	756	234.36	대구부본정2정목	李根雨
경산시 삼북동	105	답	611	189.41	대구부 서상동 남천	千德成
경산시 삼북동	106	답	790	244.9	경산군 삼남면 삼남동	安炳吉
경산시 삼북동	107	답	432	133.92	경산군 삼남면 삼남동	安回模
경산시 삼북동	108	답	628	194.68	경산군 삼남면 서상동	俞達香
경산시 삼북동	109	답	1,084	336.04	동경시	동척
경산시 삼북동	110	답	730	226.3	경산군 안심면 와서동	柳鎭睦
경산시 삼북동	111	답	550	170.5	경산군 삼남면 삼남동	崔學先
경산시 삼북동	112	답	405	125.55	경산군 삼남면 삼남동	安炳吉
경산시 삼북동	113	답	260	80.6	경산군 삼남면 삼남동	安炳吉
경산시 삼북동	114	답	114	35.34	동경시	조선흥업주식회사
경산시 삼북동	115	답	683	211.73	경산군 남천면 백전동	崔煥日
경산시 삼북동	115-2	답	297	92.07	경산군 삼남면 삼남동	崔學先
경산시 삼북동	116	답	540	167.4	경산군 경산면 상방동	鄭道鎭
경산시 삼북동	117	답	594	184.14	경산군 삼남면 삼남동	安炳吉
경산시 삼북동	118	답	1,289	398.97	경산군 삼남면 삼남동	安國模
경산시 삼북동	119	답	616	190.96	경산군 삼남면 삼남동	安炳吉
경산시 삼북동	120	답	31	8.99	경산군 삼남면 삼남동	金翔烈
경산시 삼북동	122	답	1,365	423.15	경산군 삼남면 삼남동	安國模
경산시 삼북동	123	답	460	133.4	경산군 삼남면 삼남동	安炳吉
경산시 삼북동	124	답	530	153.7	부산부	斆臧南
경산시 삼북동	125	답	645	187.05	대구부본정2정목	李根雨 외 5인
경산시 삼북동	127-1	답	317	91.93	대구부본정2정목	李根雨 외 5인
경산시 삼북동	127-2	답	456	152.24	대구부본정2정목	李根雨 외 5인
경산시 삼북동	128-1	답	244	70.78	경산군 삼남면 삼남동	李相鎭
경산시 삼북동	128-2	답	42	12.18	경산군 삼남면 삼남동	李相鎭
경산시 삼북동	129-1	답	392	113.68	경산군 삼남면 삼남동	金翔烈
경산시 삼북동	129-2	답	5	1.45	경산군 삼남면 삼남동	金翔烈
경산시 삼북동	130-1	답	24	6.96	대구부본정2정목	李根雨 외 5인
경산시 삼북동	130-2	답	359	104.11	대구부본정2정목	李根雨 외 5인
경산시 삼북동	131	답	462	133.98	경산군 삼남면 삼남동	安炳吉
경산시 삼북동	132-1	답	113	38.42	대구부 동상 반일동	梁應疇
경산시 삼북동	132-2	답	1,259	428.06	대구부 동상 반일동	梁應疇
경산시 삼북동	133	답	335	113.9	대구부 동상면 남일동	鄭在學
경산시 삼북동	134-1	답	306	104.04	대구부본정2정목	李根雨 외 5인
경산시 삼북동	134-2	답	582	197.88	대구부본정2정목	李根雨 외 5인
경산시 삼북동	135-1	답	560	190.4	경산군 경산면 삼북동	朴環伊
경산시 삼북동	135-2	답	12	4.08	경산군 경산면 삼북동	朴環伊
경산시 삼북동	136	답	636	216.24	동경시	조선흥업주식회사
경산시 삼북동	137	답	195	66.3	동경시	동척
경산시 삼북동	138	답	550	187	경산시 경산면 삼북동	鄭喜善
경산시 삼북동	139-1	답	270	91.8	동경시	동척

		지번	지목	지적(평)	지세가격(원)	주소	씨명
경산시 삼북동		139-2	답	1	34	동경시	동척
경산시 삼북동		140-1	답	306	104.04	경산군 삼남면 삼남동	安炳吉
경산시 삼북동		140-2	답	9	3.06	대구부 시장정	李載煥
경산시 삼북동		141	답	183	62.22	대구부본정2정목	李根雨 외 5인
경산시 삼북동		142	답	2,656	903.04	경산군 삼남면 삼남동	安炳圭
경산시 삼북동		143	답	483	164.22	경산군 경산면 중방동	徐尙基
경산시 삼북동		144	답	1,580	537.2	경산군 삼남면 삼남동	安炳圭
경산시 삼북동		145	답	267	90.78	동경시	조선흥업주식회사
경산시 삼북동		146	답	377	128.18	경산군 안심면 와서동	柳鎭睦
경산시 삼북동		147	답	377	128.18	경산군 삼남면 삼남동	安國模
경산시 삼북동		148	답	632	214.88	경산군 삼남면 삼남동	安炳圭
경산시 삼북동		149	답	842	286.28	대구부 서상면 전동	李相岳
경산시 삼북동		150	답	369	125.46	동경시	조선흥업주식회사
경산시 삼북동		151	답	916	311.44	경산군 삼남면 삼남동	安炳圭
경산시 삼북동		152	답	861	292.74	경산군 삼남면 삼남동	安炳圭
경산시 삼북동		153	답	206	70.04	동경시	조선흥업주식회사
경산시 삼북동		154	답	540	183.6	경산군 삼남면 삼남동	安炳吉
경산시 삼북동		155	답	399	135.66	경산군 삼남면 삼남동	安炳吉
경산시 삼북동		156	답	453	154.02	경산군 삼남면 삼남동	安炳吉
경산시 삼북동		157	답	354	120.36	대구부 서상면 전동	李相岳
경산시 삼북동		158	답	378	128.52	경산군 삼남면 삼남동	崔學先
경산시 삼북동		159	답	645	219.3	경산군 삼남면 삼남동	安炳圭
경산시 삼북동		160	답	357	103.53	동경시	조선흥업주식회사
경산시 삼북동		161	답	512	174.08	경산군 삼남면 삼남동	安炳圭
경산시 삼북동		164	답	771	262.14	경산군 삼남면 삼남동	安炳圭
경산시 삼북동		184	답	172	20.64	경산군 삼남면 삼북동	金潤瑞
경산시 삼북동		188	답	39	4.68	경산군 삼남면 삼북동	金潤瑞
경산시 삼북동		189	답	45	5.4	경산군 삼남면 삼북동	金潤瑞
경산시 삼북동		192	답	56	6.72	경산군 삼남면 삼북동	鄭在坤
경산시 삼북동		227	답	122	14.64	경산군 삼남면 서상동	朴成根
경산시 삼북동		233	답	9	1.08	경산군 삼남면 삼북동	崔坤伊
경산시 삼북동		250-2	답	479	479	경산군 삼남면 삼북동	경산금융조합

경산면 대동		지번	지목	지적(평)	지세가격(원)	주소	씨명
경산면 대동		73	답	477	124.02	대구부 남성정	洪南杰
경산면 대동		74	답	341	88.66	경산군 삼남면 삼남동	金昌瑀
경산면 대동		75	답	262	68.12	경산군 삼남면 임당동	金篦
경산면 대동		76-1	답	264	94.64	경산군 경산면 중방동	韓炳斗
경산면 대동		77	답	699	167.76	대구부하서정	鄭海鵬
경산면 대동		78	답	533	127.92	대구부 남천정	慶興寺

경산면 대평동	지번	지목	지적 (평)	지세가격 (원)	주소	씨명
경산면 대평동	1	답	405	117.45	경산군 경산면 대정동	高橋米市
경산면 대평동	2	답	14	3.64	경산군 경산면 삼남동	金士淑
경산면 대평동	3	답	532	138.32	대구부본정2정목	李根雨
경산면 대평동	6-1	답	744	96.72	경산군 경산면 대정동	高橋米市
경산면 대평동	6-2	답	54	7.02	경산군 경산면 대정동	高橋米市
경산면 대평동	7	답	60	15.6	대구부본정2정목	李根雨
경산면 대평동	8	답	254	66.04	경산군 안심면 사복동	徐錫浩
경산면 대평동	9	답	79	20.54	경산군 경산면 삼남동	安炳吉
경산면 대평동	10	답	1,102	319.58	동경시	동척
경산면 대평동	11-1	답	509	147.61	동경시	조선흥업주식회사
경산면 대평동	12-1	답	129	10.14	경산군 경산면 임당동	朴炳朝
경산면 대평동	12-3	답	17	4.42	경산군 경산면 임당동	朴炳朝
경산면 대평동	13-1	답	112	29.12	동경시	조선흥업주식회사
경산면 대평동	14	답	198	57.42	경산군 남산면 봉곡동	金道煥
경산면 대평동	15-1	답	305	88.45	경산군 경산면 삼남동	安永模
경산면 대평동	15-2	답	70	20.3	경산군 경산면 삼남동	安永模
경산면 대평동	16-1	답	408	118.32	경산군 경산면 대정동	趙翼根
경산면 대평동	16-2	답	179	51.91	경산군 경산면 대평동	高山村多
경산면 대평동	17-1	답	256	74.24	대구부 남정	徐炳圭
경산면 대평동	17-2	답	111	32.19	대구부 남정	徐炳圭
경산면 대평동	18	답	141	40.89	경산면 압량면 금구동	姜永壹
경산면 대평동	19-1	답	262	75.98	경산군 경산면 삼남동	金士淑
경산면 대평동	19-2	답	56	16.14	경산군 경산면 삼남동	金士淑
경산면 대평동	20-1	답	408	118.33	경산군 경산면 대정동	鄭㫨鎬
경산면 대평동	20-2	답	224	64.96	경산군 경산면 대정동	鄭㫨鎬
경산면 대평동	21-1	답	463	134.27	경산군 경산면 삼남동	安永模
경산면 대평동	22-1	답	114	33.06	경산군 경산면 삼남동	安永模
경산면 대평동	22-1	답	582	169.07	대구부 덕산면 본정	金應九
경산면 대평동	22-2	답	13	3.77	대구부 덕산정 남산동	金應九
경산면 대평동	23-1	답	295	85.55	대구부 하서정	徐性可
경산면 대평동	23-2	답	38	11.02	대구부 하서정	徐性可
경산면 대평동	24-1	답	528	153.12	경산군 안심면 사복동	李致汶
경산면 대평동	24-2	답	4	1.16	경산군 안심면 사복동	李致汶
경산면 대평동	25	답	561	162.69	대구부 덕산정 남산동	金應九
경산면 대평동	26	답	519	150.51	경산군 경산면 삼남동	金士淑
경산면 대평동	27	답	1,190	345.1	대구부 남산정	玄南淑
경산면 대평동	28	답	19	4.56	경산군 안심면 사복동	李致汶
경산면 대평동	29	답	129	33.54	경산군 경산면 대정동	高橋米市
경산면 대평동	30	답	434	112.84	대구부본정2정목	李相岳
경산면 대평동	31	답	110	26.4	경산군 안심면 사복동	李致文
경산면 대평동	32	답	447	84.93	대구부본정2정목	李根雨
경산면 대평동	33	답	396	114.84	경산군 경산면 대정동	鄭㫨鎬
경산면 대평동	34	답	105	30.45	경산군남산면조곡동	金道煥

경산면 대평동	35	답	381	99.06	경산군 경산면 대평동	徐載幹
경산면 대평동	36	답	408	69.36	동경시	조선흥업주식회사
경산면 대평동	38-1	답	261	67.86	경산면 압량면 조영동	林炳朝
경산면 대평동	38-2	답	4	1.04	경산면 압량면 조영동	林炳朝
경산면 대평동	41	답	454	86.26	경산군 경산면 대정동	高橋米市
경산면 대평동	43	답	270	51.3	경산군 경산면 대정동	裴南俊
경산면 대평동	115	답	634	120.46	대구부경정2정목	徐丙奎
경산면 대평동	117	답	62	14.88	달성군 수성면 상동	秦喜墩
경산면 대평동	118	답	513	97.47	경산군 남천면 산전동	경흥사
경산면 대평동	119	답	195	46.8	달성군 수성면 상동	秦喜墩
경산면 대평동	123	답	492	118.08	경산군 경산면 삼남동	金士淑
경산면 대평동	124	답	61	14.64	경산군 경산면 삼남동	金士淑
경산면 대평동	125	답	331	55.41	경산군 경산면 삼남동	金士淑
경산면 대평동	136	답	334	80.16	경산군 경산면 대평동	高山村多
경산면 대평동	137	답	760	182.4	경산군 경산면 삼남동	李龍佑
경산면 대평동	138	답	171	35.91	경산군 경산면 대정동	徐大基
경산면 대평동	139	답	48	11.52	경산군 경산면 삼남동	金士淑
경산면 대평동	140	답	657	137.97	경산군 경산면 삼남동	安炳吉
경산면 대평동	141	답	195	40.95	경산군 경산면 삼남동	安炳吉
경산면 대평동	160	답	156	45.24	경산군 남천면 송백동	太秉珏
경산면 대평동	173-1	답	664	172.64	동경시	동척
경산면 대평동	173-2	답	151	39.26	동경시	동척
경산면 대평동	174-1	답	263	63.12	경산군 경산면 삼남동	安炳吉
경산면 대평동	174-2	답	132	31.68	경산군 경산면 삼남동	安炳吉
경산면 대평동	175-1	답	320	76.86	동경시	조선흥업주식회사
경산면 대평동	175-2	답	139	33.36	동경시	조선흥업주식회사
경산면 대평동	176-1	답	677	176.02	동경시	동척
경산면 대평동	176-2	답	265	68.9	동경시	동척
경산면 대평동	177-1	답	1,175	305.5	경산군 경산면 삼남동	金士淑
경산면 대평동	177-2	답	579	150.54	경산군 경산면 삼남동	金士淑
경산면 대평동	178	답	790	205.4	경산군 경산면 대정동	徐允赫
경산면 대평동	179-1	답	424	110.24	동경시	조선흥업주식회사
경산면 대평동	179-2	답	5	0.7	동경시	조선흥업주식회사
경산면 대평동	179-3	답	270	70.2	동경시	조선흥업주식회사
경산면 대평동	180-1	답	354	92.04	경산군 경산면 삼남동	安炳吉
경산면 대평동	180-2	답	339	88.14	경산군 경산면 삼남동	安炳吉
경산면 대평동	181	답	896	232.96	경산군 경산면 삼남동	金士淑
경산면 대평동	182-1	답	455	118.3	동경시	조선흥업주식회사
경산면 대평동	182-2	답	45	2.7	동경시	조선흥업주식회사
경산면 대평동	183-1	답	232	60.32	동경시	조선흥업주식회사
경산면 대평동	183-2	답	120	31.2	동경시	조선흥업주식회사
경산면 대평동	184-1	답	162	42.12	경산군 경산면 삼남동	金士淑
경산면 대평동	184-2	답	45	11.7	경산군 경산면 삼남동	金士淑
경산면 대평동	185	답	180	46.8	경산군 경산면 삼남동	安炳吉

경산면 대평동	186	답	166	34.84	경산군 경산면 대평동	徐大基
경산면 대평동	187-1	답	533	138.58	경산군 경산면 대평동	高山村多
경산면 대평동	187-2	답	52	13.52	경산군 경산면 삼남동	安炳吉
경산면 대평동	206-1	답	202	48.48	경산군 경산면 삼남동	安炳吉
경산면 대평동	206-2	답	81	19.44	경산군 경산면 대평동	徐鳳基
경산면 대평동	207	답	210	54.6	경산군 경산면 대평동	徐錫重
경산면 대평동	209	답	52	13.52	경산군 경산면 대평동	徐錫重
경산면 대평동	210	답	375	97.5	동경시	동척
경산면 대평동	211-1	답	1,400	364	경산군 경산면 삼남동	安炳吉
경산면 대평동	211-2	답	13	3.38	경산군 경산면 삼남동	安炳吉
경산면 대평동	212	답	405	105.56	경산군 경산면 대평동	徐錫夏
경산면 대평동	213-1	답	415	107.9	대구부 남산정	玄南淑
경산면 대평동	213-2	답	313	81.38	대구부 남산정	玄南淑
경산면 대평동	214-1	답	149	38.74	경산군 경산면 삼남동	金土淑
경산면 대평동	214-2	답	5	1.3	경산군 경산면 삼남동	金土淑
경산면 대평동	215	답	792	229.68	대구부 서정	徐性可
경산면 대평동	216	답	802	232.58	동경시	동척
경산면 대평동	217	답	135	129.15	동경시	동척
경산면 대평동	218-1	답	420	121.8	경산군 경산면 삼남동	安炳吉
경산면 대평동	218-2	답	75	21.75	경산군 경산면 삼남동	安炳吉
경산면 대평동	219	답	102	29.58	경산군 경산면 삼남동	安炳吉
경산면 대평동	220	답	632	183.28	대구부 남산정	李圭永
경산면 대평동	221	답	304	88.16	동경시	동척
경산면 대평동	222	답	686	198.94	달성군 공산면 지묘동	崔在敎
경산면 대평동	223	답	435	126.15	경산군 경산면 옥곡동	鄭在煥
경산면 대평동	224-1	답	1,013	293.77	동경시	동척
경산면 대평동	224-2	답	220	63.8	동경시	동척
경산면 대평동	225-1	답	477	138.33	경산군 경산면 삼남동	金土淑
경산면 대평동	225-2	답	477	90.19	경산군 경산면 삼남동	金土淑
경산면 대평동	226-1	답	532	160.08	동경시	동척
경산면 대평동	226-2	답	390	113.1	동경시	동척
경산면 대평동	227	답	831	240.99	경산군 남산면 조곡동	金道煥
경산면 대평동	228	답	476	123.76	경산군 경산면 삼남동	金土淑
경산면 대평동	229	답	962	230.88	경산군 경산면 정평동	許璨
경산면 대평동	231	답	184	47.84	동경시	동척
경산면 대평동	232	답	203	38.57	경산군 경산면 대평동	徐炳旭
경산면 대평동	234	답	304	57.76	경산군 경산면 대평동	黃三祚
경산면 대평동	235	답	1,400	364	달성군 수성면 상동	秦喜墩
경산면 대평동	236	답	352	91.52	경산군 경산면 정평동	許璨
경산면 대평동	238	답	348	90.48	경산군 경산면 정평동	鄭成俊
경산면 대평동	239	답	427	111.02	달성군 수성면 상동	秦喜墩
경산면 대평동	240	답	125	23.25	경산군 경산면 정평동	徐順南
경산면 대평동	241	답	730	189.8	동경시	동척
경산면 대평동	242	답	344	89.44	대구부 수북면 황청동	裵基煥

경산면 대평동	244	답	548	142.48	경산군 경산면 삼남동	朴容圭
경산면 대평동	245	답	122	31.72	경산군 경산면 대평동	徐錫浩
경산면 대평동	246	답	590	153.4	대구부 수북면 황청동	裵基煥
경산면 대평동	247-1	답	927	241.02	경산군 경산면 삼남동	金士淑
경산면 대평동	248	답	270	70.2	대구부본정2정목	李相岳
경산면 대평동	249-1	답	471	122.46	동경시	동척
경산면 대평동	249-2	답	24	6.24	동경시	동척
경산면 대평동	250	답	191	49.66	경주군 산내면 대현동	曹秉龜
경산면 대평동	251	답	724	188.24	경산군 경산면 삼남동	安炳吉
경산면 대평동	252-1	답	96	24.96	경산군 경산면 대정동	高橋米市
경산면 대평동	252-2	답	8	3.08	경산군 경산면 대정동	高橋米市
경산면 대평동	253-1	답	86	22.36	경산군 남산면 초곡동	金道煥
경산면 대평동	253-2	답	69	17.94	경산군 남산면 초곡동	金道煥
경산면 대평동	255	답	474	137.46	대구부동성정3정목	李尙淳
경산면 대평동	256	답	831	240.99	경산군 경산면 삼남동	金士淑
경산면 대평동	257	답	368	95.68	대구부 남산정	玄南淑
경산면 대평동	258	답	658	171.08	경산군 경산면 대정동	鄭源斌
경산면 대평동	259	답	306	79.56	경산군 경산면 대정동	蔣箕煥
경산면 대평동	260	답	360	93.6	경산군 경산면 삼남동	金士淑
경산면 대평동	261	답	1,424	299.04	경산군 경산면 대정동	高橋米市
경산면 대평동	262	답	689	179.14	대구부 서정	徐性可
경산면 대평동	263	답	487	126.62	경산군 경산면 대정동	鄭源旼
경산면 대평동	264	답	180	46.8	동경시	동척
경산면 대평동	265	답	202	52.52	대구부 서정	徐性可
경산면 대평동	266	답	1,042	150.08	동경시	동척
경산면 대평동	267	답	771	185.04	동경시	동척
경산면 대평동	268	답	801	192.24	경산군 경산면 대정동	鄭源周
경산면 대평동	269	답	1,546	371.04	동경시	동척
경산면 대평동	270	답	837	200.88	대구부본정2정목	李根雨
경산면 대평동	271	답	1,108	288.08	경산군 경산면 삼남동	安炳吉
경산면 대평동	272	답	946	227.04	동경시	조선흥업주식회사
경산면 대평동	273	답	425	104.4	대구부동성정2정목	李尙淳
경산면 대평동	274	답	375	90	경산군 고산면 성동	鄭洛永
경산면 대평동	275	답	454	108.96	대구부 남산정	李圭永
경산면 대평동	276	답	600	144	경산군 경산면 대평동	徐載幹
경산면 대평동	277	답	498	119.52	동경시	동척
경산면 대평동	278	답	544	130.56	경산군 경산면 대정	鄭密鎬
경산면 대평동	279	답	520	124.8	경산군 경산면 삼남동	白富興
경산면 대평동	280	답	459	96.39	경산군 경산면 대정동	高橋米市
경산면 대평동	281	답	525	89.25	경산군 경산면 대평동	徐炳佑
경산면 대평동	282	답	988	187.72	동경시	조선흥업주식회사
경산면 대평동	283	답	682	115.94	대구부 남산정	李圭永
경산면 대평동	284	답	579	98.53	동경시	조선흥업주시회사
경산면 대평동	285	답	726	123.42	경산군 경산면 삼남동	安永模

경산면 대평동	286	답	418	71.06	대구부본정2정목	李根雨
경산면 대평동	287	답	358	60.86	동경시	동척
경산면 대평동	288	답	580	98.6	대구부 덕산정	金應九
경산면 대평동	289	답	1,437	244.29	경산군 경산면 삼남동	安炳吉
경산면 대평동	290	답	288	48.96	동경시	조선흥업주식회사
경산면 대평동	291	답	976	165.92	경산군 압량면 용암동	佐藤政一郎
경산면 대평동	292	답	284	48.28	경산군 경산면 대정동	高橋米市
경산면 대평동	293	답	724	123.08	동경시	조선흥업주식회사
경산면 대평동	294	답	1,380	268.6	동경시	조선흥업주식회사
경산면 대평동	295	답	524	89.08	대구부 남산정	玄南淑
경산면 대평동	296	답	581	100.47	경산군 안심면 사복동	李致汶
경산면 대평동	297	답	477	81.09	동경시	조선흥업주식회사
경산면 대평동	298	답	903	153.51	동경시	近藤滋彌
경산면 대평동	299	답	710	120.7	경산군 경산면 중방동	徐錫采
경산면 대평동	300	답	1,072	182.24	동경시	동척
경산면 대평동	301	답	410	86.1	대구부 시장정	李載煥
경산면 대평동	302	답	366	66.86	경산군 경산면 정평동	鄭珉鎬
경산면 대평동	303	답	794	166.74	대구부 덕산정	金應九
경산면 대평동	304	답	843	177.03	동경시	조선흥업주식회사
경산면 대평동	305	답	704	147.84	경산군 경산면 삼남동	安炳吉
경산면 대평동	306	답	446	93.66	대구부본정2정목	李相岳
경산면 대평동	307	답	713	121.21	경산군 경산면 옥곡동	鄭德淵
경산면 대평동	308	답	584	99.28	대구부3정62	江川久之助
경산면 대평동	309	답	392	66.64	동경시	동척
경산면 대평동	310	답	585	99.45	경산군 경산면 임당동	李錫梏
경산면 대평동	311	답	538	91.46	경산군 경산면 삼남동	安炳吉
경산면 대평동	312	답	909	172.71	대구부 남산정	李圭永
경산면 대평동	313	답	1,216	231.04	동경시	동척
경산면 대평동	314	답	807	153.33	대구부 남산정	玄南淑
경산면 대평동	315	답	588	111.72	경산군 경산면 대정동	尹台宗
경산면 대평동	316	답	442	83.98	대구부본정2정목	李相岳
경산면 대평동	317	답	975	185.25	대구부동정2정목	金八守
경산면 대평동	318	답	735	139.65	경산군 경산면 삼남동	安炳吉
경산면 대평동	319	답	734	154.14	동경시	조선흥업주식회사
경산면 대평동	320	답	674	161.76	경산군 경산면 정평	許瓈
경산면 대평동	321	답	1,013	212.73	동경시	조선흥업주식회사
경산면 대평동	322	답	417	100.08	동경시	조선흥업주식회사
경산면 대평동	323	답	1,726	414.24	경산군 경산면 삼남동	金士淑
경산면 대평동	324	답	1,026	266.76	동경시	조선흥업주식회사
경산면 대평동	325	답	480	139.2	동경시	동척
경산면 대평동	326-1	답	2,506	602.3	경산군 경산면 삼남동	安炳吉
경산면 대평동	326-2	답	4	9	安炳吉	安永模
경산면 대평동	327-1	답	694	166.56	동경시	동척
경산면 대평동	327-2	답	1,690	405.6	동경시	동척

경산면 대평동	지번	지목	지적	지세가격	주소	씨명
경산면 대평동	328	답	417	100.08	대구부 남산정	玄南淑
경산면 대평동	329	답	261	62.64	경산군 경산면 정평동	蔣祥錄
경산면 대평동	330-1	답	412	98.64	경산군 경산면 삼북동	金夏鉉
경산면 대평동	330-2	답	51	12.24	경산군 경산면 삼북동	金夏鉉
경산면 대평동	331	답	24	6.24	경산군 경산면 삼남동	金士淑
경산면 대평동	332	답	129	33.54	경산군 경산면 삼남동	金士淑
경산면 대평동	333-1	답	303	78.78	경산군 경산면 대현동	曹秉龜
경산면 대평동	33302	답	2	0.52	경산군 경산면 대현동	曹秉龜
경산면 대평동	334-1	답	90	23.4	동경시	동척
경산면 대평동	334-2	답	261	67.86	동경시	동척
경산면 대평동	334-3	답	472	122.72	동경시	동척
경산면 대평동	335-1	답	127	33.02	경산군 경산면 대평동	徐錫浩
경산면 대평동	335-2	답	86	22.36	경산군 경산면 대평동	徐錫浩
경산면 대평동	336-1	답	599	155.74	경산군 경산면 삼남동	金士淑
경산면 대평동	336-2	답	291	75.66	경산군 경산면 삼남동	金士淑
경산면 대평동	337-1	답	623	161.98	대구부 서정	徐性可
경산면 대평동	337-2	답	55	14.4	대구부 서정	徐性可
경산면 대평동	338	답	307	79.82	경산군 경산면 대평동	徐大基
경산면 대평동	339	답	284	73.84	동경시	조선흥업주식회사
경산면 대평동	340	답	471	122.46	대구부 서정	徐性可
경산면 대평동	342	답	906	217.44	대구부 서정	徐性可
경산면 대평동	343	답	418	100.32	동경시	조선흥업주식회사
경산면 대평동	344	답	1,132	271.68	경산군 경산면 삼남동	安炳吉
경산면 대평동	345	답	454	108.96	동경시	近藤滋爾
경산면 대평동	346	답	642	154.08	동경시	동척
경산면 대평동	347	답	615	147.6	경산군 경산면 옥곡동	鄭德淵
경산면 대평동	348	답	36	8.64	동경시	조선흥업주식회사
경산면 대평동	349-1	답	615	417.6	동경시	조선흥업주식회사
경산면 대평동	349-2	답	21	5.04	동경시	동척
경산면 대평동	350	답	456	109.44	경산군 경산면 삼남동	安炳吉
경산면 대평동	351	답	1,286	308.64	경산군 경산면 삼남동	金士淑
경산면 대평동	352	답	471	113.04	대구부 서정	徐性可
경산면 대평동	353	답	1,032	247.68	경산군 경산면 삼남동	安炳吉
경산면 대평동	354	답	337	56.88	대구부 남산정	李樹根
경산면 대평동	355	답	1,370	438.8	경산군 경산면 대평동	徐大基

경산면 계양동	지번	지목	지적 (평)	지세가격 (원)	주소	씨명
경산면 계양동	1	답	426	89.46	경산군 경산면 대동	金在坤
경산면 계양동	2	답	504	105.84	경산군 경산면 중방동	權壬祚
경산면 계양동	3	답	543	114.03	경산군 남천면 금곡동	韓性寬

경산면 계양동	4	답	166	34.86	경산군 경산면 임당동	金壎
경산면 계양동	5	답	510	107.1	경산군 경산면 삼남동	朴元得
경산면 계양동	6	답	696	146.16	경산군 진량면 안촌동	金弘培
경산면 계양동	7	답	1,092	229.32	경산군 경산면 삼남동	安炳吉
경산면 계양동	8	답	771	161.91	대구부 하서정	鄭海鵬
경산면 계양동	9	답	1,125	236.25	동경시	近藤滋瀰
경산면 계양동	10	답	678	141.38	경산군 경산면 임당동	鄭石述
경산면 계양동	11	답	485	101.85	경산군 진량면 안촌동	金弘培
경산면 계양동	12	답	447	93.87	경산군 남천면 산전동	慶興寺
경산면 계양동	13	답	492	103.32	경산군 경산면 임당동	朴斗元
경산면 계양동	14	답	664	139.44	대구부 남산정	李寅徹
경산면 계양동	15	답	349	73.29	경산군 경산면 임당동	玄學穆
경산면 계양동	16	답	398	83.58	경산군 경산면 임당동	玄學穆
경산면 계양동	17	답	591	124.11	경산군 경산면 중방동	徐錫榮
경산면 계양동	22	답	1,124	269.76	경산군 경산면 중방동	徐尙基
경산면 계양동	23	답	733	175.92	대구부경정2정목	徐丙奎
경산면 계양동	24	답	532	127.68	경산군 경산면 임당동	金旦岩
경산면 계양동	25	답	512	107.52	동경시	조선흥업주식회사
경산면 계양동	260	답	892	169.48	경산군 경산면 신교동	李基述
경산면 계양동	271	답	10	1.7	동경시	조선흥업주식회사
경산면 계양동	272	답	472	80.24	경산군 경산면 중방동	韓炳斗
경산면 계양동	273	답	370	62.9	대구부본정2정목	李相岳
경산면 계양동	274	답	1,062	180.52	달성군 수성면 만정동	姜錫會
경산면 계양동	275	답	237	40.29	대구부 하서정	李章雨
경산면 계양동	276	답	382	64.94	동경시	동척
경산면 계양동	277	답	824	156.56	동경시	동척
경산면 계양동	278	답	261	49.59	대구부 남성정	金乃明
경산면 계양동	279	답	933	158.61	대구부 본정	徐丙奎
경산면 계양동	280	답	873	148.41	대구부 동성정	徐相春
경산면 계양동	281	답	691	117.47	대구부 하서정	李章雨
경산면 계양동	282	답	683	116.11	경산군 경산면 중방동	韓炳斗
경산면 계양동	283	답	496	84.32	경산군 경산면 삼조동	姜鳳俊
경산면 계양동	284	답	747	141.93	동경시	조선흥업주식회사
경산면 계양동	285	답	650	110.50	대구부 하서정	鄭海鵬
경산면 계양동	286	답	531	90.27	경산군 경산면 삼북동	姜永洪
경산면 계양동	287	답	594	100.98	경산군 경산면 중방동	徐景洙
경산면 계양동	288	답	936	177.84	경산군 안심면 사복동	金甲鉉
경산면 계양동	289	답	864	164.16	대구시 견정	鄭鳳鎭
경산면 계양동	290	답	722	122.74	대구부경정1정목	崔在敎
경산면 계양동	291	답	1,513	287.47	경산군 경산면 중방동	韓丙斗
경산면 계양동	292	답	782	148.58	동경시	조선흥업주식회사
경산면 계양동	293	답	528	100.32	경산군 남천면 산전동	慶興寺
경산면 계양동	294	답	482	177.66	달성군 수성면 황정동	姜錫會
경산면 계양동	295	답	482	91.58	경산군 경산면 삼남동	朴容圭

경산면 계양동	296	답	554	116.34	경산군 경산면 중방동	徐景洙
경산면 계양동	298	답	280	58.8	대경부경정2정목	崔俊鉉
경산면 계양동	299	답	154	29.26	달성군 수성면 황정동	姜錫會

경산면 서상동	지번	지목	지적 (평)	지세가격 (원)	주소	씨명
경산면 서상동	1	답	615	290.1	경산군 경상면 상방동	金命俊
경산면 서상동	2	답	387	131.38	경산군 경상면 서상동	澤田耕治
경산면 서상동	3	답	666	206.46	동경시	조선흥업주식회사
경산면 서상동	4	답	768	338.08	경산군 경산면 삼남동	安炳吉
경산면 서상동	6	답	682	131.88	경산군 경산면 삼남동	安炳吉
경산면 서상동	7	답	296	100.64	경산군 경산면 삼남동	鄭貞玉
경산면 서상동	8	답	735	249.9	경산군 경산면 삼남동	安士仁
경산면 서상동	9	답	208	70.72	경산군 경산면 삼남동	安炳圭
경산면 서상동	10	답	976	331.84	경산군 경산면 삼남동	安炳圭
경산면 서상동	11	답	1,064	361.76	경산군 경산면 삼남동	金士淑
경산면 서상동	12	답	574	195.16	경산군 경산면 삼남동	金致祚
경산면 서상동	13	답	288	97.92	경산군 경상면 상방동	金命俊
경산면 서상동	14	답	389	132.26	달성군 공산면 지묘동	崔在敎
경산면 서상동	15	답	573	311.44	경산군 경산면 삼남동	金士淑
경산면 서상동	16	답	916	194.82	경산군 경산면 삼남동	金士淑
경산면 서상동	17	답	350	101.5	경산군 경산면 삼남동	姜聲壽
경산면 서상동	18-1	답	1,502	145.58	동경시	조선흥업주식회사
경산면 서상동	18-2	답	1,150			역둔토
경산면 서상동	30	답	802	153.38	경산군 경산면 삼남동	金重五
경산면 서상동	31	답	219	74.46	동경시	조선흥업주식회사
경산면 서상동	32	답	21	37.75	경산군 경산면 중방동	金命俊
경산면 서상동	33	답	48	16.32	경산군 경산면 중방동	金命俊
경산면 서상동	34	답	61	110.74	경산군 경산면 삼남동	安炳圭
경산면 서상동	35	답	154	52.36	경산군 경산면 중방동	鄭貞玉
경산면 서상동	47	전	423	143.82	부산부 강서동	鄭喊南
경산면 서상동	48	답	610	207.4	경산군 경산면 삼남동	鄭貞玉
경산면 서상동	66	답	430	73.1	경산군 경산면 삼남동	安炳圭
경산면 서상동	67	답	196	27.44		河一淸
경산면 서상동	68	답	136	190.06	동경시	조선흥업주식회사
경산면 서상동	69	답	86	12.04	동경시	孫永瑞
경산면 서상동	70	답	164	22.96	경산군 경산면 삼남동	安炳吉
경산면 서상동	74	답	120	16.8	동경시	조선흥업주식회사
경산면 서상동	111	답	141	26.79	경산군 경산면 삼남동	安炳吉
경산면 서상동	112	답	567	96.39	경산군 경산면 삼남동	安炳吉
경산면 서상동	113	답	279	53.01	동경시	조선흥업주식회사

경산면 서상동	114	답	364	76.44	대구부 명치정	李根雨
경산면 서상동	115	답	27	2.7	경산군 경산면 삼남동	安炳吉
경산면 서상동	116	답	272	57.12	경산군 경산면 삼남동	金士淑
경산면 서상동	117	답	330	69.3	경산군 경산면 삼남동	白富興
경산면 서상동	119	답	153	29.07	동경시	조선흥업주식회사
경산면 서상동	126	답	1,030	216.3	경산군 경산면 삼남동	安炳吉

경산면 상방동	지번	지목	지적 (평)	지세가격 (원)	주소	씨명
경산면 상방동	193	답	179	51.93	경산군 경산면 상방동	徐敬烈
경산면 상방동	194	답	165	47.85	경산군 경산면 삼남동	李相晩
경산면 상방동	199	답	590	171.1	대구부 입정	鄭鳳鎭
경산면 상방동	201	답	230	66.7	경산군 경산면 삼남동	安炳吉
경산면 상방동	202	답	230	95.7	경산군 경산면 삼남동	安炳吉
경산면 상방동	237	답	808	234.3	경산군 경사년 병천동	鄭喜善
경산면 상방동	238	답	765	221.86	경산군 경산면 삼남동	安炳吉
경산면 상방동	240	답	180	46.8	경산군 경산면 삼남동	安炳吉

경산면 대정동	지번	지목	지적 (평)	지세가격 (원)	주소	씨명
경산면 대정동	175	답	1,046	271.96	경산군 경산면 대평동	李炳鎬
경산면 대정동	178-1	답	195	27.3	경산군 경산면 대정동	鄭源國
경산면 대정동	178-2	답	341	47.74	경산군 경산면 대정동	鄭源國
경산면 대정동	179-1	답	1,051	144.34	대구부 수북면 황정동	裴基煥
경산면 대정동	185-1	답	1,175	199.75	경산군 경산면 대정동	金容禧
경산면 대정동	185-2	답	37	6.29	경산군 경산면 대정동	金容禧
경산면 대정동	186	답	826	140.42	경산군 경산면 대정동	鄭源珉
경산면 대정동	188	답	266	37.24	경산군 경산면 대정동	高橋米市
경산면 대정동	189	답	12	1.68	경산군 경산면 대정동	佐藤彌助
경산면 대정동	190	답	34	5.78	경산군 경산면 대정동	金容禧
경산면 대정동	191	답	220	30.8	경산군 경산면 대정동	崔永浩
경산면 대정동	192	답	354	49.56	동경시	조선흥업주식회사
경산면 대정동	194	답	304	36.48	경산군 경산면 임당동	金利洪
경산면 대정동	195	답	609	73.08	경산군 경산면 삼남동	安炳吉
경산면 대정동	196	답	639	76.68	대구부본정2정목	李相岳
경산면 대정동	197	답	350	42	경산군 안심면 사복동	李致汶
경산면 대정동	198	답	604	72.48	대구부 덕산정	鄭致喜
경산면 대정동	199	답	350	42	경산군 경산면 삼북동	馬場ノブ

경산면 대정동	200	답	342	47.88	대구부 가창면 지중동	劉東烈
경산면 대정동	201	답	448	62.72	경산군 경산면 삼남동	安炳吉
경산면 대정동	202	답	302	42.28	동경시	동척
경산면 대정동	203	답	70	9.8	대구부 덕산정	鄭致喜
경산면 대정동	204	답	611	73.32	대구부 덕산정	鄭致喜
경산면 대정동	205	답	514	181.68	경산군 경산면 대평동	徐大基
경산면 대정동	206	답	264	36.96	대구부 남산정	李錫龍
경산면 대정동	207	답	284	129.76	경산군 경산면 대정동	鄭鳳淑
경산면 대정동	208	답	373	44.76	동경시	동척
경산면 대정동	209	답	420	50.4	대구부 대화정	朴炳免
경산면 대정동	210	답	394	49.4	경산군 안심면 사복동	全甲鉉
경산면 대정동	211	답	1,904	266.56	대구부 금정	龜石磯太郎
경산면 대정동	212-1	답	1,319	184.66	대구부 하서정	徐性可
경산면 대정동	212-2	답	779	93.48	대구부 하서정	徐性可
경산면 대정동	213-1	답	126	15.13	대구부 하서정	徐性可
경산면 대정동	213-2	답	430	51.6	대구부 하서정	徐性可
경산면 대정동	214-1	답	531	74.34	경산군 경산면 대평동	徐性汶
경산면 대정동	214-2	답	78	10.92	경산군 경산면 대평동	徐性汶
경산면 대정동	216	답	916	138.24	경산군 경산면 도평동	許瓅
경산면 대정동	217	답	909	127.26	동경시	동척
경산면 대정동	218	답	840	100.8	달성군 달서면 지산동	金永德
경산면 대정동	219	답	411	57.54	경산군 경산면 대정동	鄭源國
경산면 대정동	221	답	358	42.96	동경시	조선흥업주식회사
경산면 대정동	222	답	440	52.8	경산군 안심면 금강동	李孝彦
경산면 대정동	237	답	722	86.54	대구부본정2정목	李根雨
경산면 대정동	238	답	1,172	140.74	경산군 경산면 대정동	蔣箕煥
경산면 대정동	239	답	283	33.96	경산군 경산면 대정동	高橋米市
경산면 대정동	240	답	114	13.68	동경시	조선흥업주식회사
경산면 대정동	241	답	711	99.54	동경시	조선흥업주식회사
경산면 대정동	242	답	993	139.01	동경시	조선흥업주식회사
경산면 대정동	243	답	562	67.44	경산군 안심면 금강동	李孝彦
경산면 대정동	244	답	882	122.48	경산군 경산면 삼남동	安炳吉
경산면 대정동	245	답	180	30.6	경산군 남산면 조곡동	金道煥
경산면 대정동	246	답	310	21.7	경산군 남산면 조곡동	金道煥
경산면 대정동	247	답	104	17.68	경산군 경산면 대정동	佐藤彌助
경산면 대정동	251	답	118	20.06	경산군 경산면 대정동	鄭尙植
경산면 대정동	253	답	537	102.03	경산군 경산면 대평동	高山村多
경산면 대정동	254	답	54	10.26	경산군 경산면 삼남동	安炳吉
경산면 대정동	255	답	1,034	217.14	경산군 경산면 대정동	徐兄華
경산면 대정동	256	답	345	72.45	경산군 경산면 삼남동	安炳吉
경산면 대정동	257	답	280	53.2	경산군 경산면 대정동	鄭明鎬
경산면 대정동	258	답	34	96.86	경산군 경산면 삼남동	金士淑
경산면 대정동	259	답	480	139.2	경산군 경산면 대정동	高橋米市
경산면 대정동	260	답	662	191.98	동경시	동척

경산면 대정동	261	답	417	120.93	대구부 동상면 남일동	李華玉
경산면 대정동	262	답	239	69.31	경산군 경산면 삼남동	安士仁
경산면 대정동	263	답	720	208.8	경산군 경산면 대정동	金明鎬
경산면 대정동	264	답	926	268.54	경산군 경산면 삼남동	金士淑
경산면 대정동	265	답	1,034	299.86	동경시	동척
경산면 대정동	266	답	44	12.76	경산군 경산면 대정동	鄭源國
경산면 대정동	267	답	986	285.94	동경시	동척
경산면 대정동	268	답	107	20.33	경산군 경산면 대정동	鄭源珉
경산면 대정동	269	답	463	87.97	경산군 경산면 대정동	鄭源珉
경산면 대정동	270	답	487	92.53	경산군 경산면 대정동	鄭源國
경산면 대정동	271	답	164	39.36	경산군 경산면 삼남동	安炳吉
경산면 대정동	272	답	107	20.33	대구부 남산정	玄南淑
경산면 대정동	273	답	507	96.33	경산군 경산면 대평동	徐炳佑
경산면 대정동	274	답	423	80.37	경산군 경산면 삼남동	安炳吉
경산면 대정동	275	답	172	32.68	경산군 안심면 금강동	李孝彦
경산면 대정동	276	답	80	15.2	경산군 경산면 대정동	鄭景鎬
경산면 대정동	277	답	196	37.24	경산군 안심면 금강동	李孝彦
경산면 대정동	278	답	398	75.62	경산군 경산면 삼남동	安炳吉
경산면 대정동	280	답	586	99.63	경산군 경산면 대정동	鄭尙植
경산면 대정동	281	답	90	17.1	대구부 금정	龜石磯太郎
경산면 대정동	282	답	334	56.78	경산군 경산면 대평동	元是化
경산면 대정동	283	답	560	106.4	대구부 금정	龜石磯太郎
경산면 대정동	286	답	397	67.49	경산군 경산면 대평동	元是化
경산면 대정동	287	답	310	52.7	경산군 경산면 대정동	姜大坤
경산면 대정동	290	답	407	69.19	대구부 남산정	李錫龍
경산면 대정동	292	답	337	47.18	동경시	조선흥업주식회사
경산면 대정동	293	답	635	88.9	경산군 금산면 삼북면	山崎富次郎
경산면 대정동	295	답	500	70	경산군 경산면 대정동	鄭源珉
경산면 대정동	296	전	254	17.78	경산군 남천면 삼유동	金貫浩
경산면 대정동	297	답	1,003	130.26	동경시	동척
경산면 대정동	298	답	957	66.99	경산군 경산면 대정동	鄭同浩
경산면 대정동	346	전	338	59.54	경산군 남천면 합석동	鄭台燮
경산면 대정동	347	전	416	61.36	동경시	조선흥업주식회사
경산면 대정동	348	전	878	114.14	경산군 경산면 대정동	鄭源陸
경산면 대정동	349	전	753	97.89	경주군 외남면 석작동	金東華
경산면 대정동	350	전	603	78.39	경산군 경산면 대정동	鄭昌植
경산면 대정동	351	전	256	33.28	동경시	조선흥업주식회사
경산면 대정동	352	전	390	50.7	경산군 안심면 금강동	李孝彦
경산면 대정동	353	전	675	87.75	경산군 남천면 삼유동	金貫浩
경산면 대정동	354	전	922	119.86	경산군 경산면 대정동	宋秉夏
경산면 대정동	355	전	430	55.9	경산군 경산면 대정동	鄭明鎬
경산면 대정동	356	전	243	31.59	경산군 경산면 대정동	鄭昌植
경산면 대정동	357	전	59	4.13	경산군 경산면 대정동	鄭昌植
경산면 대정동	358	전	492	19.68	대구부 금정	龜石磯太郎

경산면 대정동	359	전	1,361	95.27	경산군 경산면 삼남동	安士仁
경산면 대정동	360	전	200	8	대구부 수남면 부정동	宋顔在
경산면 대정동	363	전	264	50.16	경산군 경산면 대정동	鄭源基
경산면 대정동	364	전	280	19.6	동경시	조선흥업주식회사
경산면 대정동	366	전	191	13.37	동경시	조선흥업주식회사
경산면 대정동	367	전	714	71.4	경산군 경산면 삼남동	安士仁
경산면 대정동	368	전	622	62.2	경산군 경산면 대정동	宋秉夏
경산면 대정동	369	전	609	60.9	경산군 안심면 사복동	全甲鉉
경산면 대정동	370	전	536	56.6	경산군 경산면 대정동	鄭東植
경산면 대정동	371	전	484	48.4	경산군 경산면 대정동	鄭東植
경산면 대정동	372	전	597	59.7	경산군 경산면 대정동	鄭源國
경산면 대정동	373	전	1,089	108.9	경산군 경산면 대정동	鄭源周
경산면 대정동	374	전	78	7.8	동경시	조선흥업주식회사
경산면 대정동	375	전	762	76.2	경산군 경산면 대평동	金晶河
경산면 대정동	376	답	314	75.35	경산군 경산면 대정동	鄭源周
경산면 대정동	377	답	405	85.05	경산군 경산면 대정동	鄭源周
경산면 대정동	378	답	477	100.17	동경시	동척
경산면 대정동	379	답	430	90.3	경산군 경산면 대정동	宋閏生
경산면 대정동	380	답	1,071	224.91	경산군 경산면 대정동	鄭源民
경산면 대정동	381	답	60	12.6	경산군 경산면 대정동	鄭源彦
경산면 대정동	382	답	735	176.4	경산군 경산면 대정동	菜仁基
경산면 대정동	383	답	704	168.96	대구부 동상면 남일동	李華玉
경산면 대정동	384	답	466	111.84	경산군 고산면 성동	蔡炳旭
경산면 대정동	385	답	45	8.55	경산군 경산면 대정동	鄭源周
경산면 대정동	386	답	125	23.75	경산군 고산면 성동	蔡炳旭
경산면 대정동	387	전	984	98.4	경산군 경산면 대정동	鄭尙植
경산면 대정동	388	답	374	78.56	경산군 경산면 대정동	鄭尙植
경산면 대정동	389	답	286	60.06	대구부 동상면 남일동	李華玉
경산면 대정동	390	답	602	114.38	대구부 남산정	李錫龍
경산면 대정동	391	답	530	100.7	경산군 경산면 대평동	元昰化
경산면 대정동	392	답	636	133.56	대구부 금정	龜石磯太郎
경산면 대정동	393	답	1,268	266.28	경산군 경산면 삼남동	金士淑
경산면 대정동	394	답	518	108.78	동경시	조선흥업주식회사
경산면 대정동	395	전	3,450	345	동경시	조선흥업주식회사
경산면 대정동	396	전	34	2.38	경산군 경산면 대정동	趙翼根
경산면 대정동	397	전	90	6.3	경산군 안심면 신서동	柳廷洛
경산면 대정동	398	전	202	14.14	달성군 성북면 복현동	李壽奉
경산면 대정동	399	전	287	20.09	경산군 경산면 상방동	鄭圭鉉
경산면 대정동	400	전	552	38.64	달성군 해안면 봉무동	崔匡秋
경산면 대정동	401	전	1,851	185.1	대구부 대화정	土岐忠藏
경산면 대정동	402	전	591	59.1	경산군 경산면 대정동	尹襄宗
경산면 대정동	403	전	627	62.7	경산군 경산면 대정동	鄭璽鎬
경산면 대정동	404	전	513	35.91	달성군 수성면 지산동	金永德
경산면 대정동	405	전	614	42.98	경산군 경산면 대정동	鄭明鎬

경산면 대정동	406	전	586	41.02	대구부 남산정	李錫龍
경산면 대정동	407	전	460	32.2	대구부 남산정	金麗水
경산면 대정동	408	전	943	122.59	대구부 본정	주식회사 대구은행
경산면 대정동	409	전	768	99.84	경산군 경산면 대정동	鄭昌植
경산면 대정동	410	전	552	71.76	동경시	조선흥업주식회사
경산면 대정동	411	전	568	73.84	경산군 남천면 삼유동	金貫浩
경산면 대정동	412	전	1,065	138.45	경산군 경산면 중방동	徐錫榮
경산면 대정동	413	전	595	77.35	대구부본정2정목	李相岳
경산면 대정동	414	전	12	0.84	경산군 경산면 대정동	鄭來植
경산면 대정동	415	전	602	78.26	경산군 경산면 삼남동	安洪蘭
경산면 대정동	416	전	1,216	158.08	대구부수북면	裵炫永
경산면 대정동	417	전	17	1.7	대구부 금정	龜石磯太郎
경산면 대정동	418	전	772	100.36	경산군 경산면 삼남동	金士淑
경산면 대정동	419	전	709	92.17	경산군 경산면 대평동	金明先
경산면 대정동	420	전	549	71.37	경산군 경산면 삼남동	安炳採
경산면 대정동	421-1	전	270	35.1	경산군 경산면 대정동	鄭密鎬
경산면 대정동	421-2	전	282	36.66	경산군 경산면 대정동	白石淺吉
경산면 대정동	422	전	1,977	257.01	경산군 경산면 대정동	鄭源珉
경산면 대정동	423	전	656	85.28	경산군 경산면 대정동	鄭陝鎬
경산면 대정동	424	전	290	37.7	경산군 경산면 삼남동	安士仁
경산면 대정동	425	전	244	31.73	경산군 경산면 대정동	高橋米市
경산면 대정동	426	전	596	77.48	경산군 경산면 대정동	鄭源珉
경산면 대정동	427	전	286	38.6	경산군 경산면 대정동	鄭尙植
경산면 대정동	428	전	437	43.7	대구부 남산정	金麗水
경산면 대정동	429	전	580	58	경산군 경산면 대정동	鄭源國
경산면 대정동	430	답	466	97.86	경산군 경산면 대정동	鄭四龍
경산면 대정동	431	전	504	50.4	경산군 경산면 대정동	鄭源永
경산면 대정동	432	답	79	16.59	대구부 금정	龜石磯太郎
경산면 대정동	433	전	402	40.2	경산군 경산면 삼남동	安士仁
경산면 대정동	434	전	764	99.32	경산군 남산면 조곡동	金道煥
경산면 대정동	435	전	728	94.64	경산군 경산면 대정동	鄭尙植
경산면 대정동	436	전	640	83.2	경산군 압량면 인안동	尹璣宗
경산면 대정동	437	전	90	9	경산군 압량면 인안동	尹璣宗
경산면 대정동	438	전	597	77.61	경산군 경산면 대정동	鄭源國
경산면 대정동	439	전	550	71.5	경산군 경산면 대정동	鄭源斌
경산면 대정동	440	전	328	42.64	경산군 경산면 대정동	宋閏生
경산면 대정동	441	전	750	97.5	대구부 시장정	徐鳳道
경산면 대정동	442	전	816	81.6	경산군 경산면 임당동	鄭陝述
경산면 대정동	443	전	584	58.4	경산군 경산면 대정동	鄭明鎬
경산면 대정동	444	전	290	29	경산군 경산면 대정동	鄭源八
경산면 대정동	445	전	256	33.28	경산군 경산면 대정동	鄭二用
경산면 대정동	446	전	428	55.64	경산군 경산면 옥곡동	鄭兌淵
경산면 대정동	447	전	284	36.92	경산군 경산면 임당동	朴種箕
경산면 대정동	448	전	733	73.3	대구부 하서정	鄭海鵬

경산면 대정동	449	전	736	73.6	경산군 경산면 임당동	黃壬得
경산면 대정동	450	답	579	121.59	대구부 금정	龜石磯太郎
경산면 대정동	451	전	18	1.8	경산군 경산면 삼남동	安士仁
경산면 대정동	452	전	184	12.88	경산군 경산면 대정동	鄭源永
경산면 대정동	453	전	369	25.83	경산군 경산면 대정동	鄭四龍
경산면 대정동	454	전	1,090	76.3	대구부 하서정	鄭海鵬
경산면 대정동	455	전	747	74.7	경산군 압량면 신대동	全棟禧
경산면 대정동	456	전	1,650	115.5	경산군 경산면 서상동	金致水
경산면 대정동	457-1	전	399	27.93	동경시	조선흥업주식회사
경산면 대정동	457-2	전	421	29.47	경산군 경산면 대평동	元錫弘
경산면 대정동	458	전	294	20.58	경산군 경산면 서상동	李令伊
경산면 대정동	459	전	286	20.02	동경시	조선흥업주식회사
경산면 대정동	460	전	124	8.68	달성군 해안면 봉무동	崔匡秋
경산면 대정동	461	전	416	29.12	경산군 경산면 삼남동	경산면
경산면 대정동	462	전	520	36.4	경산군 경산면 삼남동	李相鎭
경산면 대정동	463	전	1,196	83.72	달성군 성북면 복현동	李壽鳳
경산면 대정동	464	전	898	62.86	경산군 안심면 신서동	柳廷洛
경산면 대정동	465	전	692	48.44	경산군 경산면 임당동	金光斗
경산면 대정동	466	전	597	41.79	경산군 경산면 대정동	趙翼根
경산면 대정동	467	전	920	64.4	대구부본정2정목	李相岳
경산면 대정동	468	전	1,183	248.43	경산군 경산면 초곡동	金道煥
경산면 대정동	469	전	4,960	1,041.60	동경시	동척
경산면 대정동	470	답	39	8.19	경산군 경산면 초곡동	金道煥
경산면 대정동	471	전	843	59.01	경산군 경산면 중방동	鄭來植
경산면 대정동	472	답	567	79.38	경산군 경산면 임당동	許穩
경산면 대정동	473	답	630	132.3	경산군 경산면 대정동	浜崎 소유
경산면 대정동	474	답	608	127.68	경산군 경산면 초곡동	金道煥
경산면 대정동	475	답	420	79.8	경산군 경산면 대평동	元是化
경산면 대정동	476	답	494	93.76	동경시	조선흥업주식회사
경산면 대정동	477	답	210	39.9	경산군 경산면 삼남동	安炳吉
경산면 대정동	478	답	110	20.9	경산군 경산면 대정동	宋秉夏
경산면 대정동	479	답	234	44.46	경산군 경산면 대정동	宋秉夏
경산면 대정동	480	답	459	87.21	경산군 경산면 삼남동	安炳吉
경산면 대정동	481	답	204	38.76	청도군 화양면 송금동	李陽春
경산면 대정동	482	답	668	126.92	동경시	동척
경산면 대정동	484	답	193	36.67	경산군 안심면 금강동	李孝彦
경산면 대정동	485	답	17	3.23	경산군 경산면 대정동	鄭來植
경산면 대정동	486	답	2,352	446.88	동경시	조선흥업주식회사
경산면 대정동	487	답	150	28.5	대구부 동상 남일동	李華玉
경산면 대정동	488	답	102	19.38	대구부 동상 남일동	李華玉
경산면 대정동	489	답	249	34.86	대구부 상수면 옥분동	宋文憲
경산면 대정동	490	답	200	28	경산군 경산면 대정동	鄭尙植
경산면 대정동	491	답	154	21.56	경산군 경산면 대평동	高山村多
경산면 대정동	492	답	356	67.64	동경시	동척

경산면 대정동	493	답	556	105.64	대구부 덕산정	鄭致喜
경산면 대정동	494	답	878	166.87	경산군 경산면 대정동	金丁
경산면 대정동	495	답	1,133	215.27	경산군 경산면 삼남동	경산군 향교재산
경산면 대정동	496	전	258	45.22	동경시	동척
경산면 대정동	497	답	404	76.76	대구부 하서정	秦喜墩
경산면 대정동	498	답	444	84.36	경산군 경산면 삼남동	安炳吉
경산면 대정동	499	답	256	48.64	경산군 경산면 대정동	宋秉夏
경산면 대정동	500	답	1,581	300.39	동경시	동척
경산면 대정동	501	답	342	64.98	경산 고산면 삼덕동	宋秉祚
경산면 대정동	502	답	440	83.6	동경시	동척
경산면 대정동	503	답	556	105.64	경산군 경산면 임당동	金且岩
경산면 대정동	504	답	629	119.51	경산군 경산면 대평동	徐錫重
경산면 대정동	505	답	754	143.26	경산군 경산면 임당동	金且岩
경산면 대정동	506	답	568	107.92	경산군 경산면 옥곡동	鄭憲祚
경산면 대정동	507	답	444	84.36	대구부 금정	龜石磯太郎
경산면 대정동	508	답	230	43.7	경산군 경산면 조곡동	金道煥
경산면 대정동	509	답	436	82.84	경산군 경산면 임당동	李淵守
경산면 대정동	510	답	282	53.58	경산군 경산면 임당동	黃石述
경산면 대정동	511	답	628	119.32	경산군 경산면 삼북동	山崎富次郎
경산면 대정동	512	답	668	106.92	대구부 남산정	玄南淑
경산면 대정동	513	답	627	119.13	동경시	조선흥업주식회사
경산면 대정동	514	답	597	113.43	대구부본정2정목	李相岳
경산면 대정동	515	답	356	66.88	경산군 경산면 삼남동	安炳吉
경산면 대정동	516	답	816	155.04	경산군 경산면 임당동	金光斗
경산면 대정동	517	답	514	47.66	대구부 하서정	鄭海鵬
경산면 대정동	518	답	726	137.94	대구부 본정	李根雨
경산면 대정동	519	답	1,006	171.02	대구부 본정	李相岳
경산면 대정동	520	답	867	147.39	대구부 하서정	鄭海鵬
경산면 대정동	521	답	324	55.08	경산군 안심면 금강동	李孝彦
경산면 대정동	522	답	1,830	311.1	대구부 본정	李根雨
경산면 대정동	523	답	944	160.48	대구부 남산정	李圭永
경산면 대정동	524	답	628	106.76	경산군 경산면 대정동	高橋米市
경산면 대정동	525	답	284	48.28	경산군 경산면 대평동	徐炳佑
경산면 대정동	526	답	608	103.36	경산군 경산면 삼남동	安炳吉
경산면 대정동	527	답	519	88.23	경산군 경산면 대평동	元是化
경산면 대정동	528	답	327	55.59	대구부 본정	李相岳
경산면 대정동	529	답	330	56.1	동경시	조선흥업주식회사
경산면 대정동	530	답	677	128.63	경산군 경산면 삼남동	安炳吉
경산면 대정동	531	답	720	122.4	동경시	近藤滋彌
경산면 대정동	532	답	641	108.97	경산군 경산면 옥곡동	鄭踐潤
경산면 대정동	533	답	400	66	동경시	동척
경산면 대정동	534	답	571	97.07	동경시	동척
경산면 대정동	535	답	1,005	190.95	동경시	近藤滋彌
경산면 대정동	536	답	1,126	213.94	동경시	동척

경산면 대정동	537	답	376	71.44	경산군 경산면 삼남동	安炳吉
경산면 대정동	538	답	250	47.5	경산군 경산면 삼남동	安炳吉
경산면 대정동	539	답	796	151.24	달성군 수성면 상동	秦喜墩
경산면 대정동	540	답	676	128.44	대구부 하서정	鄭海鵬
경산면 대정동	541	답	1,408	267.52	경산군 경산면 삼남동	安炳吉
경산면 대정동	542	답	326	61.94	동경시	동척
경산면 대정동	543	답	986	187.34	동경시	조선흥업주식회사
경산면 대정동	544	답	572	108.68	경산군 경산면 삼남동	安炳吉
경산면 대정동	545	답	810	153.9	경산군 경산면 대평동	徐大基
경산면 대정동	546	답	602	114.38	동경시	조선흥업주식회사
경산면 대정동	547	답	297	56.43	경산군 고산면 삼덕동	宋秉祚
경산면 대정동	548	답	453	86.07	대구부 본정	李根雨
경산면 대정동	549	답	512	97.28	동경시	조선흥업주식회사
경산면 대정동	550	답	542	102.98	경산군 경산면 삼남동	安炳吉
경산면 대정동	551	답	406	77.14	대구부 서상정	李一雨
경산면 대정동	552	답	884	167.96	대구부 금정	龜石磯太郎
경산면 대정동	553	답	782	148.58	대구부 본정	李根雨
경산면 대정동	554	답	1,119	212.61	달성군 수성면 상동	秦喜墩
경산면 대정동	555	답	718	126.42	경산군 경산면 삼남동	安炳吉
경산면 대정동	556	답	801	152.19	동경시	조선흥업주식회사
경산면 대정동	557	답	546	103.74	경산군 경산면 대정동	鄭源國
경산면 대정동	558	답	332	63.08	경산군 경산면 삼남동	安炳吉
경산면 대정동	559	답	726	137.94	대구부 서상면 남산동	金應九
경산면 대정동	560	답	814	154.66	경산군 남천면 산정동	慶興寺
경산면 대정동	561	답	1,964	373.16	동경시	조선흥업주식회사
경산면 대정동	562	답	603	114.57	동경시	동척
경산면 대정동	563	답	1,145	217.55	경산군 경산면 대정동	鄭源珉
경산면 대정동	564	답	1,007	191.33	대구부 본정	李根雨
경산면 대정동	565	답	418	100.32	대구부 수남면 불학동	宋顯在
경산면 대정동	566	답	346	83.04	대구부 남산정	玄南淑
경산면 대정동	567	답	702	168.48	동경시	동척
경산면 대정동	568	답	362	86.88	대구부 본정	李根雨
경산면 대정동	569	답	242	58.08	대구부 덕산정	鄭致喜
경산면 대정동	570	답	657	157.68	경산군 경산면 대정동	鄭瑩鎬
경산면 대정동	571	답	591	141.84	경산군 경산면 대정동	鄭東植
경산면 대정동	572	답	164	39.36	경산군 경산면 대정동	鄭瑩鎬
경산면 대정동	573	답	222	53.28	경산군 경산면 대정동	鄭東植
경산면 대정동	574	답	682	163.68	동경시	동척
경산면 대정동	575	답	646	135.66	경산군 경산면 대정동	鄭東植
경산면 대정동	576	답	652	158.48	경산군 경산면 정평동	鄭在鎬
경산면 대정동	577	답	545	130.8	경산군 경산면 삼남동	安炳吉
경산면 대정동	578	답	441	92.61	동경시	조선흥업주식회사
경산면 대정동	579	답	688	123.48	대구부 남산정	玄南淑
경산면 대정동	580	답	3,756	788.76	동경시	동척

경산면 대정동	581	답	504	105.84	대구부 남산정	玄南淑
경산면 대정동	582	답	638	133.98	동경시	동척
경산면 대정동	583	답	372	78.12	대구부 시장정	李載煥
경산면 대정동	584	답	1,196	251.16	대구부 금정	龜石磯太郎
경산면 대정동	585	답	530	111.3	경산군 경산면 대정동	鄭尙植
경산면 대정동	586	답	546	114.66	대구부 시장정	李載煥
경산면 대정동	587	답	592	124.32	동경시	조선흥업주식회사
경산면 대정동	588	답	819	171.99	경산군 고사면 삼덕동	金炳域
경산면 대정동	589	답	902	189.42	경산군 경산면 삼남동	金土淑
경산면 대정동	590	답	851	178.71	대구부 본정	李相岳
경산면 대정동	591	답	874	183.54	대구부 동상정 남일동	李華玉
경산면 대정동	592	답	364	76.44	경산군 경산면 대정동	鄭辛祚
경산면 대정동	593	답	548	115.08	대구부 시장정	李載煥
경산면 대정동	594	답	634	133.14	동경시	조선흥업주식회사
경산면 대정동	595	답	355	74.55	동경시	동척
경산면 대정동	596	답	804	168.84	동경시	조선흥업주식회사
경산면 대정동	597	답	592	124.32	동경시	동척
경산면 대정동	598	답	657	137.97	경산군 경산면 대정동	鄭二用
경산면 대정동	599	답	534	112.14	달성군 수성면 신암동	金東邦
경산면 대정동	600	답	405	85.05	대구부 서성정	徐雲鄕
경산면 대정동	601	답	471	98.91	동경시	동척
경산면 대정동	602	답	832	174.73	경산군 고산면 삼덕동	宋秉祚
경산면 대정동	603	답	706	148.26	경산군 압량면 금구동	姜永壹
경산면 대정동	604	답	1,256	163.76	대구부 본정	李相岳
경산면 대정동	605	답	673	141.33	경산군 경산면 대평동	金鴻喈
경산면 대정동	606	답	1,062	223.02	동경시	동척
경산면 대정동	607	답	676	162.24	동경시	동척
경산면 대정동	608	답	597	143.28	대구부 수북면 황정동	裴基煥
경산면 대정동	609	답	608	145.92	경산군 경산면 삼남동	安土仁
경산면 대정동	610	답	681	143.01	대구부 동상정 남일동	李華玉
경산면 대정동	611	답	516	108.36	경산군 경산면 대정동	高橋米市
경산면 대정동	612	답	560	124.4	경산군 경산면 대정동	蔡仁基
경산면 대정동	613	답	644	154.56	경산군 경산면 대평동	徐炳佑
경산면 대정동	614	답	816	195.84	경산군 경산면 삼남동	安炳吉
경산면 대정동	615	답	542	130.08	대구부 본정	李相岳
경산면 대정동	616	답	1,102	264.48	경산군 경산면 옥산동	俞時同
경산면 대정동	617	답	434	104.16	경산군 경산면 대정동	高橋米市
경산면 대정동	618	답	482	115.68	대구부 금정	龜石磯太郎
경산면 대정동	619	답	346	83.04	경산군 경산면 대평동	徐炳佑
경산면 대정동	620	답	357	85.68	동경시	동척
경산면 대정동	621	답	1,082	259.68	대구부 삼정	江川久之助
경산면 대정동	622	답	518	134.68	경산군 경산면 대정동	鄭永護
경산면 대정동	623	답	1,010	262.62	동경시	조선흥업주식회사
경산면 대정동	624	답	1,113	289.38	경산군 안심면 사복동	全禹賢

경산면 대정동	625	답	539	113.19	경산군 안심면 사복동	全禹賢
경산면 대정동	626	답	304	79.04	동경시	조선흥업주식회사
경산면 대정동	639	답	39	9.36	경산군 경산면 대정동	蔡仁基
경산면 대정동	644	답	528	126.72	경산군 경산면 대정동	鄭末植
경산면 대정동	645	답	60	14.4	경산군 경산면 대정동	鄭源佑
경산면 대정동	647	답	26	4.94	경산군 경산면 대정동	尹夷宗
경산면 대정동	648	답	428	81.32	경산군 경산면 대정동	尹夷宗
경산면 대정동	649	답	140	26.6	경산군 경산면 대정동	佐藤彌助
경산면 대정동	650	답	56	10.64	경산군 경산면 대정동	佐藤彌助
경산면 대정동	651	답	96	23.04	경산군 경산면 임당동	芮壬得
경산면 대정동	653	답	483	115.92	대구부 금정	龜石磯太郎
경산면 대정동	659	답	639	153.36	동경시	조선흥업주식회사
경산면 대정동	660	답	159	35.39	대구부 본정	李根雨
경산면 대정동	661	답	35	7.35	경산군 경산면 대정동	金容禧
경산면 대정동	662	답	17	3.57	경산군 경산면 대정동	尹夷宗
경산면 대정동	663	답	90	18.9	경산군 경산면 대정동	鄭源基
경산면 대정동	664	답	21	4.41	경산군 경산면 대정동	鄭阤鎬
경산면 대정동	666	답	149	31.29	동경시	동척
경산면 대정동	667	답	51	10.71	경산군 경산면 대정동	徐燦均
경산면 대정동	717	답	54	10.26	경산군 경산면 삼남동	金士淑
경산면 대정동	728	답	230	63.8	대구부 덕산정	鄭致喜
경산면 대정동	729	답	646	187.34	대구부 남산정	玄南淑
경산면 대정동	730	답	866	251.14	경산군 고산면 삼덕동	宋秉祚
경산면 대정동	731	답	484	127.02	경산군 경산면 삼남동	金士淑
경산면 대정동	732	답	600	174	대구부 하서정	徐性可
경산면 대정동	733	답	159	46.11	대구부 남산정	玄南淑
경산면 대정동	734	답	230	62.7	경산군 경산면 삼남동	金士淑
경산면 대정동	735	답	684	198.36	경산군 경산면 대정동	鄭源珉
경산면 대정동	736	답	581	168.49	대구부 본정	李根雨
경산면 대정동	737	답	765	221.85	경산군 경산면 대정동	鄭源珉
경산면 대정동	738-1	답	386	111.94	경산군 경산면 대정동	鄭源周
경산면 대정동	738-2	답	520	150.8	대구부 하서정	徐性可
경산면 대정동	739	답	645	187.05	경산군 경산면 대정동	鄭源斌
경산면 대정동	740	답	837	242.73	경산군 경산면 삼남동	安炳吉
경산면 대정동	741	답	735	213.15	경산군 경산면 대정동	鄭明鎬
경산면 대정동	742-1	답	862	249.98	경산군 압량면 조영동	朴炳朝
경산면 대정동	742-2	답	10	2.9	경산군 압량면 조영동	朴炳朝
경산면 대정동	743-1	답	480	139.2	대구부 하서정	徐性可
경산면 대정동	743-2	답	30	8.7	대구부 하서정	徐性可
경산면 대정동	744-1	답	491	142.39	경산군 경산면 대정동	鄭源斌
경산면 대정동	744-2	답	32	9.28	경산군 경산면 대정동	鄭源斌
경산면 대정동	745-1	답	338	112.52	경산군 경산면 대평동	徐大基
경산면 대정동	745-2	답	21	6.09	경산군 경산면 대평동	徐大基
경산면 대정동	746-1	답	434	125.86	동경시	동척

경산면 대정동	746-2	답	86	24.94	동경시	동척

경산면 백천동	지번	지목	지적 (평)	지세가격 (원)	주소	씨명
경산면 백천동	4	답	1,868	392.28	경산군 경산면 삼남동	白富興
경산면 백천동	34	답	423	40.18	경산군 경산면 백천동	鄭喜範
경산면 백천동	35	답	100	7	경산군 경산면 백천동	申聖術
경산면 백천동	37	답	189	26.46	경산군 경산면 삼남동	安炳吉
경산면 백천동	38	답	556	116.76	경산군 경산면 삼남동	崔孝默
경산면 백천동	39	답	230	48.3	경산군 경산면 삼남동	鄭圭鎭
경산면 백천동	40	답	387	81.27	경산군 경산면 삼남동	崔文祚
경산면 백천동	41	답	231	48.51	경산군 경산면 삼남동	鄭喜睦
경산면 백천동	42	답	761	182.64	경산군 경산면 삼남동	朴命吉
경산면 백천동	43	답	300	63	경산군 경산면 옥곡동	鄭幾淵
경산면 백천동	45	답	292	35.04	경산군 경산면 삼남동	野田源次郎
경산면 백천동	48	답	512	23.04	경산군 경산면 상방동	朴正述
경산면 백천동	55	답	230	55.2	경산군 경산면 백천동	李有哲
경산면 백천동	61	답	711	170.64	경산군 경산면 삼남동	安士仁
경산면 백천동	64	답	285	39.9	경산군 남천면 합석동	鄭時夏
경산면 백천동	65	답	276	52.44	경산군 경산면 백천동	鄭圭鎭
경산면 백천동	66	답	555	94.35	경산군 경산면 삼남동	姜賢壽
경산면 백천동	67	답	490	46.55	경산군 경산면 백천동	鄭圭鎭
경산면 백천동	68	답	472	80.24	경산군 경산면 백천동	鄭圭鎭
경산면 백천동	69	답	590	112.1	경산군 경산면 백천동	鄭喜睦
경산면 백천동	70	답	1,038	217.89	경산군 경산면 백천동	鄭喜睦
경산면 백천동	71	답	194	27.16	경산군 경산면 상방동	權學先
경산면 백천동	72	답	459	96.39	경산군 경산면 백천동	鄭喜睦
경산면 백천동	73	답	376	78.96	경산군 경산면 백천동	鄭泰述
경산면 백천동	74	답	344	72.24	경산군 경산면 백천동	鄭喜睦
경산면 백천동	75	답	616	117.04	경산군 경산면 백천동	鄭喜睦
경산면 백천동	76	답	1,092	185.64	경산군 경산면 백천동	鄭致柱
경산면 백천동	77	답	502	105.42	경산군 수동면 지산동	李在汶
경산면 백천동	78	전	2,942	706.08	경산군 경산면 백천동	鄭喜睦
경산면 백천동	79	답	484	116.16	경산군 경산면 백천동	鄭喜睦
경산면 백천동	80	답	513	66.69	경산군 경산면 백천동	鄭榮鎭
경산면 백천동	81	답	1,892	548.68	경산군 경산면 백천동	鄭圭鎭
경산면 백천동	82	답	676	196.04	경산군 경산면 옥곡동	鄭磯淵
경산면 백천동	83	답	585	122.85	경산군 경산면 백천동	崔德起
경산면 백천동	84	답	59	5.6	경산군 경산면 백천동	崔文祚
경산면 백천동	85	답	80	9.6	경산군 경산면 백천동	鄭基洙
경산면 백천동	86	답	142	9.6	경산군 경산면 삼남동	安炳吉

경산면 백천동	87	답	266	31.92	경산군 경산면 백천동	鄭圭鎭
경산면 백천동	88	답	830	174.3	경산군 경산면 백천동	金仁述
경산면 백천동	89	답	112	23.52	경산군 경산면 백천동	鄭圭鎭
경산면 백천동	90	답	522	135.72	경산군 경산면 백천동	鄭致柱
경산면 백천동	91	답	222	53.28	경산군 경산면 백천동	鄭喜睦
경산면 백천동	92	답	406	97.44	경산군 경산면 백천동	鄭致柱
경산면 백천동	93	답	417	100.08	경산군 경산면 옥곡동	鄭德淵
경산면 백천동	94	답	100	24	경산군 경산면 백천동	鄭永錫
경산면 백천동	95	답	646	155.04	경산군 경산면 삼남동	安士仁
경산면 백천동	96	답	681	177.06	경산군 경산면 백천동	金仁述
경산면 백천동	98	답	196	47.04	경산군 경산면 백천동	鄭在水
경산면 백천동	99	답	213	51.12	경산군 경산면 옥산동	全箕興
경산면 백천동	100	답	417	100.08	경산군 경산면 백천동	鄭喜睦
경산면 백천동	101	답	610	146.4	경산군 경산면 옥곡동	鄭兌淵
경산면 백천동	102-1	답	571	39.97	경산군 경산면 백천동	朴命吉
경산면 백천동	105	답	336	63.84	경산군 경산면 삼남동	安炳吉
경산면 백천동	106	답	555	105.45	경산군 경산면 백천동	朴命光
경산면 백천동	107	답	1,274	242.06	경산군 경산면 백천동	鄭喜睦
경산면 백천동	108	답	212	50.88	경산군 경산면 백천동	鄭道鎭
경산면 백천동	109	답	353	84.48	경산군 경산면 백천동	朴命吉
경산면 백천동	110	답	334	80.16	경산군 경산면 백천동	鄭喜睦
경산면 백천동	111	답	279	58.59	경산군 경산면 백천동	李千玉
경산면 백천동	112	답	582	122.22	대구부 명치정	金在烈
경산면 백천동	122	답	740	88.8	경산군 경산면 백천동	申浦述
경산면 백천동	123	답	600	72	달성군 수북면 황정동	朴致燦
경산면 백천동	124	답	350	49	경산군 경산면 백천동	崔文祚
경산면 백천동	125	답	228	31.92	경산군 경산면 백천동	鄭喜睦
경산면 백천동	126	답	810	113.4	경산군 경산면 백천동	鄭在用
경산면 백천동	127-1	답	120	8.4	경산군 경산면 백천동	申致均
경산면 백천동	129	답	55	7.7	경산군 경산면 백천동	鄭永錫
경산면 백천동	130	답	21	2.94	경산군 경산면 백천동	鄭基祥
경산면 백천동	131	답	740	103.6	경산군 경산면 백천동	鄭兌淵
경산면 백천동	134	답	1,184	112.48	경산군 경산면 백천동	鄭榮鎭
경산면 백천동	138	답	212	29.68	경산군 경산면 백천동	鄭榮鎭
경산면 백천동	212	답	178	24.92	경산군 경산면 백천동	朴命吉
경산면 백천동	255	답	98	18.62	경산군 경산면 백천동	鄭圭鎭
경산면 백천동	236	전	62	11.78	경산군 경산면 백천동	鄭永錫
경산면 백천동	257	답	149	28.31	경산군 경산면 삼남동	安炳吉
경산면 백천동	258	답	55	7.7	경산군 경산면 백천동	崔孝默
경산면 백천동	263	답	65	1.235	경산군 경산면 백천동	鄭永錫
경산면 백천동	276	답	18	1.71	경산군 경산면 백천동	朴命吉
경산면 백천동	277	답	480	45.6	경산군 경산면 옥곡동	鄭兌淵
경산면 백천동	278	답	90	8.55	경산군 경산면 백천동	鄭德鎭
경산면 백천동	279	답	174	16.53	경산군 경산면 백천동	崔孝默

경산면 백천동	302	답	50	7	경산군 경산면 백천동	朴命吉
경산면 백천동	308	답	207	47.69	경산군 경산면 백천동	鄭喜睦
경산면 백천동	309	답	405	97.2	경산군 경산면 백천동	金仁述
경산면 백천동	310	답	180	37.8	경산군 경산면 백천동	鄭喜睦
경산면 백천동	311	답	338	81.12	대구부 서성동	李相岳
경산면 백천동	312	답	372	78.12	경산군 경산면 삼남동	李相鎭
경산면 백천동	313	답	442	106.08	경산군 경산면 삼남동	金鳳仙
경산면 백천동	314	답	471	113.04	달성군 수동면 지산동	李在玟
경산면 백천동	315	답	704	168.96	경산군 경산면 삼남동	金鳳仙
경산면 백천동	316	답	912	237.12	대구부 명치정	金在烈
경산면 백천동	317	답	184	47.84	경산군 경산면 백천동	金仁述
경산면 백천동	318	답	566	135.84	경산군 경산면 백천동	朴竒煥
경산면 백천동	319	답	442	106.08	경산군 경산면 옥곡동	鄭幾淵
경산면 백천동	320	답	331	319.44	경산군 경산면 백천동	鄭喜睦
경산면 백천동	321-1	답	425	102	경산군 경산면 백천동	鄭喜範
경산면 백천동	321-2	답	193	46.32	경산군 경산면 백천동	鄭喜範
경산면 백천동	322-1	답	214	51.36	경산군 경산면 백천동	鄭榮鎭
경산면 백천동	322-2	답	194	46.56	경산군 경산면 백천동	金乙文
경산면 백천동	322-3	답	242	58.08	경산군 경산면 백천동	朴秀天
경산면 백천동	323	답	462	110.88	경산군 경산면 백천동	鄭喜睦
경산면 백천동	324	답	390	93.6	경산군 경산면 백천동	鄭斗贊
경산면 백천동	325	답	866	225.16	경산군 경산면 백천동	鄭致洙
경산면 백천동	326	답	244	62.92	경산군 경산면 백천동	鄭圭鎭
경산면 백천동	327	답	484	116.16	경산군 구성면 미산동	金雲鶴
경산면 백천동	328	답	254	60.96	경산군 경산면 백천동	鄭喜睦
경산면 백천동	329-1	답	505	121.2	경산군 경산면 백천동	鄭義決
경산면 백천동	329-2	답	477	114.48	경산군 경산면 백천동	鄭斗贊
경산면 백천동	331	답	634	152.16	경산군 경산면 백천동	鄭榮鎭
경산면 백천동	337	답	336	21.92	경산군 경산면 백천동	鄭道鎭
경산면 백천동	338	답	189	117.95	경산군 경산면 백천동	鄭圭鎭
경산면 백천동	339	답	94	8.93	경산군 경산면 백천동	鄭泰述
경산면 백천동	340	답	34	3.23	경산군 경산면 삼남동	安炳吉
경산면 백천동	341	답	85	8.07	경산군 경산면 백천동	申興述
경산면 백천동	342-1	답	275	19.25	경산군 경산면 옥곡동	鄭泰順
경산면 백천동	343	답	78	3.51	경산군 경산면 백천동	申興述
경산면 백천동	351	답	186	13.03	경산군 경산면 백천동	申命述
경산면 백천동	353	답	377	26.39	경산군 경산면 백천동	申命述
경산면 백천동	355	전	484	33.88	경산군 경산면 백천동	尹敬孝
경산면 백천동	356	답	484	33.88	경산군 경산면 옥곡동	鄭兌淵
경산면 백천동	357	답	357	24.99	경산군 경산면 백천동	鄭道鎭
경산면 백천동	367	답	464	32.48	경산군 경산면 백천동	鄭蔘洙兆
경산면 백천동	368	답	163	11.41	경산군 경산면 옥곡동	吳仲三
경산면 백천동	369	답	486	34.02	경산군 동주면 백양동	金奇玾
경산면 백천동	371	답	258	17.92	경산군 경산면 백천동	鄭大用

경산면 백천동	383-2	답	126	30.24	경산군 경산면 백천동	鄭義泱
경산면 백천동	384	답	354	84.98	대구부 원정	崔相琥
경산면 백천동	385	답	610	146.4	경산군 경산면 백천동	鄭喜睦
경산면 백천동	386	답	237	49.77	경산군 경산면 백천동	崔文祚
경산면 백천동	387	답	166	43.16	경산군 경산면 백천동	鄭喜睦
경산면 백천동	388	답	750	195	대구부 수동면 지산동	李在玟
경산면 백천동	389	답	530	153.7	경산군 경산면 백천동	鄭斗贊
경산면 백천동	390	답	210	54.6	경산군 경산면 백천동	金仁述
경산면 백천동	398	답	600	156	경산군 경산면 옥산동	金箕興
경산면 백천동	399	답	456	195.76	경산군 경산면 백천동	鄭喜睦
경산면 백천동	400	답	465	120.9	경산군 경산면 백천동	鄭喜睦
경산면 백천동	403	답	296	85.84	달성군 수동면 지산동	楊在湖
경산면 백천동	404	답	591	171.39	경산군 경산면 백천동	朴琦煥
경산면 백천동	405	답	490	142.1	경산군 경산면 백천동	鄭喜睦
경산면 백천동	406	답	1,233	357.57	달성군 수동면 지산동	李在玟
경산면 백천동	407	답	1,545	448.05	경산군 경산면 백천동	鄭喜睦
경산면 백천동	408	답	531	153.99	경산군 경산면 백천동	李學基
경산면 백천동	411	답	3,600	936	경산군 경산면 백천동	鄭榮鎭
경산면 백천동	422	답	216	45.36	경산군 경산면 백천동	鄭榮鎭
경산면 백천동	423	답	242	50.82	경산군 경산면 백천동	崔文祚
경산면 백천동	424	답	400	84	경산군 경산면 백천동	安炳吉
경산면 백천동	425	답	486	126.36	달성군 수동면 지산동	李在玟
경산면 백천동	426	답	489	102.69	경산군 경산면 백천동	鄭喜睦
경산면 백천동	441	답	264	35.08	경산군 경산면 옥곡동	鄭兌淵
경산면 백천동	451	답	206	24.72	경산군 경산면 삼남동	朴浩俊
경산면 백천동	495	답	376	90.24	달성군 수동면 지산동	李在玟
경산면 백천동	514-1	답	155	18.6	경산군 경산면 백천동	申聖術
경산면 백천동	526	답	57	6.84	경산군 경산면 백천동	尹敬孝
경산면 백천동	527	답	918	91.8	경산군 경산면 백천동	尹敬孝
경산면 백천동	528	답	142	26.98	경산군 경산면 백천동	李圭錫
경산면 백천동	530	답	1,800	216	경산군 경산면 백천동	鄭榮鎭
경산면 백천동	532	답	886	106.32	달성군 지천면 신동	李在玟
경산면 백천동	536-1	답	516	61.92	경산군 경산면 백천동	李基海
경산면 백천동	537	답	214	25.68	경산군 경산면 백천동	申致均
경산면 백천동	538	답	38	4.56	경산군 경산면 백천동	鄭蔘兆
경산면 백천동	539	답	2,025	243	대구부 동성정	官井正一
경산면 백천동	540	답	945	113.4	달성군 수동면 지산동	李在玟
경산면 백천동	543	답	21	1.44	경산군 경산면 백천동	李圭和
경산면 백천동	544	답	351	24.57	경산군 경산면 백천동	鄭在水
경산면 백천동	545	답	244	29.28	경산군 경산면 백천동	李圭和
경산면 백천동	548-1	답	476	37.33	경산군 경산면 백천동	李圭和
경산면 백천동	550	답	376	26.33	경산군 경산면 백천동	鄭泰述

경산면 중방동	지번	지목	지적 (평)	지세가격 (원)	주소	씨명
경산면 중방동	1	답	233	39.61	대구시 시장정	李載煥
경산면 중방동	2	답	462	78.06	경산군 경산면 임당동	崔錫沂
경산면 중방동	3	답	218	36.16	경산군 경산면 임당동	鄭甲述
경산면 중방동	4	답	2,344	56.44	동경시	동척
경산면 중방동	5	답	332	81.09	동경시	조선흥업주식회사
경산면 중방동	6	답	477	74.2	동경시	조선흥업주식회사
경산면 중방동	7	답	530	47.78	동경시	동척
경산면 중방동	8	답	342	53.48	경산군 경산면 정평동	徐順南
경산면 중방동	9	답	382	80.78	달성군 수성면 황정동	姜錫會
경산면 중방동	10	답	577	37.06	동경시	조선흥업주식회사
경산면 중방동	11	답	700	29	동경시	조선흥업주식회사
경산면 중방동	12	답	507	86.19	대구부 남산정	玄南叔
경산면 중방동	13	답	428	72.76	동경시	조선흥업주식회사
경산면 중방동	14	답	1,155	197.35	대구부 하서정	黲海鵬
경산면 중방동	15	답	436	74.12	동경시	동척
경산면 중방동	16	답	1,036	176.12	대구부 본정	李相岳
경산면 중방동	17	답	376	63.92	경산군 안심면 사복동	黲敬朝
경산면 중방동	18	답	1,292	219.64	동경시	동척
경산면 중방동	19	답	437	74.29	경산군 안심면 사복동	黲敬朝
경산면 중방동	20	답	631	107.27	경산군 경산면 삼남동	安炳吉
경산면 중방동	21	답	389	66.13	경산군 안심면 신서동	柳康福
경산면 중방동	22	답	421	71.57	대구부 금정	龜石磯太郎
경산면 중방동	23	답	845	143.65	동경시	조선흥업주식회사
경산면 중방동	24	답	789	134.13	동경시	동척
경산면 중방동	25	답	206	35.02	경산군 진량면 속초동	李愚億
경산면 중방동	26-1	답	610	103.7	대구부 본정	李根雨외5명
경산면 중방동	26-2	답	78	13.26	경산군 경산면 대평동	徐炳旭
경산면 중방동	27-1	답	45	7.65	경산군 경산면 삼북동	蔡柳仙
경산면 중방동	27-2	답	466	79.2	경산군 경산면 삼북동	蔡柳仙
경산면 중방동	28	답	650	110.5	경산군 중천면 신석동	安興寺
경산면 중방동	29-1	답	195	33.15	동경시	조선흥업주식회사
경산면 중방동	29-2	답	288	48.96	동경시	조선흥업주식회사
경산면 중방동	30-1	답	123	5.21	경산군 자인면 북사동	張在洙
경산면 중방동	30-2	답	313	52.1	경산군 자인면 북사동	張在洙
경산면 중방동	30-1	답	519	88.23	동경시	조선흥업주식회사
경산면 중방동	31-2	답	418	71.06	동경시	조선흥업주식회사
경산면 중방동	32	답	827	140.59	경산군 자인면 북사동	張在洙
경산면 중방동	33	답	684	116.28	대구부 하서정	黲海鵬
경산면 중방동	34	답	447	75.99	경산군 경산면 삼남동	李潤熙
경산면 중방동	35	답	447	75.99	경산군 경산면 삼남동	白富興
경산면 중방동	36	답	1,374	233.58	동경시	동척
경산면 중방동	37	답	600	102	대구부 남성정	金乃明
경산면 중방동	38	답	850	144.5	경산군 경산면 삼남동	安炳吉

경산면 중방동	39	답	438	74.46	동경시	조선흥업주식회사
경산면 중방동	40	답	352	66.88	경산군 남천면 산전동	慶興寺
경산면 중방동	41	답	765	145.35	경산군 경산면 중방동	徐錫東
경산면 중방동	42	답	1,020	193.8	대구부 하서정	徐性可
경산면 중방동	43-1	답	241	45.79	동경시	近藤滋彌
경산면 중방동	43-2	답	1,060	201.4	동경시	近藤滋彌
경산면 중방동	44	답	559	106.21	경산군 경산면 중방동	徐景洙
경산면 중방동	45-1	답	380	64.6	달성군 수성면 상동	秦喜墩
경산면 중방동	45-2	답	275	46.75	달성군 수성면 상동	秦喜墩
경산면 중방동	46-1	답	523	88.91	달성군 수성면 황정동	姜錫會
경산면 중방동	46-2	답	93	15.81	달성군 수성면 황정동	姜錫會
경산면 중방동	47-1	답	562	95.54	동경시	동척
경산면 중방동	47-2	답	8	1.36	동경시	동척
경산면 중방동	48	답	402	68.34	동경시	조선흥업주식회사
경산면 중방동	49	답	230	39.1	경산군 경산면 임당동	金且岩
경산면 중방동	50	답	415	70.55	대구부 하서정	李章雨
경산면 중방동	51	답	454	77.18	동경시	동척
경산면 중방동	52	답	513	87.21	대구부 하서정	李章雨
경산면 중방동	53	답	324	53.08	경산군 경산면 중방동	徐鎭斗
경산면 중방동	54	답	848	144.16	달성군 공산면 지묘동	崔在敎
경산면 중방동	55	답	532	101.08	경산군 경산면 삼북동	張致敎
경산면 중방동	56-1	답	849	161.31	대구부본정2정목	李相岳
경산면 중방동	56-2	답	1	0.19	대구부본정2정목	李相岳
경산면 중방동	57-1	답	107	203.33	대구부본정2정목	李根雨
경산면 중방동	57-2	답	1,516	688.04	대구부본정2정목	李根雨
경산면 중방동	58	답	614	116.66	경산군 경산면 삼북동	茱柳仙
경산면 중방동	59	답	352	66.88	동경시	동척
경산면 중방동	60	답	746	141.74	경산군 경산면 중방동	徐景洙
경산면 중방동	61	답	583	110.77	대구부 남산정	李樹根
경산면 중방동	62	답	385	73.15	대구부 동상면 남일동	鄭在學
경산면 중방동	63	답	1,538	291.22	동경시	조선흥업주식회사
경산면 중방동	64	답	427	81.13	달성군 공산면 지묘동	崔在敎
경산면 중방동	65	답	593	112.67	동경시	조선흥업주식회사
경산면 중방동	66	답	497	94.43	경산군 경산면 중방동	俞三龍
경산면 중방동	67	답	501	55.19	경산군 안심면 신서동	柳廷洛
경산면 중방동	68	답	982	186.58	동경시	조선흥업주식회사
경산면 중방동	69	답	738	140.22	경산군 경산면 삼남면	女炳吉
경산면 중방동	70	답	1,258	239.02	동경시	동척
경산면 중방동	71	답	698	132.62	대구부 하서정	鄭海鵬
경산면 중방동	72	답	637	131.03	동경시	조선흥업주식회사
경산면 중방동	73	답	530	100.7	경산군 경산면 삼북면	朴秋塘
경산면 중방동	74	답	685	143.85	경산군 경산면 중방동	徐尙基
경산면 중방동	75	답	347	72.87	경산군 안심면 신서동	柳廷洛
경산면 중방동	76	답	495	103.95	동경시	조선흥업주식회사

경산면 중방동	77	답	780	163.8	경산군 경산면 중방동	徐尙基
경산면 중방동	78-1	답	55	15.55	달성군 공산면 지묘동	崔在敎
경산면 중방동	78-2	답	797	167.37	달성군 공산면 지묘동	崔在敎
경산면 중방동	79	답	1,044	219.24	대구부본정	李根雨
경산면 중방동	80	답	627	131.67	경산군 경산면 임당동	鄭孝烽
경산면 중방동	81	답	530	111.3	경산군 경산면 삼남동	安國模
경산면 중방동	82	답	987		경산군 경산면 삼남동	李相鎭
경산면 중방동	83-1	답	627	229.22	달성군 수성면 상동	秦喜墩
경산면 중방동	83-2	답	689	130.91	달성군 수성면 상동	秦喜墩
경산면 중방동	84-1	답	8	0.15	경산군 경산면 중방동	徐景洙
경산면 중방동	84-2	답	298	56.62	경산군 경산면 중방동	徐景洙
경산면 중방동	84-3	답	705	133.95	경산군 경산면 중방동	徐景洙
경산면 중방동	85	답	969	184.11	동경시	조선흥업주식회사
경산면 중방동	86	답	1,089	206.91	경산군 경산면 삼남동	安炳吉
경산면 중방동	87	답	454	86.26	경산군 경산면 임당동	朴八萬
경산면 중방동	88	답	782	148.58	달성군 수성면 황정동	姜錫會
경산면 중방동	89	답	666	126.54	대구부본정2정목	李根雨
경산면 중방동	90	답	166	31.54	대구부 수정	鄭鳳鎭
경산면 중방동	91	답	127	24.13	동경시	동척
경산면 중방동	92	답	243	46.17	대구부 수정	鄭鳳鎭
경산면 중방동	93	답	592	124.32	경산군 경산면 중방동	徐尙基
경산면 중방동	94	답	688	144.48	동경시	조선흥업주식회사
경산면 중방동	95	답	658	138.18	경산군 경산면 삼남동	安炳吉
경산면 중방동	96	답	727	138.13	경산군 안심면 사복동	鄭敵朝
경산면 중방동	97-1	답	354	74.34	동경시	조선흥업주식회사
경산면 중방동	97-2	답	18	3.78	동경시	조선흥업주식회사
경산면 중방동	98-1	답	695	145.95	경산군 경산면 중방동	鄭小香
경산면 중방동	98-2	답	11	2.31	경산군 경산면 중방동	鄭小香
경산면 중방동	98-3	답	88	18.48	경산군 경산면 중방동	鄭小香
경산면 중방동	99	답	480	100.8	경산군 경산면 중방동	徐錫宗
경산면 중방동	100	답	289	60.69	경산군 경산면 중방동	徐景洙
경산면 중방동	101-1	답	567	119.07	경산군 경산면 중방동	徐尙基
경산면 중방동	101-2	답	127	26.67	경산군 경산면 중방동	徐尙基
경산면 중방동	102	답	788	165.48	대구부본정2정목	李相岳
경산면 중방동	103-1	답	221	46.41	경산군 경산면 중방동	鄭小香
경산면 중방동	103-2	답	357	74.97	경산군 경산면 중방동	鄭小香
경산면 중방동	104-1	답	228	47.88	경산군 경산면 중방동	鄭小香
경산면 중방동	104-2	답	75	15.75	경산군 경산면 중방동	鄭小香
경산면 중방동	105	답	784	164.64	경산군 경산면 중방동	俞永璿
경산면 중방동	106	답	638	133.98	경산군 고산면 호변동	韓炳斗
경산면 중방동	107	답	823	172.83	경산군 경산면 중방동	徐錫東
경산면 중방동	108	답	620	130.2	경산군 안심면 사복동	鄭敵朝
경산면 중방동	109	답	606	127.26	경산군 경산면 중방동	徐景洙
경산면 중방동	110	답	1,305	274.05	대구부 하서정	鄭每鵬

경산면 중방동	111	답	438	91.98	대구부 본정	대구은행
경산면 중방동	112	답	562	118.02	동경시	조선흥업주식회사
경산면 중방동	113	답	424	89.04	동경시	조선흥업주식회사
경산면 중방동	114	답	760	159.6	경산군 경산면 삼남동	崔學先
경산면 중방동	115	답	485	101.85	경산군 경산면 삼남동	金士淑
경산면 중방동	116	답	879	184.59	달성군 수성면 황정동	姜錫會
경산면 중방동	120	답	841	176.61	경산군 경산면 삼남동	金昌瑀
경산면 중방동	125	답	1,182	248.22	대구부 하서정	鄭海鵬
경산면 중방동	126	답	480	100.8	경산군 경산면 중방동	徐景洙
경산면 중방동	127	답	562	118.01	경산군 경산면 삼남동	金士淑
경산면 중방동	128	답	927	194.67	경산군 경산면 서상동	崔敬淳
경산면 중방동	129	답	687	144.27	대구부 하서정	鄭海鵬
경산면 중방동	130	답	687	144.27	동경시	동척
경산면 중방동	131	답	944	198.24	경산군 경산면 중방동	徐壽祚
경산면 중방동	132-1	답	148	31.08	경산군 경산면 중방동	徐壽祚
경산면 중방동	132-2	답	1,064	223.44	대구부 하서정	李章雨
경산면 중방동	133-1	답	104	21.84	경산군 경산면 삼남동	金士淑
경산면 중방동	133-2	답	682	143.22	경산군 경산면 삼남동	金士淑
경산면 중방동	134-1	답	125	7.35	대구부 하서정	李章雨
경산면 중방동	134-2	답	471	98.91	대구부 하서정	李章雨
경산면 중방동	135-1	답	883	185.43	경산군 경산면 삼남동	金士淑
경산면 중방동	135-2	답	290	60.9	경산군 경산면 삼남동	金士淑
경산면 중방동	136	답	626	131.46	대구부 하서정	李章雨
경산면 중방동	137	답	315	66.15	대구부 하서정	李章雨
경산면 중방동	138-1	답	42	8.82	경산군 자인면 북사동	張在洙
경산면 중방동	138-2	답	529	13.09	경산군 자인면 북사동	張在洙
경산면 중방동	139-1	답	287	60.27	경산군 경산면 중방동	俞敎植
경산면 중방동	139-2	답	129	27.09	경산군 경산면 중방동	俞敎植
경산면 중방동	140	답	481	101.01	경산군 압량면 평산동	安東烈
경산면 중방동	141	답	597	125.37	경산군 경산면 중방동	俞敎植
경산면 중방동	142-1	답	382	91.68	경산군 경산면 중방동	徐錫宗
경산면 중방동	142-2	답	270	64.8	경산군 경산면 중방동	徐錫宗
경산면 중방동	143-1	답	724	174.76	대구부 하서정	鄭海鵬
경산면 중방동	143-2	답	371	89.04	대구부 하서정	鄭海鵬
경산면 중방동	144-1	답	566	135.84	경산군 경산면 중방동	徐晩洙
경산면 중방동	144-2	답	196	47.04	경산군 경산면 중방동	徐晩洙
경산면 중방동	145-1	답	1	0.24	경산군 경산면 중방동	徐錫東
경산면 중방동	145-2	답	82	19.68	경산군 경산면 중방동	徐錫東
경산면 중방동	146-1	답	1	1.68	경산군 경산면 중방동	徐錫東
경산면 중방동	146-2	답	402	96.48	경산군 경산면 중방동	徐錫東
경산면 중방동	147	답	375	90	경산군 경산면 삼남동	金昌瑀
경산면 중방동	148	답	860	206.4	대구부 본정	李根雨
경산면 중방동	149	답	383	91.92	경산군 경산면 중방동	徐尙基
경산면 중방동	150	답	372	89.28	경산군 경산면 중방동	徐尙基

경산면 중방동	151	답	257	61.68	경산군 경산면 중방동	俞三龍
경산면 중방동	152	답	307	74.14	경산군 경산면 중방동	俞三龍
경산면 중방동	153	답	509	122.16	경산군 안심면 신서동	柳廷洛
경산면 중방동	154	답	446	107.04	대구부 하서정	鄭海鵬
경산면 중방동	155	답	1,068	256.32	경산군 경산면 중방동	徐尙基
경산면 중방동	156	답	2,157	517.68	경산군 경산면 삼남동	金昌瑀
경산면 중방동	157	답	283	59.43	대구부 하서정	李章雨
경산면 중방동	158	답	604	123.84	경산군 경산면 서상동	金述先
경산면 중방동	159	답	284	59.64	대구부 하서정	李章雨
경산면 중방동	160	답	791	76.62	대구부 본정	李根雨
경산면 중방동	161	답	495	103.95	대구부 하서정	鄭海鵬
경산면 중방동	162	답	382	80.22	경산군 경산면 중방동	徐尙基
경산면 중방동	163	답	1,587	333.27	경산군 경산면 삼북동	朴環伊
경산면 중방동	165	답	177	33.63	경산군 경산면 중방동	徐景洙
경산면 중방동	166	답	136	25.84	경산군 경산면 삼남동	金土淑
경산면 중방동	167	답	339	64.41	경산군 경산면 삼남동	安炳吉
경산면 중방동	168	답	195	37.05	경산군 경산면 중방동	徐景洙
경산면 중방동	169	답	476	90.44	달성군 수성면 상동	秦喜墩
경산면 중방동	170	답	844	160.36	동경시	조선흥업주식회사
경산면 중방동	171	답	344	72.24	경산군 경산면 서상동	金㼅昊
경산면 중방동	172	답	246	51.66	대구부 신정	李武祚
경산면 중방동	173	답	458	96.18	경산군 경산면 서상동	張金夢
경산면 중방동	174	답	596	125.16	경산군 자인면 북서동	朴命祚
경산면 중방동	175	답	350	73.5	경산군 경산면 삼북동	張在洙
경산면 중방동	176	답	332	69.72	경산군 경산면 삼남동	金土淑
경산면 중방동	177	답	838	175.98	대구부 본정	李根雨
경산면 중방동	178	답	387	81.27	동경시	조선흥업주식회사
경산면 중방동	179	답	652	136.92	경산군 경산면 중방동	徐錫宗
경산면 중방동	180	답	1,525	320.25	동경시	조선흥업주식회사
경산면 중방동	181	답	706	148.26	대구부 남정	李楷根
경산면 중방동	182	답	108	22.68	대구부 신정	李武祚
경산면 중방동	183	답	638	121.22	경산군 경산면 삼남동	安炳吉
경산면 중방동	184	답	705	133.95	경산군 경산면 중방동	徐景洙
경산면 중방동	185	답	926	175.94	동경시	조선흥업주식회사
경산면 중방동	186	답	581	110.39	경산군 안심면 사복동	鄭敬朝
경산면 중방동	187	답	484	91.96	경산군 경산면 중방동	徐相穆
경산면 중방동	188	답	792	150.48	동경시	조선흥업주식회사
경산면 중방동	189	답	565	107.35	경산군 경산면 중방동	徐相孝
경산면 중방동	190	답	501	95.19	경산군 경산면 삼남동	安炳吉
경산면 중방동	191	답	1,242	235.98	동경시	조선흥업주식회사
경산면 중방동	192	답	680	25.6	대구부경정2정목	徐丙奎
경산면 중방동	193	답	739	125.62	달성군 수성면 황정동	姜錫會
경산면 중방동	194	답	435	73.95	경산군 경산면 중방동	鄭小香
경산면 중방동	195	답	516	87.72	경산군 경산면 삼남동	朴元得

경산면 중방동	196	답	377	64.09	경산군 경산면 대정동	高橋米市
경산면 중방동	197	답	820	139.4	경산군 경산면 삼남동	安炳吉
경산면 중방동	198	답	980	166.6	달성군 수성면 황정동	姜錫會
경산면 중방동	199	답	744	126.48	동경시	조선흥업주식회사
경산면 중방동	200	답	894	151.98	경산군 경산면 옥곡동	鄭德淵
경산면 중방동	201	답	392	66.64	경산군 고산면	金永外
경산면 중방동	202	답	676	128.44	경산군 경산면 삼남동	安國模
경산면 중방동	203	답	447	84.93	대구부 본정	李根雨
경산면 중방동	204	답	624	118.56	경산군 경산면 대평동	金邦佑
경산면 중방동	205	답	652	123.88	동경시	近藤滋彌
경산면 중방동	206	답	570	108.3	경산군 경산면 삼남동	朴容圭
경산면 중방동	207	답	345	72.45	경산군 경산면 중방동	徐尙基
경산면 중방동	208	답	644	135.24	경산군 경산면 중방동	韓在駿
경산면 중방동	209	답	736	154.56	대구부 남산정	李樹根
경산면 중방동	210	답	1,401	294.21	동경시	동척
경산면 중방동	211	답	1,721	413.04	경산군 경산면 삼남동	金土淑
경산면 중방동	212	답	964	231.36	대구부경정2정목	金八守
경산면 중방동	213	답	1,543	270.32	대구부 남산정	李樹根
경산면 중방동	214-1	답	317	76.08	대구부 수북면 황정동	裴炫永
경산면 중방동	214-2	답	45	10.8	대구부 수북면 황정동	裴炫永
경산면 중방동	214-3	답	65	15.6	대구부 수북면 황정동	裴炫永
경산면 중방동	215	답	462	57.84	대구부 하서정	李章雨
경산면 중방동	216	답	366	43.92	동경시	동척
경산면 중방동	217	답	569	68.28	경산군 경산면 대평동	徐鳳基
경산면 중방동	218-1	답	1,537	215.18	동경시	동척
경산면 중방동	218-3	답	8	1.12	동경시	동척
경산면 중방동	219-1	답	353	84.72	경산군 경산면 옥곡동	鄭璣潤
경산면 중방동	220	답	681	163.44	경산군 경산면 중방동	徐鳳基
경산면 중방동	221	답	550	132	대구부 본정	李根雨
경산면 중방동	222	답	69	14.49	동경시	조선흥업주식회사
경산면 중방동	223	답	352	73.92	대구부 서상면 남산동	金應九
경산면 중방동	224	답	732	153.72	대구부 경정 2정목	徐丙奎
경산면 중방동	225	답	711	32.13	경산군 경산면 중방동	徐景洙
경산면 중방동	226	답	589	123.69	경산군 경산면 대평동	徐載幹
경산면 중방동	227	답	397	83.37	경산군 경산면 삼남동	朴元得
경산면 중방동	228	답	674	141.54	대구부 본정 2정목	李相岳
경산면 중방동	229	답	214	44.94	동경시	동척
경산면 중방동	230	답	868	182.28	경산군 경산면 삼남동	安炳吉
경산면 중방동	231-1	답	728	174.72	대구부 하서정	鄭每鵬
경산면 중방동	231-2	답	132	31.68	대구부 하서정	鄭每鵬
경산면 중방동	232	답	684	164.16	경산군 경산면 삼남동	安炳吉
경산면 중방동	233-1	답	129	30.96	경산군 경산면 중방동	徐景洙
경산면 중방동	233-2	답	38	9.12	경산군 경산면 중방동	徐景洙
경산면 중방동	234-1	전	110	17.6	경산군 경산면 중방동	徐景洙

경산면 중방동	234-2	전	97	15.52	경산군 경산면 중방동	徐景洙
경산면 중방동	235	답	153	21.42	경산군 경산면 대평동	高山村多
경산면 중방동	236	답	505	70.7	동경시	조선흥업주식회사
경산면 중방동	238-2	답	562	95.54	경산군 경산면 삼남동	金土淑
경산면 중방동	239	답	1,453	247.01	대구부 하서정	李章雨
경산면 중방동	240	답	369	62.73	경산군 경산면 삼남동	金昌瑀
경산면 중방동	241-1	답	717	172.08	대구부 본정 2정목	李相岳
경산면 중방동	241-2	답	102	24.48	대구부 본정 2정목	李相岳
경산면 중방동	242-1	답	1,264	303.36	대구부 본정 2정목	李相岳
경산면 중방동	242-2	답	126	30.24	대구부 본정 2정목	李相岳
경산면 중방동	243	답	1,448	347.52	경산군 경산면 삼남동	安炳吉
경산면 중방동	244	답	969	232.56	경산군 압량면 진영동	林炳來
경산면 중방동	245	답	639	153.36	대구부 본정 2정목	李根雨
경산면 중방동	246	답	670	160.8	경산군 자인면 북사동	張在洙
경산면 중방동	247	답	428	102.72	대구부 본정 2정목	李根雨
경산면 중방동	248	답	1,489	557.36	경산군 자인면 북사동	張在洙
경산면 중방동	249-1	답	371	89.04	경산군 경산면 삼남동	李相鎭
경산면 중방동	249-2	답	760	182.4	경산군 경산면 삼북동	金成水
경산면 중방동	250	답	684	164.16	경산군 경산면 삼남동	安炳吉
경산면 중방동	251	답	996	239.04	경산군 경산면 중방동	徐相孝
경산면 중방동	252	답	427	102.48	경산군 안심면 신서동	柳廷洛
경산면 중방동	253	답	1,234	296.16	동경시	조선흥업주식회사
경산면 중방동	254	답	331	79.44	경산군 경산면 중방동	徐景洙
경산면 중방동	255	답	1,451	348.24	경산군 경산면 삼남동	李鳳環
경산면 중방동	256	답	692	166.8	대구부 본정 2정목	李相岳
경산면 중방동	257	답	495	118.8	경산군 경산면 중방동	徐允壽
경산면 중방동	258	답	740	177.6	경산군 경산면 삼남동	李鳳環
경산면 중방동	259	답	315	31.5	대구부 본정 2정목	李根雨
경산면 중방동	260	답	535	128.4	경산군 경산면 중방동	俞元龍
경산면 중방동	261	답	482	115.68	대구부 본정 2정목	徐相春
경산면 중방동	262	답	341	81.84	경산군 경산면 삼남동	金土淑
경산면 중방동	263	답	637	152.88	경산군 경산면 옥곡동	鄭兒淵
경산면 중방동	264	답	1,938	465.12	동경시	조선흥업주식회사
경산면 중방동	265	답	510	122.4	대구부 본정 2정목	李相岳
경산면 중방동	266	답	1,012	242.88	경산군 경산면 중방동	徐尙基
경산면 중방동	272-2	답	233	73.45	경산군 경산면 중방동	徐錫東
경산면 중방동	275	답	278	66.72	경산군 경산면 중방동	韓在駿
경산면 중방동	276	답	907	217.68	경산군 경산면 중방동	徐晩洙
경산면 중방동	277	답	853	204.72	경산군 경산면 중방동	徐尙基
경산면 중방동	278-1	답	702	91.26	경산군 경산면 삼남동	金土淑
경산면 중방동	280-1	답	231	48.51	대구부 본정 2정목	李根雨
경산면 중방동	280-2	답	51	10.71	대구부 본정 2정목	李根雨
경산면 중방동	353	답	2,355	800.7	경산군 경산면 삼북동	金在根
경산면 중방동	354	답	321	109.14	경산군 경산면 사정동	高田眞豊

경산면 중방동	355	답	43	14.62	경산군 경산면 중방동	成好鎭
경산면 중방동	361	답	118	1.12	대구부 삼립정 141	小平道三郎
경산면 중방동	362	답	786		동경시	조선흥업주식회사
경산면 중방동	363	답	414	140.76	경산군 경산면 삼남동	安炳吉
경산면 중방동	364	답	716	257.76	대구부 삼립정 141	小平道三郎
경산면 중방동	386	답	426	132.06	경산군 경산면 중방동	徐錫㢿
경산면 중방동	387	답	278	86.18	경산군 경산면 중방동	張德相
경산면 중방동	388	답	324	100.44	경산군 경산면 중방동	鄭巾香
경산면 중방동	389	답	266	82.46	경산군 경산면 중방동	金昌瑀
경산면 중방동	390	답	2,411	747.41	동경시	조선흥업주식회사
경산면 중방동	391	답	165	47.85	경산군 경산면 중방동	徐鎭斗
경산면 중방동	394	답	286	82.94	경산군 경산면 중방동	徐鎭斗
경산면 중방동	395	답	398	123.98	경산군 경산면 중방동	徐鎭斗
경산면 중방동	396	답	278	80.62	경산군 경산면 중방동	徐錫禹
경산면 중방동	406-1	답	195	50.7	경산군 경산면 중방동	徐錫斗
경산면 중방동	406-5	답	98	25.48	경산군 경산면 중방동	徐錫斗
경산면 중방동	408	답	1,626	504.06	경산군 경산면 중방동	韓在駿
경산면 중방동	409	답	179	46.54	경산군 경산면 중방동	徐相穆
경산면 중방동	410-1	답	127	33.02	경산군 경산면 중방동	徐相穆
경산면 중방동	410-2	답	1	0.26	경산군 경산면 중방동	陳洪龜
경산면 중방동	410-5	답	8	2.08	경산군 경산면 중방동	陳洪龜
경산면 중방동	411	답	110	31.9	경산군 경산면 중방동	韓在駿
경산면 중방동	413-1	답	210	54.6	경산군 경산면 중방동	徐錫斗
경산면 중방동	413-2	답	125	8.74	경산군 경산면 중방동	徐錫榮
경산면 중방동	414-1	답	199	57.71	경산군 경산면 중방동	徐錫萬
경산면 중방동	414-2	답	79	22.91	경산군 경산면 중방동	徐錫萬
경산면 중방동	415	답	330	95.7	경산군 경산면 중방동	韓在駿
경산면 중방동	416	답	531	153.99	경산군 경산면 중방동	徐錫斗
경산면 중방동	425	답	150	39	경산군 경산면 중방동	徐錫萬
경산면 중방동	426	답	84	21.84	경산군 경산면 중방동	朴來春
경산면 중방동	427	답	333	103.23	경산군 경산면 서상동	金逑先
경산면 중방동	428	답	182	47.33	경산군 경산면 중방동	陳洪龜
경산면 중방동	438-1	답	570	165.3	경산군 경산면 중방동	徐魯洙
경산면 중방동	438-5	답	44	12.76	경산군 경산면 중방동	徐魯洙
경산면 중방동	439	답	905	262.45	경산군 자인면 북서동	張在洙
경산면 중방동	440	답	80	15.2	경산군 경산면 중방동	韓在駿
경산면 중방동	441	답	400	104	경산군 경산면 삼남동	鄭貞玉
경산면 중방동	443	답	104	30.16	경산군 경산면 서상동	金逑先
경산면 중방동	446	답	217	55.43	경산군 경산면 중방동	徐尙基
경산면 중방동	447	답	1,072	278.72	경산군 고산면 매호동	申賢均
경산면 중방동	460	답	728	189.28	경산군 경산면 중방동	徐錫禹
경산면 중방동	461	답	254	66.04	경산군 경산면 삼남동	白有鶴
경산면 중방동	462	답	420	109.2	경산군 경산면 중방동	徐尙基
경산면 중방동	463	답	395	104	경산군 경산면 중방동	徐尙基

경산면 중방동	464	답	12	3.12	경산군 경산면 중방동	徐景洙
경산면 중방동	465	답	290	89.9	경산군 경산면 중방동	徐景洙
경산면 중방동	492	답	523	135.98	경산군 경산면 서상동	金述先
경산면 중방동	493	답	508	132.08	경산군 경산면 삼남동	安炳吉
경산면 중방동	494	답	552	143.52	경산군 경산면 서상동	澤田耕治
경산면 중방동	495	답	540	140.4	대구부 본정 2정목	李根雨
경산면 중방동	496	답	786	204.36	대구부 본정 2정목	李相岳
경산면 중방동	497	답	218	63.22	경산군 경산면 삼남동	白有鶴
경산면 중방동	498	답	796	230.84	경산군 경산면 삼남동	安炳吉
경산면 중방동	499	답	164	47.56	대구부 하서정	李章雨
경산면 중방동	500	답	159	46.11	대구부 하서정	李章雨
경산면 중방동	501	답	306	88.74	경산군 경산면 중방동	金應瑞
경산면 중방동	502	답	405	117.45	경산군 안심면 신서동	柳鎭睦
경산면 중방동	503	답	559	162.11	경산군 경산면 삼남동	安炳吉
경산면 중방동	504	답	350	101.5	경산군 경산면 삼남동	安炳吉
경산면 중방동	517	답	482	173.52	경산군 경산면 삼남동	安炳吉
경산면 중방동	518	답	49	15.19	경산군 경산면 중방동	徐魯洙
경산면 중방동	519	답	209	71.06	경산군 경산면 중방동	徐相孝
경산면 중방동	523	답	9	3.24	경산군 경산면 중방동	徐相孝
경산면 중방동	524	답	48	17.28	대구시 삼립정	小平道三郎
경산면 중방동	525	답	403	137.02	경산군 경산면 삼남동	安炳圭
경산면 중방동	526	답	594	201.96	부산부 辻中	鄭戴南
경산면 중방동	527	답	327	111.18	경산군 경산면 삼남동	安炳吉
경산면 중방동	528	답	164	55.76	동경시	조선흥업주식회사
경산면 중방동	529-1	답	448	152.22	경산군 경산면 서상동	俞時同
경산면 중방동	529-2	답	544	184.96	경산군 경산면 삼북동	朴環伊
경산면 중방동	530	답	620	210.8	경산군 경산면 삼남동	安炳吉
경산면 중방동	531	답	442	150.28	경산군 경산면 삼남동	鄭貞玉
경산면 중방동	532	답	406	130.28	경산군 경산면 삼남동	安炳吉
경산면 중방동	533	답	370	125.8	경산군 경산면 삼남동	鄭貞玉
경산면 중방동	534	답	718	244.12	동경시	조선흥업주식회사
경산면 중방동	535	답	384	232.56	동경시	동척
경산면 중방동	536	답	272	92.48	경산군 경산면 삼남동	金土淑
경산면 중방동	537	전	409	65.44	경산군 경산면 삼남동	金土淑
경산면 중방동	538	답	658	236.88	동경시	조선흥업주식회사
경산면 중방동	539-1	답	1	0.36	경산군 경산면 삼남동	安國模
경산면 중방동	539-2	답	527	189.36	경산군 경산면 삼남동	安國模
경산면 중방동	540	답	8	2.88	경산군 경산면 삼남동	安國模
경산면 중방동	541	답	674	246.24	경산군 경산면 삼남동	白富興
경산면 중방동	542-1	답	4	1.44	동경시	조선흥업주식회사
경산면 중방동	542-2	답	1,041	374.76	동경시	조선흥업주식회사
경산면 중방동	543	답	571	194.14	경산군 경산면 삼남동	安國模
경산면 중방동	544	답	778	264.52	경산군 경산면 삼북동	金俊益
경산면 중방동	545	답	327	111.18	동경시	조선흥업주식회사

경산면 중방동	546	답	416	128.96	경산군 경산면 삼남동	朴能俊
경산면 중방동	547-1	답	249	77.19	경산군 경산면 중방동	徐尙基
경산면 중방동	547-2	답	186	57.66	경산군 경산면 중방동	徐尙基
경산면 중방동	548-1	답	1,447	448.57	동경시	조선흥업주식회사
경산면 중방동	548-2	답	593	183.83	동경시	조선흥업주식회사
경산면 중방동	548-3	답	161	49.91	동경시	조선흥업주식회사
경산면 중방동	549-1	답	64	19.84	경산군 경산면 삼남동	安炳吉
경산면 중방동	549-2	답	219	67.89	경산군 경산면 삼남동	安炳吉
경산면 중방동	550-1	답	240	74.4	경산군 경산면 삼남동	安炳圭
경산면 중방동	550-2	답	47	14.57	경산군 경산면 삼남동	安炳圭
경산면 중방동	551	답	532	171.12	동경시	동척
경산면 중방동	552	답	240	74.4	경산군 고산면	琴鳳圭
경산면 중방동	553	답	948	393.88	경산군 경산면 삼북동	金在根
경산면 중방동	554	답	1,705	528.55	동경시	조선흥업주식회사
경산면 중방동	555	답	519	160.89	경산군 경산면 중방동	徐景洙
경산면 중방동	556	답	669	207.39	부산부 辻中	鄭載南
경산면 중방동	557	답	402	124.62	경산군 경산면 삼남동	安炳吉
경산면 중방동	558	답	191	59.21	대구부 본정 2정목	李相岳
경산면 중방동	559	답	320	99.2	경산군 안심면 사복동	金甲鉉
경산면 중방동	560	답	244	75.64	경산군 경산면 삼남동	安炳吉
경산면 중방동	561	답	1,041	322.71	경산군 안심면 사복동	金甲鉉
경산면 중방동	562	답	16	49.6	대구부 본정 2정목	李相岳
경산면 중방동	563	답	198	61.38	경산군 안심면 사복동	金甲鉉
경산면 중방동	564	답	133	41.33	동경시	동척
경산면 중방동	568	답	96	33.64	경산군 경산면 삼남동	安炳吉
경산면 중방동	583	답	442	128.18	경산군 경산면 서상동	澤田耕治
경산면 중방동	584	답	781	226.49	경산군 경산면 삼남동	安炳吉
경산면 중방동	585	답	416	120.64	경산군 경산면 삼남동	崔學先
경산면 중방동	587	답	212	65.72	대구부 하서정	李章雨
경산면 중방동	588	답	1,293	400.85	경산군 안심면 신서동	柳廷洛
경산면 중방동	589-1	답	264			
경산면 중방동	589-2	답	250	77.5	경산군 경산면 중방동	成好鎭
경산면 중방동	592	답	412	127.72	경산군 경산면 중방동	鄭秉俊
경산면 중방동	593	전	267	50.73	경산군 경산면 중방동	張德相
경산면 중방동	599	답	199	60.76	경산군 경산면 중방동	俞九龍
경산면 중방동	600	답	293	90.83	경산군 경산면 중방동	成好鎭
경산면 중방동	601	답	60	18.6	대구부 본정 2정목	李根雨
경산면 중방동	602-1	답	151	51.34	경산군 경산면 중방동	徐景洙
경산면 중방동	602-2	답	151	51.34	경산군 경산면 중방동	徐景洙
경산면 중방동	606-1	답	106	36.04	경산군 경산면 중방동	徐相孝
경산면 중방동	606-2	답	746	253.64	경산군 경산면 중방동	徐相孝
경산면 중방동	607-2	답	294	99.96	대구부 본정 2정목	李一雨
경산면 중방동	611	답	45	13.05	경산군 경산면 중방동	徐錫皓
경산면 중방동	618		108	31.32	경산군 경산면 중방동	徐相孝

경산면 중방동	620-1	답	65	18.85	동경시	조선흥업주식회사
경산면 중방동	620-2	답	210	60.9	동경시	조선흥업주식회사
경산면 중방동	621-1	답	786	227.94	대구부 본정 2정목	李根雨
경산면 중방동	621-2	답	135	39.15	대구부 본정 2정목	李根雨
경산면 중방동	623	답	100	29	경산군 경산면 삼남동	金士淑
경산면 중방동	624	답	656	190.24	대구부 하서정	李章雨
경산면 중방동	626	답	159	100.32	동경시	동척
경산면 중방동	627	답	352	102.08	대구부 본정 2정목	李相岳
경산면 중방동	628	답	868	251.72	경산군 경산면 삼남동	金士淑
경산면 중방동	629	답	284	82.36	경산군 경산면 삼남동	安炳吉
경산면 중방동	630	답	1,286	372.94	대구부 하서정	李章雨
경산면 중방동	631	답	189	54.81	대구부 하서정	李章雨
경산면 중방동	632-1	답	528	153.12	경산군 경산면 중방동	徐錫榮
경산면 중방동	632-2	답	601	174.29	달성군 수성면 상동	秦喜墩
경산면 중방동	633	답	816	326.64	동경시	조선흥업주식회사
경산면 중방동	634	답	918	328.68	경산군 경산면 중방동	徐尙基
경산면 중방동	635	답	395	102.7	경산군 경산면 서상동	安金岩
경산면 중방동	636	답	531	138.06	경산군 경산면 중방동	徐晩洙
경산면 중방동	637-1	답	27	7.02	경산군 경산면 중방동	徐相孝
경산면 중방동	637-2	답	718	186.38	경산군 경산면 중방동	徐相孝
경산면 중방동	638-1	답	379	98.54	경산군 경산면 삼남동	安炳吉
경산면 중방동	638-2	답	3	0.7	경산군 경산면 삼남동	安炳吉
경산면 중방동	639	답	578	50.28	경산군 경산면 서상동	俞時東
경산면 중방동	640-1	답	295	76.6	경산군 경산면 삼남동	安炳吉
경산면 중방동	640-2	답	90	23.4	경산군 경산면 삼남동	安炳吉
경산면 중방동	641	답	338	87.88	대구부 본정 2정목	李相岳
경산면 중방동	642	답	1,230	319.8	경산군 경산면 중방동	徐尙基
경산면 중방동	643	답	706	183.56	경산군 경산면 중방동	金應瑞
경산면 중방동	644	답	495	128.7	대구부 본정 2정목	李相岳
경산면 중방동	645	답	494	128.44	경산군 경산면 삼남동	金士淑
경산면 중방동	646	답	242	62.92	경산군 경산면 삼남동	李鳳環
경산면 중방동	647	답	522	135.72	경산군 경산면 중방동	俞永璿
경산면 중방동	648-1	답	273	70.98	경산군 경산면 중방동	徐尙基
경산면 중방동	648-2	답	208	54.08	경산군 경산면 중방동	徐錫弼
경산면 중방동	648-3	답	114	29.64	경산군 경산면 중방동	徐尙基
경산면 중방동	648-4	답	6	1.56	경산군 경산면 삼남동	李正烈
경산면 중방동	649	답	1,068	256.32	경산군 안심면 신서동	柳廷洛
경산면 중방동	650	답	485	116.4	경산군 경산면 삼남동	安炳吉
경산면 중방동	651	답	624	149.76	경산군 경산면 서상동	崔敬亨
경산면 중방동	652	답	744	178.56	경산군 경산면 중방동	徐晩洙
경산면 중방동	653	답	336	80.64	경산군 경산면 삼남동	安炳吉
경산면 중방동	655	답	615	147.6	경산군 경산면 중방동	李相孝
경산면 중방동	656	답	682	163.68	경산군 경산면 중방동	金應瑞
경산면 중방동	657	답	540	129.6	대구부 하서정	李章雨

경산면 중방동	659	답	1,221	293.04	대구부 본정 2정목	李根雨
경산면 중방동	660	답	784	188.16	경산군 경산면 중방동	徐錫東
경산면 중방동	661	답	508	121.92	경산군 안심면 신서동	柳珏洛
경산면 중방동	662-1	답	1,602	384.48	대구부 본정 2정목	李相岳
경산면 중방동	662-2	답	54	3.96	대구부 본정 2정목	李相岳
경산면 중방동	663-1	답	670	174.2	경산군 경산면 삼남동	李學秀
경산면 중방동	663-2	답	15	3.9	경산군 경산면 삼남동	李學秀
경산면 중방동	664-1	답	255	66.3	경산군 경산면 삼북동	金重五
경산면 중방동	664-2	답	820	213.2	경산군 경산면 삼북동	金重五
경산면 중방동	665	답	600	156	대구부 본정 2정목	李相岳
경산면 중방동	666	답	368	95.68	경산군 경산면 삼남동	安炳吉
경산면 중방동	667	답	466	121.16	경산군 경산면 중방동	徐憲洙
경산면 중방동	668	답	608	158.08	경산군 경산면 중방동	徐相孝
경산면 중방동	669	답	2,016	524.16	대구부 본정 2정목	李相岳
경산면 중방동	670	답	710	184.6	경산군 경산면 삼남동	金士淑
경산면 중방동	671	답	766	199.16	경산군 경산면 서상동	金桓伊
경산면 중방동	672	답	445	115.7	경산군 경산면 삼남동	朴元得
경산면 중방동	673	답	597	155.22	대구부 본정 2정목	李相岳
경산면 중방동	675	답	616	160.16	대구부 본정 2정목	李根雨
경산면 중방동	676-1	답	529	127.54	동경시	조선흥업주식회사
경산면 중방동	676-2	답	31	8.06	동경시	조선흥업주식회사
경산면 중방동	677-1	답	464	120.64	부산부 辻中	鄭戴南
경산면 중방동	677-2	답	11	2.86	부산부 辻中	鄭戴南
경산면 중방동	678-1	답	297	77.22	경산군 경산면 삼북동	金重五
경산면 중방동	678-2	답	9	2.34	경산군 경산면 삼북동	金重五
경산면 중방동	678-3	답	79	20.54	경산군 경산면 삼북동	金重五
경산면 중방동	679	답	294	76.44	부산부 辻中	鄭戴南
경산면 중방동	722-1	답	400	156.26	경산군 경산면 삼남동	鄭貞玉
경산면 중방동	722-2	답	4	1.04	경산군 경산면 삼남동	鄭貞玉
경산면 중방동	723-1	답	214	55.64	경산군 경산면 중방동	俞永璿
경산면 중방동	723-2	답	64	16.64	경산군 경산면 중방동	俞永璿
경산면 중방동	724-1	답	53	13.78	경산군 안심면 신서동	柳延洛
경산면 중방동	724-2	답	31	8.06	경산군 안심면 신서동	柳延洛
경산면 중방동	724-3	답	12	3.12	경산군 안심면 신서동	柳延洛
경산면 중방동	725	답	274	79.46	경산군 경산면 중방동	加藤林八
경산면 중방동	727-1	답	11	2.66	경산군 경산면 중방동	川井田金太郎
경산면 중방동	727-2	답	456	118.56	경산군 경산면 중방동	川井田金太郎
경산면 중방동	728	답	145	37.7	대구부 하서정	鄭海鵬
경산면 중방동	737	답	740	314.6	경산군 경산면 중방동	徐景洙
경산면 중방동	738	답	429	124.41	동경시	조선흥업주식회사
경산면 중방동	770	전	312	96.72	경산군 안심면 사복동	金甲鉉

경산면 신교동	지번	지목	지적 (명)	지세가격 (원)	주소	씨명
경산면 신교동	1	답	653	189.08	경산군 경산면 삼북동	朴環伊
경산면 신교동	2	답	168	48.72	경산군 경산면 삼남동	安炳吉
경산면 신교동	3	답	245	71.05	대구부 입정	鄭鳳鎭
경산면 신교동	4	답	230	66.7	동경시	조선흥업주식회사
경산면 신교동	5	답	258	74.82	경산군 경산면 삼남동	李相冕
경산면 신교동	6	답	106	30.74	경산군 경산면 삼남동	安炳吉
경산면 신교동	33	답	109	31.61	경산군 경산면 상방동	朴正述
경산면 신교동	34	답	134	38.86	경산군 경산면 삼북동	李明淑
경산면 신교동	37	답	64	18.56	달성군 성북면	金玉卿
경산면 신교동	40	답	136	40.96	경산군 경산면 삼북동	俞晴淑
경산면 신교동	41	답	95	27.55	달성군 성북면	金玉卿
경산면 신교동	42	답	285	82.65	동경시	조선흥업주식회사
경산면 신교동	43	답	423	122.67	경산군 경산면 삼남동	安炳吉
경산면 신교동	44	답	435	126.15	경산군 경산면 삼남동	金士淑
경산면 신교동	45	답	225	65.25	경산군 경산면 삼남동	安炳吉
경산면 신교동	48	답	97	28.13	경산군 경산면 삼남동	安炳吉
경산면 신교동	51	답	126	32.76	청도군 화양면 송금동	李鍾河
경산면 신교동	52	답	28	7.28	경산군 경산면 삼남동	安炳吉
경산면 신교동	60-1	답	43	4.3	경산군 경산면 삼남동	경산군학교비
경산면 신교동	64	답	111	32.19	경산군 경산면 삼남동	安炳吉
경산면 신교동	72	답	201	52.26	경산군 경산면 삼남동	安炳吉
경산면 신교동	73	답	248	64.48	경산군 경산면 삼남동	安炳吉
경산면 신교동	74	답	456	28.56	경산군 경산면 삼남동	況海性
경산면 신교동	75	답	387	100.62	경산군 경산면 삼남동	安炳吉
경산면 신교동	76	답	1,653	429.78	경산군 경산면 삼남동	安炳吉
경산면 신교동	77	답	486	126.36	경산군 경산면 백천동	鄭喜善
경산면 신교동	78	답	584	169.36	경산군 경산면 백천동	鄭喜善
경산면 신교동	79	답	274	79.46	경산군 경산면 삼남동	安炳吉
경산면 신교동	80-1	답	900	100.92	경산군 경산면 백천동	鄭喜善
경산면 신교동	80-2	답	438	127.02	경산군 경산면 백천동	鄭喜善
경산면 신교동	80-3	답	272	78.88	경산군 경산면 백천동	鄭喜善
경산면 신교동	81	답	327	94.83	경산군 경산면 삼남동	安炳吉
경산면 신교동	82	답	345	100.05	경산군 경산면 삼남동	安炳吉
경산면 신교동	83	답	195	56.55	경산군 경산면 상방동	韓始愈
경산면 신교동	91	답	174	50.46	경산군 경산면 삼남동	安炳吉
경산면 신교동	92	답	313	90.77	경산군 경산면 삼남동	安炳吉
경산면 신교동	93	답	260	75.4	경산군 경산면 삼남동	安炳吉
경산면 신교동	95	답	123	25.67	경산군 경산면 삼남동	安炳吉
경산면 신교동	96	답	288	83.07	경산군 경산면 삼남동	李琛彦
경산면 신교동	97	답	519	150.31	경산군 경산면 서상동	澤田耕治
경산면 신교동	98	답	244	70.76	경산군 경산면 삼남동	金士淑
경산면 신교동	99	답	156	45.24	경산군 경산면 삼남동	安炳吉

경산군 임당동	지번	지목	지적 (평)	지세가격 (원)	주소	씨명
경산군 임당동	1	전	158	32.6	경산군 경산면 삼남동	金龍亐
경산군 임당동	3	전	150	47.8	경산군 경산면 대정동	高橋米市
경산군 임당동	4	전	56	15.6	경산군 경산면 대정동	高橋米市
경산군 임당동	5	전	451	83.07	대구부 금정	龜石磯太郎
경산군 임당동	6	전	409	72.93	경산군 압량면 금구동	姜永壹
경산군 임당동	7	전	428	67.6	경산군 안심면 사복동	鄭敬朝
경산군 임당동	8	전	629	81.77	대구부상수면	
경산군 임당동	10	전	1,135	121.6	경산군 경산면 삼남동	金士淑
경산군 임당동	11	전	744	96.72	경산군 경산면 대정동	宋閏生
경산군 임당동	12	전	698	90.74	경산군 경산면 대정동	佐藤彌助
경산군 임당동	13	전	652	84.76	경산군 경산면 서상동	澤田耕治
경산군 임당동	14	전	572	74.66	달성군 수성면 상동	秦喜墩
경산군 임당동	15	전	869	112.97	달성군 수성면 황정동	姜錫會
경산군 임당동	16	전	418	41.8	경산군 자인면 서부동	姜文佑
경산군 임당동	17	전	84	8.4	경산군 경산면 임당동	鄭石述
경산군 임당동	18	전	59	5.9	경산군 경산면 임당동	鄭石述
경산군 임당동	19	전	684	68.4	경산군 경산면 대정동	鄭鳳植
경산군 임당동	20	전	624	61.4	경산군 남산면 조곡동	金道煥
경산군 임당동	21	전	988	128.44	대구부 수북면 황정동	裵基煥
경산군 임당동	22	전	886	115.18	경산군 경산면 대평동	徐大基
경산군 임당동	23	전	513	66.69	경산군 경산면 임당동	鄭石述
경산군 임당동	24	전	536	69.68	경산군 경산면 임당동	李錫祚
경산군 임당동	25	전	390	50.7	달성군 수성면 황정동	姜錫會
경산군 임당동	26	전	364	47.32	경산군 경산면 임당동	李錫祚
경산군 임당동	27	전	724	94.12	경산군 경산면 임당동	李甲龍
경산군 임당동	28	전	668	86.84	대구부 하서정	鄭海鵬
경산군 임당동	30	전	305	39.27	경산군 경산면 중방동	徐錫榮
경산군 임당동	31	전	970	126.1	경산군 경산면 삼남동	安炳吉
경산군 임당동	32	전	490	63.7	경산군 경산면 임당동	玄學穆
경산군 임당동	33	전	502	65.26	경산군 경산면 임당동	朴丙俊
경산군 임당동	34	전	1,080	140.4	경산군 경산면 삼남동	金士淑
경산군 임당동	35	전	850	85	대구부 하서정	鄭海鵬
경산군 임당동	36	전	814	105.82	경산군 경산면 임당동	金旦岩
경산군 임당동	37	전	536	37.52	동경시	조선흥업주식회사
경산군 임당동	38	전	732	73.2	달성군 수성면 황정동	姜錫會
경산군 임당동	39	전	519	67.47	경산군 경산면 삼북동	榮柳仙
경산군 임당동	40	전	483	62.79	대구부 남산정	李錫龍
경산군 임당동	41	전	558	72.54	경산군 경산면 임당동	朴永甲
경산군 임당동	42	전	828	107.64	경산군 경산면 중방동	川井田金太郎
경산군 임당동	43	전	1,110	144.3	경산군 경산면 임당동	金籬
경산군 임당동	44	전	508	65.78	경산군 경산면 대평동	元是化
경산군 임당동	45	전	1,085	141.05	동경시	조선흥업주식회사
경산군 임당동	46	전	340	34	경산군 경산면 임당동	鄭石述

경산군 임당동	47	전	658	85.54	경산군 경산면 대정동	高橋米市
경산군 임당동	48	전	692	69.2	달성군 해안면 불로동	申琴村
경산군 임당동	49	전	678	67.8	경산군 경산면 임당동	朴坤伊
경산군 임당동	50	전	655	65.5	경산군 경산면 중방동	徐尙基
경산군 임당동	51	전	716	71.6	경산군 경산면 서상동	澤田耕治
경산군 임당동	52	전	555	38.89	경산군 고산면 삼덕동	宋秉祚
경산군 임당동	53	전	339	23.73	경산군 남천면 금부동	石有楨
경산군 임당동	54	전	476	33.32	동경시	조선흥업주식회사
경산군 임당동	55	전	323	22.61	경산군 경산면 임당동	李花連
경산군 임당동	56	전	558	39.06	경산군 경산면 임당동	鄭石述
경산군 임당동	57	전	615	43.05	경산군 경산면 임당동	鄭春得
경산군 임당동	58	전	549	54.9	경산군 경산면 대평동	徐錫童
경산군 임당동	59	전	368	36.8	대구부 금정	龜石磯太郎
경산군 임당동	60	전	531	37.17	대구부 본정 2정목	李相岳
경산군 임당동	61	전	672	47.04	동경시	조선흥업주식회사
경산군 임당동	62	전	831	58.17	경산군 경산면 임당동	玄學穆
경산군 임당동	63	전	245	17.15	경산군 경산면 중방동	徐尙基
경산군 임당동	64	전	194	194.4	동경시	조선흥업주식회사
경산군 임당동	65	전	130	13	경산군 경산면 중방동	徐尙基
경산군 임당동	66	전	36	3.6	경산군 경산면 임당동	殷甲杓
경산군 임당동	67	전	969	96.9	경산군 경산면 임당동	李錫祉
경산군 임당동	68	전	1,005	70.35	경산군 안심면 상해동	呂遠伊
경산군 임당동	69	전	1,383	96.81	대구부 하서정	鄭海鵬
경산군 임당동	70	전	528	52.8	경산군 경산면 임당동	金遠述
경산군 임당동	71	전	45	4.5	경산군 경산면 삼남동	安炳吉
경산군 임당동	72	전	1,712	119.84	경산군 경산면 삼남동	安炳吉
경산군 임당동	73	전	807	56.49	경산군 경산면 대정동	蔣箕煥
경산군 임당동	74	전	420	29.4	경산군 경산면 임당동	朴斗元
경산군 임당동	75	전	678	47.46	경산군 경산면 대정동	鄭源珉
경산군 임당동	76	전	705	49.35	경산군 경산면 임당동	玄方佑
경산군 임당동	77	전	692	48.44	경산군 경산면 임당동	崔道元
경산군 임당동	78	전	1,014	70.96	경산군 경산면 임당동	朴根東
경산군 임당동	79	전	495	34.65	대구부 하서정	鄭海鵬
경산군 임당동	80	전	528	52.8	대구부 하서정	鄭海鵬
경산군 임당동	81	전	76	3.04	경산군 경산면 임당동	朴根東
경산군 임당동	82	전	676	67.6	경산군 남산면 사월동	朴泰洪
경산군 임당동	83	전	324	32.4	경산군 경산면 임당동	鄭甲述
경산군 임당동	84	전	434	43.4	경산군 경산면 임당동	鄭春得
경산군 임당동	85	전	134	13.4	동경시	조선흥업주식회사
경산군 임당동	86	전	744	74.4	동경시	조선흥업주식회사
경산군 임당동	87	전	336	33.6	경산군 경산면 임당동	鄭春得
경산군 임당동	88	전	500	50	경산군 경산면 옥곡동	鄭周萬
경산군 임당동	89	전	741	74.1	경산군 경산면 임당동	玄學穆
경산군 임당동	90	전	297	29.7	경산군 경산면 임당동	鄭甲述

경산군 임당동	91	전	147	14.7	경산군 경산면 임당동	殷甲杓
경산군 임당동	92	전	561	56.1	경산군 경산면 임당동	徐尙基
경산군 임당동	93	전	279	27.9	동경시	조선흥업주식회사
경산군 임당동	94	전	310	21.7	경산군 경산면 중방동	徐尙基
경산군 임당동	95	전	640	44.8	경산군 경산면 대평동	徐錫重
경산군 임당동	96	전	447	31,29	경산군 경산면 임당동	金奉根
경산군 임당동	97	전	706	49,42	경산군 경산면 임당동	朴泰珍
경산군 임당동	98	전	132	9,24	경산군 경산면 임당동	朴鍾斗
경산군 임당동	99	전	123	8,61	경산군 경산면 임당동	鄭石述
경산군 임당동	100	전	79	5,53	경산군 경산면 임당동	李花連
경산군 임당동	101	전	60	6	경산군 고산면 삼덕동	宋秉祚
경산군 임당동	102	전	494	34,58	대구부 수북면 황정동	裴玆永
경산군 임당동	103	전	489	34,23	경산군 경산면 임당동	鄭德龍
경산군 임당동	104	전	531	53,1	경산군 경산면 대평동	徐錫重
경산군 임당동	105	전	615	61.5	경산군 경산면 임당동	殷甲杓
경산군 임당동	106	전	573	57.3	경산군 경산면 임당동	柳太連
경산군 임당동	107	전	1,252	125.2	경산군 경산면 임당동	金光斗
경산군 임당동	108	전	1,000	70	대구부 하서정	鄭海鵬
경산군 임당동	109	전	666	66.6	동경시	동척
경산군 임당동	110	전	1,018	71.26	달성군 수성면 황정동	姜錫會
경산군 임당동	112	전	277	37.03	대구부 동성정 2정목	李尙淳
경산군 임당동	113	전	444	40.88	경산군 경산면 중방동	徐錫殷
경산군 임당동	114	전	286	25.62	경산군 경산면 임당동	鄭德龍
경산군 임당동	115	전	301	26.67	경산군 경산면 대평동	徐錫重
경산군 임당동	116	전	630	53.06	동경시	조선흥업주식회사
경산군 임당동	117	전	584	42.56	경산군 경산면 대평동	徐錫重
경산군 임당동	118	전	339	23.73	경산군 경산면 임당동	許稔
경산군 임당동	119	전	567	39.69	경산군 경산면 임당동	裴炳在
경산군 임당동	120	전	266	18.62	경산군 경산면 임당동	李錫禧
경산군 임당동	121	전	652	49.56	경산군 안심면 동내동	蔡學洞
경산군 임당동	122	전	778	65.38	경산군 경산면 임당동	金九龍
경산군 임당동	123	전	392	27.44	경산군 고산면 芦辻동	金九奉
경산군 임당동	124	전	273	27.3	경산군 경산면 임당동	金九龍
경산군 임당동	125	전	754	75.4	대구부 하서정	鄭海鵬
경산군 임당동	126	전	562	39.34	경산군 경산면 임당동	金九龍
경산군 임당동	127	전	718	71.8	경산군 경산면 임당동	芮壬得
경산군 임당동	128	전	680	68	대구부 본정 2정목	李桐岳
경산군 임당동	129	전	903	90.3	달성군 수성면 상동	秦喜墩
경산군 임당동	130	전	954	95.4	대구부 하서정	鄭海鵬
경산군 임당동	131	전	1,064	74.48	경산군 경산면 삼남동	安炳吉
경산군 임당동	132	전	224	15.68	경산군 고산면 매호동	申賢均
경산군 임당동	133	전	879	61.53	동경시	조선흥업주식회사
경산군 임당동	134	전	294	20.58	경산군 고사면 매호동	申賢均
경산군 임당동	135-1	전	407	28.49	경산군 경산면 임당동	金亐岩

경산군 임당동	135-2	전	411	28.77	경산군 자인면 서부동	姜文佑
경산군 임당동	136-1	전	569	56.9	경산군 경산면 임당동	李錫祉
경산군 임당동	136-2	전	120	12	경산군 경산면 임당동	李錫祉
경산군 임당동	137	전	858	85.8	대구부 시장정	李載煥
경산군 임당동	138	전	616	61.6	경산군 경산면 중방동	徐尙基
경산군 임당동	139	전	748	74.8	경산군 경산면 임당동	崔太連
경산군 임당동	140	전	380	26.6	경산군 경산면 대동	李圭元
경산군 임당동	141	전	404	28.28	경산군 경산면 임당동	玄致穆
경산군 임당동	142	전	424	29.68	경산군 압량면 금구동	金容元
경산군 임당동	143	전	564	56.4	경산군 경산면 임당동	玄基述
경산군 임당동	144	전	832	83.2	경산군 경산면 임당동	金光斗
경산군 임당동	145-1	전	428	42.8	경산군 경산면 임당동	芮壬得
경산군 임당동	145-2	전	122	12.2	경산군 경산면 임당동	芮壬得
경산군 임당동	146	전	634	63.4	대구부 서상면 남산동	李庚幸
경산군 임당동	147	전	459	45.9	경산군 경산면 임당동	裵炳在
경산군 임당동	148	전	558	55.8	경산군 경산면 임당동	金仁權
경산군 임당동	149-1	전	274	27.4	경산군 경산면 임당동	金東植
경산군 임당동	149-2	전	117	11.7	경산군 경산면 임당동	金東植
경산군 임당동	150-1	전	498	49.8	경산군 경산면 임당동	許稔
경산군 임당동	150-2	전	7	0.7	경산군 경산면 임당동	許稔
경산군 임당동	151	전	602	60.2	경산군 경산면 임당동	朴泰珍
경산군 임당동	152-1	전	466	46.6	경산군 경산면 중방동	韓炳斗
경산군 임당동	152-2	전	100	10	경산군 경산면 중방동	韓炳斗
경산군 임당동	153-1	전	636	63.6	달성군 수성면 상동	秦喜墩
경산군 임당동	153-2	전	169	16.9	달성군 수성면 상동	秦喜墩
경산군 임당동	154	전	560	56	동경시	동척
경산군 임당동	155-1	전	504	50.4	경산군 경산면 삼남동	安炳吉
경산군 임당동	155-2	전	65	6.5	경산군 경산면 삼남동	安炳吉
경산군 임당동	156-2	답	542	75.88	경산군 경산면 임당동	鄭在仁
경산군 임당동	157	답	702	98.28	대구부 금정	龜石磯太郎
경산군 임당동	158-1	답	379	56.06	경산군 경산면 삼남동	安炳吉
경산군 임당동	159-2	답	44	6.6	경산군 경산면 임당동	金九龍
경산군 임당동	162	전	28	2.8	대구부 하서정	鄭海鵬
경산군 임당동	163	전	910	91	대구부 하서정	鄭海鵬
경산군 임당동	164	전	638	63.8	경산군 경산면 대동	俞昌植
경산군 임당동	165	전	606	60.6	경산군 경산면 대동	池翰鎬
경산군 임당동	166	전	388	38.8	경산군 경산면 임당동	金仁權
경산군 임당동	167	전	995	99.5	달성군 수성면 황정동	姜錫會
경산군 임당동	168-1	전	467	46.7	달성군 수성면 황정동	姜錫會
경산군 임당동	168-2	전	55	5.5	경산군 경산면 임당동	朴炳元
경산군 임당동	169-1	전	88	8.8	경산군 경산면 대평동	高山村多
경산군 임당동	169-2	전	81	8.1	경산군 경산면 대평동	高山村多
경산군 임당동	170	전	549	54.9	대구부 하서정	鄭海鵬
경산군 임당동	171	전	680	68	동경시	조선흥업주식회사

경산군 임당동	172	전	771	77.1	경산군 남산면 반용동	玄錫杓
경산군 임당동	173	전	567	56.7	경산군 경산면 임당동	朴炳俊
경산군 임당동	174-1	전	606	60.6	경산군 경산면 임당동	金甲順
경산군 임당동	174-2	전	536	53.6	달성군 수성면 황정동	姜錫會
경산군 임당동	175	전	538	37.6	경산군 안심면 동내동	荣學洞
경산군 임당동	176	전	1,070	107	경산군 경산면 임당동	玄學穆
경산군 임당동	177	전	1,593	193.3	경산군 경산면 임당동	玄照
경산군 임당동	178	전	488	48.8	경산군 경산면 임당동	裴今順
경산군 임당동	179	전	608	60.8	동경시	조선흥업주식회사
경산군 임당동	180	전	304	30.4	경산군 경산면 삼남동	李相冕
경산군 임당동	181	전	359	35.9	경산군 경산면 임당동	朴致陽
경산군 임당동	182	전	470	47	경산군 경산면 임당동	朴八萬
경산군 임당동	183	전	456	45.6	경산군 경산면 임당동	裴炳在
경산군 임당동	184	전	5	0.5	경산군 경산면 임당동	朴炳俊
경산군 임당동	185	전	1,360	136	경산군 경산면 중방동	徐錫宗
경산군 임당동	186	전	882	88.2	경산군 경산면 임당동	朴亨錫
경산군 임당동	187	전	477	47.7	경산군 경산면 임당동	鄭得生
경산군 임당동	188	전	460	46	경산군 경산면 임당동	金東植
경산군 임당동	189	전	648	64.8	경산군 경산면 임당동	金饒
경산군 임당동	190	전	375	37.5	경산군 고산면 매호동	申賢均
경산군 임당동	191	전	327	32.7	경산군 경산면 임당동	金且岩
경산군 임당동	257-1	답	900	153	경산군 경산면 삼남동	安炳吉
경산군 임당동	257-2	답	810	137.7	경산군 경산면 삼남동	安炳吉
경산군 임당동	258-1	답	96	16.32	경산군 경산면 임당동	鄭石述
경산군 임당동	258-2	답	157	26.69	경산군 경산면 임당동	鄭石述
경산군 임당동	259	답	79	13.43	경산군 경산면 임당동	鄭石述
경산군 임당동	260-2	답	113	19.11	경산군 경산면 임당동	崔太達
경산군 임당동	264	답	64	7.68	경산군 경산면 임당동	裴炳在
경산군 임당동	266	전	146	24.82	경산군 경산면 임당동	金斗璇
경산군 임당동	268	답	146	24.82	경산군 경산면 삼북동	蔡柳仙
경산군 임당동	285	답	684	116.28	경산군 경산면 임당동	玄照
경산군 임당동	286	답	464	88.16	대구부 본정 2정목	李相岳
경산군 임당동	287	답	61	10.37	경산군 경산면 임당동	朴炳大
경산군 임당동	289	답	60	7.2	경산군 경산면 임당동	陳成德
경산군 임당동	290	답	1,071	128.52	달성군 수성면 상동	秦喜墩
경산군 임당동	291	전	346	13.84	달성군 수성면 상동	秦喜墩
경산군 임당동	292	답	544	54.48	대구부 동성정 1-2	宮井正一
경산군 임당동	293	답	418	50.16	대구부 동성정 1-2	宮井正一
경산군 임당동	296	답	264	44.88	동경시	조선흥업주식회사
경산군 임당동	297	답	265	45.05	경산군 경산면 임당동	임당동
경산군 임당동	298	답	146	24.82	동경시	조선흥업주식회사
경산군 임당동	299	답	457	86.83	달성군 수성면 상동	秦喜墩
경산군 임당동	303	답	158	30.02	경산군 경산면 대정동	蔣箕煥
경산군 임당동	304	답	1,775	372.75	대구부 본정 2정목	李根雨

경산군 임당동	305	답	70	13.3	경산군 경산면 임당동	玄學穆
경산군 임당동	306	답	819	171.99	대구부 본정 2정목	李相岳
경산군 임당동	307	답	309	64.68	경산군 경산면 임당동	芮壬得
경산군 임당동	308	답	242	33.88	경산군 경산면 임당동	朴致陽
경산군 임당동	309	답	247	34.58	경산군 경산면 임당동	鄭石述
경산군 임당동	310	답	188	39.48	경산군 경산면 임당동	玄學穆
경산군 임당동	311	답	633	132.93	경산군 경산면 삼남동	安炳吉
경산군 임당동	312-1	답	109	22.89	경산군 경산면 삼남동	安炳吉
경산군 임당동	312-2	답	6	1.26	경산군 경산면 삼남동	安炳吉
경산군 임당동	313-1	답	56	11.76	달성군 성북면	朴喜中
경산군 임당동	313-2	답	31	6.51	경산군 경산면 중방동	宇野龜喜
경산군 임당동	314-1	답	84	15.96	대구부 본정 2정목	李相岳
경산군 임당동	314-2	답	25	4.75	대구부 본정 2정목	李相岳
경산군 임당동	319-2	답	2	0.38	경산군 경산면 삼남동	李正勳
경산군 임당동	320	답	23	4.37	경산군 경산면 삼남동	李正勳
경산군 임당동	321	답	167	31.73	경산군 경산면 삼남동	安炳吉
경산군 임당동	322-1	답	92	19.32	경산군 경산면 삼남동	安炳吉
경산군 임당동	322-2	답	82	17.22	경산군 경산면 삼남동	安炳吉
경산군 임당동	321	답	676	141.96	대구부 남산정	李圭永
경산군 임당동	323-2	답	45	9.45	대구부 남산정	李圭永
경산군 임당동	333	답	573	120.33	경산군 경산면 임당동	金籏
경산군 임당동	334	답	590	123.9	대구부 금정	龜石磯太郎
경산군 임당동	335	답	561	106.59	대구부 하서정	徐性可
경산군 임당동	336	답	423	88.83	경산군 고산면 芦辻동	鄭今順
경산군 임당동	337	답	1,496	314.16	경산군 경산면 임당동	金燻
경산군 임당동	338	답	822	156.18	달성군 수성면 상동	秦喜墩
경산군 임당동	339	답	542	102.98	동경시	조선흥업주식회사
경산군 임당동	340	답	538	102.22	경산군 경산면 임당동	金燻
경산군 임당동	341	답	980	186.2	달성군 달서면 신천동	金元得
경산군 임당동	342	답	615	129.15	경산군 경산면 임당동	金光旭
경산군 임당동	343	답	723	151.83	경산군 경산면 삼남동	安炳吉
경산군 임당동	344	답	280	58.8	대구부 하서정	鄭海鵬
경산군 임당동	345	답	550	115.5	경산군 경산면 임당동	鄭春得
경산군 임당동	346	답	464	97.44	경산군 경산면 임당동	金且岩
경산군 임당동	347	답	501	105.21	경산군 경산면 임당동	玄燻
경산군 임당동	348	답	666	139.86	대구부 원정	江川久之助
경산군 임당동	349	답	240	45.6	경산군 경산면 임당동	金光斗
경산군 임당동	350	답	620	130.2	경산군 경산면 삼남동	金士淑
경산군 임당동	351	답	1,698	322.62	대구부 본정 2정목	李相岳
경산군 임당동	352	답	1,190	226.61	대구부 동성정 2정목	徐丙圭
경산군 임당동	353	답	512	87.04	달성군 수성면 상동	秦喜墩
경산군 임당동	354	답	743	126.31	대구부 하서정	鄭海鵬
경산군 임당동	355	답	952	161.84	달성군 공산면 지묘동	崔在敎
경산군 임당동	356	답	892	151.64	경산군 경산면 대정동	鄭源國

경산군 임당동	357	답	572	108.68	대구부 동성정 2정목	徐丙圭
경산군 임당동	358	답	404	76.76	경산군 경산면 중방동	川井田金太郎
경산군 임당동	359	답	285	54.15	동경시	동척
경산군 임당동	360	답	548	93.16	경산군 경산면 삼남동	安炳吉
경산군 임당동	361	답	435	73.92	경산군 경산면 대정동	宋秉夏
경산군 임당동	362-1	답	458	87.02	달성군 수성면 황정동	姜錫會
경산군 임당동	362-2	답	13	2.47	달성군 수성면 황정동	姜錫會
경산군 임당동	363-1	답	380	72.2	대구부 남산정	李圭永
경산군 임당동	363-2	답	41	7.79	대구부 남산정	李圭永
경산군 임당동	364	답	444	62.16	동경시	近藤滋彌
경산군 임당동	365	답	778	108.92	경산군 경산면 임당동	金瀌
경산군 임당동	366	답	664	92.96	대구부 본정 2정목	李相岳
경산군 임당동	367	답	603	84.42	대구부 금정	龜石磯太郎
경산군 임당동	368	답	291	40.74	동경시	동척
경산군 임당동	369	답	834	141.78	대구부 본정 2정목	李相岳
경산군 임당동	370	답	752	127.84	동경시	동척
경산군 임당동	371	답	400	68	경산군 경산면 임당동	鄭石述
경산군 임당동	372	답	408	69.36	달성군성북면침산동	朴喜中
경산군 임당동	373	답	711	120.87	대구부 본정 2정목	李根雨
경산군 임당동	374	답	1,107	188.19	동경시	동척
경산군 임당동	375	답	158	116.86	경산군 경산면 임당동	李熙敏
경산군 임당동	376	답	744	104.16	경산군 경산면 대정동	徐大基
경산군 임당동	377	답	348	48.72	동경시	동척
경산군 임당동	378	답	372	52.08	달성군 공산면 지묘동	崔在敎
경산군 임당동	379	답	741	103.74	동경시	동척
경산군 임당동	380	답	256	35.84	경주군 산내면 대현동	曺榮煥
경산군 임당동	381	답	705	98.7	달성군성북면침산동	朴喜中
경산군 임당동	382	답	1,224	174.36	동경시	동척
경산군 임당동	383	답	854	119.56	동경시	조선흥업주식회사
경산군 임당동	384	답	1,142	159.88	대구부 본정 2정목	李相岳
경산군 임당동	385	답	580	81.2	대구부 금정	龜石磯太郎
경산군 임당동	386	답	572	80.08	경산군 경산면 대정동	鄭源國
경산군 임당동	387	답	876	122.64	동경시	近藤滋彌
경산군 임당동	388	답	894	125.16	동경시	동척
경산군 임당동	389	답	952		동경시	동척
경산군 임당동	390	답	621	86.94	동경시	조선흥업주식회사
경산군 임당동	391	답	600	84	경산군 경산면 임당동	芮壬得
경산군 임당동	392	답	514	71.96	대구부 금정	龜石磯太郎
경산군 임당동	393	답	705	98.7	동경시	동척
경산군 임당동	394	답	381	72.39	경산군 고산면 성동	金永斗
경산군 임당동	395-1	답	362	68.78	경산군 경산면 임당동	李甲龍
경산군 임당동	395-2	답	208	39.52	경산군 경산면 임당동	裵炳在
경산군 임당동	396-1	답	207	39.33	경산군 경산면 계양동	丸田乙市
경산군 임당동	396-2	답	81	15.39	경산군 경산면 계양동	丸田乙市

경산군 임당동	397-1	답	325	61.75	경산군 경산면 삼남동	金士淑
경산군 임당동	397-2	답	326	42.94	경산군 경산면 삼남동	金士淑
경산군 임당동	398-1	답	238	40.46	대구부 서상정 서내동	張性辰
경산군 임당동	398-2	답	308	52.38	대구부 서상정 서내동	張性辰
경산군 임당동	399-1	답	253	43.02	경산군 경산면 임당동	崔太達
경산군 임당동	400-1	답	410	69.7	경산군 경산면 임당동	崔太達
경산군 임당동	400-2	답	2	0.34	경산군 경산면 임당동	崔又述
경산군 임당동	401	답	458	77.86	동경시	동척
경산군 임당동	402	답	608	103.36	달성군 공산면 지묘동	崔在敎
경산군 임당동	403	답	204	34.68	대구부 하서정	鄭海鵬
경산군 임당동	404	답	538	91.46	동경시	조선흥업주식회사
경산군 임당동	405	답	278	47.26	경산군 경산면 임당동	朴炳俊
경산군 임당동	406	답	780	132.6	경산군 경산면 중방동	鄭秉俊
경산군 임당동	407	답	759	129.03	대구부 원정	江川久之助
경산군 임당동	408	답	555	94.35	대구부 동운정	宮井正一
경산군 임당동	409	답	460	78.2	달성군 공산면 지묘동	崔在敎
경산군 임당동	410	답	1,020	173.4	경산군 경산면 삼남동	安炳吉
경산군 임당동	411-1	답	335	63.65	경산군 남천면 산전동	慶興寺
경산군 임당동	411-2	답	277	22.63	경산군 남천면 산전동	慶興寺
경산군 임당동	412	답	208	35.36	경산군 안심면 신서동	柳庚福
경산군 임당동	413-1	답	287	48.79	경산군 경산면 임당동	許稔
경산군 임당동	413-2	답	266	45.22	경산군 경산면 임당동	許稔
경산군 임당동	414	답	693	27.81	동경시	조선흥업주식회사
경산군 임당동	415	답	676	24.92	경산군 남천면 협석동	安興寺
경산군 임당동	416	답	353	56.61	경산군 경산면 삼남동	安炳吉
경산군 임당동	417	답	519	98.61	달성군 수성면 상동	秦喜墩
경산군 임당동	418	답	242	41.14	경산군 경산면 임당동	朴逸秀
경산군 임당동	419-1	답	384	65.28	대구부 하서정	徐性可
경산군 임당동	419-2	답	256	43.52	대구부 하서정	徐性可
경산군 임당동	420-1	답	494	83.98	경산군 경산면 임당동	鄭春得
경산군 임당동	420-2	답	290	49.3	경산군 경산면 임당동	鄭春得
경산군 임당동	421	답	651	110.67	대구부 본정 2정목	李根雨
경산군 임당동	422	답	674	114.58	경산군 고산면 芦辻동	鄭今順
경산군 임당동	423	답	660	112.2	동경시	동척
경산군 임당동	424	답	102	17.34	경산군 경산면 임당동	玄學穆
경산군 임당동	425	답	990	188.1	대구부 동성정 2정목	徐炳奎
경산군 임당동	426-1	답	740	140.6	경산군 경산면 임당동	金壎
경산군 임당동	426-2	답	10	1.9	경산군 경산면 임당동	金壎
경산군 임당동	427	답	556	133.44	경산군 경산면 삼남동	金士淑
경산군 임당동	428	답	420	100.8	대구부 시장정	李載煥
경산군 임당동	429	답	349	83.76	경산군 경산면 임당동	玄學穆
경산군 임당동	430	답	448	107.52	대구부 금정	龜石磯太郎
경산군 임당동	431	답	1,259	302.16	대구부 하서정	鄭海鵬
경산군 임당동	432	답	168	43.68	대구부 동성정 2정목	李華玉

경산군 임당동	433	답	492	28.08	경산군 경산면 대동	金守文
경산군 임당동	434	답	482	125.32	달성군 수성면 황정동	姜錫會
경산군 임당동	435	답	396	102.96	경산군 경산면 임당동	金且岩
경산군 임당동	436	답	1,298	337.48	대구부 하서정	鄭海鵬
경산군 임당동	437	답	282	73.32	경산군 경산면 임당동	金熿
경산군 임당동	438	답	950	247	대구부 원정	江川久之助
경산군 임당동	439	답	370	96.2	경산군 경산면 임당동	金且岩
경산군 임당동	440	답	675	175.5	경산군 경산면 임당동	朴炳俊
경산군 임당동	441	답	558	145.08	대구부 명치정 2정목	杜道一
경산군 임당동	442	답	441	114.66	대구부 남산정	李圭永
경산군 임당동	443	답	368	95.68	대구부 금정	龜石磯太郎
경산군 임당동	444	답	594	142.56	경산군 경산면 삼남동	安炳吉
경산군 임당동	445	답	304	72.96	경산군 경산면 임당동	玄學穆
경산군 임당동	446	답	115	27.6	경산군 경산면 임당동	金光旭
경산군 임당동	447	답	462	110.88	대구부 동성정 2정목	李華玉
경산군 임당동	448-1	답	210	50.4	경산군 경산면 임당동	金光旭
경산군 임당동	448-2	답	9	2.16	경산군 경산면 임당동	姜武吉
경산군 임당동	449	답	328	78.72	경산군 경산면 임당동	金九龍
경산군 임당동	450-1	답	300	72	경산군 경산면 임당동	金且岩
경산군 임당동	450-2	답	121	29.04	경산군 경산면 임당동	金且岩
경산군 임당동	451-1	답	135	32.4	대구부 경정 2정목	徐丙奎
경산군 임당동	451-2	답	210	50.4	대구부 경정 2정목	徐丙奎
경산군 임당동	452	답	345	82.8	경산군 경산면 임당동	玄學穆
경산군 임당동	453	답	553	132.72	경산군 경산면 임당동	金光旭
경산군 임당동	454	답	1,149	298.74	동경시	조선흥업주식회사
경산군 임당동	455	답	534	138.84	경산군 경산면 임당동	金光旭
경산군 임당동	456	답	1,941	465.84	동경시	동척
경산군 임당동	457-1	답	477		대구부 동성정	李華玉
경산군 임당동	457-2	답	115	24.15	대구부 동성정	李華玉
경산군 임당동	458-1	답	134	28.14	경산군 경산면 임당동	金且岩
경산군 임당동	458-2	답	124	26.04	경산군 경산면 임당동	金且岩
경산군 임당동	459-1	답	326	68.46	달성군 수성면 황정동	姜錫會
경산군 임당동	459-2	답	122	25.62	달성군 수성면 황정동	姜錫會
경산군 임당동	459-3	답	25	5.25	달성군 수성면 황정동	姜錫會
경산군 임당동	460	답	183	43.92	경산군 경산면 임당동	朴亨錫
경산군 임당동	461	답	328	78.72	경산군 경산면 임당동	鄭春得
경산군 임당동	462	답	430	12.8	경산군 경산면 임당동	金斗璇
경산군 임당동	463	답	386	92.64	경산군 경산면 임당동	朴致陽
경산군 임당동	464	답	204	48.96	경산군 경산면 중방동	韓炳斗
경산군 임당동	465	답	770	200.2	경산군 경산면 임당동	金熏
경산군 임당동	466	답	290	69.6	경산군 경산면 임당동	殷甲杓
경산군 임당동	467	답	224	58.24	경산군 경산면 임당동	金甲順
경산군 임당동	468	답	600	144	경산군 경산면 임당동	朴種箕
경산군 임당동	469	답	458	119.08	대구부 본정 2정목	李相岳

경산군 임당동	470	답	543	141.18	경산군 경산면 임당동	金壎
경산군 임당동	471	답	189	45.36	경산군 고산면 芦辻동	韓炳斗
경산군 임당동	472	답	140	33.6	대구부 본정 2정목	李相岳
경산군 임당동	474	답	249	59.76	경산군 경산면 임당동	金且岩
경산군 임당동	475	답	246	59.04	경산군 경산면 삼남동	安炳吉
경산군 임당동	478	답	154	36.96	경산군 경산면 임당동	玄學穆
경산군 임당동	479	답	88	21.12	경산군 경산면 임당동	金壎
경산군 임당동	480	답	90	21.6	경산군 경산면 삼북동	蔡柳仙
경산군 임당동	484	답	208	49.92	대구부 본정 2정목	李根雨
경산군 임당동	485	답	124	29.76	경산군 경산면 임당동	朴丙俊
경산군 임당동	489	답	22	5.28	경산군 경산면 임당동	鄭石述
경산군 임당동	493	답	126	30.24	경산군 경산면 임당동	李錫祚
경산군 임당동	494	답	142	34.08	대구부하서정	鄭海鵬
경산군 임당동	495	답	59	14.16	경산군 경산면 임당동	玄學穆
경산군 임당동	499	답	96	23.04	경산군 경산면 임당동	金壎
경산군 임당동	500-1	답	304	72.96	경산군 경산면 임당동	金東植
경산군 임당동	500-2	답	251	60.24	경산군 남천면 대명동	金金直洙
경산군 임당동	501	답	460	96.6	경산군 경산면 삼남동	安炳吉
경산군 임당동	502	답	490	127.4	경산군 경산면 임당동	玄學穆
경산군 임당동	503	답	136	16.33	경산군 경산면 임당동	裴炳在
경산군 임당동	697	답	155	37.2	대구부 본정 2정목	李相岳
경산군 임당동	698	답	133	31.92	대구부 본정 2정목	李相岳
경산군 임당동	703	답	8	1.52	경산군 경산면 임당동	鄭甲述
경산군 임당동	705	답	1,090	283.4	경산군 경산면 임당동	玄照
경산군 임당동	712	답	1,600	464	달성군 수성면 서상동	秦喜墩
경산군 임당동	713	답	408	106.08	대구부 하서정	鄭海鵬
경산군 임당동	714	답	536	139.36	경산군 남산면 반곡동	玄錫杓
경산군 임당동	715	답	857	222.82	대구부 경정 2정목	徐丙奎
경산군 임당동	716	답	440	114.4	달성군 수성면 황정동	姜錫會
경산군 임당동	717	답	484	125.84	달성군 수성면 황정동	姜錫會
경산군 임당동	718	답	508	132.08	경산군 경산면 임당동	金篪
경산군 임당동	719	답	152	152.25	경산군 경산면 임당동	李錫祚
경산군 임당동	720	답	273	65.52	달성군 수성면 황정동	姜錫會
경산군 임당동	721	답	608	158.08	경산군 경산면 임당동	李錫祐
경산군 임당동	722	답	746	216.34	경산군 경산면 임당동	李錫祐
경산군 임당동	742	답	510	122.4	경산군 경산면 임당동	金錫順
경산군 임당동	747	답	669	173.94	대구부 하서정	鄭海鵬
경산군 임당동	748	답	591	153.66	경산군 경산면 중방동	徐尙基
경산군 임당동	749	답	238	61.88	경산군 경산면 삼남동	金昌瑀
경산군 임당동	750	답	448	107.52	대구부 하서정	鄭海鵬
경산군 임당동	751	답	446	115.96	경산군 경산면 임당동	金篪
경산군 임당동	752	답	328	85.28	경산군 경산면 임당동	金甲順
경산군 임당동	753	답	432	112.32	경산군 경산면 삼남동	安炳吉
경산군 임당동	754	답	312	81.12	달성군 수성면 황정동	姜錫會

경산군 임당동	755	답	496	119.04	대구부 금정	龜石磯太郎
경산군 임당동	756	답	342	88.92	경산군 압량면 조영동	金敬喜
경산군 임당동	757	답	880	218.8	대구부 경정 2정목	徐性可
경산군 임당동	758	답	660	171.6	대구부 동운정	宮井正一
경산군 임당동	759	답	410	106.6	달성군 수성면 황정동	姜錫會
경산군 임당동	760	답	442	114.92	경산군 남천면 산전동	慶興寺
경산군 임당동	761	답	606	157.56	경산군 안심면 신서동	柳庚福
경산군 임당동	762	답	422	109.72	경산군 경산면 임당동	金且岩
경산군 임당동	763	답	628	163.28	경산군 경산면 임당동	金簏
경산군 임당동	764	답	475	123.5	대구부 시장정	李載煥
경산군 임당동	765	답	363	68.97	경산군 경산면 임당동	朴炳朝
경산군 임당동	766	답	387	73.53	달성군 수성면 황정동	姜錫會
경산군 임당동	767	답	233	44.27	경산군 경산면 임당동	玄學穆
경산군 임당동	768	답	548	104.11	대구부 하서정	鄭海鵬
경산군 임당동	769	답	828	157.32	경산군 남천면 협석동	安興寺
경산군 임당동	770	답	444	84.36	경산군 경산면 계양동	韓在錫
경산군 임당동	771	답	782	148.58	경산군 경산면 임당동	金且岩
경산군 임당동	772	답	498	94.62	경산군 남산면 반곡동	玄錫杓
경산군 임당동	773	답	232	44.08	경산군 경산면 임당동	玄學穆
경산군 임당동	774	답	332	63.08	대구부	대구은행
경산군 임당동	775	답	801	152.19	대구부 금정	龜石磯太郎
경산군 임당동	776	답	788	149.82	경산군 경산면 삼남동	安炳吉
경산군 임당동	777	답	225	58.5	경산군 고산면 사월동	朴泰洪
경산군 임당동	778	답	572	148.72	경산군 경산면 임당동	朴致陽
경산군 임당동	779	답	328	85.28	경산군 경산면 삼남동	安炳吉
경산군 임당동	780	답	482	125.32	달성군 수성면 황정동	姜錫會
경산군 임당동	781	답	640	153.6	경산군 경산면 옥곡동	鄭德淵
경산군 임당동	782	답	783	187.92	대구부 하서정	鄭海鵬
경산군 임당동	783	답	652	15.48	대구부 경정 2정목	徐丙奎
경산군 임당동	784	답	339	81.36	동경시	조선흥업주식회사
경산군 임당동	785	답	244	58.56	경산군 경산면 삼남동	安炳吉
경산군 임당동	786	답	471	98.91	경산군 경산면 삼남동	金士淑
경산군 임당동	787	답	562	118.02	경산군 경산면 삼남동	安炳吉
경산군 임당동	788	답	708	134.52	경산군 경산면 임당동	鄭甲述
경산군 임당동	789	답	458	96.18	달성군 수성면 황정동	姜錫會
경산군 임당동	790	답	651	136.71	동경시	동척
경산군 임당동	791	답	388	81.48	경산군 경산면 임당동	玄學穆
경산군 임당동	792	답	668	140.28	대구부 원정	江川久之助
경산군 임당동	793	답	489	102.69	경산군 경산면 임당동	金八壽
경산군 임당동	794	답	296	101.43	경산군 압량면 조영동	陳周道
경산군 임당동	795	답	438	62.16	경산군 경산면 임당동	임당동
경산군 임당동	796	답	772	91.98	경산군 경산면 임당동	芮壬得
경산군 임당동	797	답	774	162.12	경산군 경산면 임당동	全東植
경산군 임당동	799	답	886	131.58	동경시	조선흥업주식회사

경산군 임당동	800	답	621	150.32	동경시	近藤滋彌
경산군 임당동	801	답	1,031	105.57	경산군 경산면 삼남동	경산군향교재산
경산군 임당동	802	답	640	108.8	경산군 경산면 임당동	李錫祚
경산군 임당동	803	답	794	134.98	경산군 경산면 임당동	金且岩
경산군 임당동	804	답	776	131.92	경산군 경산면 대동	金在錫
경산군 임당동	805	답	54	9.18	경산군 경산면 삼남동	安炳吉
경산군 임당동	806	답	579	98.43	동경시	동척
경산군 임당동	807	답	861	146.37	동경시	近藤滋彌
경산군 임당동	808	답	570	108.3	경산군 경산면 임당동	裴炳在
경산군 임당동	809	답	647	109.99	경산군 압량면 조영동	文成學
경산군 임당동	810	답	1,072	182.24	달성군 수성면 상동	秦喜墩
경산군 임당동	811	답	735	102.9	동경시	조선흥업주식회사
경산군 임당동	812	답	442	75.14	동경시	동척
경산군 임당동	813	답	644	109.48	대구부 하서정	鄭海鵬
경산군 임당동	814	답	334	46.76	경산군 경산면 임당동	李錫祚
경산군 임당동	815-1	답	345	52.25	경산군 경산면 서상동	朴秋塘
경산군 임당동	815-2	답	74	14.06	경산군 경산면 서상동	朴秋塘
경산군 임당동	816-1	답	403	68.51	경산군 경산면 삼남동	경산면
경산군 임당동	816-2	답	27	19.89	경산군 경산면 삼남동	경산면
경산군 임당동	817-1	답	194	32.98	경산군 경산면 임당동	李錫裕
경산군 임당동	817-2	답	163	27.71	경산군 경산면 임당동	李錫裕
경산군 임당동	818	답	260	36.4	경산군 경산면 임당동	李錫祉
경산군 임당동	819	답	472	166.08	동경시	조선흥업주식회사
경산군 임당동	820	답	498	84.66	경산군 경산면 삼남동	金昌瑀
경산군 임당동	821-1	답	352	59.84	동경시	조선흥업주식회사
경산군 임당동	821-2	답	195	33.15	동경시	조선흥업주식회사
경산군 임당동	822-1	답	1,489	253.13	대구부 경정 1정목	徐相春
경산군 임당동	822-2	답	86	14.62	대구부 경정 1정목	徐相春
경산군 임당동	823	답	798	111.72	달성군 공산면 지묘동	崔在敎
경산군 임당동	824-1	답	693	117.81	대구부 금정	龜石磯太郎
경산군 임당동	824-2	답	573	97.41	대구부 남정	金慶玉
경산군 임당동	825	답	885	150.45	달성군 공산면 지묘동	崔在敎
경산군 임당동	826	답	540	91.8	경산군 경산면 대동	俞昌植
경산군 임당동	827	답	490	83.3	대구부 남산정	李寅徹
경산군 임당동	828	답	622	105.74	대구부 본정 2정목	李相岳
경산군 임당동	829	답	621	105.57	경산군 경산면 임당동	李甲龍
경산군 임당동	830	답	448	76.16	달성군 공산면 지묘동	崔在敎
경산군 임당동	831	답	394	66.98	경산군 경산면 임당동	朴炳大
경산군 임당동	832	답	105	17.85	경산군 경산면 계양동	權玉伊
경산군 임당동	833	답	729	123.93	경산군 경산면 중방동	川井田金太郎
경산군 임당동	834	답	626	106.42	경산군 경산면 임당동	鄭春得
경산군 임당동	835-1	답	341	57.97	경산군 경산면 임당동	許稔
경산군 임당동	835-2	답	382	64.94	경산군 경산면 대동	池武鎬
경산군 임당동	836	답	80	13.6	경산군 경산면 임당동	李錫祚

경산군 임당동	837	답	363	68.97	경산군 경산면 임당동	朴泰珍
경산군 임당동	838	답	423	71.91	경산군 경산면 임당동	李錫祚
경산군 임당동	839	답	555	94.35	동경시	조선흥업주식회사
경산군 임당동	840	답	381	53.34	경산군 경산면 임당동	裴炳在
경산군 임당동	841	답	360	61.2	경산군 경산면 임당동	鄭石述
경산군 임당동	842	답	176	29.92	경산군 경산면 중방동	韓炳斗
경산군 임당동	843	답	676	114.92	동경시	近藤滋彌
경산군 임당동	844	답	453	77.01	동경시	조선흥업주식회사
경산군 임당동	845	답	454	77.18	경산군 경산면 중방동	韓炳斗
경산군 임당동	846	답	642	109.14	경산군 경산면 임당동	鄭春得
경산군 임당동	847	답	291	49.47	동경시	동척
경산군 임당동	848	답	162	22.68	경산군 경산면 중방동	韓炳斗
경산군 임당동	849	답	602	102.34	경산군 안심면 신서동	柳廷洛
경산군 임당동	850	답	666	93.24	경산군 경산면 삼남동	安炳吉
경산군 임당동	851	답	680	95.2	동경시	近藤滋彌
경산군 임당동	852	답	730	124.1	경산군 경산면 임당동	李錫祚
경산군 임당동	853	답	472	66.08	대구부 하서정	鄭海鵬
경산군 임당동	854	답	618	86.53	경산군 남천면 협석동	安興寺
경산군 임당동	855	답	447	62.58	경산군 안심면 신서동	柳廷洛
경산군 임당동	856	답	704	119.68	경산군 경산면 서상동	澤田耕治
경산군 임당동	857	답	357	60.69	경산군 경산면 중방동	韓炳斗
경산군 임당동	858	답	260	44.2	달성군 수성면 황정동	姜錫會
경산군 임당동	859	답	416	70.72	대구부 하서정	李章雨
경산군 임당동	860	답	270	37.8	대구부 본정	대구은행
경산군 임당동	861	답	351	59.67	동경시	동척
경산군 임당동	862	답	357	49.98	대구부 본정 2정목	李相岳
경산군 임당동	863	답	513	71.82	대구부 하서정	李章雨
경산군 임당동	864	답	769	107.66	경산군 경산면 계양동	朴慶玉
경산군 임당동	865	답	336	57.12	동경시	近藤滋彌
경산군 임당동	866	답	588	82.32	동경시	조선흥업주식회사
경산군 임당동	867	답	438	61.32	경산군 남천면 산정동	慶興寺
경산군 임당동	868	답	450	63	경산군 경산면 임당동	玄學穆
경산군 임당동	869	답	436	61.04	달성군 공산면 지묘동	崔在敎
경산군 임당동	870	답	427	59.78	대구부 하서정	李章雨
경산군 임당동	871	답	81	11.34	달성군 공산면 지묘동	崔在敎
경산군 임당동	872	답	696	97.44	경산군 경산면 서상동	澤田耕治
경산군 임당동	873	답	454	63.56	경산군 자인면 북서동	張在洙
경산군 임당동	874	답	282	39.48	대구부 본정 2정목	李相岳
경산군 임당동	875	답	738	115.46	달성군 공산면 지묘동	崔在敎
경산군 임당동	876	답	771	107.94	동경시	조선흥업주식회사
경산군 임당동	877	답	578	98.26	달성군성북면침산동	朴華中
경산군 임당동	878	답	288	48.96	대구부 본정	대구은행
경산군 임당동	879	답	426	59.64	경산군 경산면 계양동	李泰成
경산군 임당동	880	답	390	54.6	대구부 하서정	李章雨

경산군 임당동	881	답	910	127.4	동경시	조선흥업주식회사
경산군 임당동	882	답	257	35.98	경산군 안심면 사복동	金甲鉉
경산군 임당동	883	답	302	42.28	경산군 경산면 서상동	澤田耕治
경산군 임당동	884	답	324	45.36	동경시	동척
경산군 임당동	885	답	952	418.88		역둔토
경산군 임당동	886	답	508	71.12	동경시	近藤滋彌
경산군 임당동	887	답	1,065	149.1	경산군 안심면 사복동	金甲鉉
경산군 임당동	888	답	192	26.88	대구부 본정 2정목	李相岳
경산군 임당동	889	답	522	73.08	달성군성북면침산동	崔在敎
경산군 임당동	890	답	408	57.12	대구부하서정	鄭海鵬
경산군 임당동	891	답	962	134.68	달성군 수성면 황정동	姜錫會

압량면 금구동	지번	지목	지적 (평)	지세가격 (원)	주소	씨명
압량면 금구동	162	답	2,418	580.32	달성군 수성면 가창동	金景久
압량면 금구동	163	전	9	1017	경산군 압량면 금구동	金洪贊
압량면 금구동	164	답	1,032	247.68	대구부 경정	徐丙元
압량면 금구동	165	답	836	200.64	경산군 자인면 신관동	鄭榮柱
압량면 금구동	166	답	690	165.6	경산군 압량면 점촌동	徐羲德
압량면 금구동	167	답	494	118.56	경산군 압량면 점촌동	徐相默
압량면 금구동	168	답	840	243.6	경산군 압량면 금구동	姜周夏
압량면 금구동	169	답	320	76.8	경산군 압량면 금구동	姜崙秀
압량면 금구동	170	답	856	105.44	대구부 해동촌 둔산동	崔亨錫
압량면 금구동	171	답	368	88.32	대구부 경정	徐丙元
압량면 금구동	172	답	477	24.48	경산군 압량면 금구동	成潤寬
압량면 금구동	173	답	390	113.1	경산군 압량면 금구동	姜崙秀
압량면 금구동	174	답	579	167.92	경산군 압량면 금구동	姜永壹
압량면 금구동	175	답	729	174.96	경산군 경산면 신교동	徐香伊
압량면 금구동	176	답	470	89.3	경산군 압량면 신대동	全潤陸
압량면 금구동	177	답	616	147.84	대구부 서성정	李相岳
압량면 금구동	178	답	598	113.62	경산군 압량면 금구동	姜永壹
압량면 금구동	179	답	608	215.52	경산군 압량면 금구동	徐鎭奎
압량면 금구동	180	답	764	145.16	경산군 경산면 백천동	鄭喜睦
압량면 금구동	181	답	408	77.52	경산군 압량면 금구동	姜芝秀
압량면 금구동	182	답	588	111.72	경산군 경산면 신교동	徐香伊
압량면 금구동	183	답	360	68.4	대구부 덕산정	李殷雨
압량면 금구동	184	답	368	88.3	달성군 공산면 지묘동	崔在敎
압량면 금구동	185	답	244	58.56	경산군	향교
압량면 금구동	186	답	644	122.36	경산군 압량면 점촌동	徐羲德
압량면 금구동	187	답	416	79.04	대구부 경정	徐相春
압량면 금구동	188	답	399	95.76	경산군 압량면 금구동	姜永運

압량면 금구동	189	답	185	168.15	경산군 고산면 신매동	朴環煥
압량면 금구동	190	답	1,238	235.22	대구부 서성정	李相岳
압량면 금구동	191	답	940	178.6	동경시	조선흥업주식회사
압량면 금구동	192	답	558	106.02	대구부 수성면 가창동	金景允
압량면 금구동	193	답	549	104.31	대구부 경정	徐丙元
압량면 금구동	194	답	344	65.36	경산군 경산면 백천동	鄭喜睦
압량면 금구동	195	답	160	27.2	동경시	동척
압량면 금구동	196	답	476	57.12	청도군 각북면 남산동	鄭鎭坤
압량면 금구동	197	답	222	37.74	경산군 경산면 서상동	應平下右正門
압량면 금구동	198	답	880	105.6	경산군 남천면 협석동	羅仁文
압량면 금구동	199	답	1,035	175.95	대구부 본정	李相岳
압량면 금구동	200	답	578	69.36	경주군 압량면 용암동	佐藤 政一
압량면 금구동	201	답	318	54.06	경산군 압량면 금구동	姜永運
압량면 금구동	202	답	598	100.66	경산군 고산면 매호동	朴性燁
압량면 금구동	203	답	567	96.36	경산군경산면 삼남동	安炳吉
압량면 금구동	204	답	651	110.67	경산군 남천면 협석동	羅仁文
압량면 금구동	205	답	1,140	193.8	대구부 남정	鄭在學
압량면 금구동	206	답	602	102.34	달성군 수성면 가창면	金景允
압량면 금구동	207	답	808	137.36	경산군 압량면 금구동	姜崙秀
압량면 금구동	208	답	678	125.26	경산군 압량면 금구동	姜旼秀
압량면 금구동	209	답	484	82.28	달성군 공산면 지묘동	崔在敎
압량면 금구동	210	답	664	112.88	경산군 압량면 신대동	全棟熹
압량면 금구동	211	답	603	114.57	동경시	조선흥업주식회사
압량면 금구동	212	답	500	85	경산군 압량면 금구동	姜永運
압량면 금구동	213	답	528	100.32	경산군 남천면 대명동	金炳奎
압량면 금구동	214	답	527	100.13	경산군 압량면 당리동	鄭基璋
압량면 금구동	215	답	1,203	228.57	대구부 서성정	李相岳
압량면 금구동	216	답	1,143	240321	경산군 남천면 산전동	朴鍾 기
압량면 금구동	217	답	1,100	187	동경시	조선흥업주식회사
압량면 금구동	218	답	898	152.66	경산군경산면 삼남동	安炳玉
압량면 금구동	219	답	867	147.36	경산군 진량면 현내동	崔馹亮
압량면 금구동	220	답	607	103.19	청도군 고이면 정상동	朴永德
압량면 금구동	221	답	495	84.15	횡정현	松岡淸
압량면 금구동	222	답	1,286	154.32	청도군 각북면 남산동	郭壽坤
압량면 금구동	223	답	608	103.36	대구부 본정	李相岳
압량면 금구동	224	답	583	99.11	경산군 압량면 금구동	金龍守
압량면 금구동	225	답	576	97.92	대구부 본정	李相岳
압량면 금구동	226	답	830	141.1	경산군 압량면 금구동	金宇根
압량면 금구동	227	답	1,178	200.26	청도군 외서면 성산동	李相台
압량면 금구동	228	답	412	70.04	경산군 압량면 금구동	金龍守
압량면 금구동	229	답	970	164.9	대구부 하서정	曹敬尹
압량면 금구동	230	답	538	91.46	대구부 남정	鄭在學
압량면 금구동	231	답	803	136.51	경산군 압량면 용암동	佐藤小三郎
압량면 금구동	232	답	374	63.58	대구부 남산정	李德中

압량면 금구동	233	답	338	57.46	경산군 남편면 송백동	太夏熙
압량면 금구동	234	답	362	61.54	경산군 압량면 금구동	成潤寬
압량면 금구동	235	답	416	70.72	경산군 압량면 현흥동	玄武範
압량면 금구동	236	답	744	126.48	황정현	松岡淸
압량면 금구동	237	답	736	125.12	경산군 압량면 금구동	姜允秀
압량면 금구동	238	답	592	100.64	경산군 압량면 금구동	仝洪台
압량면 금구동	239	답	706	120.02	경산군 압량면 신대동	全棟熺
압량면 금구동	240	답	622	105.74	대구부 덕산정	李殷雨
압량면 금구동	241	답	1,868	317.56	경산군경산면 삼남동	金士淑
압량면 금구동	242	답	318	54.06	대구부 남산정	金大汝
압량면 금구동	243	답	737	125.29	경산군 압량면 용암동	佐藤小三郎
압량면 금구동	244	답	614	104.38	경산군 압량면 금구동	姜永運
압량면 금구동	245	답	676	114.92	경산군 압량면 금구동	姜允秀
압량면 금구동	246	답	674	114.58	경산군 압량면 현흥동	玄武範
압량면 금구동	247	답	155	26.35	경산군 압량면 신대동	全棟熺
압량면 금구동	248	답	1,988	238.56	대구부 경정	徐相春
압량면 금구동	249	답	338	40.46	경산군경산면 삼남동	安炳奎
압량면 금구동	250	답	42	71.4	대구부 남산정	玄南淑
압량면 금구동	251	답	339	57.63	경산군 압량면 금구동	鄭煥台
압량면 금구동	252	답	683	116.11	경산군 경산면 서상동	應平下右正門
압량면 금구동	253	답	1,062	180.54	경산군경산면 삼남동	安炳吉
압량면 금구동	254	답	789	134.13	경산군경산면 삼남동	安炳吉
압량면 금구동	255	답	742	89.04	동경시	동척
압량면 금구동	256	답	570	96.9	경산군 경산면 백천동	鄭喜睦
압량면 금구동	257	답	804	136.68	달성군 수성면 가창동	金景允
압량면 금구동	258	답	1,498	254.66	경산군 압량면 금구동	姜永壹
압량면 금구동	259	답	566	107.54	경산군 경산면 점촌동	徐相默
압량면 금구동	261	답	350	66.5	대구부 경정	徐丙元
압량면 금구동	262	답	417	79.23	경산군 압량면 금구동	陳台網
압량면 금구동	263	답	528	100.32	경산군 압량면 금구동	金龍守
압량면 금구동	264	답	836	100.32	대구부 남산정	玄南淑
압량면 금구동	265	답	753	143.07	달성군 지산동 지묘동	崔東根
압량면 금구동	266	답	716	136.04	경산군 압량면 금구동	金億守
압량면 금구동	267	답	678	115.26	달성군 수성면 가창동	金景允
압량면 금구동	268	답	562	106.78	영양군 청기면 당동	李柱奉
압량면 금구동	269	답	483	82.11	대구부 덕산정	李殷雨
압량면 금구동	270	답	622	105.74	경산군 압량면 용암동	佐藤小三郎
압량면 금구동	271	답	812	138.04	영양군 청기면 당동	李柱奉
압량면 금구동	272	답	1,725	293.25	경산군경산면 삼남동	安炳圭
압량면 금구동	273	답	777	133.09	경산군 고산면 매호동	申始均
압량면 금구동	274	답	1,292	219.64	대구부 남정	鄭在學
압량면 금구동	275	답	586	99.62	경산군 자인면 신관동	鄭榮柱
압량면 금구동	276	답	458	77.86	경산군경산면 삼남동	安士仁
압량면 금구동	277	답	732	124.44	경산군 압량면 용암동	佐藤小三郎

압량면 금구동	278	답	543	65.16	경산군 압량면 용암동	佐藤小三郎
압량면 금구동	279	답	1,156	195.92	경산군 압량면 신대동	郭址裕
압량면 금구동	280	답	2,619	314.28	동경시	조선흥업주식회사
압량면 금구동	281	답	526	89.42	경산군 압량면 현흥동	夏正玉
압량면 금구동	282	답	723	122.91	경산군 압량면 신대동	郭址裕
압량면 금구동	283	답	662	79.44	경산군 압량면 용암동	金桂淑
압량면 금구동	284	답	698	118.66	경산군 하양면 은호동	李致奎
압량면 금구동	285	답	866	147.22	경산군 경산면 서상동	應下右正門
압량면 금구동	286	답	1,728	207.36	동경시	조
압량면 금구동	287	답	627	106.59	경산군 압량면 용암동	佐藤小三郎
압량면 금구동	288	답	488	82.96	달성군 수성면 하동	金在寬
압량면 금구동	289	답	723	122.19	경산군 압량면 용암동	佐藤小三郎
압량면 금구동	290	답	720	122.4	경산군 압량면 용암동	佐藤政一
압량면 금구동	291	답	699	118.83	경산군 경산면 조영동	全敬益
압량면 금구동	292	답	600	102	경산군 안심면 사복동	鄭敬朝
압량면 금구동	293	답	1,317	18.04	경산군 압량면 용암동	金基守
압량면 금구동	294	답	940	159.8	경산군 경산면 조영동	朴炳朝
압량면 금구동	295	답	775	131.75	경산군 경산면 인안동	金聖澈
압량면 금구동	296	답	402	68.34	경산군 압량면 금구동	金洪台
압량면 금구동	297	답	226	38.42	대구부 서성정	李相岳
압량면 금구동	298	답	350	59.5	경산군 압량면 금구동	金億守
압량면 금구동	299	답	382	64.94	경산군 압량면 금구동	金億守
압량면 금구동	300	답	578	98.26	대구부 경정	徐相春
압량면 금구동	301	답	248	42.16	대구부 서성정	李相岳
압량면 금구동	302	답	542	92.14	대구부 남정	鄭在學
압량면 금구동	303	답	686	82.32	달성군 지산동 지묘동	崔在敎
압량면 금구동	304	답	472	56.64	대구부 남정	鄭在學
압량면 금구동	305	답	591	100.47	경산군 압량면 용암동	佐藤小三郎
압량면 금구동	306	답	218	37.06	경산면 하양면 종리	李鍾燮
압량면 금구동	308	답	698	118.66	대구부 남산정	李德中
압량면 금구동	309	답	669	23.73	경산군 압량면 용암동	佐藤小三郎
압량면 금구동	310	답	650	110.5	경산군 압량면 금구동	姜永運
압량면 금구동	311	답	898	152.66	경산군 압량면 금구동	姜允秀
압량면 금구동	312	답	672	114.24	경산군 압량면 용암동	佐藤政一
압량면 금구동	313	답	520	88.4	동경시	조선흥업주식회사
압량면 금구동	314	답	351	59.67	달성군 공산면 지묘동	崔在敎
압량면 금구동	315	답	646	109.82	경산군 남천면 대명동	金炳奎
압량면 금구동	316	답	350	59.5	대구부 경정	徐相春
압량면 금구동	317	답	716	121.72	동경시	조선흥업주식회사
압량면 금구동	318	답	382	64.94	경산군 진량면 현내동	崔駉亮
압량면 금구동	319	답	684	99.28	경산군 압량면 금구동	姜永運
압량면 금구동	320	답	514	87.38	경산군 경산면 조영동	許燁
압량면 금구동	321	답	480	81.6	경산군경산면 삼남동	朴容圭
압량면 금구동	322	답	592	100.64	달성군 수성면 지산동	金永斗

압량면 금구동	323	답	581	98.77	대구부 압량면 부적동	安成憲
압량면 금구동	324	답	292	49.64	경산군 고산면 매호동	朴性燁
압량면 금구동	325	답	726	123.42	대구부 하서정	李章雨
압량면 금구동	326	답	897	152.49	청도군 고이면 정상동	朴永德
압량면 금구동	327	답	758	128.86	경산군 압량면 용암동	佐藤小三郎
압량면 금구동	328	답	759	91.08	경산군 경산면 조영동	朴炳朝
압량면 금구동	329	답	486	82.62	경산군 남천면 대명동	金炳奎
압량면 금구동	330	답	786	133.62	경산군경산면 삼남동	安永模
압량면 금구동	331	답	928	157.76	대구부 덕산정	李殷雨
압량면 금구동	332	답	741	125.97	경산군	향교재산
압량면 금구동	333	답	1,166	198.22	경산군 경산면 옥곡동	鄭憲祚
압량면 금구동	334-2	답	243	41.31	경산군 압량면 용암동	佐藤政一
압량면 금구동	335-2	답	692	117.64	경산군 압량면 용암동	佐藤小三郎
압량면 금구동	336-2	답	536	64.32	청도군 각북면 남산동	郭壽坤
압량면 금구동	337-2	답	634	76.08	달성군 수성면 가창동	金景允
압량면 금구동	338-2	답	92	11.04	경산군 달서면 원산동	吳繼泳
압량면 금구동	339	답	730	87.6	대구부 서성정	李相岳
압량면 금구동	340	답	608	72.96	경산군 압량면 용암동	佐藤小三郎
압량면 금구동	341-1	답	2,663	319.56	동경시	동척
압량면 금구동	341-2	답	382	45.84	동경시	동척
압량면 금구동	341-3	답	5,236	628.32	동경시	동척
압량면 금구동	342	답	472	56.64	경산군 압량면 금구동	李億秀
압량면 금구동	343	답	512	87.04	경산군 압량면 금구동	姜芝秀
압량면 금구동	344	답	513	87.21	경산군경산면 삼남동	安炳吉
압량면 금구동	345	답	412	70.4	청도군 각북면 남산동	郭壽坤
압량면 금구동	346	답	411	69.87	경산군 압량면 용암동	佐藤小三郎
압량면 금구동	347	답	333	56.61	경산군 압량면 조영동	朴炳薰
압량면 금구동	348	답	1,092	185.64	경산군 압량면 조영동	許燁
압량면 금구동	349	답	154	26.18	경산군 남천면 천전동	朴鍾玉+墓
압량면 금구동	350	답	494	83.98	경산군 경산면 옥곡동	鄭憲祚
압량면 금구동	351	답	452	76.84	대구부 본정	李相岳
압량면 금구동	352	답	748	89.76	경산군경산면 삼남동	崔學先
압량면 금구동	353	답	558	66.96	경산군 압량면 용암동	佐藤小三郎
압량면 금구동	354	답	1,569	298.11	경산군경산면 삼남동	安炳吉
압량면 금구동	355	답	1,036	196.84	경산군경산면 삼남동	宋永模
압량면 금구동	356-1	답	7	1033	경산군경산면 삼남동	安炳吉
압량면 금구동	356-3	답	2,317	440.23	경산군경산면 삼남동	安炳吉
압량면 금구동	357	답	776	147.44	달성군	朴末憲
압량면 금구동	358-1	답	590	112.1	경산군 압량면 용암동	佐藤小三郎
압량면 금구동	359	답	699	132.81	경산군 자인면 계남동	崔紅蓮
압량면 금구동	360	답	603	114.57	달성군 수성면 하동	金在寬
압량면 금구동	361	답	588	111.72	동경시	동척
압량면 금구동	362	답	921	174.99	달성군 달서면 비산동	吳興善
압량면 금구동	363	답	1,280	243.2	경산군 수성면 가창동	金景允

압량면 금구동	364	답	1,642	311.79	경산군 압량면 용암동	佐藤小三郎
압량면 금구동	365	답	683	129.77	달성군 달서면 비산동	吳致東
압량면 금구동	366-2	답	1,214	230.66	경산군경산면 삼남동	安炳吉
압량면 금구동	367-2	답	192	36.48	동경시	동척
압량면 금구동	369-2	전	900	114.68	동경시	동척
압량면 금구동	370	답	582	110.58	경산군 압량면 압량동	朴永守
압량면 금구동	371	답	465	88.35	경산군경산면 삼남동	安炳吉
압량면 금구동	372	답	430	81.7	경산군 압량면 금구동	直井淺吉
압량면 금구동	373	답	524	99.56	경산군 압량면 압량동	全時宗
압량면 금구동	374	답	2,622	49.818	경산군경산면 삼남동	安炳吉
압량면 금구동	375	답	400	76.95	경산군 압량면 금구동	直井淺吉
압량면 금구동	376	답	514	97.66	경산군 압량면 압량동	全時宗
압량면 금구동	377	답	448	85.12	달성군 달서면 비산동	吳興善
압량면 금구동	378	답	1,514	289.56	경산군 압량면 백안동	白性孝
압량면 금구동	379	답	1,252	237.88	경산군 압량면 용암동	佐藤政一
압량면 금구동	380	답	172	29.24	동경시	동척
압량면 금구동	381	답	1,674	284.58	대구부 서성정	李相岳
압량면 금구동	382	답	266	50.54	경산군 남천면 송백동	太夏熙
압량면 금구동	383	답	663	125.97	청도군 각북면 남산동	郭壽坤
압량면 금구동	384	답	489	92.91	대구부 남산정	金大汝
압량면 금구동	385	답	651	123.69	경산군경산면 삼남동	安炳吉
압량면 금구동	386	답	297	56.43	경산군 압량면 용암동	鄭士在
압량면 금구동	387	답	294	55.86	경산군 고산면 시지동	申日守
압량면 금구동	388	답	862	163.78	경산군 압량면 금구동	姜永運
압량면 금구동	389	답	652	156.48	경산군경산면 삼남동	安炳吉
압량면 금구동	390	답	508	96.52	대구부 본정	李相岳
압량면 금구동	391	답	670	127.3	동경시	조선흥업주식회사
압량면 금구동	392	답	652	123.88	경산군경산면 삼남동	安炳吉
압량면 금구동	393	답	906	172.14	경산군 압량면 용암동	鄭錫在
압량면 금구동	394	답	803	152.57	대구부 남산정	金松岩
압량면 금구동	395	답	970	184.3	달성군 수성면 가창동	金景允
압량면 금구동	396	답	777	147.63	달성군 수성면 가창동	金景允
압량면 금구동	397	전	1,082	75.64	경산군경산면 삼남동	安炳吉
압량면 금구동	398	답	670	127.3	경산군 압량면 용암동	鄭敬五
압량면 금구동	401	전	831	83.1	동경시	동척
압량면 금구동	401-2	전	17,592	17,599.20	동경시	동척
압량면 금구동	402	답	476	90.44	경산군 압량면 송영동	許鑽
압량면 금구동	403	답	767	145.73	달성군 달서면 영산동	吳興喜
압량면 금구동	404	답	382	72.58	경주군 압량면 현흥동	玄武範
압량면 금구동	405	답	1,053	200.07	경산군 압량면 신대동	全棟憘
압량면 금구동	406	답	786	149.34	경산군 압량면 용암동	佐藤政一
압량면 금구동	407	답	1,076	204.44	경산군 압량면 금구동	金億守
압량면 금구동	408	답	818	155.42	경산군 경산면 백천동	鄭喜睦
압량면 금구동	409	답	914	173.66	경산군 경산면 삼남동	金士淑

압량면 금구동	410	답	1,134	215.46	달성군 수성면 가창동	金景允
압량면 금구동	411	답	1,185	284.4	경산군 경산면 삼남동	安仕仁
압량면 금구동	412	답	404	76.77	달성군 수성면 가창동	金景允
압량면 금구동	413	답	884	212.16	경산군 압량면 현흥동	姜周夏
압량면 금구동	414	답	465	88.35	경산군 압량면 금구동	金奭圭
압량면 금구동	415	답	604	114.76	달성군 수성면 가창동	金景允
압량면 금구동	416	답	595	113.06	대구부 남산정	金大汝
압량면 금구동	417	답	138	26.26	동경시	동척
압량면 금구동	418	답	597	113.43	동경시	조선흥업주식회사
압량면 금구동	419	답	723	137.37	달성군 공산면 지묘동	崔在敎
압량면 금구동	420	답	402	76.38	동경시	동척
압량면 금구동	421	답	434	82.46	경산군 경산면 임당동	芮壬得
압량면 금구동	422	답	549	104.31	경산군 경산면 삼남동	安炳吉
압량면 금구동	423	답	1,720	326.8	달성군 공산면 지묘동	崔在敎
압량면 금구동	424	답	549	104.32	대구부 본정	李相岳
압량면 금구동	425	답	1,887	358.532	경산군 압량면 용암동	佐藤小三郎
압량면 금구동	426-1	답	1,171	222.49	경산군 압량면 금구동	直井淺吉
압량면 금구동	426-2	답	2,569	488.11	동경시	동척
압량면 금구동	426-3	답	4,516	858.04	경산군 압량면 금구동	直井淺吉
압량면 금구동	426-4	답	5,356	1,017.64	동경시	동척
압량면 금구동	426-5	답	874	166.06	동경시	동척
압량면 금구동	427	답	396	115.24	달성군 해안면 둔산동	崔亨錫
압량면 금구동	428	답	570	108.3	경산군 압량면 신대동	全棟熺
압량면 금구동	429	답	2,224	422.56	경산군 가창면 파동	金景允
압량면 금구동	430	답	489	117.36	경산군 압량면 금구동	姜壬秀
압량면 금구동	431	답	552	132.48	경산군 압량면 금구동	成潤寬
압량면 금구동	432	답	474	137.46	경산군 압량면 점촌동	徐相默
압량면 금구동	433	답	1,011	34.64	경산군 안심면 현내동	黃聖武
압량면 금구동	434	답	716	171.84	대구부 서성정	李相岳
압량면 금구동	435	답	789	189.36	대구부 남산정	李德中
압량면 금구동	436	답	537	128.88	경산군 압량면 점촌동	徐丙洙
압량면 금구동	437	답	622	118.18	경산군 경산면 삼남동	崔學先
압량면 금구동	438	답	417	120.93	경산군 압량면 금구동	鄭換兌
압량면 금구동	439	답	219	63.51	경산군 압량면 금구동	姜永禹
압량면 금구동	440	답	226	61.94	경산군 고산면 시지동	申日守
압량면 금구동	441	답	440	83.6	경산군 고산면 매호동	朴性燁
압량면 금구동	442	답	450	85.5	달성군 달서면 영산동	吳興善
압량면 금구동	443	답	435	82.65	경산군 남천면 대기동	金炳奎
압량면 금구동	444	답	459	87.21	경산군 압량면 금구동	尹彌祚
압량면 금구동	445	답	522	99.18	경산군 압량면 금구동	金龍守
압량면 금구동	446	답	478	90.82	경산군 압량면 금구동	成潤寬
압량면 금구동	447	답	1,484	281.96	경산군 경산면 매호동	申日守
압량면 금구동	448	답	752	142.88	달성군 공산면 지묘동	崔在敎
압량면 금구동	449	답	748	216.92	경산군 경산면 삼남동	安炳吉

압량면 금구동	450	답	594	112.86	경산군 압량면 점촌동	徐相默
압량면 금구동	451	답	1,008	191.52	경산군 압량면 인안동	金聖澈
압량면 금구동	452	답	748	142.12	경산군 압량면 금구동	姜永穆
압량면 금구동	453	답	496	94.24	경산군 경산면 삼남동	安炳圭
압량면 금구동	517	답	224	69.44	경산군 압량면 금구동	金洪國
압량면 금구동	543	답	674	161.7	달성군 가창면 하동	金景允
압량면 금구동	544	답	543	130.32	경산군 압량면 금구동	金億守
압량면 금구동	545	답	496	119.04	경산군 압량면 금구동	徐台石
압량면 금구동	546	답	399	115.71	경산군 경산면 삼남동	安士仁
압량면 금구동	547	답	2,132	618.28	경산군 경산면 삼남동	安炳圭
압량면 금구동	548	답	810	234.9	달성군 가창면 파동	金景允
압량면 금구동	549	답	690	165.6	경산군 수성면 대송동	曹喜成
압량면 금구동	550	답	1,550	372	경산군 경산면 삼남동	安炳圭
압량면 금구동	551	전	1,785	232.05	경산군 안심면 사복동	全召鉉
압량면 금구동	552	전	500	65	청도군 각북면 남산동	郭壽坤
압량면 금구동	553	전	422	54.86	경산군 압량면 점촌동	徐丙洙
압량면 금구동	554	전	1,440	187.2	경산군 자인면 단북동	李以白
압량면 금구동	555	전	570	74.1	경산군 압량면 금구동	鄭嶺坤
압량면 금구동	556	전	650	84.5	경산군 압량면 금구동	金鎭根
압량면 금구동	557	전	820	106.6	경산군 압량면 금구동	成潤寬
압량면 금구동	558	답	187	44.88	경산군 압량면 금구동	直井淺吉
압량면 금구동	559	전	3,041	304.1	동경시	동척
압량면 금구동	560	전	992	128.96	경산군 경산면 삼남동	安炳吉
압량면 금구동	561	전	459	59.67	경산군 압량면 금구동	金龍守
압량면 금구동	562	전	518	51.8	경산군 압량면 금구동	直井淺吉
압량면 금구동	563	전	740	74	경산군 자인면	崔紅蓮
압량면 금구동	564	전	766	76.6	경산군 압량면 금구동	金龍守
압량면 금구동	565	전	453	45.3	경산군 압량면 압량동	全棟熺
압량면 금구동	566	전	462	46.2	경산군 압량면 금구동	金鎭根
압량면 금구동	567	전	582	58.2	경산군 압량면 현흥동	玄玉壽
압량면 금구동	568	전	609	60.9	경산군 압량면 현흥동	李泰龍
압량면 금구동	569	전	522	52.2	경산군 압량면 현흥동	玄玉壽
압량면 금구동	570	전	537	53.7	경산군 안심면 동내동	裴龍玉
압량면 금구동	571	전	690	69	경산군 압량면 금구동	金龍守
압량면 금구동	572	전	495	49.5	경산군 압량면 금구동	全暎錫
압량면 금구동	574	전	422	42.2	경산군 압량면 금구동	鄭德基
압량면 금구동	575	전	2,394	239.4	동경시	조선흥업주식회사
압량면 금구동	576	전	1,221	121.1	동경시	조선흥업주식회사
압량면 금구동	577	전	1,000	70	경산군 압량면 신대동	全潤祚
압량면 금구동	578-1	전	662	46.34	경산군 경산면 조영동	朴枘榮
압량면 금구동	578-2	전	436	30.52	경산군 압량면 금구동	姜永復
압량면 금구동	587	전	937	93.7	경산군 압량면 용암동	佐藤政一
압량면 금구동	588	전	2,262	294.06	경산군 경산면 삼남동	安炳吉
압량면 금구동	589	전	1,180	118	경산군 압량면 금구동	姜永穆

압량면 금구동	590	전	1,658	215.54	경산군 압량면 금구동	尹彌酢
압량면 금구동	591	전	566	73.58	경산군 고산면 매호동	申日守
압량면 금구동	592	답	795	135.15	경산군 자인면 동부동	金德先
압량면 금구동	593	전	280	36.4	경산군 압량면 금구동	姜永壹
압량면 금구동	594	전	606	78.78	경산군 압량면 금구동	姜永禹
압량면 금구동	595	전	429	55.77	대구부 경정	徐丙元
압량면 금구동	596-1	전	440	57.2	경산군 남천면 삼성동	朴魯純
압량면 금구동	596-2	전	470	61.1	경산군 남천면 삼성동	朴魯純
압량면 금구동	597	답	573	137.52	경산군 압량면 금구동	姜周夏
압량면 금구동	598	답	754	218.66	경산군 경산면 삼남동	安炳吉
압량면 금구동	599	답	254	73.66	경산군 압량면 금구동	金桂淑
압량면 금구동	600	답	136	32.64	달성군 공산면 지묘동	崔在敎
압량면 금구동	601	답	604	144.96	대구부 남산정	金慶玉
압량면 금구동	602	답	248	59.52	달성군 가창면 파동	金景允
압량면 금구동	603	답	340	81.6	경산군 압량면 금구동	金龍守
압량면 금구동	604	답	693	200.97	달성군 공산면 지묘동	崔在敎
압량면 금구동	605	답	322	93.38	경산군 압량면 금구동	金桂淑
압량면 금구동	606	답	411	78.09	경산군 고산면 매호동	朴性燁
압량면 금구동	607	답	498	94.62	경산군 압량면 금구동	姜永運
압량면 금구동	608	답	438	83.22	경산군 압량면 금구동	徐鎭奎
압량면 금구동	609	전	1,641	164.1	경산군 압량면 금구동	姜芝秀
압량면 금구동	610	전	426	42.6	경산군 압량면 금구동	姜永壹
압량면 금구동	611	전	902	90.2	경산군 압량면 금구동	姜崙秀
압량면 금구동	613	전	220	22	경산군 압량면 금구동	姜永壹
압량면 금구동	616	전	41	4.1	경산군 압량면 금구동	姜芝秀
압량면 금구동	617	답	348	59.16	경산군 압량면 금구동	尹彌酢
압량면 금구동	618	답	1,133	215.27	경산군 고산면 매호동	申日守
압량면 금구동	618-2	답	91	17.29	경산군 압량면 금구동	朴再圭
압량면 금구동	619	답	626	118.94	경산군 고산면 매호동	崔在敎
압량면 금구동	620	답	446	84.74	경산군 고산면 매호동	朴性燁
압량면 금구동	621	답	334	56.78	경산군 압량면 금구동	金聖根
압량면 금구동	622	답	298	50.66	경산군 압량면 금구동	姜崙秀
압량면 금구동	623	전	668	66.8	대구부 남정	金慶玉
압량면 금구동	624	전	648	64.8	대구부 경정	徐丙元
압량면 금구동	626	전	441	44.1	달성군 해안면 둔산동	崔鍾奭
압량면 금구동	627	전	501	50.1	경산군 압량면 금구동	陳台綱
압량면 금구동	628	전	700	70	동경시	조선흥업주식회사
압량면 금구동	629	답	1,116	111.6	경산군 압량면 금구동	姜永壹
압량면 금구동	630	답	633	107.6	경산군 고산면 매호동	申日守
압량면 금구동	636	답	240	40.8	경산군 고산면 매호동	申日守
압량면 금구동	643	답	452	85.88	경산군 자인면 동부동	金德先
압량면 금구동	649	답	1,002	100.2	경산군 압량면 금구동	成潤寬

압량면 의송동	지번	지목	지적 (평)	지세가격 (원)	주소	씨명
압량면 의송동	348	답	300	51	경산군 경산면 중방동	韓炳斗
압량면 의송동	349	답	674	80.88	福岡縣	高松宗八郎
압량면 의송동	350	답	466	79.22	경산군 경산면 삼남동	金士淑
압량면 의송동	351	답	80	13.6	경산군 압량면 인안동	金聖徹
압량면 의송동	354	답	320	54.4	경산군 압량면 인안동	金聖徹
압량면 의송동	355	답	72	10.08	대구부 시정	李殷雨
압량면 의송동	356	답	471	56.52	대구부 시정	李殷雨
압량면 의송동	357	답	393	55.02	경산군 압량면 의송동	金載仁
압량면 의송동	358	답	762	106.68	경산군 압량면 인안동	金聖徹
압량면 의송동	359	답	100	14	경산군 자인면 신관동	鄭甲柱
압량면 의송동	394	답	120	16.8	경산군 자인면 신관동	압량면
압량면 의송동	396	답	855	179.55	대구부 남성정	崔世珍
압량면 의송동	397	답	620	130.2	경산군 압량면 내동	李以善
압량면 의송동	398	답	50	8.5	경산군 고산면	韓炳斗

압량면 현흥동	지번	지목	지적 (평)	지세가격 (원)	주소	씨명
압량면 현흥동	1-1	답	331	79.44	경산군 하양면 환상동	尹武範
압량면 현흥동	1-3	답	420	100.8	경산군 하양면 환상동	尹武範
압량면 현흥동	2	답	318	76.32	경산군 하양면 환상동	건흥동
압량면 현흥동	3-1	답	65	9.1	경산군 압량면 현흥동	李錫淵
압량면 현흥동	3-3	답	301	42.14	경산군 압량면 현흥동	李錫淵
압량면 현흥동	4-1	답	1283	307.92	동경시	동척
압량면 현흥동	4-3	답	108	25.92	동경시	동척
압량면 현흥동	5	답	590	82.6	경산군 하양면 환상동	鄭達柱
압량면 현흥동	6	답	224	31.36	경산군 하양면 환상동	鄭文範
압량면 현흥동	7	답	610	85.4	경산군 하양면 남하동	朴在憲
압량면 현흥동	8	답	10312	1237.44	동경시	동척
압량면 현흥동	9	답	410	57.4	경산군 압량면 현흥동	曹熙翰
압량면 현흥동	10	답	1459	65.65	경산군 하양면 환상동	黃薇伯
압량면 현흥동	11	답	776	108.64	경산군 하양면 남하동	孔洙夏
압량면 현흥동	12	답	267	50.73	경산군 압량면 용암동	佐藤小三郎
압량면 현흥동	13	답	554	132.96	경산군 자인면 북서동	張在洙
압량면 현흥동	14	답	1456	349.44	경산군 하양면 환상동	鄭昌國
압량면 현흥동	15	답	540	129.6	동경시	동척
압량면 현흥동	16	답	531	127.44	경산군 하양면 남하동	金象玉
압량면 현흥동	17	답	1256	238.64	경산군 압량면 구암동	佐藤小三郎
압량면 현흥동	18	답	298	56.62	경산군 압량면 용암동	佐藤政一
압량면 현흥동	19-2	답	8857	1682.83	동경시	동척

압량면 현흥동	20-3	답	631	119.89	경산군 압량면 용암동	佐藤小三郎
압량면 현흥동	21	답	1142	374.08	달성군 해안면 방촌동	和田力太
압량면 현흥동	22	답	837	200.88	동경시	동척
압량면 현흥동	23	답	594	142.56	경산군 압량면 현흥동	崔洪達
압량면 현흥동	24-2	답	4300	1032	동경시	동척
압량면 현흥동	25	답	537	128.88	경산군 압량면 현흥동	中野實或
압량면 현흥동	26	답	354	84.96	동경시	동척
압량면 현흥동	27	답	604	144.96	대구부 덕산정	徐壽業
압량면 현흥동	28	답	714	171.36	경산군 하양면 환상동	鄭達柱
압량면 현흥동	29-2	답	462	110.88	경산군 하양면 환상동	鄭昌國
압량면 현흥동	30	답	766	107.24	경산군 압량면 현흥동	中野實或
압량면 현흥동	31	답	497	69.58	경산군 경산면 용암동	朴永春
압량면 현흥동	32	답	1191	266.29	경산군 하양면 환상동	鄭士奎외4인
압량면 현흥동	33	답	453	86.07	동경시	동척
압량면 현흥동	34-1	답	99	18.81	경산군 하양면 환상동	鄭斗爀
압량면 현흥동	35	답	813	154.47	경산군 진량면 동초동	柟持瑩
압량면 현흥동	36-3	답	1436	344.64	동경시	동척
압량면 현흥동	37	답	153	36.72	대구부 원정	곡물주식회사
압량면 현흥동	40	답	1092	262.08	경산군 하양면 환상동	鄭文範
압량면 현흥동	41	답	150	36	경산군 하양면 환상동	鄭達柱
압량면 현흥동	44-2	답	91	21.84	경산군 하양면 환상동	鄭文仲
압량면 현흥동	45-1	답	511	122.64	동경시	동척
압량면 현흥동	46-1	답	501	120.24	동경시	동척
압량면 현흥동	47	답	122	29.28	경산군 압량면 현흥동	李翰淵
압량면 현흥동	48	답	172	32.68	대구부 원정	곡물주식회사
압량면 현흥동	49	답	169	32.11	경산군 압량면 용암동	佐藤小三郎
압량면 현흥동	67	답	43	8.17	경산군 압량면 현흥동	李廷淵
압량면 현흥동	75	답	86	16.34	경산군 압량면 현흥동	李翰淵
압량면 현흥동	76	답	286	54.34	경산군 하양면 환상동	鄭文善
압량면 현흥동	77	답	91	17.29	경산군 압량면 용암동	佐藤小三郎
압량면 현흥동	78	답	413	78.47	경산군 압량면 용암동	佐藤小三郎
압량면 현흥동	79	답	934	224.16	경산군 압량면 현흥동	曹煥承
압량면 현흥동	80	답	282	67.68	경산군 압량면 용암동	佐藤政一
압량면 현흥동	81	답	844	160.36	경산군 하양면 환상동	鄭昌國
압량면 현흥동	82	답	340	60.2	경산군 압량면 현흥동	中野實或
압량면 현흥동	83	답	627	87.78	福岡縣	高松宗八郎
압량면 현흥동	84	답	1076	150.64	대구부 횡정	鄭圭鈺
압량면 현흥동	85	답	990	138.6	경산군 압량면 용암동	朴永春
압량면 현흥동	86	답	1034	144.76	福井縣	佐佐木西兵衛
압량면 현흥동	87	답	597	83.58	경산군 고산면 욱수동	鄭殉柱
압량면 현흥동	88	답	639	89.46	대구부 남산정	金德鄕
압량면 현흥동	89	답	1142	159.88	경산군 자인면 신관동	鄭甲柱
압량면 현흥동	90	답	1098	153.72	대구부 남산정	金德鄕
압량면 현흥동	91	답	1149	160.86	경산군 압량면 용암동	佐藤小三郎

압량면 현흥동	92	답	1593	223.02	경산군 압량면 용암동	佐藤小三郎
압량면 현흥동	93	답	813	154.47	경산군 하양면 청래동	宋秉仁
압량면 현흥동	94	답	468	88.92	경산군 경산면 환오동	鄭鳳龍
압량면 현흥동	95	답	766	107.24	경산군 경산면 환오동	金象三
압량면 현흥동	96	답	1162	162.68	경산군 압량면 인안동	鄭南柱
압량면 현흥동	97	답	646	90.44	경산군 자인면 신관동	鄭榮柱
압량면 현흥동	98	답	1574	299.06	동경시	조선흥업주식회사
압량면 현흥동	99	답	512	71.68	경산군 경산면 삼남동	安炳喆
압량면 현흥동	100	답	1034	144.76	경산군 하양면 남하동	金翊奎
압량면 현흥동	101	답	1066	149.24	경산군 경산면 삼남동	安炳喆
압량면 현흥동	102	답	902	126.38	경산군 하양면 남하동	金翊奎 金秉元
압량면 현흥동	103	답	532	74.48	경산군 압량면 현흥동	鄭斗萬외 3인
압량면 현흥동	104	답	470	65.8	佐賀縣	横尾勘六
압량면 현흥동	105	답	574	80.36	경산군 진량면 속초동	朴時榮
압량면 현흥동	106	답	358	50.12	대구부 남산정	李士允
압량면 현흥동	107	답	1274	152.88	경산군 압량면 용암동	佐藤小三郎
압량면 현흥동	108	답	956	114.72	佐賀縣	横尾勘六
압량면 현흥동	109	답	778	108.92	경산군 진량면 속초동	朴時榮
압량면 현흥동	110	답	509	71.26	경산군 압량면 인안동	鄭龍奎
압량면 현흥동	111	답	346	48.48	경산군 압량면 인안동	鄭斗泰
압량면 현흥동	112	답	561	78.54	동경시	조선흥업주식회사
압량면 현흥동	113	답	548	76.72	경산군 남산면 경산동	金斗河
압량면 현흥동	114	답	381	53.34	경산군 하양면 환상동	鄭文善
압량면 현흥동	115	답	639	89.46	경산군 하양면 환상동	朴道天
압량면 현흥동	116	답	606	84.84	경산군 경산면 삼남동	安炳吉
압량면 현흥동	117	답	742	103.88	福岡縣	高松宗八郎
압량면 현흥동	118	답	555	77.7	경산군 진량면	林相吉
압량면 현흥동	119	답	236	33.04	香川縣	應平擦七
압량면 현흥동	120	답	712	99.68	경산군 남산면 경산동	金斗河
압량면 현흥동	121	답	378	52.92	경산군 하양면 남하동	鄭士奎외4인
압량면 현흥동	122	답	2386	334.04	경산군 경산면 삼남동	安炳吉
압량면 현흥동	123	답	610	85.4	경산군 압량면 현흥동	李錫淵
압량면 현흥동	124	답	860	120.4	경산군 압량면 현흥동	中野實或
압량면 현흥동	125	답	326	45.64	福岡縣	佐佐木西兵衛
압량면 현흥동	126	답	646	90.44	경산군 압량면 인안동	鄭厚柱
압량면 현흥동	127	답	597	83.58	香川縣	應平擦七
압량면 현흥동	128	답	828	115.92	경산군 압량면 현흥동	李鍾旭
압량면 현흥동	129	답	782	109.48	경산군 경산면 서상동	澤田耕治
압량면 현흥동	130	답	630	88.2	경산군 진량면	林相吉
압량면 현흥동	131	답	657	91.98	경산군 하양면 환상동	鄭萬龍
압량면 현흥동	132	답	1635	228.9	경산군 경산면 삼남동	安炳吉
압량면 현흥동	133	답	616	86.24	경산군 경산면 용암동	佐藤小三郎
압량면 현흥동	134	답	562	78.68	동경시	조선흥업주식회사
압량면 현흥동	135	답	844	118.16	福岡縣	高松宗八郎

압량면 현흥동	136	답	550	77	동경시	조선흥업주식회사
압량면 현흥동	137	답	378	52.92	경산군 압량면 인안동	鄭柄柱
압량면 현흥동	138	답	758	106.12	달성군 수성면 만촌동	九興書
압량면 현흥동	139	답	290	40.6	경산군 압량면 인안동	鄭閏柱
압량면 현흥동	140	답	150	21	동경시	조선흥업주식회사
압량면 현흥동	141	답	1170	163.8	경산군 압량면 현흥동	鄭斗文
압량면 현흥동	142	답	288	54.72	경산군 진량면 북동	朴相吉
압량면 현흥동	143	답	300	57	경산군 경산면 용암동	佐藤小三郎
압량면 현흥동	144	답	776	108.64	경산군 자인면 일언동	韓在復
압량면 현흥동	145	답	150	21	경산군 경산면 삼남동	安炳吉
압량면 현흥동	146	답	513	97.47	경산군 압량면 현흥동	高木武作
압량면 현흥동	147	답	1032	144.48	경산군 남산면 경산동	金斗河
압량면 현흥동	148-1	답	481	67.34	경산군 하양면 대조동	孫鎭坤
압량면 현흥동	148-2	답	539	75.46	대구부 남산정	金德鄉
압량면 현흥동	149	답	1224	222.56	경산군 남산면 경산동	金斗河
압량면 현흥동	150	답	680	129.2	경산군 하양면 남하동	鄭應伯
압량면 현흥동	151-1	답	1046	198.74	경산군 남산면 경산동	金斗河
압량면 현흥동	152	답	582	81.48	동경시	조선흥업주식회사
압량면 현흥동	153	답	399	55.86	경산군 압량면 현흥동	中野實或
압량면 현흥동	154-1	답	676	94.78	경산군 경산면 용암동	佐藤小三郎
압량면 현흥동	155	답	484	67.76	경산군 압량면 현흥동	金特東
압량면 현흥동	156-2	답	621	86.94	福岡縣	高松宗八郎
압량면 현흥동	157-1	답	12	1.68	경산군 경산면 삼남동	安炳吉
압량면 현흥동	157-3	답	589	82.46	경산군 경산면 삼남동	安永模
압량면 현흥동	158	답	485	67.9	동경시	조선흥업주식회사
압량면 현흥동	159	답	741	103.74	경산군 하양면 환상동	鄭文仲
압량면 현흥동	160	답	2078	290.92	경산군 자인면 신관동	鄭榮柱
압량면 현흥동	161-1	답	408	48.96	香川縣	應平摠七
압량면 현흥동	161-2	답	411	49.32	경산군 압량면 현흥동	佐佐木ス正ノ
압량면 현흥동	162	답	734	88.08	경산군 압량면 의송동	金斗百
압량면 현흥동	163	답	532	63.84	동경시	조선흥업주식회사
압량면 현흥동	164	답	334	44.08	경산군 압량면 인안동	鄭閏柱
압량면 현흥동	165	답	600	72	경산군 하양면 환상동	鄭孝柱
압량면 현흥동	166	답	692	83.04	경산군 압량면 인안동	金聖澈
압량면 현흥동	167	답	1167	140.04	동경시	조선흥업주식회사
압량면 현흥동	168	답	258	30.96	대구부 남산정	金德鄉
압량면 현흥동	169	답	314	37.68	경산군 압량면 인안동	鄭斗元
압량면 현흥동	170	답	672	80.64	경산군 하양면 환상동	鄭昌國
압량면 현흥동	171	답	1191	166.74	경산군 진량면 북동	朴相吉
압량면 현흥동	172	답	885	123.9	경산군 압량면 현흥동	曹熙翰
압량면 현흥동	173	답	1053	147.42	동경시	조선흥업주식회사
압량면 현흥동	174-2	답	3574	500.36	동경시	동척
압량면 현흥동	175	답	675	94.5	경산군 압량면 인안동	金聖澈
압량면 현흥동	176	답	1048	146.72	경산군 경산면 삼남동	白富興

압량면 현흥동	177	답	300	36	경산군 경산면 용암동	佐藤小三郎
압량면 현흥동	178	답	195	23.4	동경시	동척
압량면 현흥동	179	답	548	65.76	경산군 고산면 욱수동	鄭殄柱
압량면 현흥동	180	답	783	93.96	경산군 하양면 환상동	鄭文善
압량면 현흥동	181	답	207	24.84	대구부 남산정	金德鄕
압량면 현흥동	182	답	2078	249.36	동경시	동척
압량면 현흥동	183	답	879	105.48	경산군 경산면 삼남동	安炳吉
압량면 현흥동	184	답	597	71.64	경산군 하양면 환상동	鄭斗海
압량면 현흥동	185	답	1861	223.32	동경시	동척
압량면 현흥동	186	답	720	86.4	경산군 진량면 북동	朴相吉
압량면 현흥동	187	답	393	47.16	경산군 압량면 현흥동	鄭斗文
압량면 현흥동	188	답	396	47.52	경산군 압량면 인안동	鄭斗元
압량면 현흥동	189-1	답	491	58.92	경산군 압량면 현흥동	曹熙翰
압량면 현흥동	189-2	답	494	59.28	달성군 공산면 미곡동	孫戴煥
압량면 현흥동	189-3	답	350	42	경산군 경산면 삼남동	安炳吉
압량면 현흥동	190	답	1761	211.32	동경시	동척
압량면 현흥동	191	답	780	93.6	경산군 경산면 용암동	佐藤小三郎
압량면 현흥동	192	답	360	43.2	동경시	동척
압량면 현흥동	193	답	1018	122.16	동경시	조선흥업주식회사
압량면 현흥동	194	답	664	79.68	경산군 하양면 대조동	竹條原宮市
압량면 현흥동	195	답	1231	147.72	경산군 압량면 현흥동	中野實或
압량면 현흥동	196	답	549	76.86	동경시	조선흥업주식회사
압량면 현흥동	197	답	1383	192.62	경산군 압량면 현흥동	李翰淵
압량면 현흥동	198	답	931	130.34	경산군 남산면 경산동	金斗南
압량면 현흥동	199	답	608	85.12	경산군 진량면 북동	朴相吉
압량면 현흥동	200	답	782	109.48	경산군 경산면 용암동	佐藤小三郎
압량면 현흥동	201	답	504	70.56	동경시	조선흥업주식회사
압량면 현흥동	202	답	422	59.08	경산군 압량면 인안동	鄭柄柱
압량면 현흥동	203	답	914	127.96	경산군 압량면 신촌동	直井磯治
압량면 현흥동	204	답	975	136.5	경산군 압량면 인안동	金聖澈
압량면 현흥동	205	답	706	98.84	경산군 경산면 삼남동	安炳吉
압량면 현흥동	206	답	602	84.28	경산군 압량면 인안동	鄭厚柱
압량면 현흥동	207	답	856	119.84	경산군 압량면 인안동	鄭煥周
압량면 현흥동	208	답	730	102.2	경산군 경산면 용암동	佐藤小三郎
압량면 현흥동	209	답	639	89.46	경산군 압량면 인안동	鄭厚柱
압량면 현흥동	210	답	801	112.14	경산군 압량면 인안동	鄭璣柱
압량면 현흥동	211	답	1239	173.46	경산군 경산면 삼남동	安炳吉
압량면 현흥동	212	답	534	74.76	경산군 압량면 인안동	金聖澈
압량면 현흥동	213	답	573	80.22	대구부 남산정	金德鄕
압량면 현흥동	214	답	771	107.94	경산군 압량면 현흥동	曹煥承
압량면 현흥동	215	답	894	125.16	橫井縣	佐佐木西兵衛
압량면 현흥동	216	답	442	61.88	경산군 경산면 용암동	佐藤小三郎
압량면 현흥동	217	답	458	94.12	경산군 하양면 환상동	鄭萬龍
압량면 현흥동	218	답	732	102.48	경산군 경산면 삼남동	安炳吉

압량면 현흥동	219	답	546	76.44	경산군 하양면 남하동	金國復
압량면 현흥동	220	답	705	98.7	동경시	동척
압량면 현흥동	221	답	77	107.8	경산군 진량면 북동	朴相吉
압량면 현흥동	222	답	1166	163.24	경산군 하양면 환상동	黃敬伯
압량면 현흥동	223	답	1188	166.32	경산군 압량면 현흥동	李廷淵
압량면 현흥동	224	답	604	84.56	동경시	조선흥업주식회사
압량면 현흥동	225	답	429	60.06	경산군 경산면 삼남동	金彩籠
압량면 현흥동	226	답	884	123.76	동경시	조선흥업주식회사
압량면 현흥동	227	답	892	124.88	달성군 해안면 방촌동	和田力太
압량면 현흥동	228	답	486	68.04	경산군 압량면 현흥동	李翰淵
압량면 현흥동	229	답	754	105.56	경산군 압량면 현흥동	曹煥承
압량면 현흥동	230	답	568	79.52	경산군 압량면 현흥동	中野實或
압량면 현흥동	231	답	592	82.82	경산군 하양면 환상동	鄭文善
압량면 현흥동	232	답	758	106.12	경산군 경산면 삼남동	白有鶴
압량면 현흥동	233	답	878	122.92	경산군 안심면 신서동	柳廷洛
압량면 현흥동	234	답	1533	214.62	경산군 경산면 경산동	金斗河
압량면 현흥동	235	답	742	103.88	경산군 압량면 현흥동	李錫淵
압량면 현흥동	236	답	3962	554.68	동경시	조선흥업주식회사
압량면 현흥동	237	답	314	37.68	동경시	동척
압량면 현흥동	238	답	1956	273.84	대구부 남산정	金德鄕
압량면 현흥동	239	답	330	46.2	경산군 압량면 인안동	鄭仁柱
압량면 현흥동	240	답	699	97.86	경산군 진량면 속초동	林時榮
압량면 현흥동	241	답	478	66.92	佐賀縣	横尾勘大
압량면 현흥동	242	답	496	69.44	경산군 하양면 환상동	鄭斗吉
압량면 현흥동	243	답	354	49.56	경산군 하양면 환상동	鄭斗海
압량면 현흥동	244	답	142	19.88	경산군 압량면 인안동	鄭仁柱
압량면 현흥동	245	답	164	22.96	경산군 고산면 신매동	方壽龍
압량면 현흥동	246	답	960	134.4	경산군 진량면 신상동	金始仁
압량면 현흥동	247	답	867	121.38	경산군 압량면 인안동	金聖徹
압량면 현흥동	248	답	550	77	경산군 압량면 인안동	鄭達柱
압량면 현흥동	249	답	754	105.56	경산군 경산면 용암동	佐藤政一
압량면 현흥동	250	답	1902	228.24	동경시	동척
압량면 현흥동	251	답	548	65.76	경산군 하양면 환상동	鄭斗海
압량면 현흥동	252	답	798	95.76	동경시	조선흥업주식회사
압량면 현흥동	253	답	1376	165.12	동경시	동척
압량면 현흥동	254	답	939	112.68	佐賀縣	横尾勘大
압량면 현흥동	255	답	1316	157.92	동경시	조선흥업주식회사
압량면 현흥동	256	답	676	94.64	경산군 경산면 삼남동	安炳吉
압량면 현흥동	257	답	560	78.4	경산군 압량면 인안동	鄭達柱
압량면 현흥동	258	답	633	88.62	경산군 경산면 삼남동	安炳吉
압량면 현흥동	259	답	797	111.58	경산군 압량면 당리동	朴南鉉
압량면 현흥동	260	답	646	77.52	경산군 압량면 인안동	林魯洪
압량면 현흥동	261	답	600	84	경산군 압량면 인안동	成述永
압량면 현흥동	262	답	520	62.4	동경시	동척

압량면 현흥동	263	답	501	60.12	경산군 압량면 모동	韓始忠
압량면 현흥동	264	답	322	38.64	동경시	동척
압량면 현흥동	265	답	398	47.76	경산군 압량면 신촌동	直井磯治
압량면 현흥동	266	답	770	92.4	경산군 진량면 속초동	朴時榮
압량면 현흥동	267	답	680	81.6	경산군 경산면 용암동	佐藤政一
압량면 현흥동	268	답	896	125.44	橫井縣	佐佐木西兵衛
압량면 현흥동	269	답	810	113.4	경산군 와촌면 대동	鄭寅杓
압량면 현흥동	270	답	1593	223.02	佐賀縣	橫尾勘大
압량면 현흥동	271	답	366	51.24	대구부 서내정	崔世珍
압량면 현흥동	272	답	795	111.3	경산군 진량면 북동	朴相吉
압량면 현흥동	273	답	741	88.932	경산군 압량면 인안동	鄭厚柱
압량면 현흥동	274	답	994	119.28	대구부 남산정	金德鄕
압량면 현흥동	275	답	71	8.52	경산군 압량면 인안동	鄭厚柱
압량면 현흥동	276	답	1893	227.16	동경시	조선흥업주식회사
압량면 현흥동	277-1	답	278	38.92	경산군 압량면 현흥동	高木武作
압량면 현흥동	277-2	답	312	43.68	경산군 압량면 현흥동	高木武作
압량면 현흥동	277-3	답	673	94.22	경산군 압량면 현흥동	高木武作
압량면 현흥동	278	답	874	122.36	경산군 압량면 인안동	鄭龍奎
압량면 현흥동	279	답	570	79.8	동경시	동척
압량면 현흥동	280	답	800	69	동경시	조선흥업주식회사
압량면 현흥동	281	답	897	125.58	경산군 압량면 인안동	鄭潤柱
압량면 현흥동	282	답	2577	209.24	동경시	동척
압량면 현흥동	283	답	336	40.32	경산군 압량면 인안동	鄭斗坤
압량면 현흥동	284	답	423	50.76	경산군 압량면 인안동	鄭厚柱
압량면 현흥동	285	답	528	63.36	경산군 진량면	朴相吉
압량면 현흥동	286	답	82	9.84	경산군 하양면 대조동	奈崎忠雄
압량면 현흥동	287	답	968	116.16	대구부	崔世珍
압량면 현흥동	288	답	350	42	경산군 압량면 인안동	鄭明柱
압량면 현흥동	289	답	753	90.36	경산군 압량면 인안동	鄭斗和
압량면 현흥동	290	답	508	90.96	경산군 경산면 용암동	佐藤小三郎
압량면 현흥동	291	답	460	55.2	경산군 압량면 인안동	鄭永柱
압량면 현흥동	292	답	554	66.48	동경시	조선흥업주식회사
압량면 현흥동	293	답	1119	134.28	경산군 경산면 용암동	佐藤小三郎
압량면 현흥동	294	답	1068	128.12	경산군 경산면 삼남동	安炳吉
압량면 현흥동	295	답	766	91.92	동경시	동척
압량면 현흥동	296	답	807	96.84	동경시	조선흥업주식회사
압량면 현흥동	297	답	386	46.32	경산군 하양면 환상동	鄭承柱
압량면 현흥동	298	답	410	49.3	경산군 하양면 환상동	鄭斗應
압량면 현흥동	299	답	1491	178.92	동경시	조선흥업주식회사
압량면 현흥동	300	답	1264	151.68	동경시	동척
압량면 현흥동	301	답	374	44.88	경산군 압량면 현흥동	李廷淵
압량면 현흥동	302	답	615	73.8	동경시	동척
압량면 현흥동	303	답	744	89.28	경산군 압량면 현흥동	李廷淵
압량면 현흥동	304	답	830	99.6	경산군 자인면 동부동	中田忠五郎

압량면 현흥동	305	답	351	42.12	경산군 경산면 용암동	徐鳳奎
압량면 현흥동	306	답	1690	202.8	동경시	동척
압량면 현흥동	307	답	945	113.4	경산군 압량면 현흥동	李鍾旭
압량면 현흥동	308	답	8298	995.76	동경시	동척
압량면 현흥동	309	답	890	106.8	달성군 성서면	李華祥
압량면 현흥동	310	답	1305	156.6	동경시	조선흥업주식회사
압량면 현흥동	311	답	1089	130.68	동경시	동척
압량면 현흥동	312	답	768	92.16	대구부 동운정	宮井正一
압량면 현흥동	313	답	1134	136.08	동경시	동척
압량면 현흥동	314	답	884	106.08	경산군 압량면 용암동	佐藤小三郎
압량면 현흥동	315	답	614	73.68	경산군 압량면 인안동	金聖澈
압량면 현흥동	316	답	490	58.8	동경시	조선흥업주식회사
압량면 현흥동	317	답	906	108.72	동경시	동척
압량면 현흥동	318	답	444	53.28	경산군 압량면 현흥동	玄玉壽
압량면 현흥동	319	답	622	74.64	동경시	동척
압량면 현흥동	320	답	458	54.96	경산군 압량면 인안동	金聖澈
압량면 현흥동	321	답	7358	882.96	동경시	동척
압량면 현흥동	322	답	1234	148.08	동경시	조선흥업주식회사
압량면 현흥동	323	답	666	79.92	경산군 압량면 당리동	陳福守
압량면 현흥동	324	답	674	80.88	동경시	조선흥업주식회사
압량면 현흥동	325	답	903	108.36	동경시	조선흥업주식회사
압량면 현흥동	326	답	17666	2119.92	동경시	동척
압량면 현흥동	327	답	417	50.04	경산군 하양면 환상동	鄭文善
압량면 현흥동	328	답	512	61.44	경산군 하양면 남하동	孫燧漠
압량면 현흥동	329	답	2102	399.38	대구부 덕산정	李根韶
압량면 현흥동	330-1	답	645	122.55	달성군 수성면 신암동	崔鍾重
압량면 현흥동	300-2	답	405	76.95	달성군 수성면 신암동	崔鍾和
압량면 현흥동	331	답	494	93.86	경산군 압량면 인안동	金聖澈
압량면 현흥동	332	답	426	80.94	경산군 경산면 옥산동	全箕興
압량면 현흥동	333	답	456	118.56	경산군 하양면 은호동	李致奎
압량면 현흥동	334-1	답	538	39.88	달성군 달서면 파산동	吳興善
압량면 현흥동	335	답	592	153.92	경산군 자인면 북서동	張在洙
압량면 현흥동	336	답	660	171.6	경산군 하양면 한사동	崔鍾萬
압량면 현흥동	340-1	답	28	5.88	대구부 경정	徐丙元
압량면 현흥동	341-1	답	167	35.07	경산군 압량면 현흥동	原無二一
압량면 현흥동	342	답	23	4.83	경산군 압량면 용암동	佐藤小三郎
압량면 현흥동	344-1	답	27	5.67	경산군 압량면 용암동	佐藤小三郎
압량면 현흥동	345	답	764	183.36	경산군 자인면 신관동	鄭榮柱
압량면 현흥동	346-1	답	649	136.29	경산군 자인면 북서동	張在洙
압량면 현흥동	347-2	답	366	76.86	경산군 압량면 용암동	佐藤小三郎
압량면 현흥동	348-1	답	1645	345.45	동경시	동척
압량면 현흥동	349-2	답	706	134.14	경산군 자인면 경동	金斗河
압량면 현흥동	350	답	850	131.5	경산군 압량면 인안동	金聖澈
압량면 현흥동	351	답	1173	222.87	경산군 하양면 환상동	鄭文善

압량면 현흥동	352	답	824	156.56	경산군 압량면 인안동	金聖澈
압량면 현흥동	353	답	963	182.92	동경시	조선흥업주식회사
압량면 현흥동	354	답	717	136.23	경산군 압량면 신대동	全棟喜
압량면 현흥동	355	답	312	59.28	경산군 하양면 환상동	白秀仁
압량면 현흥동	356	답	1210	229.9	달성군 달서면 비산동	吳致東
압량면 현흥동	357	답	1112	211.28	대구부 경정	徐丙元
압량면 현흥동	358	답	684	129.96	대구부 남산정	玄南淑
압량면 현흥동	359	답	468	88.92	경산군 안심면 사복동	全甲鉉
압량면 현흥동	360-2	답	851	161.69	동경시	동척
압량면 현흥동	361-1	답	70	13.3	동경시	동척
압량면 현흥동	362-1	답	1769	424.56	동경시	동척
압량면 현흥동	363	답	398	95.52	경산군 경산면 삼남동	金土淑
압량면 현흥동	364	답	1078	258.72	경산군 하양면 환상동	玄玉壽
압량면 현흥동	365	답	501	120.24	경산군 하양면 환상동	李述景
압량면 현흥동	366	답	1166	279.84	대구부	徐相熙
압량면 현흥동	367-1	답	734	176.16	경산군 경산면 삼남동	安永模
압량면 현흥동	368-2	답	425	89.25	경산군 경산면 삼남동	安永模
압량면 현흥동	369	답	572	137.27	경산군 하양면 은호동	李致奎
압량면 현흥동	370	답	442	106.08	경산군 압량면 현흥동	金炳俊
압량면 현흥동	371	답	474	99.54	달성군 수성면 신암동	崔鍾弼
압량면 현흥동	372	전	582	58.2	경산군 압량면 용암동	佐藤小三郎
압량면 현흥동	373	답	639	134.19	경산군 자인면 북서동	張在洙
압량면 현흥동	374	답	580	121.8	경산군 압량면 현흥동	宋炳洪
압량면 현흥동	375	답	1022	214.62	경산군 경산면 서상동	藤井時治
압량면 현흥동	376-1	답	1197	311.22	대구부 남용정	徐相熙
압량면 현흥동	376-2	답	810	210.6	경산군 경산면 삼남동	安炳吉
압량면 현흥동	377	답	2127	446.67	경산군 하양면 은호동	李致奎
압량면 현흥동	378	전	945	66.15	경산군 압량면 인안동	金聖澈
압량면 현흥동	379	전	381	26.67	경산군 압량면 현흥동	朴鳳俊
압량면 현흥동	380	전	1326	92.82	경산군 하양면 환상동	鄭敬伯
압량면 현흥동	381	전	360	21.42	달성군 성북면 사산동	崔鍾呂
압량면 현흥동	382	답	408	85.68	경산군 압량면 현흥동	禹濟完
압량면 현흥동	383	답	766	160.86	대구부 서성정	李相岳
압량면 현흥동	384	답	458	96.98	동경시	동척
압량면 현흥동	385	답	1140	239.4	경산군 경산면 삼남동	安炳吉
압량면 현흥동	386	답	150	31.5	경산군 압량면 조영동	全敬益
압량면 현흥동	387	전	316	22.12	경산군 압량면 현흥동	金成得
압량면 현흥동	388	답	634	120.46	부산부 보수동	池田丹三
압량면 현흥동	389	답	1298	272.58	경산군 하양면 남하동	金振玉
압량면 현흥동	390	답	219	45.99	경산군 압량면 조영동	全敬益
압량면 현흥동	391	전	468	32.76	경산군 압량면 현흥동	白木八太郎
압량면 현흥동	392	전	291	20.37	동경시	조선흥업주식회사
압량면 현흥동	393	답	106	12.72	경산군 와촌면 대동	鄭寅杓
압량면 현흥동	395	답	664	126.16	경산군 와촌면 대동	鄭寅杓

압량면 현흥동	396	답	912	191.52	경산군 경산면 삼남동	安炳吉
압량면 현흥동	397	답	812	170.52	경산군 경산면 삼남동	安永模
압량면 현흥동	398	답	994	188.86	경산군 하양면 환상동	白秀仁
압량면 현흥동	399	답	831	157.89	경산군 압량면 현흥동	金成得
압량면 현흥동	400-1	답	722	86.64	경산군 하양면 환상동	鄭且伯
압량면 현흥동	400-2	답	526	63.12	경산군 하양면 환상동	鄭敬伯
압량면 현흥동	400-3	답	560	67.2	경산군 하양면 환상동	鄭應伯
압량면 현흥동	401	답	566	53.77	경산군 하양면 남하동	孫駿謨
압량면 현흥동	402	답	656	124.64	달성군 성북면 사산동	李華祥
압량면 현흥동	403	답	531	100.89	동경시	조선흥업주식회사
압량면 현흥동	404	답	1365	286.65	동경시	조선흥업주식회사
압량면 현흥동	405	답	1006	211.26	동경시	동척
압량면 현흥동	406	답	567	119.07	경산군 경산면 삼남동	安炳吉
압량면 현흥동	407	전	759	53.13	경산군 압량면 용암동	佐藤小三郎
압량면 현흥동	408	전	687	48.09	달성군 수성면 가창동	金景允
압량면 현흥동	409	전	688	48.16	동경시	조선흥업주식회사
압량면 현흥동	410	전	639	44.73	달성군 수성면 가창동	金景允
압량면 현흥동	411	전	1188	83.16	경산군 압량면 현흥동	白奎壽
압량면 현흥동	412	답	237	49.77	경산군 압량면 현흥동	金炳俊
압량면 현흥동	413	전	406	28.42	경산군 압량면 현흥동	金炳俊
압량면 현흥동	414	전	84	3.36	경산군 안심면 사복동	全甲鉉
압량면 현흥동	415	전	120	4.8	경산군 압량면 현흥동	玄玉壽
압량면 현흥동	416-1	답	627	163.02	경산군 압량면 현흥동	崔龍杓
압량면 현흥동	416-2	답	925	131.04	경산군 압량면 용암동	金基守
압량면 현흥동	416-3	답	504	240.5	경산군 용성면 매남동	崔熺翔
압량면 현흥동	417	답	614	116.66	동경시	조선흥업주식회사
압량면 현흥동	418	답	1208	114.76	경산군 압량면 현흥동	崔洪達
압량면 현흥동	419	답	268	25.46	경산군 압량면 현흥동	金太奉
압량면 현흥동	420	답	516	61.92	경산군 압량면 현흥동	全潤昇
압량면 현흥동	421	답	210	19.95	경산군 압량면 현흥동	金太奉
압량면 현흥동	422	답	531	63.72	경산군 압량면 현흥동	金太奉
압량면 현흥동	423	답	172	20.64	경산군 압량면 현흥동	玄玉壽
압량면 현흥동	424	답	298	28.31	대구부 남산정	玄南淑
압량면 현흥동	425	전	806	32.24	경산군 압량면 현흥동	玄玉壽
압량면 현흥동	426	전	570	39.9	경산군 안심면 사복동	全甲鉉
압량면 현흥동	427	전	200	14	경산군 안심면 신서동	李錫文
압량면 현흥동	429	전	1006	70.42	동경시	동척
압량면 현흥동	430	전	306	21.42	경산군 압량면 현흥동	李述景
압량면 현흥동	431	전	241	16.87	동경시	동척
압량면 현흥동	433	전	30	2.1	경산군 압량면 현흥동	李述景
압량면 현흥동	434	답	203	42.63	경산군 압량면 현흥동	崔洪達
압량면 현흥동	435	답	402	84.42	경산군 하양면 은호동	李致奎
압량면 현흥동	436	답	426	89.46	경산군 하양면 은호동	李致奎
압량면 현흥동	437	답	874	104.88	경산군 고산면 시지동	申日守

압량면 현흥동	438	답	662	79.44	경산군 압량면 현흥동	鄭壽衡
압량면 현흥동	439	답	138	28.98	경산군 경산면 삼남동	安炳吉
압량면 현흥동	440	답	627	131.67	경산군 압량면 현흥동	李述景
압량면 현흥동	441	전	646	45.22	경산군 경산면 삼남동	安炳吉
압량면 현흥동	442	전	772	54.04	경산군 압량면 인안동	金聖澈
압량면 현흥동	443	전	558	39.06	경산군 경산면 삼남동	安炳吉
압량면 현흥동	444	답	770	161.7	동경시	동척
압량면 현흥동	445	답	1144	240.24	경산군 경산면 삼남동	安炳吉
압량면 현흥동	446	답	939	197.19	경산군 진량면 대효동	朴正鎬
압량면 현흥동	447	전	844	84.4	경산군 압량면 현흥동	朴鳳俊
압량면 현흥동	450	전	387	38.7	경산군 압량면 현흥동	朴再俊
압량면 현흥동	451	전	516	51.6	경산군 압량면 현흥동	李述景
압량면 현흥동	452	전	153	15.3	경산군 압량면 현흥동	金特東
압량면 현흥동	453	전	828	82.8	경산군 압량면 용암동	佐藤小三郎
압량면 현흥동	461	답	298	77.48	경산군 경산면 대동	李全熙
압량면 현흥동	462	답	105	27.3	경산군 압량면 현흥동	白奎恩
압량면 현흥동	463	전	480	62.4	경산군 압량면 현흥동	白奎恩
압량면 현흥동	464	전	138	17.94	경산군 압량면 현흥동	玄玉壽
압량면 현흥동	465-1	전	137	17.81	경산군 압량면 현흥동	玄玉壽
압량면 현흥동	465-2	전	93	12.09	경산군 압량면 현흥동	玄玉壽
압량면 현흥동	466	전	506	65.78	달성군 수성면 황정동	裴基煥
압량면 현흥동	467	답	92	19.32	동경시	동척
압량면 현흥동	468	답	70	14.7	경산군 압량면 현흥동	白奎壽
압량면 현흥동	469	답	139	29.19	경산군 하양면 은호동	李致奎
압량면 현흥동	470-1	전	205	20.5	동경시	동척
압량면 현흥동	470-2	전	161	16.1	동경시	동척
압량면 현흥동	471	전	21	2.1	경산군 압량면 현흥동	佐藤小三郎
압량면 현흥동	472	전	62	6.2	경산군 압량면 현흥동	佐藤小三郎
압량면 현흥동	473	전	76	7.6	경산군 압량면 현흥동	金成得
압량면 현흥동	474	전	33	3.3	경산군 압량면 현흥동	金成得
압량면 현흥동	475	전	122	12.2	경산군 압량면 부적동	金箕天
압량면 현흥동	476	전	104	10.4	경산군 압량면 현흥동	白鎭甲
압량면 현흥동	477	전	78	7.8	경산군 압량면 현흥동	金尙文
압량면 현흥동	478	전	194	19.4	경산군 압량면 현흥동	朴鳳俊
압량면 현흥동	479	전	135	13.5	경산군 압량면 현흥동	金成得
압량면 현흥동	480	전	264	26.4	달성군 수성면 가창동	金景允
압량면 현흥동	481	전	434	43.4	경산군 압량면 현흥동	佐藤小三郎
압량면 현흥동	482	전	522	52.2	경산군 압량면 현흥동	金鎭奎
압량면 현흥동	483	전	717	93.21	경산군 압량면 현흥동	玄玉壽
압량면 현흥동	484	전	516	51.6	경산군 압량면 현흥동	白木八太郎
압량면 현흥동	485	전	579	57.89	달성군 수성면 가창동	金景允
압량면 현흥동	486	전	520	25	경산군 압량면 용암동	佐藤小三郎
압량면 현흥동	487	전	656	65.6	달성군 성북면 사산동	崔鍾呂
압량면 현흥동	488	전	302	32.2	경산군 압량면 현흥동	鄭炳旭

압량면 현흥동	489	전	296	29.6	경산군 압량면 용암동	佐藤小三郎
압량면 현흥동	490	전	512	35.84	경산군 압량면 용암동	佐藤小三郎
압량면 현흥동	491	전	680	88.4	경산군 압량면 용암동	佐藤小三郎
압량면 현흥동	492	전	537	107.4	동경시	동척
압량면 현흥동	497	전	464	60.32	경산군 압량면 용암동	佐藤小三郎
압량면 현흥동	498	전	896	116.48	달성군 수성면 가창동	金景允
압량면 현흥동	499	전	470	47	경산군 압량면 용암동	佐藤小三郎
압량면 현흥동	500	전	512	51.2	대구부 덕산정	李根韶
압량면 현흥동	501	답	1686	354.06	동경시	동척
압량면 현흥동	502	전	104	7.28	경산군 압량면 현흥동	白木八太郎
압량면 현흥동	503	답	1014	212.94	경산군 압량면 현흥동	玄玉壽
압량면 현흥동	504	답	406	85.26	달성군 수성면 지산동	李相白
압량면 현흥동	505	답	398	83.58	경산군 압량면 현흥동	鄭壽衡
압량면 현흥동	506	답	726	152.46	달성군 수성면 황정동	姜錫會
압량면 현흥동	507	답	628	131.88	달성군 가창면 상원동	金致坤
압량면 현흥동	508	답	586	123.06	대구부 칠성정	朴敬化
압량면 현흥동	509	답	729	153.09	경산군 안심면 사복동	全甲鉉
압량면 현흥동	510	답	494	103.74	경산군 압량면 용암동	佐藤政一
압량면 현흥동	511	답	540	113.4	경산군 압량면 용암동	佐藤小三郎
압량면 현흥동	514	전	507	50.7	동경시	조선흥업주식회사
압량면 현흥동	525	답	399	83.79	경산군 압량면 용암동	佐藤小三郎
압량면 현흥동	526	답	466	97.86	경산군 경산면 남동	金士淑
압량면 현흥동	533	전	712	92.56	경산군 경산면 대동	李全熙
압량면 현흥동	534	전	726	94.38	경산군 압량면 현흥동	宋炳洪
압량면 현흥동	535	전	902	117.26	경산군 안심면 신서동	李在浩
압량면 현흥동	536	답	278	52.82	경산군 압량면 용암동	佐藤小三郎
압량면 현흥동	537	답	647	135.87	동경시	동척
압량면 현흥동	538	답	286	12.87	경산군 압량면 현흥동	白奎壽
압량면 현흥동	539	답	132	12.54	경산군 압량면 현흥동	全箕文
압량면 현흥동	540	답	123	11.68	경산군 압량면 현흥동	玄玉壽
압량면 현흥동	541	답	124	5.58	경산군 압량면 현흥동	夏正玉
압량면 현흥동	542	전	502	35.14	경산군 압량면 현흥동	玄玉壽
압량면 현흥동	550	답	242	50.82	경산군 압량면 현흥동	李述景
압량면 현흥동	551	답	450	94.5	경산군 압량면 금구동	金聖根
압량면 현흥동	552	답	514	107.94	대구부 남산정	玄南淑
압량면 현흥동	553	답	304	63.84	경산군 안심면 사복동	全甲鉉
압량면 현흥동	554	답	370	96.2	경산군 경산면 삼남동	安士仁
압량면 현흥동	554-2	답	366	95.16	경산군 압량면 현흥동	玄玉壽
압량면 현흥동	558	답	426	110.76	달성군 수성면 황정동	裴基煥
압량면 현흥동	559-1	답	423	109.98	경산군 압량면 현흥동	柳光範
압량면 현흥동	559-2	답	395	102.7	달성군 수성면 황정동	裴基煥
압량면 현흥동	565	답	484	125.84	경산군 하양면 은호동	李致奎
압량면 현흥동	566	답	375	45	경산군 압량면 현흥동	夏正玉
압량면 현흥동	567	답	804	96.48	경산군 경산면 삼남동	姜永洪

압량면 현흥동	574	답	303	57.57	경산군 경산면 대동	李全熙
압량면 현흥동	575	답	720	187.2	경산군 압량면 금구동	金根喜
압량면 현흥동	576	답	502	130.52	대구부 서성정	李相岳
압량면 현흥동	577	답	1167	245.07	경산군 압량면 금구동	金鎭根
압량면 현흥동	578	답	996	258.96	경산군 압량면 금구동	尹彌祚
압량면 현흥동	579	답	1284	269.64	경산군 고산면 신매동	朴瓖煥
압량면 현흥동	580	답	1044	219.24	대구부 남산정	玄南淑
압량면 현흥동	581	답	610	128.1	경산군 압량면 현흥동	白奎恩
압량면 현흥동	582	답	361	75.81	경산군 압량면 금구동	金億守
압량면 현흥동	583	답	627	131.67	동경시	조선흥업주식회사
압량면 현흥동	584	답	858	180.18	경산군 압량면 금구동	姜永運
압량면 현흥동	585	답	681	143.01	달성군 공산면 지묘동	崔東根
압량면 현흥동	586	답	618	129.78	경산군 압량면 신대동	全棟憙
압량면 현흥동	587	답	330	69.3	경산군 고산면 신매동	朴瓖煥
압량면 현흥동	588	답	284	53.96	경산군 압량면 조영동	朴炳朝
압량면 현흥동	589	답	760	144.4	대구부 덕산정	李殷雨
압량면 현흥동	590	답	732	139.08	경산군 진량면 내리동	李鍾煥
압량면 현흥동	591	답	342	64.98	달성군 공산면 지묘동	崔在敎
압량면 현흥동	592	답	702	133.38	경산군 진량면 신제동	裵鳳奎
압량면 현흥동	593	답	538	102.22	경산군 압량면 금구동	成潤寬
압량면 현흥동	594	답	744	156.24	경산군 하양면 남하동	金振玉
압량면 현흥동	595	답	594	124.74	동경시	조선흥업주식회사
압량면 현흥동	596	답	27	5.67	경산군 압량면 현흥동	李述景
압량면 현흥동	597	답	254	53.34	경산군 압량면 현흥동	李述景
압량면 현흥동	598	답	760	159.6	경산군 하양면 환상동	白秀仁
압량면 현흥동	599	답	668	126.92	경산군 압량면 금구동	姜永壹
압량면 현흥동	600	답	518	98.42	동경시	조선흥업주식회사
압량면 현흥동	601	답	666	126.54	경산군 압량면 용암동	佐藤小三郎
압량면 현흥동	602	답	1106	210.14	경산군 경산면 서상동	應平? 右正門
압량면 현흥동	603	답	1028	195.32	대구부 서성정	李相岳
압량면 현흥동	604	답	462	87.78	경산군 경산면 삼남동	安炳吉
압량면 현흥동	605	답	510	96.9	경산군 고산면 매호동	申始均
압량면 현흥동	606	답	597	113.43	경산군 압량면 금구동	姜永達
압량면 현흥동	607	답	375	71.25	달성군 공산면 지묘동	崔東根
압량면 현흥동	608	답	931	176.89	동경시	조선흥업주식회사
압량면 현흥동	609	답	2046	388.74	동경시	동척
압량면 현흥동	610	전	440	30.8	경산군 압량면 용암동	佐藤小三郎
압량면 현흥동	611	답	906	172.14	대구부 횡정	鄭圭鈺
압량면 현흥동	612	전	88	6.16	경산군 압량면 용암동	佐藤小三郎
압량면 현흥동	613	답	772	162.12	경산군 경산면 삼남동	安炳吉
압량면 현흥동	614	답	866	181.86	경산군 압량면 용암동	佐藤小三郎
압량면 현흥동	615	답	346	114.66	경산군 안심면 사복동	李致烈
압량면 현흥동	616	전	23	1.61	경산군 하양면 남하동	金振玉
압량면 현흥동	617	답	856	179.79	경산군 경산면 삼남동	安炳吉

압량면 현흥동	618	답	342	71.82	경산군 압량면 현흥동	李述景
압량면 현흥동	619	답	788	165.48	달성군 수성면 가창동	金景允
압량면 현흥동	620	답	1815	381.15	동경시	조선흥업주식회사
압량면 현흥동	621	답	136	28.56	경산군 압량면 현흥동	李述景
압량면 현흥동	622	전	516	51.6	경산군 압량면 현흥동	崔洪達
압량면 현흥동	623	전	462	46.2	경산군 압량면 인안동	金聖澈
압량면 현흥동	624	답	532	111.72	경산군 경산면 당리동	陳福守
압량면 현흥동	625	전	872	87.2	경산군 하양면 대곡동	許聖學
압량면 현흥동	626	답	254	53.34	청도군 구북면 남산동	郭壽坤
압량면 현흥동	627	전	815	81.5	달성군 수성면 가창동	金景允
압량면 현흥동	628	답	702	147.42	경산군 달서면 비산동	吳驪永
압량면 현흥동	629	답	186	39.06	경산군 자인면 북서동	張在洙
압량면 현흥동	631	답	69	14.49	달성군 수성면 황정동	馬又述
압량면 현흥동	633-1	답	1029	216.09	달성군 수성면 황정동	馬又述
압량면 현흥동	634	답	548	115.08	경산군 경산면 삼남동	安永模
압량면 현흥동	635	답	741	155.61	경산군 안심면 용계동	玄玉彩
압량면 현흥동	636	답	949	112.88	경산군 경산면 삼남동	金士淑
압량면 현흥동	637	답	824	98.88	경산군 압량면 현흥동	宋炳洪
압량면 현흥동	638	답	441	52.92	경산군 하양면 남하동	金錫奎
압량면 현흥동	639	답	876	105.12	동경시	조선흥업주식회사
압량면 현흥동	640	답	602	72.24	경산군 압량면 신대동	全棟憘
압량면 현흥동	641	답	705	84.6	동경시	조선흥업주식회사
압량면 현흥동	642	답	351	42.12	경산군 자인면 동부동	中田忠五郎
압량면 현흥동	643	답	723	86.76	동경시	조선흥업주식회사
압량면 현흥동	644	답	416	49.92	경산군 압량면 용암동	鄭文集
압량면 현흥동	645	답	656	78.72	경산군 하양면 남하동	曹秉見
압량면 현흥동	646	답	426	51.12	동경시	조
압량면 현흥동	647	답	1096	131.52	대구부 남산정	玄南淑
압량면 현흥동	648	답	5824	698.88	동경시	동척
압량면 현흥동	649	답	801	96.12	경산군 압량면 용암동	佐藤政一
압량면 현흥동	650	답	822	98.64	경산군 하양면 남하동	曹秉見
압량면 현흥동	651	답	675	81	경산군 압량면 용암동	佐藤小三郎
압량면 현흥동	652	답	759	99.4	경산군	경산군 향교재산
압량면 현흥동	653-2	답	663	125.97	경산군 압량면 용암동	佐藤小三郎
압량면 현흥동	654	답	855	162.45	경산군 압량면 현흥동	全達周
압량면 현흥동	655-1	답	1010	192.66	대구부 덕산정	李根韶
압량면 현흥동	656-2	답	534	101.46	경산군 자인면 계남동	崔紅蓮
압량면 현흥동	657	답	1311	249.09	경산군 경산면 신관동	鄭榮柱
압량면 현흥동	658	답	58	11.02	청도군 각북면 남산동	郭壽坤
압량면 현흥동	658-3	답	1	0.19	청도군 각북면 남산동	郭壽坤
압량면 현흥동	659-1	답	1266	240.54	대구부 남용강정	徐相熙
압량면 현흥동	660	답	838	100.56	달성군 수성면 만촌동	具樂書
압량면 현흥동	661	답	520	62.4	福岡縣	松岡淸
압량면 현흥동	662	답	450	54	福岡縣	松岡淸

압량면 현흥동	663	답	920	110.4	경산군 경산면 임당동	金且岩
압량면 현흥동	664-1	답	589	70.68	동경시	조선흥업주식회사
압량면 현흥동	665-1	답	10	1.9	경산군 고산면 신매동	朴璟煥
압량면 현흥동	665-3	답	1006	191.14	경산군 고산면 신매동	朴璟煥
압량면 현흥동	666	답	866	103.92	경산군 경산면 삼남동	安炳吉
압량면 현흥동	667-1	답	154	18.48	동경시	조선흥업주식회사
압량면 현흥동	668-1	답	377	71.44	경산군 압량면 용암동	鄭源鶴
압량면 현흥동	668-2	답	376	71.63	경산군 압량면 용암동	金基守
압량면 현흥동	669	답	524	99.56	경산군 경산면 삼남동	安士仁
압량면 현흥동	670-2	답	327	39.24	경산군 경산면 삼남동	安炳吉
압량면 현흥동	671-1	답	61	7.32	경산군 경산면 삼남동	安炳吉
압량면 현흥동	671-3	답	62	7.44	경산군 경산면 삼남동	安炳吉
압량면 현흥동	672-2	답	222	26.24	동경시	조선흥업주식회사
압량면 현흥동	672-3	답	60	7.2	동경시	조선흥업주식회사
압량면 현흥동	673-1	답	1323	158.76	경산군 압량면 용암동	佐藤政一
압량면 현흥동	674-1	답	1674	200.88	동경시	동척
압량면 현흥동	674-3	답	505	60.6	동경시	동척
압량면 현흥동	675-1	답	592	71.04	대구부 남산정	金大汝
압량면 현흥동	675-2	답	11	1.32	대구부 남산정	金大汝
압량면 현흥동	676-1	답	723	86.76	경산군 진량면 상림동	宋木生
압량면 현흥동	676-3	답	134	16.08	경산군 진량면 상림동	宋木生
압량면 현흥동	677-1	답	166	19.8	달성군 성북면 사산동	崔鍾呂
압량면 현흥동	677-2	답	10	1.2	달성군 성북면 사산동	崔鍾呂
압량면 현흥동	678	답	606	72.72	경산군 압량면 남방동	金乙述
압량면 현흥동	679-1	답	182	21.84	동경시	동척
압량면 현흥동	679-2	답	523	62.76	동경시	동척
압량면 현흥동	680-1	답	1165	139.8	달성군 수성면 상원동	金致坤
압량면 현흥동	680-2	답	84	10.08	달성군 수성면 상원동	金致坤
압량면 현흥동	680-3	답	3	0.36	달성군 수성면 상원동	金致坤
압량면 현흥동	681-1	답	640	76.8	경산군 안심면 사복동	李致烈
압량면 현흥동	682	답	754	90.48	福岡縣	松岡淸
압량면 현흥동	683	답	681	81.72	달성군 수성면 만촌동	具興書
압량면 현흥동	684-1	답	3145	377.4	동경시	동척
압량면 현흥동	684-2	답	24	2.88	동경시	동척
압량면 현흥동	684-4	답	103	12.36	동경시	동척
압량면 현흥동	685-1	답	533	63.96	경산군 자인면 동부동	黃斗元
압량면 현흥동	685-2	답	13	1.56	경산군 자인면 동부동	黃斗元
압량면 현흥동	686-1	답	591	70.92	경산군 경산면 삼남동	安永模
압량면 현흥동	687	답	711	85.32	대구부 덕산정	李根韶
압량면 현흥동	688	답	1395	167.4	경산군 압량면 용암동	佐藤政一
압량면 현흥동	689	답	796	95.52	경산군 압량면 부적동	龜井辻松
압량면 현흥동	690	답	1030	123.6	동경시	동척
압량면 현흥동	691	답	360	43.2	동경시	조선흥업주식회사
압량면 현흥동	692	답	952	114.24	동경시	조선흥업주식회사

압량면 현흥동	693-1	답	2552	306.24	동경시	동척
압량면 현흥동	693-2	답	5	0.6	동경시	동척
압량면 현흥동	693-3	답	5	0.6	동경시	동척
압량면 현흥동	693-7	답	824	98.88	동경시	동척
압량면 현흥동	693-8	답	1054	36.48	동경시	동척
압량면 현흥동	694-1	답	981	177.72	경산군 압량면 당리동	朴南鉉
압량면 현흥동	694-2	답	14	1.68	경산군 압량면 당리동	朴南鉉
압량면 현흥동	695-1	답	209	25.08	동경시	동척
압량면 현흥동	695-2	답	379	45.48	동경시	동척
압량면 현흥동	696-1	답	1452	174.24	달성군 공산면 지묘동	崔在敎
압량면 현흥동	696-2	답	21	2.52	달성군 공산면 지묘동	崔在敎
압량면 현흥동	697	답	532	63.84	경산군 성북면 사산동	崔鍾呂
압량면 현흥동	698	답	388	46.56	대구부 남성정	崔世珍
압량면 현흥동	699-1	답	727	87.24	동경시	동척
압량면 현흥동	700	답	765	91.8	경산군 압량면 인안동	金聖澈
압량면 현흥동	701	답	834	100.08	경산군 경산면 조영동	許萬根
압량면 현흥동	702	답	777	93.22	청도군 화양면 송전동	洪鍾濠
압량면 현흥동	703	답	696	83.52	동경시	조선흥업주식회사
압량면 현흥동	704	답	464	55.68	경산군 압량면 용암동	佐藤政一
압량면 현흥동	705	답	1494	179.28	경산군 압량면 용암동	馬場硏一
압량면 현흥동	706	답	1034	124.08	경산군 압량면 용암동	鄭鳳守
압량면 현흥동	707	답	1498	179.76	동경시	조선흥업주식회사
압량면 현흥동	708	답	1155	138.6	동경시	동척
압량면 현흥동	709	답	516	61.92	경산군 압량면 용암동	佐藤政一
압량면 현흥동	710	답	976	117.12	대구부 남용강정	徐相熙
압량면 현흥동	711	답	898	107.76	경산군 경산면 삼남동	安炳吉
압량면 현흥동	712-1	답	1968	236.16	동경시	동척
압량면 현흥동	712-2	답	510	61.2	동경시	동척
압량면 현흥동	712-3	답	83	9.96	동경시	동척
압량면 현흥동	712-5	답	1515	181.8	동경시	동척
압량면 현흥동	712-6	답	193	23.16	동경시	동척
압량면 현흥동	712-7	답	300	36	동경시	동척
압량면 현흥동	713-8	답	3948	473.76	경산군 압량면 용암동	馬場硏一
압량면 현흥동	712-9	답	5362	643.44	동경시	동척
압량면 현흥동	712-10	답	4605	552.6	동경시	동척
압량면 현흥동	713	답	1112	133.44	대구부 횡정	鄭圭鈺
압량면 현흥동	714	답	1292	155.04	경산군 압량면 용암동	佐藤政一
압량면 현흥동	715	답	544	65.28	경산군 압량면 용암동	佐藤政一
압량면 현흥동	716	답	552	66.24	경산군 경산면 상방동	李學秀
압량면 현흥동	717	답	643	77.16	동경시	조선흥업주식회사
압량면 현흥동	718	답	812	97.44	경산군 공산면 지묘동	崔在敎
압량면 현흥동	719	답	747	89.64	경산군 압량면 용암동	鄭枉在
압량면 현흥동	720	답	690	82.8	대구부 서성정	李相岳
압량면 현흥동	721	답	645	77.4	동경시	조선흥업주식회사

압량면 현흥동	722	답	765	91.8	달성군 해북촌 진인동	宋秉業
압량면 현흥동	723	답	802	96.24	경산군	경산군 향교재산
압량면 현흥동	724-1	답	1813	217.56	경산군 압량면 용암동	佐藤政一
압량면 현흥동	724-2	답	783	93.96	동경시	동척
압량면 현흥동	725	답	1334	160.08	경산군 고산면 매호동	申日守
압량면 현흥동	726	답	868	104.16	경산군 압량면 용암동	佐藤小三郎

압량면 조영동	지번	지목	지적 (평)	지세가격 (원)	주소	씨명
압량면 조영동	34-1	답	627	75.24	경산군 경산면 임당동	朴炳昊
압량면 조영동	34-2	답	30	3.6	경산군 경산면 임당동	朴炳昊
압량면 조영동	35	답	246	29.52	경산군 경산면 임당동	金光旭
압량면 조영동	36	답	1574	188.88	경산군 안심면 동내동	黃聖德
압량면 조영동	41	답	384	46.08	경산군 압량면 조영동	朴炳采
압량면 조영동	42-1	전	439	70.24	경산군 압량면 조영동	成永鎬
압량면 조영동	42-2	전	445	71.2	경산군 경산면 서상동	澤田耕治
압량면 조영동	43	전	585	93.6	경산군 경산면 임당동	李奉岩
압량면 조영동	44	전	850	136	경산군 경산면 임당동	盧性或
압량면 조영동	45	전	802	128.32	동경시	조선흥업주식회사
압량면 조영동	46	전	596	95.36	경산군 압량면 조영동	許萬根
압량면 조영동	47	전	484	77.44	경산군 압량면 조영동	許燁
압량면 조영동	48	전	514	82.24	동경시	조선흥업주식회사
압량면 조영동	49	전	528	84.46	대구부 남산정	李庚宰
압량면 조영동	54	전	555	88.8	경산군 경산면 임당동	玄學穆
압량면 조영동	55	전	2924	467.84	경산군 압량면 조영동	朴炳奭
압량면 조영동	56	전	600	96	동경시	조선흥업주식회사
압량면 조영동	57	전	588	94.08	대구부 본정 2정목	李相岳
압량면 조영동	58	전	634	101.44	경산군 경산면 임당동	金且岩
압량면 조영동	59	전	795	127.2	경산군 압량면 신대동	方壽坤
압량면 조영동	60	전	375	48.75	경산군 압량면 조영동	朴炳采
압량면 조영동	61	전	728	116.48	대구부 남산정	李庚宰
압량면 조영동	62	전	453	72.48	동경시	조선흥업주식회사
압량면 조영동	63	전	570	91.2	경산군 경산면 임당동	金且岩
압량면 조영동	64	전	328	92.48	경산군 하양면 남하동	鄭佑放
압량면 조영동	65	전	957	153.12	경산군 압량면 조영동	鄭鳳順
압량면 조영동	66	전	980	156.8	달성군 수성면 비산동	吳興善
압량면 조영동	67	전	512	81.92	경산군 압량면 조영동	朴炳奭
압량면 조영동	68	전	608	97.28	경산군 경산면 부적동	許鎭
압량면 조영동	69	전	549	87.84	대구부 하서정	鄭海鵬
압량면 조영동	72	전	542	86.72	경산군 경산면 옥곡동	鄭相鳳

압량면 용암동	지번	지목	지적 (평)	지세가격 (원)	주소	씨명
압량면 용암동	2	답	604	157.04	경산군 압량면 용암동	鄭仕鎬
압량면 용암동	3-1	답	363	43.56	경산군 압량면 용암동	韓泰鍊
압량면 용암동	3-2	답	711	85.32	경산군 압량면 내동	鄭致鳳
압량면 용암동	4	답	324	84.24	경산군 압량면 내동	尹祥範
압량면 용암동	11	답	606	72.72	경산군 압량면 용암동	金基守
압량면 용암동	12	답	1364	163.68	달성군 달서면 비산동	吳顯永
압량면 용암동	13	답	375	45	경산군 압량면 내동	金尙鎭
압량면 용암동	14	답	978	117.36	경산군 압량면 용암동	佐藤政一
압량면 용암동	16	답	650	78	경산군 압량면 용암동	鄭龜湖
압량면 용암동	18	답	366	43.92	경산군 경산면 대정동	宋秉夏
압량면 용암동	19	답	422	50.64	동경시	조선흥업주식회사
압량면 용암동	20	답	274	32.88	경산군 경산면 대정동	宋秉夏
압량면 용암동	21	답	45	5.4	대구부 서성정	李相岳
압량면 용암동	22	답	706	84.72	대구부 서성정	李相岳
압량면 용암동	23	답	605	72.6	경산군 압량면 용암동	朴永春
압량면 용암동	29-1	답	310	58.9	경산군 압량면 용암동	朴永春
압량면 용암동	30	답	873	165.87	청도군 각북면 남산동	郭壽坤
압량면 용암동	31	답	777	147.63	대구부 시장정	李載煥
압량면 용암동	32	답	700	133	달성군 수성면 가창동	金景允
압량면 용암동	41	답	888	168.72	경산군 경산면 삼남동	安炳吉
압량면 용암동	42	답	766	145.54	경산군 압량면 백안동	白性孝
압량면 용암동	43	답	1977	375.63	경산군 압량면 용암동	佐藤政一
압량면 용암동	44	답	4	0.56	경산군 압량면 용암동	金道煥
압량면 용암동	49	답	660	125.4	달성군 공산면 지묘동	崔在敎
압량면 용암동	81	전	470	61.1	경산군 압량면 용암동	佐藤政一
압량면 용암동	82	전	432	56.16	경산군 압량면 용암동	佐藤政一
압량면 용암동	83	전	506	65.78	경산군 압량면 용암동	佐藤政一
압량면 용암동	84-1	전	655	85.15	경산군 압량면 용암동	佐藤政一
압량면 용암동	84-2	답	512	133.12	경산군 압량면 용암동	朴永春
압량면 용암동	85	답	764	160.44	경산군 압량면 용암동	金道煥
압량면 용암동	86	전	173	22.49	경산군 압량면 용암동	鄭源鶴
압량면 용암동	87	전	802	104.26	달성군 수성면 만촌동	具興書
압량면 용암동	90	답	928	129.92	대구부 시장정	李載煥
압량면 용암동	91	답	2,206	419.14	경산군 경산면 삼남동	安炳吉
압량면 용암동	92	답	754	143.26	경산군 압량면 용암동	鄭士在
압량면 용암동	93	답	332	63.08	경산군 압량면 인안동	金聖澈
압량면 용암동	94	답	1520	212.8	달성군 달서면 비산동	吳興善
압량면 용암동	95	답	1350	189	동경시	조선흥업주식회사
압량면 용암동	96	답	236	44.84	동경시	조선흥업주식회사
압량면 용암동	97	답	402	104.52	경산군 압량면 용암동	金秀坤
압량면 용암동	98	답	266	69.16	경산군 압량면 용암동	鄭士在
압량면 용암동	99	답	776	147.44	대구부 시장정	李載煥
압량면 용암동	100	답	693	131.67	경산군 압량면 용암동	佐藤政一

압량면 용암동	101	답	51	9.69	경산군 압량면 용암동	佐藤政一
압량면 용암동	102-1	답	2466	345.24	동경시	동척
압량면 용암동	102-2	답	2166	303.24	경산군 압량면 용암동	佐藤政一
압량면 용암동	103	답	570	79.8	동경시	조선흥업주식회사
압량면 용암동	104	답	200	52	경산군 압량면 용암동	鄭源鶴
압량면 용암동	105	답	792	205.92	달성군 수성면 하동	金在寬
압량면 용암동	106	답	272	70.72	경산군 경산면 삼남동	安炳吉
압량면 용암동	107	답	146	37.96	달성군 수성면 만촌동	具興書
압량면 용암동	108	답	633	164.58	경산군 압량면 금구동	佐藤小三郎
압량면 용암동	109	답	872	226.72	경산군 압량면 신대동	全棟禧
압량면 용암동	110	답	962	182.78	대구부 하서정	鄭海鵬
압량면 용암동	111	답	867	164.73	대구부 횡정	鄭圭鈺
압량면 용암동	112	답	1240	173.6	대구부 남용강정	徐相熙
압량면 용암동	113	답	2598	493.62	경산군 경산면 삼남동	安炳吉
압량면 용암동	114	답	1293	245.67	경산군 압량면 금구동	佐藤小三郎
압량면 용암동	115	답	612	116.28	동경시	조선흥업주식회사
압량면 용암동	116	답	620	117.8	경산군 압량면 백안동	白性孝
압량면 용암동	117	답	734	190.84	경산군 압량면 용암동	朴永春
압량면 용암동	118	답	1688	438.88	경산군 경산면 삼남동	安永模
압량면 용암동	119	답	880	123.2	경산군 압량면 용암동	朴永春
압량면 용암동	120	답	645	167.70	경산군 압량면 용암동	金萬坤
압량면 용암동	121	답	1854	482.04	경산군 압량면 용암동	佐藤政一
압량면 용암동	122	답	542	102.98	경산군 압량면 용암동	鄭錫在
압량면 용암동	123	답	576	109.44	경산군 압량면 용암동	千逑根
압량면 용암동	124	답	11	2.09	달성군 수성면 가창동	金景允
압량면 용암동	125	답	396	75.24	경산군 압량면 용암동	佐藤政一
압량면 용암동	126	답	868	121.52	경산군 압량면 금구동	姜永壹
압량면 용암동	127	답	856	119.84	경산군 경산면 삼남동	安炳吉
압량면 용암동	128	답	3068	429.52	경산군 경산면 삼남동	安炳吉
압량면 용암동	129	답	1378	261.82	달성군 수성면 가창동	金景允
압량면 용암동	130	답	718	136.42	경산군 압량면 당리동	鄭基璋
압량면 용암동	131	답	1141	216.98	달성군 수성면 가창동	金景允
압량면 용암동	132	답	1074	204.06	경산군 압량면 용암동	鄭士在
압량면 용암동	133	답	1340	160.8	대구부 하서정	鄭在學
압량면 용암동	134	답	735	88.2	경산군 경산면 삼남동	安炳吉
압량면 용암동	135	답	783	93.96	달성군 수성면 가창동	金景允
압량면 용암동	136	답	987	118.44	경산군 경산면 삼남동	安炳吉
압량면 용암동	137	답	908	108.96	경산군 경산면 중방동	谷村善之助
압량면 용암동	138	답	658	78.96	달성군 달서면 비산동	吳致東
압량면 용암동	139	답	1452	174.24	달성군 수성면 가창동	具興書
압량면 용암동	140	답	562	67.44	대구부 서평정	李相岳
압량면 용암동	141	답	600	72	경산군 경산면 삼남동	金士淑
압량면 용암동	142	답	1232	147.84	경산군 경산면 삼남동	安炳吉
압량면 용암동	143	답	699	48.93	경산군 경산면 중방동	韓在達

압량면 용암동	144-1	답	1059	74.13	청도군 각북면 남산동	郭壽坤
압량면 용암동	145-1	답	363	25.41	경산군 압량면 용암동	佐藤政一
압량면 용암동	146	답	153	10.71	경산군 고산면	韓在達
압량면 용암동	147-1	답	93	6.51	달성군 수성면 가창동	金景允
압량면 용암동	148-1	답	16	1.12	경산군 달서면 비산동	吳繼泳
압량면 용암동	149-1	답	339	40.68	경산군 달서면 비산동	吳繼泳
압량면 용암동	150	답	798	95.76	경산군 압량면 부적동	全箕天
압량면 용암동	151	답	468	56.16	경산군 경산면 삼남동	安炳吉
압량면 용암동	152	답	512	61.44	동경시	조선흥업주식회사
압량면 용암동	153	답	1528	290.32	대구부 횡정	鄭圭鈺
압량면 용암동	154	답	826	156.94	달성군 공산면 지묘동	崔在敎
압량면 용암동	155	답	192	26.88	경산군 달서면 비산동	吳繼泳
압량면 용암동	156	답	694	131.86	경산군 경산면 삼남동	安炳吉
압량면 용암동	157	답	302	57.38	佐賀縣	橫尾勘六
압량면 용암동	158	답	448	85.12	경산군 압량면 용암동	鄭土在
압량면 용암동	159	답	477	90.63	佐賀縣	橫尾勘六
압량면 용암동	160	답	620	117.8	경산군 경산면 삼남동	安炳吉
압량면 용암동	161-1	답	1755	245.7	동경시	동척
압량면 용암동	161-3	답	9	1.26	동경시	동척
압량면 용암동	162	답	47	8.93	경산군 경산면 삼남동	安炳吉
압량면 용암동	163	답	1218	231.42	경산군 경산면 삼남동	安炳吉
압량면 용암동	164	답	929	138.51	경산군 압량면 용암동	鄭龜湖
압량면 용암동	165	답	305	57.95	경산군 압량면 용암동	鄭基璋
압량면 용암동	166	답	537	102.03	佐賀縣	橫尾勘六
압량면 용암동	167	답	990	188.1	경산군 경산면 삼남동	安炳吉
압량면 용암동	168	답	2064	392.16	대구부 하서정	鄭海鵬
압량면 용암동	169	답	630	88.2	동경시	조선흥업주식회사
압량면 용암동	170	답	1612	225.68	대구부 횡정	鄭圭鈺
압량면 용암동	171	답	856	119.84	경산군 압량면 용암동	朴永春
압량면 용암동	172	답	578	80.92	경산군 압량면 용암동	佐藤小三郎
압량면 용암동	173	답	1137	216.03	경산군 달서면 비산동	吳致東
압량면 용암동	174	답	1198	227.62	경산군 압량면 백안동	白性孝
압량면 용암동	175	답	1270	241.3	경산군 압량면 금구동	申日守
압량면 용암동	176-2	답	3271	621.49	경산군 경산면 삼남동	安炳吉
압량면 용암동	177-2	답	1667	316.73	대구부 하서정	鄭海鵬
압량면 용암동	178-2	답	945	179.55	경산군 달서면 비산동	吳興善
압량면 용암동	179	답	292	55.48	경산군 경산면 삼남동	安炳吉
압량면 용암동	180	답	1281	179.34	경산군 경산면 삼남동	白富興
압량면 용암동	181	답	1418	198.52	경산군 달서면 비산동	吳致東
압량면 용암동	182	답	648	90.72	경산군 압량면 용암동	鄭鳳守
압량면 용암동	183	답	564	146.64	경산군 달서면 비산동	吳興善
압량면 용암동	184	답	429	111.54	경산군 압량면 용암동	鄭土在
압량면 용암동	185	답	466	121.16	경산군 압량면 용암동	鄭仁德
압량면 용암동	186	답	351	91.26	경산군 압량면 용암동	朴秀永

압량면 용암동	200	답	41	10.66	경산군 경산면 삼남동	安炳吉
압량면 용암동	201	답	424	110.24	경산군 압량면 용암동	鄭仁德
압량면 용암동	207	답	214	35.64	경산군 압량면 용암동	鄭士在
압량면 용암동	208	전	180	33.2	달성군 수성면 가창동	金景允
압량면 용암동	209	전	100	15.28	경산군 압량면 용암동	金崎定八
압량면 용암동	211	전	291	23.28	달성군 수성면 가창동	金景允
압량면 용암동	212	답	531	100.89	달성군 수성면 가창동	金景允
압량면 용암동	213	답	1412	268.28	경산군 경산면 삼남동	安炳吉
압량면 용암동	214	답	814	154.66	경산군 압량면 신대동	全棟熹
압량면 용암동	215	답	832	158.08	경산군 경산면 삼남동	安炳吉
압량면 용암동	216	답	1754	333.26	대구부 하서정	鄭海鵬
압량면 용암동	217-2	답	759	144.21	청도군 화양면 송금동	洪鍾豪
압량면 용암동	218-2	답	1789	339.91	경산군 경산면 삼남동	安炳吉
압량면 용암동	219-2	답	99	18.81	동경시	동척
압량면 용암동	221	전	450	60.16	동경시	동척

압량면 신촌동	지번	지목	지적 (평)	지세가격 (원)	주소	씨명
압량면 신촌동	1	답	340	47.6	경산군 압량면 용암동	佐藤小三節
압량면 신촌동	2	답	494	83.98	대구부 남용강정	徐相熙
압량면 신촌동	3	답	360	61.2	경산군 압량면 신촌동	徐柄萬
압량면 신촌동	4	답	378	52.92	경산군	경산군 향교재산
압량면 신촌동	5	답	460	78.2	경산군 압량면 신촌동	徐柄萬
압량면 신촌동	6	답	513	87.21	경산군 경산면 중방동	韓柄斗
압량면 신촌동	7	답	444	62.16	경산군 남천면 삼성동	金貫浩
압량면 신촌동	8	답	398	55.72	福岡縣	高松宗八郎
압량면 신촌동	9	답	233	39.61	경산군 경산면 삼남동	安炳吉
압량면 신촌동	10	답	754	128.18	경산군 경산면 삼남동	安炳吉
압량면 신촌동	11	답	376	63.92	경산군 경산면 중방동	韓柄斗
압량면 신촌동	12	답	574	97.58	경산군 진량면 양촌동	金弘培
압량면 신촌동	13-1	답	523	88.91	경산군 압량면 용암동	佐藤政一
압량면 신촌동	13-2	답	1663	282.71	경산군 압량면 용암동	佐藤政一
압량면 신촌동	14	답	169	28.73	대구부 남성정	崔世珍
압량면 신촌동	15	답	542	122.74	福岡縣	高松宗八郎
압량면 신촌동	16	답	734	124.78	경산군 하양면 한사동	崔鍾萬
압량면 신촌동	17	답	542	92.14	동경시	조선흥업주식회사
압량면 신촌동	18	답	373	63.41	경산군 경산면 중방동	韓柄斗
압량면 신촌동	19-1	답	300	51	경산군 압량면 용암동	佐藤政一
압량면 신촌동	19-2	답	80	13.6	경산군 압량면 신촌동	徐柄萬
압량면 신촌동	21	답	123	20.91	대구부 남성정	崔世珍
압량면 신촌동	22	답	90	15.3	경산군 경산면 중방동	韓柄斗

압량면 신촌동	48	전	128	12.8	경산군 압량면 신촌동	朴基先
압량면 신촌동	54	답	101	7.07	경산군 압량면 신촌동	徐柄萬
압량면 신촌동	55	답	148	25.16	대구부 남성정	崔世珍
압량면 신촌동	56	답	540	102.6	경산군 압량면 내동	金尙鎭
압량면 신촌동	57	전	830	58.1	경산군 경산면 삼남동	安炳吉
압량면 신촌동	58	전	1078	107.8	대구부 경정	李達永
압량면 신촌동	59	답	1782	302.94	경산군 압량면 하일동	李弼和
압량면 신촌동	60	답	204	34.68	신촌동	신촌동
압량면 신촌동	61	전	307	21.49	경산군 경산면 삼남동	李相晃
압량면 신촌동	62	답	682	129.58	경산군 압량면 신촌동	朴炳旭
압량면 신촌동	63	전	266	18.62	경산군 압량면 신촌동	金箕福
압량면 신촌동	69	답	277	38.78	경산군 자인면 신관동	林學範
압량면 신촌동	70	답	560	78.4	동경시	조선흥업주식회사
압량면 신촌동	71	답	180	30.6	대구부 남용강정	徐相熙
압량면 신촌동	72	답	526	89.42	대구부 경정	李達永
압량면 신촌동	94	답	1467	205.38	경산군 경산면 중방동	韓柄斗
압량면 신촌동	116	답	607	115.33	경산군 경산면 삼남동	安炳吉
압량면 신촌동	117	답	666	113.22	경산군 자인면 안촌동	金弘培
압량면 신촌동	118	전	394	39.4	경산군 압량면 용암동	佐藤小三節
압량면 신촌동	119	답	195	37.05	경산군 압량면 의송동	金載仁
압량면 신촌동	127	답	243	46.17	동경시	조선흥업주식회사
압량면 신촌동	129	답	566	96.22	경산군 경산면 중방동	韓柄斗
압량면 신촌동	130	답	116	19.72	경산군 압량면 신촌동	徐柄萬
압량면 신촌동	131	답	76	12.92	경산군 압량면 신촌동	徐柄萬
압량면 신촌동	132	답	333	56.61	경산군 경산면 중방동	韓柄斗
압량면 신촌동	133	답	369	62.73	경산군 압량면 신촌동	金秉斗
압량면 신촌동	134	답	124	21.08	경산군 압량면 신촌동	徐柄萬
압량면 신촌동	135	답	109	18.5	경산군 경산면 중방동	韓柄斗
압량면 신촌동	136	답	837	142.29	경산군 압량면 점촌동	宋東烈
압량면 신촌동	137	답	838	142.46	경산군 압량면 인안동	金聖澈
압량면 신촌동	138	답	656	111.52	경산군 압량면 금구동	姜永運
압량면 신촌동	139	전	696	118.32	경산군 압량면 용암동	佐藤政一
압량면 신촌동	140	답	553	94.01	경산군 압량면 용암동	경산군 향교재산
압량면 신촌동	141	답	354	60.18	경산군 압량면 내동	尹祥範
압량면 신촌동	142	답	540	91.8	경산군 자인면 계남동	林鍾植
압량면 신촌동	143	답	1178	164.92	경산군 하양면 한사동	崔鍾萬
압량면 신촌동	144	전	593	41.51	경산군 하양면 한사동	崔鍾萬
압량면 신촌동	145	답	1521	258.57	경산군 압량면 용암동	佐藤アキノ
압량면 신촌동	146	전	1089	108.9	경산군 진량면 당곡동	李大熙
압량면 신촌동	147	답	3914	743.66	동경시	조선흥업주식회사
압량면 신촌동	148	답	492	83.64	경산군 압량면 내동	金尙鎭
압량면 신촌동	149	답	343	58.31	경산군 압량면 내동	金奎采
압량면 신촌동	150	답	50	8.5	경산군 압량면 용암동	佐藤アキノ
압량면 신촌동	151	답	484	82.28	경산군 경산면 중방동	韓柄斗

압량면 신촌동	152	답	461	78.37	경산군 자인면 서부동	黃珍洪
압량면 신촌동	153	답	1833	311.61	경산군 압량면 내동	金奎采
압량면 신촌동	154	답	674	114.58	경산군 압량면 점촌동	宋東烈
압량면 신촌동	155	답	1719	292.33	대구부 남성정	崔世珍
압량면 신촌동	156	답	1244	211.48	경산군 압량면 점촌동	金振烈
압량면 신촌동	157	답	584	99.28	경산군 압량면 인안동	金聖澈
압량면 신촌동	158-1	답	952	161.84	경산군 압량면 신촌동	朴炳旭
압량면 신촌동	158-2	답	534	90.78	경산군 압량면 신촌동	朴基先
압량면 신촌동	159	답	651	110.67	경산군 압량면 점촌동	宋東烈
압량면 신촌동	160	답	672	94.08	동경시	조선흥업주식회사
압량면 신촌동	161	답	561	95.37	대구부 남성정	崔世珍
압량면 신촌동	162	답	390	66.3	경산군 압량면 내동	朴萬壽
압량면 신촌동	163	답	1072	182.24	경산군 경산면 삼남동	安炳吉
압량면 신촌동	164	답	820	139.4	경산군 압량면 신촌동	失野良數
압량면 신촌동	165	답	405	68.85	경산군 압량면 용암동	佐藤政一
압량면 신촌동	166	답	429	72.93	경산군 압량면 내동	李晟淵
압량면 신촌동	167	답	294	49.98	경산군 압량면 내동	李奎采
압량면 신촌동	168	답	2908	407.12	동경시	조선흥업주식회사
압량면 신촌동	169	답	229	38.93	경산군 압량면 용암동	佐藤政一
압량면 신촌동	170	답	769	130.73	경산군 압량면 내동	朴萬壽
압량면 신촌동	171	답	538	91.46	경산군 압량면 내동	金尙鎭
압량면 신촌동	172	답	2110	295.4	동경시	조선흥업주식회사
압량면 신촌동	173	답	699	97.86	경산군 압량면 용암동	佐藤政一
압량면 신촌동	174	답	508	71.12	경산군 압량면 내동	金箕烈
압량면 신촌동	175	답	768	107.52	경산군 압량면 용암동	佐藤政一
압량면 신촌동	176	답	150	25.5	경산군	경산군 향교재산
압량면 신촌동	177	답	826	140.42	경산군 남천동 삼성동	金貫浩
압량면 신촌동	178	답	80	13.6	경산군 압량면 내동	金昌烈
압량면 신촌동	179	답	608	103.36	대구부 남정	崔善一
압량면 신촌동	180	답	244	34.16	경산군 압량면 신촌동	李德淵
압량면 신촌동	181	답	272	38.08	경산군 압량면 내동	李大淵
압량면 신촌동	182	답	158	22.12	경산군 압량면 내동	金斗權
압량면 신촌동	183	답	1410	197.4	경산군 경산면 삼남동	安炳吉
압량면 신촌동	184	답	1043	145.88	경산군 압량면 내동	李晟淵
압량면 신촌동	185	답	1011	141.54	경산군 압량면 용암동	佐藤政一
압량면 신촌동	186	답	492	68.88	경산군 경산면 삼남동	安炳吉
압량면 신촌동	187	답	408	57.12	동경시	조선흥업주식회사
압량면 신촌동	188	답	408	57.12	경산군 압량면 용암동	佐藤小三節
압량면 신촌동	189	답	666	93.24	경산군 압량면 내동	朴萬壽
압량면 신촌동	190	답	578	80.92	경산군 경산면 삼남동	安炳吉
압량면 신촌동	191	답	1414	197.96	경산군 압량면 내동	朴延黙
압량면 신촌동	192	답	585	81.9	동경시	조선흥업주식회사
압량면 신촌동	193	답	508	71.12	경산군 압량면 내동	金昌烈
압량면 신촌동	194	답	501	70.14	경산군	경산군 향교재산

압량면	신촌동	195	답	1480	207.2	동경시	조선흥업주식회사
압량면	신촌동	196	답	32	4.48	경산군 압량면 신촌동	金基夏
압량면	신촌동	197	답	477	66.78	경산군 경산면 상방동	金玉珠
압량면	신촌동	198	답	1652	23.28	경산군	경산군 향교재산
압량면	신촌동	199	답	873	132.22	경산군 자인면 계남동	林鍾植
압량면	신촌동	200	답	723	86.76	경산군 남천면 송백동	金基進
압량면	신촌동	201	답	4424	109.68	동경시	조선흥업주식회사
압량면	신촌동	202	답	588	99.96	경산군 압량면 내동	金尙鎭
압량면	신촌동	203	답	1430	243.1	경산군	경산군 향교재산
압량면	신촌동	204	답	514	71.96	달성군 달서면 비산동	吳顯朱
압량면	신촌동	205-1	답	558	78.12	경산군 압량면 용암동	佐藤政一
압량면	신촌동	205-2	답	626	87.64	경산군 압량면 내동	金尙鎭
압량면	신촌동	206	답	356	49.84	경산군 압량면 용암동	佐藤政一
압량면	신촌동	207	답	656	91.84	경산군 하양면 한사동	崔鍾萬
압량면	신촌동	208	답	2444	342.16	동경시	조선흥업주식회사
압량면	신촌동	209	답	544	76.16	경산군	경산군 향교재산
압량면	신촌동	210	답	416	58.24	경산군 압량면 내동	具山格
압량면	신촌동	211	답	608	85.12	경산군 압량면 내동	李以善
압량면	신촌동	212	답	1416	198.24	동경시	조선흥업주식회사
압량면	신촌동	213	답	324	45.36	경산군 경산면 삼남동	金士淑
압량면	신촌동	214	답	1032	144.48	경산군 압량면 내동	金箕烈
압량면	신촌동	215	답	609	85.26	동경시	조선흥업주식회사
압량면	신촌동	216	답	502	70.28	경산군	경산군 향교재산
압량면	신촌동	217	답	1582	268.94	경산군 경산면 삼남동	金士淑
압량면	신촌동	218	답	676	114.92	경산군 압량면 내동	金尙鎭
압량면	신촌동	219	답	760	106.4	경산군 경산면 삼남동	金士淑
압량면	신촌동	220	답	247	34.58	경산군 경산면 삼남동	安炳吉
압량면	신촌동	221	답	634	88.76	경산군 용성면 매남동	許重九
압량면	신촌동	222	답	597	83.58	경산군 압량면 내동	金昌烈
압량면	신촌동	223	답	320	44.8	대구부 서성정	李相岳
압량면	신촌동	224	답	592	82.88	경산군 압량면 내동	金在坤
압량면	신촌동	225	답	183	25.62	대구부 수북면 황정동	裵炫永
압량면	신촌동	226	답	634	88.76	경산군 압량면 내동	具道龍
압량면	신촌동	227	답	782	109.48	경산군 압량면 내동	金昌烈
압량면	신촌동	228	답	582	69.84	경산군 하양면 한사동	崔鍾萬
압량면	신촌동	229	답	1839	220.68	경산군	경산군 향교재산
압량면	신촌동	230	답	604	72.48	경산군 경산면 삼남동	崔學先
압량면	신촌동	231	답	424	50.88	경산군 압량면 용암동	金基守
압량면	신촌동	232	답	434	52.08	동경시	조선흥업주식회사
압량면	신촌동	233	답	580	81.2	경산군 압량면 내동	金昌烈
압량면	신촌동	234	답	762	106.68	佐賀縣	橫尾勘六
압량면	신촌동	235	답	1250	150	동경시	조선흥업주식회사
압량면	신촌동	236	답	630	75.6	경산군 압량면 내동	金弼坤
압량면	신촌동	237	답	1046	125.52	경산군 압량면 용암동	鄭源鶴

압량면 신촌동	238	답	435	52.2	동경시	조선흥업주식회사
압량면 신촌동	239	답	2481	297.72	경산군 압량면 용암동	劒源鶴
압량면 신촌동	240	답	291	34.92	경산군 압량면 용암동	佐藤小三節
압량면 신촌동	241	답	570	68.4	경산군 경산면 대정동	宋秉夏
압량면 신촌동	242	답	688	96.32	경산군 압량면 내동	李以輔
압량면 신촌동	243	답	410	94.2	대구부 남산정	金大汝
압량면 신촌동	244	답	1068	128.16	동경시	조선흥업주식회사
압량면 신촌동	245	답	624	74.88	달성군 해안면 지저동	孫鍾樂
압량면 신촌동	246	답	198	27.72	경산군 압량면 내동	金尙鎭
압량면 신촌동	247	답	1136	136.32	동경시	조선흥업주식회사
압량면 신촌동	248	답	540	64.8	경산군 압량면 신촌동	金振烈 외4인
압량면 신촌동	249	답	466	55.92	경산군 압량면 용암동	朴永春
압량면 신촌동	250	답	268	32.16	경산군 하양면 한사동	崔鍾萬
압량면 신촌동	251	답	622	74.64	경산군 압량면 용암동	鄭仁德
압량면 신촌동	252	답	428	51.36	경산군 안심면 율하동	朴萬石
압량면 신촌동	253	답	657	78.84	청도군 각북면 남산동	郭壽坤
압량면 신촌동	254	답	764	106.96	경산군 압량면 내동	尹禧伊
압량면 신촌동	255	답	1476	206.64	대구부 서성정	李相岳
압량면 신촌동	256	답	765	91.8	대구부 덕산정	李殷雨
압량면 신촌동	257	답	698	83.76	경산군 하양면 한사동	崔鍾萬
압량면 신촌동	258	답	554	66.48	달성군 달서면 비산동	吳顯永
압량면 신촌동	259	답	608	85.12	대구부 남성정	崔世珍
압량면 신촌동	260	답	594	83.16	경산군 하양면 한사동	崔鍾萬
압량면 신촌동	261	답	172	20.64	경산군 경산면 삼남동	金士淑
압량면 신촌동	262	답	519	62.28	경산군 압량면 내동	金尙鎭
압량면 신촌동	263	답	914	109.68	경산군 경산면 인안동	金聖澈
압량면 신촌동	264	답	5300	742	동경시	동척
압량면 신촌동	265	답	630	75.6	달성군 달서면 비산동	吳顯永
압량면 신촌동	266	답	493	69.02	경산군 압량면 신천동	金基烈
압량면 신촌동	267	답	1178	164.92	경산군 압량면 내동	金昌烈
압량면 신촌동	268	답	834	116.76	경산군 압량면 내동	金尙鎭
압량면 신촌동	269	답	756	105.84	달성군 달서면 비산동	吳顯永
압량면 신촌동	270	답	202	34.34.	경산군 압량면 내동	金尙鎭
압량면 신촌동	271	답	234	39.78	경산군 경산면 삼남동	安炳吉
압량면 신촌동	272	답	584	81.76	경산군 압량면 내동	金箕烈
압량면 신촌동	273	답	743	104.02	경산군 압량면 내동	金昌烈
압량면 신촌동	274	답	4096	573.44	동경시	조선흥업주식회사
압량면 신촌동	275	답	624	74.88	경사군 압량면 금구동	金億守
압량면 신촌동	276	답	596	83.44	동경시	조선흥업주식회사
압량면 신촌동	277	답	344	41.28	대구부 남산정	金大汝
압량면 신촌동	278	답	714	85.68	경산군 남용강정	徐相熙
압량면 신촌동	279	답	616	73.92	동경시	동척
압량면 신촌동	280	답	951	114.12	佐賀縣	橫尾勘六
압량면 신촌동	281	답	782	93.84	달성군 달서면 비산동	吳顯永

압량면 신촌동	282	답	877	104.04	경산군 압량면 내동	具道龍
압량면 신촌동	283	답	694	83.28	달성군 달서면 비산동	吳顯永
압량면 신촌동	284	답	892	124.88	경산군 압량면 신촌동	失野良數
압량면 신촌동	285	답	387	54.18	대구부 남성정	崔世珍
압량면 신촌동	286	답	4905	588.6	동경시	조선흥업주식회사
압량면 신촌동	287	답	366	62.22	경산군 압량면 신천동	金秉斗
압량면 신촌동	288	답	664	99.96	경산군 압량면 용암동	佐藤小三節
압량면 신촌동	289	답	2190	306.6	달성군 달서면 비산동	吳顯永
압량면 신촌동	290	답	794	111.16	경산군 압량면 신천동	失野良數
압량면 신촌동	291	답	711	99.54	경산군 남천면 삼성동	金貫浩
압량면 신촌동	292	답	2061	288.54	경산군 압량면 용암동	佐藤政一
압량면 신촌동	293	답	314	43.96	福岡縣	高松宗八郎
압량면 신촌동	294	답	572	97.24	경산군 압량면 용암동	佐藤小三節
압량면 신촌동	295	답	390	66.3	경산군 자인면 신관동	林學範
압량면 신촌동	296-1	답	600	114	달성군 달서면 비산동	吳顯永
압량면 신촌동	296-2	답	310	58.9	달성군 달서면 비산동	吳顯永
압량면 신촌동	296-3	답	505	95.95	달성군 달서면 비산동	吳顯永
압량면 신촌동	296-4	답	609	115.71	달성군 달서면 비산동	吳顯永
압량면 신촌동	296-5	답	494	93.86	경산군 압량면 신촌동	直井磯治
압량면 신촌동	297	답	48	9.12	경산군 압량면 신촌동	金振烈
압량면 신촌동	298	답	482	91.58	경산군 압량면 내동	朴萬壽
압량면 신촌동	299	답	699	118.83	경산군 경산면 삼남동	安炳吉
압량면 신촌동	300	답	784	133.28	경산군 압량면 내동	金萬龍
압량면 신촌동	301	답	1442	245.14	경산군 압량면 용암동	佐藤政一
압량면 신촌동	302-1	답	899	152.83	경산군 압량면 신촌동	朴炳旭
압량면 신촌동	302-2	답	1017	172.89	경산군 압량면 신촌동	朴炳旭
압량면 신촌동	303	답	1000	140	경산군 압량면 내동	金尙鎭
압량면 신촌동	304	답	644	90.16	경산군 압량면 신촌동	金德宇
압량면 신촌동	305	답	492	83.64	경산군 자인면 계남동	林鍾植
압량면 신촌동	306	답	714	121.38	경산군 압량면 인안동	金聖澈
압량면 신촌동	307	답	1230	209.1	경산군 경산면 삼남동	安炳吉
압량면 신촌동	308	답	2070	393.3	동경시	조선흥업주식회사
압량면 신촌동	309	답	693	117.81	대구부 남평정	崔世珍
압량면 신촌동	310	답	471	80.24	경산군 압량면 인안동	金聖澈
압량면 신촌동	311	답	732	102.48	경산군 압량면 인안동	金聖澈
압량면 신촌동	312	답	639	89.46	경산군 압량면 신촌동	李愚植
압량면 신촌동	313	답	637	89.18	달성군 수성면 하동	金洗憲
압량면 신촌동	314	답	352	49.38	경산군 압량면 인안동	李舞熙
압량면 신촌동	315	답	940	131.6	경산군 압량면 인안동	金聖澈
압량면 신촌동	316	답	742	103.88	경산군 경산면 하일동	金順培
압량면 신촌동	317	답	1228	171.92	동경시	동척
압량면 신촌동	318	답	506	70.84	경산군 압량면 내동	尹禧伊
압량면 신촌동	319	답	230	32.2	대구부 남일정	崔善一
압량면 신촌동	320	답	842	101.04	경산군 압량면 용암동	金泰坤

압량면 신촌동	321	답	414	49.68	동경시	동척
압량면 신촌동	322	답	658	111.86	경산군 압량면 인안동	金聖澈
압량면 신촌동	323	답	776	108.64	경산군 자인면 신관동	鄭甲柱
압량면 신촌동	324	답	374	52.36	경산군 진량면 봉제동	朴滿安
압량면 신촌동	325	답	368	51.52	경산군 자인면 동부동	金德先
압량면 신촌동	326	답	789	110.46	경산군 고산면 신매동	蔣鎭爀
압량면 신촌동	327	답	484	67.76	경산군 경산면 중방동	韓柄斗
압량면 신촌동	328	답	728	101.92	경산군 압량면 용암동	佐藤小三節
압량면 신촌동	329-1	답	1045	177.65	경산군 압량면 내동	李大淵
압량면 신촌동	329-2	답	153	26.01	경산군 압량면 신촌동	徐柄萬
압량면 신촌동	330	답	838	117.32	경산군 압량면 인안동	金聖澈
압량면 신촌동	331	답	2988	418.32	대구부 남평정	崔世珍
압량면 신촌동	332	답	358	60.86	경산군 압량면 용암동	鄭仁德
압량면 신촌동	333	답	753	90.36	경산군 압량면 신촌동	直井磯治
압량면 신촌동	334	답	16059	3051.21	동경시	동척
압량면 신촌동	335	답	519	62.28	동경시	조선흥업주식회사
압량면 신촌동	336	답	322	38.64	경산군 경산면 삼남동	金士淑
압량면 신촌동	337	답	411	49.32	달성군 달서면 비산동	吳顯永
압량면 신촌동	338	답	1284	218.28	경산군 경산면 백천동	鄭嘉睦
압량면 신촌동	339	답	794	111.16	경산군 압량면 인안동	鄭煥周
압량면 신촌동	340	답	418	29.26	동경시	조선흥업주식회사
압량면 신촌동	341	답	676	114.92	대구부 경정	李達永
압량면 신촌동	342	답	1983	337.11	경산군 압량면 용암동	金基守
압량면 신촌동	343	답	1624	113.68	동경시	조선흥업주식회사
압량면 신촌동	344	답	698	97.72	경산군 압량면 신촌동	直井磯治
압량면 신촌동	345	답	1402	196.28	경산군 경산면 삼남동	安炳吉
압량면 신촌동	346	답	590	100.3	경산군 압량면 내동	尹禧尹
압량면 신촌동	347	답	602	84.28	경산군 압량면 용암동	佐藤政一
압량면 신촌동	348	답	285	48.45	경산군 압량면 용암동	佐藤政一
압량면 신촌동	349	답	508	86.36	경산군 경산면 삼남동	安炳吉
압량면 신촌동	350-1	답	1530	260.1	경산군 경산면 삼남동	安炳吉
압량면 신촌동	350-2	답	436	74.12	대구부 남산정	金大汝
압량면 신촌동	351-1	답	516	72.24	경산군 압량면 용암동	佐藤政一
압량면 신촌동	351-2	답	584	81.76	경산군 압량면 용암동	佐藤小三節
압량면 신촌동	352	답	648	90.72	대구부 서성정	李相岳
압량면 신촌동	353	답	584	81.76	달성군 공산면 지묘동	崔在敎
압량면 신촌동	354	답	840	142.8	경산군 압량면 용암동	金萬坤
압량면 신촌동	355	답	1078	115.46	동경시	조선흥업주식회사
압량면 신촌동	356	답	870	121.8	대구부 서성정	李相岳
압량면 신촌동	357	답	564	78.96	달성군 공산면 지묘동	崔在敎
압량면 신촌동	358	답	410	69.7	경산군 경산면 삼남동	安炳吉
압량면 신촌동	359	답	201	34.17	대구부 서성정	李相岳
압량면 신촌동	360	답	495	84.15	달성군 달서면 비산동	吳興書
압량면 신촌동	361	답	584	99.28	경산군 압량면 용암동	金基守

압량면 신촌동	362	답	416	58.24	달성군 달서면 비산동	吳興善
압량면 신촌동	363	답	518	98.42	경산군 압량면 신대동	全棟禧
압량면 신촌동	364	답	1323	251.37	동경시	조선흥업주식회사
압량면 신촌동	365	답	724	123.08	경산군 압량면 용암동	朴永春
압량면 신촌동	366	답	663	92.82	달성군 달서면 비산동	吳興善
압량면 신촌동	367	답	345	48.3	달성군 공산면 지묘동	崔在敎
압량면 신촌동	368	답	1336	187.04	동경시	조선흥업주식회사
압량면 신촌동	369	답	1376	261.44	경산군 경산면 삼남동	安炳吉
압량면 신촌동	370	답	810	194.4	경산군 경산면 삼남동	安炳吉
압량면 신촌동	371	답	980	235.2	달성군 공산면 지묘동	崔在敎
압량면 신촌동	372	답	477	90.63	경산군 경산면 삼남동	安炳吉
압량면 신촌동	373	답	491	112.29	경산군 압량면 용암동	佐藤小三節
압량면 신촌동	374	답	1035	196.65	경산군 하양면 은호동	李秉翊
압량면 신촌동	375	답	700	133	경산군 경산면 삼남동	安炳吉

압량면 인안동	지번	지목	지적 (평)	지세가격 (원)	주소	씨명
압량면 인안동	1	답	245	46.55	경산군 압량면 인안동	閔德業
압량면 인안동	2	답	420	79.8	경산군 고산면 신매동	卞壽龍
압량면 인안동	3	답	597	113.43	경산군 압량면 인안동	鄭厚柱
압량면 인안동	4	답	1023	194.37	경산군 경산면 삼남동	安炳圭
압량면 인안동	5	답	562	78.68	경산군 자인면 남촌동	朴其生
압량면 인안동	6	답	952	133.28	경산군 경산면 삼남동	安炳吉
압량면 인안동	7	답	1234	234.46	경산군 압량면 인안동	鄭煥周
압량면 인안동	8	답	681	95.34	경산군 압량면 인안동	鄭厚柱
압량면 인안동	9	답	696	132.24	경산군 압량면 용암동	朴孝健
압량면 인안동	10	답	714	135.66	경산군 경산면 삼남동	安炳吉
압량면 인안동	11	답	1066	202.54	경산군 압량면 인안동	鄭㻻柱
압량면 인안동	12-1	답	421	101.04	경산군 압량면 인안동	鄭斗坤
압량면 인안동	12-2	답	11	2.64	경산군 압량면 인안동	鄭斗坤
압량면 인안동	13	답	366	51.24	경산군 압량면 인안동	鄭阷彦
압량면 인안동	14	답	735	102.9	경산군 하양면 환상동	鄭㷌奎
압량면 인안동	15-1	답	746	141.74	동경시	동척
압량면 인안동	16	답	568	107.92	경산군 하양면 은호동	曹龜湖
압량면 인안동	17-1	답	503	95.57	동경시	조선흥업주식회사
압량면 인안동	17-2	답	9	1.71	동경시	조선흥업주식회사
압량면 인안동	18-1	답	158	37.92	경산군 경산면 삼남동	金士淑
압량면 인안동	19-1	답	694	131.86	경산군 경산면 삼남동	安炳吉
압량면 인안동	19-2	답	800	152	경산군 경산면 삼남동	安炳吉
압량면 인안동	20-1	답	511	71.54	대구부 남성정	崔世珍
압량면 인안동	20-2	답	384	53.76	대구부 남성정	崔世珍

압량면 인안동	21	답	501	95.19	동경시	동척
압량면 인안동	22-1	답	97	13.58	경산군 압량면 인안동	鄭斗坤
압량면 인안동	22-2	답	172	24.08	경산군 압량면 인안동	鄭斗坤
압량면 인안동	23-1	답	259	36.26	경산군 경산면 삼남동	安炳圭
압량면 인안동	24	답	634	120.46	동경시	동척
압량면 인안동	25	답	934	177.46	동경시	조선흥업주식회사
압량면 인안동	26	답	204	38.76	동경시	동척
압량면 인안동	27	답	1176	223.44	대구부 남성정	崔世珍
압량면 인안동	28-1	답	928	176.32	동경시	동척
압량면 인안동	28-2	답	6	1.14	동경시	동척
압량면 인안동	29	답	597	71.64	동경시	동척
압량면 인안동	30	답	339	47.46	동경시	조선흥업주식회사
압량면 인안동	31	답	404	48.48	경산군 압량면 인안동	鄭斗坤
압량면 인안동	176	답	383	165.96	경산군 압량면 인안동	鄭潤柱
압량면 인안동	177	답	898	107.76	경산군 하양면 은호동	李秉濟
압량면 인안동	178	답	564	67.68	동경시	조선흥업주식회사
압량면 인안동	179	답	706	84.72	동경시	조선흥업주식회사
압량면 인안동	180	답	221	26.52	동경시	조선흥업주식회사
압량면 인안동	280	답	30	5.7	대구부 원정 1정목	대구곡물주식회사
압량면 인안동	281	답	70	29.54	대구부 남성정	崔世珍
압량면 인안동	282	답	205	35	경산군 남천면 산전동	朴鍾기
압량면 인안동	287	답	20	2.8	대구부 경정	李達永
압량면 인안동	288	답	80	11.2	경산군 자인면 신관동	鄭甲柱
압량면 인안동	289	답	120	16.8	경산군 자인면 신관동	鄭文駿
압량면 인안동	290	답	326	45.64	경산군 압량면 인안동	李善敦
압량면 인안동	291	답	464	64.96	경산군 자인면 신관동	鄭文駿
압량면 인안동	292	답	494	69.16	동경시	조선흥업주식회사
압량면 인안동	293	답	584	70.08	경산군 남천면 산전동	朴鍾기
압량면 인안동	294	답	441	52.92	동경시	조선흥업주식회사
압량면 인안동	295	답	597	71.64	경산군 자인면 일언동	朴文述
압량면 인안동	296	답	536	64.32	경산군 압량면 인안동	金聖澈
압량면 인안동	297	답	308	36.96	대구부 남용강정	徐相黙
압량면 인안동	298	답	914	109.68	경산군 자인면 신관동	鄭文駿
압량면 인안동	299	답	630	75.6	경산군 압량면 의송동	金鳳根
압량면 인안동	300	답	392	47.04	경산군 자인면 동부동	中田忠五郎
압량면 인안동	301	답	586	70.32	경산군 압량면 내동	金尙鎭
압량면 인안동	302	답	470	56.4	대구부 남용강정	徐相黙
압량면 인안동	303	답	484	58.08	대구부 남성정	崔世珍
압량면 인안동	304	답	535	64.2	경산군 압량면 내동	金斗權
압량면 인안동	305	답	1155	138.6	동경시	조선흥업주식회사
압량면 인안동	306	답	424	50.88	경산군 압량면 의송동	鄭斗七
압량면 인안동	307	답	910	109.2	경산군 자인면 신관동	鄭文駿
압량면 인안동	308	답	720	100.8	동경시	동척
압량면 인안동	309	답	459	64.26	동경시	조선흥업주식회사

압량면 인안동	310	답	726	101.64	대구부 경정		李達永
압량면 인안동	311	답	616	86.24	경산군 경산면 중방동		韓柄斗
압량면 인안동	312	답	518	72.52	경산군 압량면 의송동		金八祚
압량면 인안동	313	답	30	4.2	대구부 원정 1정목		대구곡물주식회사
압량면 인안동	314	답	1000	140	대구부 경정		李達永
압량면 인안동	315	답	536	75.04	동경시		조선흥업주식회사
압량면 인안동	316	답	542	75.88	대구부 남성정		崔世珍
압량면 인안동	317	전	130	13	경산군 압량면 인안동		金聖澈
압량면 인안동	320	답	18	0.81	경산군 경산면 옥산동		成德永
압량면 인안동	321	답	100	12	경산군 압량면 인안동		金聖澈
압량면 인안동	331	답	80	9.6	경산군 압량면 인안동		金聖澈
압량면 인안동	332	답	40	4.2	경산군 고산면 신매동		卞壽龍
압량면 인안동	333	답	150	18	경산군 경산면 중방동		韓柄斗
압량면 인안동	334	답	364	43.68	경산군 경산면 중방동		韓柄斗
압량면 인안동	335	답	42	5.04	동경시		조선흥업주식회사
압량면 인안동	336	답	1510	67.95	동경시		조선흥업주식회사
압량면 인안동	340	답	1654	79.38	동경시		조선흥업주식회사
압량면 인안동	341	답	714	99.96	동경시		조선흥업주식회사
압량면 인안동	342	답	187	26.18	동경시		조선흥업주식회사
압량면 인안동	343	답	568	79.52	동경시		조선흥업주식회사
압량면 인안동	344	답	1678	234.92	대구부 남성정		崔世珍
압량면 인안동	345	답	478	66.92	경산군 진량면 보인동		鄭城度
압량면 인안동	346	답	230	32.2	경산군 압량면 인안동		金聖澈
압량면 인안동	347	답	968	135.52	대구부원정		대구곡물주식회사
압량면 인안동	348	답	850	119	경산군 경산면 삼남동		安炳吉
압량면 인안동	349	답	1174	164.36	경산군 자인면 신관동		鄭文駿
압량면 인안동	350	답	984	137.76	대구부 남성정		崔世珍
압량면 인안동	351	답	2664	372.96	동경시		동척
압량면 인안동	352	답	1023	143.22	동경시		조선흥업주식회사
압량면 인안동	353-1	답	414	57.96	경산군 압량면 용암동		全實根
압량면 인안동	353-2	답	420	58.8	경산군 압량면 용암동		蔣富鳳
압량면 인안동	354	답	348	48.72	경산군 압량면 인안동		鄭慶柱외 2인
압량면 인안동	355	답	1030	144.2	경산군 경산면 삼남동		安炳吉
압량면 인안동	356	답	1294	181.16	경산군 압량면 인안동		金道敎
압량면 인안동	357	답	844	118.16	대구부 남성정		崔世珍
압량면 인안동	358	답	528	73.92	대구부 원정		대구곡물주식회사
압량면 인안동	359	답	420	58.8	경산군 하양면 환상동		朴辛祚
압량면 인안동	360	답	514	71.96	경산군 압량면 인안동		閔德業
압량면 인안동	361	답	312	59.28	경산군 경산면 삼남동		金士淑
압량면 인안동	362	답	360	68.4	경산군 경산면 삼남동		安炳吉
압량면 인안동	363	답	518	98.42	경산군 자인면 신관동		鄭文駿
압량면 인안동	364	답	735	139.65	경산군 경산면 삼남동		安炳吉
압량면 인안동	365	답	741	140.78	경산군 고산면 욱수동		蔣鎭用
압량면 인안동	366	답	262	49.78	경산군 압량면 인안동		金聖澈

압량면 인안동	367	답	472	66.08	동경시	동척
압량면 인안동	368	답	1555	295.45	대구부 경정	李達永
압량면 인안동	369	답	486	680.04	동경시	조선흥업주식회사
압량면 인안동	370	답	348	48.72	경산군 압량면 신촌동	直井磯治
압량면 인안동	371	답	363	50.82	경산군 압량면 신촌동	失野良敷
압량면 인안동	372	답	390	54.6	경산군 압량면 인안동	鄭明柱
압량면 인안동	373-1	답	561	67.32	동경시	조선흥업주식회사
압량면 인안동	373-2	답	166	19.92	동경시	조선흥업주식회사
압량면 인안동	374-1	답	515	61.8	경산군 압량면 인안동	鄭明柱
압량면 인안동	374-2	답	1	0.1	경산군 압량면 인안동	鄭正柱
압량면 인안동	375-1	답	726	87.12	경산군 경산면 삼남동	安炳吉
압량면 인안동	375-2	답	25	3	경산군 경산면 삼남동	安炳吉
압량면 인안동	375-3	답	116	13.92	경산군 경산면 삼남동	安炳吉
압량면 인안동	376-1	답	456	54.72	동경시	동척
압량면 인안동	376-2	답	241	28.92	동경시	동척
압량면 인안동	377	답	356	42.72	경산군 압량면 인안동	成述永
압량면 인안동	378-1	답	1443	173.16	경산군 경산면 삼남동	安炳圭
압량면 인안동	378-2	답	16	1.92	경산군 경산면 삼남동	安炳圭
압량면 인안동	378-3	답	60	7.3	경산군 경산면 삼남동	安炳圭
압량면 인안동	379-1	답	752	90.24	달성군 가창면 파동	金景允
압량면 인안동	380	답	246	34.44	경산군 압량면 인안동	金聖澈
압량면 인안동	381	답	621	86.94	경산군 압량면 인안동	鄭璣柱
압량면 인안동	382-1	답	707	98.98	동경시	조선흥업주식회사
압량면 인안동	382-2	답	90	12.6	동경시	조선흥업주식회사
압량면 인안동	383-1	답	2714	379.96	동경시	동척
압량면 인안동	383-2	답	1592	222.88	동경시	동척
압량면 인안동	384-1	답	713	85.56	경산군 경산면 삼남동	白有鶴
압량면 인안동	384-2	답	116	13.92	경산군 경산면 삼남동	白有鶴
압량면 인안동	385-1	답	365	43.8	경산군 압량면 의송동	金太中
압량면 인안동	385-2	답	22	2.64	경산군 압량면 의송동	金太中
압량면 인안동	386-1	답	665	79.8	佐賀縣	横尾勘大
압량면 인안동	387-1	답	429	51.48	경산군 압량면 인안동	鄭南柱
압량면 인안동	387-2	답	15	1.8	경산군 압량면 인안동	鄭南柱
압량면 인안동	388-1	답	2491	298.92	동경시	동척
압량면 인안동	388-2	답	245	29.4	동경시	동척
압량면 인안동	389	답	357	42.84	경산군 압량면 인안동	金聖澈
압량면 인안동	390	답	730	87.6	달성군 해북촌 진인동	宋秉業
압량면 인안동	391	답	369	76.68	경산군 압량면 용암동	佐藤政一
압량면 인안동	392	답	663	79.56	경산군 경산면 상방동	李學秀
압량면 인안동	393	답	2602	312.24	동경시	조선흥업주식회사
압량면 인안동	394	답	1116	133.92	경산군 경산면 삼남동	安炳吉
압량면 인안동	395	답	930	116.6	대구부 달성정	鄭圭鈺
압량면 인안동	396	답	705	84.6	경산군 압량면 인안동	李善敎
압량면 인안동	397	답	652	78.24	대구부 경정	李達永

압량면 인안동	398	답	910	109.2	동경시	조선흥업주식회사
압량면 인안동	399	답	738	88.56	경산군 압량면 인안동	全漢武
압량면 인안동	400	답	3087	370.44	동경시	동척
압량면 인안동	401	답	856	119.84	경산군 압량면 인안동	林石伊
압량면 인안동	402	답	1000	140	동경시	동척
압량면 인안동	403	답	801	96.12	경산군 압량면 인안동	鄭潤柱
압량면 인안동	404	답	314	37.68	경산군 압량면 인안동	成述永
압량면 인안동	405	답	861	103.32	대구부 경정	李達永
압량면 인안동	406	답	578	69.36	대구부 하서정	鄭每鵬
압량면 인안동	407	답	178	21.36	동경시	동척
압량면 인안동	408	답	3429	411.48	동경시	조선흥업주식회사
압량면 인안동	409	답	1311	183.54	경산군 자인면 신관동	鄭文駿
압량면 인안동	410	답	1154	161.56	달성군 해북촌 진인동	宋秉業
압량면 인안동	411	답	1968	275.52	경산군 압량면 용암동	佐藤小三節
압량면 인안동	412	답	1492	179.04	동경시	조선흥업주식회사
압량면 인안동	413	답	142	17.04	동경시	조선흥업주식회사
압량면 인안동	414	답	250	30	경산군 경산면 삼남동	安炳吉
압량면 인안동	415	답	370	87.6	달성군 공산면 지묘동	崔在敎
압량면 인안동	416	답	165	19.8	대구부 남성정	崔世珍
압량면 인안동	417	답	478	57.36	대구부 경정	李達永
압량면 인안동	418	답	1064	127.68	경산군 압량면 압량동	崔守元
압량면 인안동	419	답	1636	196.32	동경시	조선흥업주식회사
압량면 인안동	420	답	588	70.56	경산군 압량면 인안동	인안동
압량면 인안동	421	답	1030	123.6	경산군 압량면 인안동	金聖澈
압량면 인안동	422	답	878	105.36	대구부 남산정	李士允
압량면 인안동	423	답	866	103.92	경산군 경산면 삼남동	安炳吉
압량면 인안동	424	답	1074	128.88	경산군 압량면 현흥동	高岡辛之助
압량면 인안동	425	답	1242	149.04	대구부 남산정	金大汝
압량면 인안동	426	답	576	69.12	동경시	조선흥업주식회사
압량면 인안동	427	답	1400	167	동경시	동척
압량면 인안동	428	답	824	98.88	경산군 경산면 삼남동	安炳吉
압량면 인안동	429	답	890	106.8	경산군 압량면 용암동	佐藤政一
압량면 인안동	430	답	890	106.8	경산군 경산면 삼남동	安炳吉
압량면 인안동	431	답	1334	160.08	경산군 남천면 대명동	金炳圭
압량면 인안동	432	답	244	26.88	경산군 압량면 인안동	鄭南柱
압량면 인안동	433	답	1788	214.56	동경시	조선흥업주식회사
압량면 인안동	434	답	620	74.4	경산군 경산면 서상동	澤田耕治
압량면 인안동	435	답	1838	257.32	경산군 경산면 삼남동	安炳吉
압량면 인안동	436	답	1128	157.92	경산군 압량면 용암동	金基守
압량면 인안동	437	답	928	111.36	경산군 경산면 신대동	朴西浩
압량면 인안동	438	답	650	78	경산군 남천면 산전동	朴鍾기
압량면 인안동	439	답	792	95.04	경산군 압량면 용암동	金文坤
압량면 인안동	440	답	1028	123.36	경산군 경산면 삼남동	安炳吉
압량면 인안동	441	답	904	126.56	달서군 가창면 파동	金景允

압량면 인안동	442	답	598	83.72	경산군 경산면 삼남동	安炳吉
압량면 인안동	443	답	2282	319.48	경산군 경산면 신대동	朴西浩
압량면 인안동	18-2	답	264	63.36	경산군 경산면 삼남동	金士淑

진량면 선화동	지번	지목	지적 (평)	지세가격 (원)	주소	씨명
진량면 선화동	548	답	641	121.79	경산군 경산면 삼남동	安炳吉
진량면 선화동	549	답	557	94.69	경산군 하양면 부상동	許礰
진량면 선화동	550	답	603	102.51	대구부 하서정	李章雨
진량면 선화동	551	답	435	60.9	경산군 진량면	金七岩
진량면 선화동	555	답	223	31.22	달성군 역북면 동도동	李榮浩
진량면 선화동	556	답	110	15.4	佐賀縣	橫尾勘大
진량면 선화동	557	답	135	18.9	경산군 압량면 용암동	佐藤政一
진량면 선화동	564	답	447	93.87	경산군 진량면 선화동	陳基默
진량면 선화동	565	답	116	13.92	경산군 진량면 선화동	吳淳龍
진량면 선화동	566	답	633	75.96	경산군 진량면 선화동	吳淳龍
진량면 선화동	567	답	505	60.6	경산군 진량면 선화동	陳克衡
진량면 선화동	568	답	636	76.32	경산군 진량면 선화동	蔡渭微
진량면 선화동	569	답	553	77.42	경산군 진량면 선화동	金鸞元
진량면 선화동	570	답	332	46.46	경산군 진량면 선화동	鄭鎭玉
진량면 선화동	571	답	330	46.2	경산군 진량면 신상동	張淵昊
진량면 선화동	572	답	481	67.34	경산군 압량면 용암동	佐藤政一
진량면 선화동	573	답	477	57.24	경산군 압량면 용암동	相川文五郎
진량면 선화동	574	답	553	77.42	대구부 서내정	李柄學
진량면 선화동	575	답	275	38.5	경산군 진량면 선화동	金慶正
진량면 선화동	576	답	460	64.4	동경시	조선흥업주식회사
진량면 선화동	577	답	547	92.99	대구부 신하정	崔範敎
진량면 선화동	578	답	627	106.59	경산군 압량면 용암동	相川文五郎
진량면 선화동	579	답	601	102.17	경산군 진량면 보인동	曹錫奎
진량면 선화동	580	답	442	61.88	동경시	조선흥업주식회사
진량면 선화동	581	답	416	70.72	경산군 하양면 은호동	許信
진량면 선화동	582	답	446	75.81	경산군 진량면 선화동	蔡渭微
진량면 선화동	583	답	416	58.24	경산군 진량면 선화동	蔡井洛
진량면 선화동	584	답	536	75.04	경산군 진량면 선화동	金斗奎
진량면 선화동	585	답	573	97.41	神奈川縣	相川文五郎
진량면 선화동	586	답	738	103.32	경산군 진량면 금호동	許洋
진량면 선화동	587	답	765	107.1	경산군 진량면 보인동	李有範
진량면 선화동	588	답	631	75.72	경산군 압량면 용암동	佐藤政一
진량면 선화동	589	답	788	94.56	대구부 서성정	李相學
진량면 선화동	590	답	462	55.44	경산군 하양면 대조동	李榮完
진량면 선화동	591	답	415	49.8	경산군 하양면 은호동	李秉濟

진량면 선화동	592	답	1051	126.12	경산군 하양면 대조동	李馨遠
진량면 선화동	593	답	908	108.96	경산군 하양면 대조동	金一文
진량면 선화동	594	답	351	42.12	경산군 진량면 선화동	金七岩
진량면 선화동	595	답	571	68.52	경산군 하양면 은호동	李華奎
진량면 선화동	596	답	367	44.04	경산군 하양면 대조동	李秉圭
진량면 선화동	597	답	579	69.48	경산군 진량면 선화동	蔡渭微
진량면 선화동	598	답	314	37.68	대구부 동운정	宮井正一
진량면 선화동	599	답	505	60.6	경산군 하양면 남하동	李秉煥외 3인
진량면 선화동	600	답	402	48.24	神奈川縣	相川文五郎
진량면 선화동	601	답	506	60.6	경산군 하양면 은호동	李秉濟
진량면 선화동	602	답	393	47.16	경산군 하양면 은호동	李秉圭
진량면 선화동	603	답	798	95.76	경산군 하양면 남하동	李秉煥외 3인
진량면 선화동	604	답	736	88.32	경산군 환상동	牟田アツ
진량면 선화동	605	답	737	125.29	경산군 하양면 은호동	李秉圭
진량면 선화동	606	답	835	141.95	경산군	역둔토
진량면 선화동	607	답	594	112.86	경산군 진량면 금호동	金尙仁
진량면 선화동	608	답	192	32.64	경산군 하양면 은호동	李華奎
진량면 선화동	609	답	1497	254.49	대구부 남내동	金潤根
진량면 선화동	610	답	873	148.41	경산군하양면 부호동	李熙德
진량면 선화동	611	답	633	107.61	달성군	李相哲
진량면 선화동	612	답	577	98.09	경산군 자인면 신관동	林學範
진량면 선화동	613	답	436	74.12	경산군 진량면 선화동	吳淳龍
진량면 선화동	614	답	331	56.27	경산군 고산면 매호동	申賢均
진량면 선화동	615	답	319	54.23	경산군 하양면 은호동	林範伊
진량면 선화동	616	답	541	102.79	경산군 안심면 신정동	柳廷洛
진량면 선화동	617	답	451	76.67	대구부 남성정	金潤根
진량면 선화동	618	답	692	131.48	대구부 동운정	宮井正一
진량면 선화동	619	답	226	27.12	경산군 하양면 환상동	牟田アツ
진량면 선화동	620-1	답	429	51.48	역둔토	
진량면 선화동	620-2	답	391	46.92	역둔토	
진량면 선화동	620-3	답	473	36.7	역둔토	
진량면 선화동	621	답	389	46.68	경산군 하양면 환상동	平田常範
진량면 선화동	622	답	675	81	경산군 진량면 선화동	李致鉉
진량면 선화동	623	답	485	58.2	神奈川縣	相川文五郎
진량면 선화동	624	답	332	39.84	대구부 남산정	金德卿
진량면 선화동	625	답	602	72.24	동경시	동척
진량면 선화동	626	답	807	69.84	神奈川縣	相川文五郎
진량면 선화동	627	답	569	68.28	경산군 하양면 환상동	李源武
진량면 선화동	628	답	379	45.48	경산군 진량면 선화동	金東坤
진량면 선화동	629	답	356	42.72	경산군 하양면 은호동	李奭奎
진량면 선화동	630	답	288	34.56	경산군 하양면 환상동	牟田アツ
진량면 선화동	631	답	292	35.04	경산군 하양면 환상동	牟田アツ
진량면 선화동	632	답	523	99.37	경산군 진량면 선화동	金斗奎
진량면 선화동	633	답	527	100.13	경산군 진량면 선화동	李致鉉

진량면 선화동	634	답	1417	297.57	경산군 경산면 삼남동	安炳吉
진량면 선화동	635	답	310	65.1	경산군 진량면 보인동	曹錫奎
진량면 선화동	637	답	290	55.1	경산군 하양면 환상동	曹秉水
진량면 선화동	638	답	562	106.78	달성군 수성면 효목동	吉塚彌吉
진량면 선화동	639	답	637	108.29	경산군 진량면 보인동	보인동
진량면 선화동	640	답	1285	218.45	神奈川縣	相川文五郎
진량면 선화동	641	답	555	94.35	경산군 경산면 삼남동	安炳吉
진량면 선화동	642	답	234	39.78	神奈川縣	相川文五郎
진량면 선화동	643	답	408	69.36	경산군 하양면 환상동	牟田アツ
진량면 선화동	644	답	1100	484	경산군 진량면 보인동	역둔토
진량면 선화동	645	답	364	61.88	경산군 진량면 보인동	林成範
진량면 선화동	646	답	355	67.45	경산군 진량면 선화동	鄭嶺玉
진량면 선화동	647	답	721	122.57	경산군 고사면 매호동	鄭台和
진량면 선화동	648	답	781	132.77	경산군 하양면 남하동	金秉元
진량면 선화동	649	답	568	96.56	경산군 경산면 삼남동	安炳吉
진량면 선화동	650-1	답	577	109.63	경산군 경산면 삼남동	金彩龍
진량면 선화동	650-2	답	365	69.35	경산군 진량면 선화동	申有範
진량면 선화동	651	답	428	81.32	경산군 하양면 환상동	曹梧承
진량면 선화동	652	답	454	86.26	神奈川縣	相川文五郎
진량면 선화동	653	답	535	90.95	神奈川縣	相川文五郎
진량면 선화동	654	답	1570	266.9	경산군 진량면 선화동	鄭嶺玉 외3인
진량면 선화동	655	답	684	116.28	동경시	조선흥업주식회사
진량면 선화동	656	답	406	77.14	경산군 진량면 봉회동	林相道
진량면 선화동	657	답	18	3.43	경산군 안심면	徐泰成
진량면 선화동	658	답	1066	202.54	동경시	조선흥업주식회사
진량면 선화동	659	답	449	76.32	동경시	조선흥업주식회사
진량면 선화동	660	답	430	73.1	경산군 하양면 환상동	張西昊
진량면 선화동	661	답	357	49.98	佐賀縣	横尾勘大
진량면 선화동	662	답	330	56.1	경산군 진량면 선화동	陳且範
진량면 선화동	687	답	334	63.46	대구부 하서정	李章雨
진량면 선화동	1123-2	답	465	55.8	경산군 압량면 인안동	関和業
진량면 선화동	1124	답	336	31.92	경산군 자인면 계림동	許慶三
진량면 선화동	1178-1	답	648	61.56		역둔토
진량면 선화동	1178-2	답	487	46.26		역둔토
진량면 선화동	1178-3	답	222	21.09		역둔토
진량면 선화동	1179	답	932	88.54	대구부 동운정	宮井正一
진량면 선화동	1180	답	132	12.54	경산군 하양면 환상동	鄭東種
진량면 선화동	1181	답	110	10.45	경산군 하양면 환상동	鄭東種
진량면 선화동	1182	답	110	10.45	경산군 압량면 의송동	李禹熙
진량면 선화동	1183	전	576	23.04		역둔토
진량면 선화동	1184-3	답	903	126.42		역둔토
진량면 선화동	1185	전	461	18.44	동경시	조선흥업주식회사
진량면 선화동	1186	답	520	72.8	경산군 압량면 의송동	李禹熙
진량면 선화동	1187	답	488	68.32	경산군 진량면 선화동	鄭嶺賢

진량면 선화동	1188	답	564	78.96	경산군 진량면 선화동	陳基黙
진량면 선화동	1189	답	574	80.3	경산군 진량면 선화동	金成伯
진량면 선화동	1190	답	843	118.02	달성군 공산면 지묘동	崔在教
진량면 선화동	1191-1	답	567	79.38	경산군 진량면 선화동	金泳坤
진량면 선화동	1191-2	답	516	72.24	경산군 진량면 선화동	金致坤
진량면 선화동	1192	답	690	117.3	경산군 하양면 환상동	曺鳳俊
진량면 선화동	1193	답	658	111.86	경산군 하양면 환상동	牟田アツ
진량면 선화동	1194-1	답	1091	185.47	경산군 하양면 환상동	조선은행
진량면 선화동	1194-2	답	567	99.39	경산군 하양면 금락동	久保田運通
진량면 선화동	1195	답	846	177.66	경산군 경산면 삼남동	安炳吉
진량면 선화동	1196-1	답	582	110.58		역둔토
진량면 선화동	1196-2	답	504	95.76		역둔토
진량면 선화동	1196-3	답	366	69.54		역둔토
진량면 선화동	1197-1	답	364	94.64		역둔토
진량면 선화동	1197-2	답	263	161.98		역둔토
진량면 선화동	1197-3	답	497	129.22		역둔토
진량면 선화동	1198	답	788	133.96	경산군 하양면 환상동	曺秉洪
진량면 선화동	1199	답	688	116.62	달성군 수성면 효목동	吉塚爾吉
진량면 선화동	1200-1	답	400	68		역둔토
진량면 선화동	1200-2	답	385	65.45		역둔토
진량면 선화동	1201-1	답	517	87.89		역둔토
진량면 선화동	1201-2	답	383	65.11		역둔토
진량면 선화동	1201-3	답	513	87.21		역둔토
진량면 선화동	1201-4	답	502	85.34		역둔토
진량면 선화동	1201-5	답	510	86.7		역둔토
진량면 선화동	1201-6	답	633	107.61		역둔토
진량면 선화동	1201-7	답	476	80.58		역둔토
진량면 선화동	1201-8	답	519	88.23		역둔토
진량면 선화동	1201-9	답	723	122.91		역둔토
진량면 선화동	1201-10	답	618	106.6		역둔토
진량면 선화동	1201-11	답	261	61.37		역둔토
진량면 선화동	1201-12	답	590	100.3		역둔토
진량면 선화동	1201-13	답	673	114.41		역둔토
진량면 선화동	1201-14	답	497	84.49		역둔토
진량면 선화동	1201-15	답	489	83.13		역둔토
진량면 선화동	1201-16	답	296	50.32		역둔토
진량면 선화동	1201-17	답	525	89.25		역둔토
진량면 선화동	1201-18	답	303	51.51		역둔토
진량면 선화동	1201-19	답	318	54.06		역둔토
진량면 선화동	1201-20	답	321	54.57		역둔토
진량면 선화동	1201-21	답	1057	179.6		역둔토
진량면 선화동	1201-22	답	361	61.37		역둔토
진량면 선화동	1201-23	답	242	41.14		역둔토
진량면 선화동	1201-24	답	465	79.05		역둔토

진량면 선화동	1201-25	답	340	57.8		역둔토
진량면 선화동	1202	답	1137	193.29	佐賀縣	橫尾勘大
진량면 선화동	1204-1	답	1171	163.94	神奈川縣	相川文五郎
진량면 선화동	1205	답	1227	170.8	동경시	조선흥업주식회사
진량면 선화동	1206-1	답	576	80.64	경산군	경산향교재산
진량면 선화동	1206-2	답	326	45.64	경산군	경산향교재산
진량면 선화동	1206-3	답	371	51.94	경산군	경산향교재산
진량면 선화동	1207	답	690	96.6	경산군 진량면 선화동	崔命弘
진량면 선화동	1208	답	671	93.94	경산군 진량면 선화동	吳學龍
진량면 선화동	1209	답	502	70.28	경산군 진량면 선화동	陳基黙
진량면 선화동	1210	답	2975	416.5	佐賀縣	橫尾勘大
진량면 선화동	1211	답	332	46.48	神奈川縣	相川文五郎
진량면 선화동	1225	답	110	15.4	神奈川縣	相川文五郎
진량면 선화동	1231	답	90	15.3	佐賀縣	橫尾勘大
진량면 선화동	1232	답	731	124.27	동경시	조선흥업주식회사
진량면 선화동	1233	답	489	83.13	神奈川縣	相川文五郎
진량면 선화동	1235	답	525	73.5	경산군 하양면 환상동	朴勇鎬
진량면 선화동	1236	답	583	99.11	경산군 진량면 선화동	崔秉敎
진량면 선화동	1237	답	512	87.04	동경시	조선흥업주식회사
진량면 선화동	1238	답	304	42.56	경산군 안심면 신정동	李斗一
진량면 선화동	1239	답	499	69.86		역둔토
진량면 선화동	1240	답	474	66.36	동경시	조선흥업주식회사
진량면 선화동	1241	답	416	58.24	경산군 진량면 선화동	吳學龍
진량면 선화동	1242	답	519	72.66	神奈川縣	相川文五郎
진량면 선화동	1243	답	722	122.74	경산군 진량면 선화동	陳基澤
진량면 선화동	1244	답	683	96.62	대구부 하서정	李章雨
진량면 선화동	1245	답	378	64.26	경산군 하양면 환상동	許儔
진량면 선화동	1246	답	1614	225.96	佐賀縣	橫尾勘大
진량면 선화동	1247	답	669	93.66	경산군 하양면 환상동	曺秉善
진량면 선화동	1248	답	695	97.3	달성군 달서면 비산동	吳遙永
진량면 선화동	1249	답	533	74.62	경산군 하양면 남하동	曺秉淑
진량면 선화동	1250	답	449	62.86	경산군 진량면 선화동	鄭鎭玉
진량면 선화동	1251	답	494	69.16	경산군 하양면 환상동	曺永煥
진량면 선화동	1252	답	577	80.78	경산군 하양면 은호동	李秉濟
진량면 선화동	1253	답	740	125.8	대구부 서성정	李銳熙
진량면 선화동	1254	답	498	84.66	동경시	조선흥업주식회사
진량면 선화동	1255	답	671	114.07	경산군 하양면 은호동	李學奎
진량면 선화동	1256	답	414	70.38	달성군 비산동	崔鍾震
진량면 선화동	1257	답	463	79.22	대구부 하서정	李章雨
진량면 선화동	1258	답	356	60.52	경산군 진량면 선화동	金龍德
진량면 선화동	1259	답	356	60.52	경산군 하양면 은호동	張泰元
진량면 선화동	1260	답	762	129.54	경산군 하양면 남하동	尹慶浩
진량면 선화동	1261	답	396	67.32	경사눈 압량면 인안동	金聖徹
진량면 선화동	1262	답	916	155.72	경산군 하양면 남하동	呂基遒

진량면 선화동	1263	답	818	139.06	대구부 서성정	李鍾熙
진량면 선화동	1264-1	답	580	150.8		역둔토
진량면 선화동	1264-2	답	625	275		역둔토
진량면 선화동	1265	답	2211	641.19	경산군 하양면 남하동	曺秉日
진량면 선화동	1266	답	530	100.7	경산군 하양면 환상동	曺鳳俊
진량면 선화동	1267	답	82	170.31	경산군 하양면 환상동	曺秉善
진량면 선화동	1268	답	443	93.03	경산군 고산면 매호동	申賢均
진량면 선화동	1269	답	476	99.96	경산군 하양면 금락동	久保田運通
진량면 선화동	1270	답	714	171.36	대구부	주식회사대구은행
진량면 선화동	1271	답	510	133.6		조선은행
진량면 선화동	1272	답	182	47.32	경산군 하양면 남하동	曺秉淑
진량면 선화동	1273	답	783	203.58	경산군 하양면 남하동	李秉甲
진량면 선화동	1274	답	372	89.28	경산군 하양면 부호동	李熙德
진량면 선화동	1275	답	474	90.06	경산군 하양면 대조동	篠原宮市
진량면 선화동	1276	답	685	130.15	달성군 해안면 둔산동	朴海至
진량면 선화동	1277	답	449	85.31	경산군 하양면 부호동	李熙德
진량면 선화동	1278	답	1010	191.9	경산군 와촌면 덕촌동	曺益煥
진량면 선화동	1279	답	579	150.54	경산군 압량면 현흥동	金振玉
진량면 선화동	1280	답	539	140.14	대구부 하서정	李章雨
진량면 선화동	1281	답	473	122.98	경산군 압량면 금구동	姜崙秀
진량면 선화동	1282	답	461	96.81	대구부 남산정	金德卿
진량면 선화동	1283	답	167	40.08	대구부 남산정	金德卿
진량면 선화동	1284	답	636	152.64	달성군 수성면 지산동	李相哲
진량면 선화동	1285	답	1081	313.49	경산군 진량면 신상동	蔡鳳基
진량면 선화동	1286	답	547	169.57	경산군 고산면 매호동	申賢均
진량면 선화동	1287	답	414	120.06	달성군 수성면 효목동	吉塚爾吉
진량면 선화동	1288	답	471	146.01	경산군 하양면 환상동	曺鳳俊
진량면 선화동	1289	답	630	195.3	대구부 서성정	李鈗熙
진량면 선화동	1290	답	351	108.81	경산군 하양면 남하동	曺秉汶
진량면 선화동	1291	답	330	95.7	경산군 하양면 남하동	曺秉汶
진량면 선화동	1292-1	답	360	93.6	경산군 하양면 남하동	李源式
진량면 선화동	1292-2	답	425	110.5	경산군 하양면 환상동	曺金岩
진량면 선화동	1293-3	답	705	183.3	경산군 압량면 조영동	朴東伊
진량면 선화동	1293-4	답	251	50.2		역둔토
진량면 선화동	1293-5	답	819	212.94	경산군 압량면 조영동	朴東伊
진량면 선화동	1294	답	689	165.36	대구부 서성정	李鈗熙
진량면 선화동	1295	답	428	102.72	경산군 하양면 은호동	鄭文相
진량면 선화동	1296	답	754	180.96	대구부 덕산정	李根韶
진량면 선화동	1297	답	611	113.87	경산군 진량면 선화동	鄭禮葉
진량면 선화동	1298	답	555	94.35	대구부 횡정	鄭圭鈺
진량면 선화동	1299	답	679	129.01	경산군 진량면 선화동	鄭鎭芮
진량면 선화동	1300	답	634	107.78	경산군 하양면 환상동	張正昊
진량면 선화동	1301	답	490	83.3	경산군 진량면 선화동	鄭鎭賢
진량면 선화동	1302	답	1671	317.49	神奈川縣	相川文五郎

진량면 선화동	1303	답	546	103.74	경산군 진량면 선화동	崔秉敎
진량면 선화동	1304	답	440	83.6	경산군 진량면 선화동	朴亨伊
진량면 선화동	1305-1	답	214	39.9	경산군 진량면 선화동	역둔토
진량면 선화동	1305-2	답	635	120.65		역둔토
진량면 선화동	1306	답	532	118.18	神奈川縣	相川文五郎
진량면 선화동	1307	답	672	117.68	경산군 진량면 선화동	裴炳文
진량면 선화동	1308	답	198	56.62	경산군 하양면 남하동	金榮奎
진량면 선화동	1309	답	336	63.84	대구부 동운정	宮井正一
진량면 선화동	1310	답	421	79.99	경산군 하양면 환상동	牟田アツ
진량면 선화동	1311	답	373	63.41	경산군 진량면 선화동	吳學龍
진량면 선화동	1312	답	773	108.22	대구부 하서정	李章雨
진량면 선화동	1313	답	605	114.94	경산군 안심면 신서동	柳康福
진량면 선화동	1314	답	990	168.3	경산군 하양면 환상동	曺秉洪
진량면 선화동	1315	답	206	39.14	경산군 진량면 보인동	林成範
진량면 선화동	1316	답	763	144.97	대구부 하서정	李章雨
진량면 선화동	1317	답	1301	273.21	대구부 본정	주식회사대구은행
진량면 선화동	1318	답	239	150.19	경산군 진량면 보인동	林成範
진량면 선화동	1319	답	747	179.28	달성군 해안면 지산동	崔鍾震
진량면 선화동	1320	답	497	119.28	경산군 하양면 금락동	久保田運通
진량면 선화동	1321	답	521	125	경산군 진량면 보인동	林成範
진량면 선화동	1322	답	910	236.6	대구부 경정	李鉉贊
진량면 선화동	1323	답	576	149.76	경산군 하양면 남하동	曺秉百
진량면 선화동	1324	답	416	108.16	경산군 하양면 남하동	李晩孝
진량면 선화동	1325	답	70	18.2	경산군 하양면 남하동	李晩孝
진량면 선화동	1326	답	302	78.52	대구부 경정	주식회사대구은행
진량면 선화동	1327	답	393	94.32	경산군 하양면 은호동	李奭奎
진량면 선화동	1328-1	답	279	72.54	경산군 하양면 은호동	역둔토
진량면 선화동	1328-2	답	570	148.2	경산군 하양면 은호동	역둔토
진량면 선화동	1328-3	답	150	39	국	역둔토
진량면 선화동	1329	답	173	50.17	대구부 남성정	洪南杰
진량면 선화동	1330	답	207	60.03	경산군 와촌면 덕촌동	李益煥
진량면 선화동	1331	답	464	134.56	경산군 하양면 남하동	李源式
진량면 선화동	1332	답	590	171.1	경산군 하양면 은호동	鄭鎭煥
진량면 선화동	1333	답	694	201.26	대구부 남성정	洪南杰
진량면 선화동	1334	답	423	122.67	경산군 하양면 환상동	牟田常我
진량면 선화동	1335	답	427	123.83	경산군 하양면 남하동	李源式
진량면 선화동	1336	답	397	115.13	대구부 덕산정	徐壽業
진량면 선화동	1337	답	767	237.77	경산군 하양면 은호동	李秉顥
진량면 선화동	1338	답	368	106.72	경산군 하양면 남하동	徐鎭壽
진량면 선화동	1339	답	526	152.54	대구부 본정	주식회사대구은행
진량면 선화동	1340	답	527	152.83	대구부 덕산정	徐壽業
진량면 선화동	1341	답	752	218.08	대구부 남성정	洪南杰
진량면 선화동	1342	답	882	229.32	경산군 하양면 환상동	曺秉關
진량면 선화동	1343	답	394	102.44	경산군 하양면 남하동	李源式

진량면 선화동	1344	답	1080	259.2	대구부 남성정	洪南杰
진량면 선화동	1345	답	415	107.9	경산군 하양면 환상동	牟田常我
진량면 선화동	1346	답	156	45.24	경산군 자인면 신관동	林學範
진량면 선화동	1347	답	1007	292.03	대구부 남산정	鄭末良
진량면 선화동	1348	답	663	159.12	경산군 하양면 은호동	李秉權
진량면 선화동	1349	답	139	33.36		역둔토
진량면 선화동	1350	답	571	119.91	경산군 하양면 환상동	牟田ムツ
진량면 선화동	1351	답	128	26.88	경산군 하양면 은호동	李學奎
진량면 선화동	1352	답	497	94.43	경산군 하양면 은호동	李學奎
진량면 선화동	1353	답	478	81.26	경산군 하양면 은호동	李秉顥
진량면 선화동	1354	답	429	60.06	경산군 하양면 은호동	李秉濟
진량면 선화동	1355	답	468	65.52	대구부 본정	대구은행
진량면 선화동	1356	답	451	53.14	경산군 하양면 은호동	崔錫佑
진량면 선화동	1357	답	860	146.2	대구부 남산정	徐壽仁
진량면 선화동	1358	답	663	125.97	대구부 동운정	宮井正一
진량면 선화동	1359	답	577	138.24	경산군 자인면 신관동	林學範
진량면 선화동	1360	답	458	109.92	경산군 하양면 율하동	李源式
진량면 선화동	1361	답	929	157.93	경산군 경산면 환상동	牟田アツ
진량면 선화동	1362	답	417	79.23	경산군 자인면 신관동	林學範
진량면 선화동	1363	답	849	178.29	달성군 수성면 효목동	吉塚爾吉
진량면 선화동	1364	답	238	57.12	경산군 안심면 원내동	黃覆寬
진량면 선화동	1365	답	179	42.96	경산군 하양면 남하동	李源式

※출전: 경산수리조합, 「조합지적부」, 『조합설치인가신청서류』(1925).

■「경산수리조합구역내일본인소유토지」 경산수리조합, 『조합설치인가신청서류』(1925)
조합지적부에서 일본인 소유 토지 부분만 정리

지역	지번	지목	지적(평)	주소	씨명
진량면 선화동	1371-2	답	312	경산군 압량면 용암동	佐藤政一
진량면 선화동	1372	답	209	동경시	조선흥업주식회사
진량면 선화동	1381	답	562	달성군 해안면 방촌동	福田保太郎
진량면 선화동	1390	답	1102	동경시	조선흥업주식회사
진량면 선화동	1405	답	360	달성군 효목동	吉塚彌吉
진량면 선화동	1414	답	493	금락동	久保田運通
진량면 선화동	1417	답	747	경산군 하양면 환상도	牟田アツ
진량면 선화동	1462	답	510	대구부 동운정	宮井正一
진량면 선화동	1320	답	497	하양면 금락동	久保田運通
진량면 부기동	55	답	1243	경산군 하양면 금락동	白石淸太郎
진량면 부기동	71	전	320	경산군 진량면 선화동	神達十七吉
진량면 부기동	72	전	279	경산군 진량면 선화동	金樂馬免
진량면 부기동	87	답	602	동경시	조선흥업주식회사
진량면 부기동	91	답	685	동경시	조선흥업주식회사
진량면 부기동	99	답	468	동경시	조선흥업주식회사
진량면 부기동	107-2	답	392	동경시	조선흥업주식회사
진량면 부기동	122	답	550	동경시	조선흥업주식회사
진량면 부기동	320	답	640	神奈川縣	相川文五郎
진량면 부기동	327	답	992	동경시	조선흥업주식회사
진량면 부기동	344	답	80	대구부 동운정	宮井正一
진량면 부기동	371	답	457	동경시	조선흥업주식회사
진량면 부기동	375	답	1296	동경시	동척
진량면 부기동	376	답	477	동경시	조선흥업주식회사
진량면 부기동	380	답	1044	동경시	조선흥업주식회사
진량면 부기동	383	답	680	동경시	조선흥업주식회사
진량면 부기동	389	답	2251	동경시	조선흥업주식회사
진량면 부기동	391	답	359	동경시	조선흥업주식회사
진량면 부기동	396	답	390	동경시	조선흥업주식회사
진량면 부기동	408	답	455	하양면 금락동	久保田運通
진량면 부기동	419	전	764	동경시	조선흥업주식회사
진량면 부기동	435	전	572	동경시	조선흥업주식회사
진량면 부기동	452	답	1292	동경시	조선흥업주식회사
진량면 부기동	475	답	3307	동경시	조선흥업주식회사
진량면 부기동	480	답	1497	동경시	조선흥업주식회사
진량면 부기동	484-1	전	300	동경시	조선흥업주식회사
진량면 부기동	484-2	전	406	동경시	조선흥업주식회사
진량면 부기동	484-3	전	582	동경시	조선흥업주식회사
진량면 부기동	593	전	606	동경시	조선흥업주식회사
진량면 부기동	604	답	446	동경시	조선흥업주식회사
진량면 부기동	618	답	495	하양면 금락동	久保田運通

진량면 북동	284	답	552	神奈川縣	相川文五郎
진량면 북동	422	답	500	동경시	조선흥업주식회사
진량면 북동	425	답	1180	동경시	조선흥업주식회사
진량면 북동	427	답	57	동경시	조선흥업주식회사
진량면 북동	428	답	212	동경시	조선흥업주식회사
진량면 북동	430	답	367	동경시	조선흥업주식회사
진량면 북동	432	답	675	동경시	조선흥업주식회사
진량면 북동	435	답	315	神奈川縣	相川文五郎
진량면 북동	436	답	765	동경시	조선흥업주식회사
진량면 북동	437	답	1015	神奈川縣	相川文五郎
진량면 북동	438	답	385	동경시	조선흥업주식회사
진량면 북동	442	답	784	동경시	조선흥업주식회사
진량면 북동	448	답	90	동경시	조선흥업주식회사
진량면 북동	472	답	680	동경시	조선흥업주식회사
진량면 북동	480	답	983	경산군 하양면 대조동	小林德次郎
진량면 북동	498	전	525	동경시	조선흥업주식회사
진량면 북동	506	전	4335	동경시	조선흥업주식회사
진량면 북동	508	전	150	경산군 하양면 대조동	小林德次郎
진량면 북동	516	전	30	동경시	조선흥업주식회사
진량면 북동	520	전	130	동경시	조선흥업주식회사
진량면 북동	527	전	1459	동경시	조선흥업주식회사
진량면 북동	529-1	전	406	동경시	동척
진량면 북동	530	전	798	경산군 하양면 대조동	小林德次郎
진량면 북동	552	답	444	대구부 동운정	宮井正一
진량면 북동	569	답	457	대구부 동운정	宮井正一
진량면 북동	572	답	395	동경시	동척
진량면 북동	580	답	823	대구부 금정 1정목	中江雄三郎
진량면 북동	581	답	344	경산군 하양면 금락동	山口龜助
진량면 북동	582	답	786	동경시	조선흥업주식회사
진량면 북동	587	답	273	하양면 금락동	久保田運通
진량면 북동	588	답	162	경산군 하양면 금락동	山口龜助
진량면 북동	593	답	577	동경시	조선흥업주식회사
진량면 북동	594	답	1180	동경시	조선흥업주식회사
진량면 북동	596	답	134	동경시	조선흥업주식회사
진량면 북동	599	답	884	동경시	조선흥업주식회사
진량면 북동	604	답	898	동경시	조선흥업주식회사
진량면 북동	605	답	1037	神奈川縣	相川文五郎
진량면 북동	607	답	616	神奈川縣	相川文五郎
진량면 북동	622	답	110	동경시	조선흥업주식회사
진량면 북동	624	답	611	神奈川縣	相川文五郎
진량면 북동	626	답	1085	동경시	조선흥업주식회사
진량면 북동	629	답	772	神奈川縣	相川文五郎
진량면 양기동	256	답	271	대구부 동운정	宮井正一
진량면 상림동	255	답	1164	동경시	동척

진량면 상림동	260	답	581	동경시		조선흥업주식회사
진량면 상림동	387	전	466	경산군 경산면 중방동		加藤林八
진량면 상림동	442	전	414	동경시		동척
진량면 상림동	508	전	715	경산군 하양면 금락동		近石宇三郎
진량면 상림동	517	전	358	대구부 동운정		宮井正一
진량면 상림동	538	전	687	대구부 동운정		宮井正一
진량면 상림동	548	전	555	경산군 진량면 선화동		神達十七吉
진량면 상림동	549	답	349	경산군 하양면 금락동		近石宇三郎
진량면 상림동	556	답	423	동경시		조선흥업주식회사
진량면 봉회동	224	답	705	대구부 동운정		宮井正一
진량면 봉회동	228	답	426	神奈川縣		相川文五郎
진량면 봉회동	233	답	475	동경시		조선흥업주식회사
진량면 봉회동	241	답	688	대구부 동운정		宮井正一
진량면 봉회동	242	답	626	대구부 동운정		宮井正一
진량면 봉회동	246	답	2265	동경시		조선흥업주식회사
진량면 봉회동	254	답	550	경산군 압량면 용암동		佑藤政一
진량면 봉회동	256	답	1016	경산군 압량면 용암동		佑藤政一
진량면 봉회동	261	답	853	대구부 동운정		宮井正一
진량면 봉회동	264	답	924	동경시		조선흥업주식회사
진량면 봉회동	267	답	177	동경시		조선흥업주식회사
진량면 봉회동	270	답	770	神奈川縣		相川文五郎
진량면 봉회동	272	답	82	동경시		동척
진량면 봉회동	273	답	921	하양면 금락동		久保田運通
진량면 봉회동	275	답	467	동경시		조선흥업주식회사
진량면 봉회동	279	답	712	동경시		동척
진량면 봉회동	280	답	570	경산군 압량면 용암동		佑藤政一
진량면 봉회동	282	답	1001	동경시		조선흥업주식회사
진량면 봉회동	288	답	835	동경시		조선흥업주식회사
진량면 봉회동	318	답	608	神奈川縣		相川文五郎
진량면 봉회동	320	답	497	神奈川縣		相川文五郎
진량면 봉회동	353	답	826	동경시		조선흥업주식회사
진량면 봉회동	354	답	749	하양면 금락동		久保田運通
진량면 봉회동	357	답	331	동경시		동척
진량면 봉회동	363	답	1073	경산군 하양면 대조동		小林德次郎
진량면 봉회동	369	답	927	동경시		조선흥업주식회사
진량면 봉회동	371	답	916	동경시		조선흥업주식회사
진량면 봉회동	384	답	907	하양면 금락동		久保田運通
진량면 봉회동	388	답	890	동경시		조선흥업주식회사
진량면 봉회동	397	답	1473	동경시		조선흥업주식회사
진량면 봉회동	404	답	1311	동경시		조선흥업주식회사
진량면 봉회동	407	답	419	동경시		조선흥업주식회사
진량면 봉회동	408	답	422	달성군		吉塚彌吉
진량면 봉회동	414	답	767	경산군 하양면 대조동		小林德次郎
진량면 봉회동	425	답	541	동경시		동척

진량면 봉회동	427	답	512	동경시	조선흥업주식회사
진량면 봉회동	428	답	870	경산군 하양면 대조동	小林德次郎
진량면 봉회동	429	답	645	동경시	조선흥업주식회사
진량면 봉회동	433	답	378	경산군 압량면 용암동	佑藤政一
진량면 봉회동	439	답	1206	동경시	조선흥업주식회사
진량면 봉회동	440	답	826	동경시	동척
진량면 봉회동	441	답	475	하양면 금락동	久保田運通
진량면 봉회동	442	답	711	神奈川縣	相川文五郎
진량면 봉회동	445	답	212	동경시	조선흥업주식회사
진량면 봉회동	450	답	500	동경시	조선흥업주식회사
진량면 봉회동	456	답	682	동경시	동척
진량면 봉회동	457	답	704	동경시	동척
진량면 봉회동	460	답	248	동경시	조선흥업주식회사
진량면 봉회동	466	답	714	동경시	동척
진량면 봉회동	468	답	641	동경시	동척
진량면 봉회동	469	답	653	동경시	조선흥업주식회사
진량면 봉회동	470	답	994	神奈川縣	相川文五郎
진량면 봉회동	473	답	597	동경시	동척
진량면 봉회동	477	답	1229	동경시	동척
진량면 봉회동	478	답	413	동경시	동척
진량면 봉회동	479	답	1124	동경시	조선흥업주식회사
진량면 봉회동	494	답	795	경산군 하양면 대조동	小林德次郎
진량면 봉회동	497	답	823	경산군 하양면 대조동	小林德次郎
진량면 봉회동	501	답	1581	동경시	조선흥업주식회사
진량면 봉회동	504	답	493	대구부 동운정	宮井正一
진량면 봉회동	505	답	745	경산군 압량면 용암동	佑藤政一
진량면 봉회동	506	답	560	하양면 금락동	久保田運通
진량면 봉회동	512	답	422	神奈川縣	相川文五郎
진량면 봉회동	528	답	1287	대구부 동운정	宮井正一
진량면 보인동	5	전	910	경산군 하양면 대조동	小林德次郎
진량면 보인동	17	답	387	대구부 동운정	宮井正一
진량면 보인동	18	답	753	하양면 금락동	久保田運通
진량면 보인동	20	답	442	경산군 하양면 대조동	小林德次郎
진량면 보인동	21	답	468	동경시	조선흥업주식회사
진량면 보인동	39	전	706	경산군 압량면 용암동	佑藤政一
진량면 보인동	44	전	25	경산군 하양면 대조동	小林德次郎
진량면 보인동	48	전	994	경산군 하양면 대조동	小林德次郎
진량면 보인동	50	전	520	경산군 압량면 용암동	佑藤政一
진량면 보인동	51	전	812	경산군 하양면 대조동	小林德次郎
진량면 보인동	54	전	463	경산군 하양면 대조동	小林德次郎
진량면 보인동	56	전	468	경산군 하양면 대조동	小林德次郎
진량면 보인동	57	전	273	경산군 하양면 대조동	小林德次郎
진량면 보인동	58	전	309	경산군 하양면 대조동	小林德次郎
진량면 보인동	76	답	149	경산군 하양면 대조동	小林德次郎

진량면 보인동	77	답	738	경산군 압량면 용암동	佐藤政一
진량면 보인동	82	답	462	하양면 금락동	山口龜助
진량면 보인동	88	답	434	동경시	조선흥업주식회사
진량면 보인동	90	답	583	경산군 압량면 용암동	佐藤政一
진량면 보인동	93	답	177	경산군 압량면 용암동	佐藤政一
진량면 보인동	97	답	829	神奈川縣	相川文五郎
진량면 보인동	102	전	375	경산군 하양면 대조동	小林德次郎
진량면 보인동	103	답	1044	경산군 압량면 용암동	佐藤政一
진량면 보인동	108	답	42	神奈川縣	相川文五郎
진량면 보인동	124	답	1198	하양면 금락동	久保田運通
진량면 보인동	134	답	979	神奈川縣	相川文五郎
진량면 보인동	136-2	답	488	하양면 금락동	久保田運通
진량면 보인동	138	답	1040	동경시	조선흥업주식회사
진량면 보인동	141	답	612	대구부 동운정	宮井正一
진량면 보인동	143	답	675	대구부 동운정	宮井正一
진량면 보인동	151	답	396	神奈川縣	相川文五郎
진량면 보인동	155	답	400	동경시	조선흥업주식회사
진량면 보인동	165	답	415	경산군 하양면 대조동	小林德次郎
진량면 보인동	166	답	778	경산군 하양면 대조동	小林德次郎
진량면 보인동	169	답	491	하양면 금락동	久保田運通
진량면 보인동	172	답	739	하양면 금락동	久保田運通
진량면 보인동	181	답	428	하양면 금락동	久保田運通
진량면 보인동	278	답	410	동경시	조선흥업주식회사
진량면 보인동	280	답	566	佐賀縣	橫尾勘六
진량면 보인동	284	답	558	神奈川縣	相川文五郎
진량면 보인동	336	답	545	경산군 압량면 용암동	佐藤政一
진량면 보인동	340-1	답	344	하양면 금락동	久保田運通
진량면 보인동	346	답	842	동경시	조선흥업주식회사
진량면 보인동	350	답	725	경산군 압량면 용암동	佐藤政一
진량면 보인동	355	답	159	동경시	조선흥업주식회사
진량면 보인동	371	답	494	佐賀縣	橫尾勘六
진량면 보인동	373	답	852	대구부 동운정	宮井正一
하양면 환상동	72	전	150	福岡縣	花田八太郎
하양면 환상동	90	전	755	대구부 동운정	宮井正一
하양면 환상동	96	전	510	달성군 수성면 효목동	吉塚彌吉
하양면 환상동	98	전	519	경산군 경산면 환상동	平田常藏
하양면 환상동	99	전	680	경산군 경산면 환상동	平田常藏
하양면 환상동	101	전	256	달성군 수성면 효목동	吉塚彌吉
하양면 환상동	103	전	672	경산군 경산면 환상동	橫原十藏
하양면 환상동	106-1	전	670	경산군 하양면 대조동	寺崎忠雄
하양면 환상동	106-3	전	1	경산군 하양면 대조동	寺崎忠雄
하양면 환상동	107	전	1062	대구부 남산정	馬場靜
하양면 환상동	108	전	455	달성군 해안면 방촌동	福田保太郎
하양면 환상동	109	전	125	달성군 해안면 방촌동	福田保太郎

하양면 환상동	110	전	416	달성군 해안면 방촌동	福田保太郎
하양면 환상동	112	전	977	경산군 경산면 환상동	平田常藏
하양면 환상동	115	전	672	경산군 경산면 환상동	橫原十藏
하양면 환상동	116	전	350	경산군 경산면 환상동	橫原十藏
하양면 환상동	117	전	362	대구부 남산정	馬場靜
하양면 환상동	175	답	741	경산군 하양면 대조동	篠原宮市
하양면 환상동	192	전	506	경산군 하양면 대조동	篠原宮市
하양면 환상동	193	전	242	경산군 경산면 환상동	橫原十藏
하양면 환상동	194	전	370	경산군 경산면 환상동	平田常藏
하양면 환상동	206-3	전	333	대구부 동운정	宮井正一
하양면 환상동	207-1	전	23	경산군 경산면 환상동	平田常藏
하양면 환상동	207-3	전	744	경산군 경산면 환상동	平田常藏
하양면 환상동	212	전	1267	경산군 경산면 환상동	平田常藏
하양면 환상동	228	전	1259	경산군 경산면 환상동	橫原十藏
하양면 환상동	235-1	전	58	달성군 수성면 효목동	吉塚彌吉
하양면 환상동	235-3	전	626	달성군 수성면 효목동	吉塚彌吉
하양면 환상동	253-1	답	438	달성군 수성면 효목동	吉塚彌吉
하양면 환상동	322-2	답	341	달성군 수성면 효목동	吉塚彌吉
하양면 환상동	322-3	답	368	달성군 수성면 효목동	吉塚彌吉
하양면 환상동	322-6	답	682	달성군 수성면 효목동	吉塚彌吉
하양면 환상동	322-7	답	508	달성군 수성면 효목동	吉塚彌吉
하양면 환상동	322-8	답	515	달성군 수성면 효목동	吉塚彌吉
하양면 환상동	328-2	답	402	동경시	조선흥업주식회사
하양면 환상동	328-3	답	385	동경시	조선흥업주식회사
하양면 환상동	331-2	답	302	동경시	조선흥업주식회사
하양면 환상동	337-2	답	408	달성군 수성면 효목동	吉塚彌吉
하양면 환상동	337-3	답	861	달성군 수성면 효목동	吉塚彌吉
하양면 환상동	337-4	답	279	달성군 수성면 효목동	吉塚彌吉
하양면 환상동	337-5	답	971	달성군 수성면 효목동	吉塚彌吉
하양면 환상동	337-6	답	455	달성군 수성면 효목동	吉塚彌吉
하양면 환상동	337-7	답	539	달성군 수성면 효목동	吉塚彌吉
하양면 환상동	337-8	답	472	달성군 수성면 효목동	吉塚彌吉
하양면 환상동	337-9	답	583	달성군 수성면 효목동	吉塚彌吉
하양면 환상동	340-2	답	422	달성군 수성면 효목동	吉塚彌吉
하양면 환상동	340-3	답	723	달성군 수성면 효목동	吉塚彌吉
하양면 환상동	340-4	답	162	달성군 수성면 효목동	吉塚彌吉
하양면 환상동	340-5	답	501	달성군 수성면 효목동	吉塚彌吉
하양면 환상동	340-6	답	348	달성군 수성면 효목동	吉塚彌吉
하양면 환상동	346-1	답	405	달성군 수성면 효목동	吉塚彌吉
하양면 환상동	346-2	답	233	달성군 수성면 효목동	吉塚彌吉
하양면 환상동	351	답	710	동경시	조선흥업주식회사
하양면 환상동	356-1	답	437	동경시	조선흥업주식회사
하양면 환상동	356-2	답	460	동경시	조선흥업주식회사
하양면 환상동	356-3	답	445	동경시	조선흥업주식회사

하양면 환상동	356-4	답	453	동경시	조선흥업주식회사
하양면 환상동	356-8	답	30	달성군 수성면 효목동	吉塚彌吉
하양면 환상동	356-9	답	405	달성군 수성면 효목동	吉塚彌吉
하양면 환상동	356-10	답	728	달성군 수성면 효목동	吉塚彌吉
하양면 환상동	356-12	답	648	달성군 수성면 효목동	吉塚彌吉
하양면 환상동	356-13	답	599	달성군 수성면 효목동	吉塚彌吉
하양면 환상동	356-15	답	307	달성군 수성면 효목동	吉塚彌吉
하양면 환상동	364	답	520	경산군 압량면	佐藤小三郎
하양면 환상동	390	답	338	달성군 해안면 방촌동	和田力太
하양면 환상동	392	답	199	달성군 수성면 효목동	吉塚彌吉
하양면 환상동	394	답	188	달성군 수성면 효목동	吉塚彌吉
하양면 환상동	400-2	답	360	달성군 수성면 효목동	吉塚彌吉
하양면 환상동	401	전	133	대구부 동운정	宮井正一
하양면 환상동	407-1	전	219	경산군 경산면 환상동	横原十藏
하양면 환상동	407-3	전	18	경산군 경산면 환상동	横原十藏
하양면 환상동	410	전	338	경산군 경산면 환상동	平田常藏
하양면 환상동	415-2	전	423	경산군 경산면 환상동	園田福男
하양면 환상동	415-4	전	82	경산군 경산면 환상동	園田福男
하양면 환상동	419	전	1176	달성군 수성면 효목동	吉塚彌吉
하양면 환상동	420-1	전	503	경산군 자인면 남신동	吉澤淺治郎
하양면 환상동	420-4	전	131	경산군 자인면 남신동	吉澤淺治郎
하양면 환상동	428	답	525	달성군 해안면 방촌동	和田力太
하양면 환상동	430	전	867	경산군 압량면 용암동	佐藤小三郎
하양면 환상동	442	답	367	경산군 압량면 용암동	佐藤小三郎
하양면 환상동	444	전	626	동경시	조선흥업주식회사
하양면 환상동	450	답	884	경산군 압량면 용암동	佐藤小三郎
하양면 환상동	451	답	713	경산군 압량면 용암동	佐藤小三郎
하양면 환상동	453	답	810	달성군 해안면 방촌동	和田力太
하양면 환상동	461	전	382	경산군 압량면 용암동	佐藤小三郎
하양면 환상동	462	전	887	경산군 경산면 중방동	川井田金太郎
하양면 환상동	466	답	290	경산군 압량면 용암동	佐藤小三郎
하양면 환상동	476-1	전	365	달성군 수성면 효목동	吉塚彌吉
하양면 환상동	476-3	전	94	달성군 수성면 효목동	吉塚彌吉
하양면 환상동	477-1	전	371	달성군 수성면 효목동	吉塚彌吉
하양면 환상동	477-3	전	108	달성군 수성면 효목동	吉塚彌吉
하양면 환상동	491-1	전	5	동경시	조선흥업주식회사
하양면 환상동	497	전	671	동경시	조선흥업주식회사
하양면 환상동	506	전	1100	경산군 압량면 용암동	佐藤小三郎
하양면 환상동	539	전	487	동경시	조선흥업주식회사
하양면 환상동	548	전	495	달성군 수성면 효목동	吉塚彌吉
하양면 환상동	550	전	464	경산군 압량면 진량동	高木武作
하양면 환상동	554	전	521	달성군 수성면 효목동	吉塚彌吉
하양면 환상동	560	전	108	달성군 수성면 효목동	吉塚彌吉
하양면 환상동	564-1	전	219	경산군 압량면 용암동	佐藤小三郎

하양면 환상동	564-3	전	194	경산군 압량면 용암동	佐藤小三郎
하양면 환상동	568-1	전	311	달성군 수성면 효목동	吉塚爾吉
하양면 환상동	568-3	전	381	달성군 수성면 효목동	吉塚爾吉
하양면 환상동	587	전	190	경산군 경산면 환상동	平田常藏
하양면 환상동	589	전	500	경산군 경산면 환상동	橫原十藏
하양면 환상동	590	전	670	경산군 경산면 환상동	橫原十藏
하양면 환상동	591	전	1041	경산군 경산면 환상동	平田常藏
하양면 환상동	604	전	558	동경시	조선흥업주식회사
하양면 환상동	660	전	1046	경산군 경산면 환상동	園田福男
하양면 환상동	679	전	2199	동경시	조선흥업주식회사
하양면 대조동	4	전	488	경산군 하양면 대조동	小林德次郎
하양면 대조동	6	전	646	경산군 하양면 대조동	小林德次郎
하양면 대조동	9	전	537	경산군 하양면 대조동	小林德次郎
하양면 대조동	11	전	278	경산군 하양면 대조동	小林德次郎
하양면 대조동	13	전	487	동경시	조선흥업주식회사
하양면 대조동	14	전	270	대구부 금정	선남식산주식회사
하양면 대조동	16	전	428	동경시	조선흥업주식회사
하양면 대조동	59	전	176	경산군 하양면 대조동	坂本盛三
하양면 대조동	60	답	479	경산군 압량면 용암동	佑藤政一
하양면 대조동	62	전	9714	동경시	조선흥업주식회사
하양면 대조동	63	전	848	대구부 금정	선남식산주식회사
하양면 대조동	64	전	1800	경산군 하양면 대조동	小林德次郎
하양면 대조동	69	전	136	경산군 하양면 대조동	小林德次郎
하양면 대조동	70	전	1586	동경시	조선흥업주식회사
하양면 대조동	72	답	653	경산군 압량면 용암동	佑藤政一
하양면 대조동	75	전	782	경산군 하양면 대조동	小林德次郎
하양면 대조동	76	전	2148	동경시	조선흥업주식회사
하양면 대조동	77	전	827	경산군 하양면 대조동	小林德次郎
하양면 대조동	78	전	819	경산군 하양면 대조동	小林德次郎
하양면 대조동	79	전	793	경산군 하양면 대조동	小林德次郎
하양면 대조동	81	전	853	경산군 하양면 대조동	小林德次郎
하양면 대조동	82	전	1012	경산군 하양면 대조동	小林德次郎
하양면 대조동	83	전	428	경산군 하양면 대조동	小林德次郎
하양면 대조동	85	전	979	동경시	조선흥업주식회사
하양면 대조동	86	전	419	대구부 동운정	宮井正一
하양면 대조동	87	전	474	경산군 하양면 대조동	坂本盛三
하양면 대조동	88	전	386	동경시	조선흥업주식회사
하양면 대조동	90	전	1207	경산군 하양면 대조동	小林德次郎
하양면 대조동	91	전	648	동경시	조선흥업주식회사
하양면 대조동	96	전	1937	동경시	조선흥업주식회사
하양면 대조동	100	전	724	경산군 하양면 대조동	小林德次郎
하양면 대조동	101	전	2041	경산군 하양면 대조동	小林德次郎
하양면 대조동	103	전	1357	경산군 하양면 대조동	小林德次郎
하양면 대조동	104	전	1303	경산군 하양면 대조동	小林德次郎

하양면 대조동	105	전	4016	경산군 하양면 대조동	小林德次郎
하양면 대조동	112	전	1036	경산군 하양면 대조동	小林德次郎
하양면 대조동	121	전	1281	경산군 하양면 대조동	小林德次郎
하양면 대조동	122	전	2733	경산군 하양면 대조동	小林德次郎
하양면 대조동	123	전	877	경산군 하양면 대조동	小林德次郎
하양면 대조동	129	답	681	대구부 동운정	宮井正一
하양면 대조동	159	전	1252	경산군 하양면 대조동	篠原宮市
하양면 대조동	165	답	773	경산군 하양면 대조동	小林德次郎
하양면 대조동	166	답	730	경산군 하양면 대조동	小林德次郎
하양면 대조동	167	답	654	경산군 하양면 대조동	小林德次郎
하양면 대조동	171	전	303	경산군 하양면 대조동	小林德次郎
하양면 대조동	173	전	871	대구부 금정	선남식산주식회사
하양면 대조동	187	전	1367	동경시	조선흥업주식회사
하양면 대조동	190	전	1992	동경시	조선흥업주식회사
하양면 대조동	194	답	1000	동경시	조선흥업주식회사
하양면 대조동	195	전	800	대구부 금정	선남식산주식회사
하양면 대조동	196	전	317	경산군 하양면 대조동	小林德次郎
하양면 대조동	197	전	705	경산군 하양면 대조동	坂本盛三
하양면 대조동	198	전	668	대구부 금정	선남식산주식회사
하양면 대조동	214	답	655	경산군 하양면 대조동	篠原宮市
하양면 대조동	251	전	587	경산군 하양면 금락동	久保田運通
하양면 대조동	255	답	483	경산군 압량면 용암동	佐藤政一
하양면 대조동	289-1	답	900	神奈川縣	相川文五郎
하양면 대조동	289-2	답	675	동경시	조선흥업주식회사
하양면 대조동	296	답	1858	경산군 압량면 용암동	佐藤小三郎
하양면 대조동	306	답	713	경산군 경산면 환상동	平田常藏
하양면 대조동	314	답	743	경산군 압량면 용암동	佐藤小三郎
하양면 대조동	316	답	706	대구부 동운정	宮井正一
하양면 대조동	323	답	547	경산군 하양면 금락동	久保田運通
하양면 대조동	329	답	725	대구부 동운정	宮井正一
하양면 대조동	331	답	965	경산군 하양면 금락동	久保田運通
하양면 대조동	341	답	439	경산군 하양면 금락동	久保田運通
하양면 대조동	346	답	793	경산군 경산면 환상동	牟田アツ
하양면 대조동	347	답	37	경산군 하양면 금락동	久保田運通
하양면 대조동	362	답	709	경산군 경산면 환상동	平田常藏
하양면 대조동	364-2	답	183	경산군 경산면 환상동	牟田アツ
하양면 대조동	365	답	175	경산군 경산면 환상동	牟田アツ
하양면 대조동	369	답	719	경산군 하양면 금락동	久保田運通
하양면 대조동	371	답	192	경산군 경산면 환상동	牟田アツ
하양면 대조동	382	답	1356	神奈川縣	相川文五郎
하양면 대조동	384	답	808	달성군 수성면 효목동	吉塚彌吉
하양면 대조동	392	답	476	경산군 경산면 환상동	牟田アツ
하양면 대조동	393	답	469	경산군 하양면 금락동	久保田運通
하양면 대조동	397	답	379	경산군 하양면 금락동	久保田運通

하양면 대조동	399	답	379	경산군 하양면 금락동	久保田運通
하양면 대조동	419	답	552	경산군 하양면 금락동	久保田運通
하양면 대조동	426	답	432	경산군 하양면 대조동	篠原宮市
하양면 대조동	440	답	493	경산군 하양면 금락동	久保田運通
하양면 대조동	445	답	1144	달성군 해안면 방촌동	福田保太郎
하양면 대조동	451-1	전	682	경산군 경산면 환상동	橫原十藏
하양면 대조동	452-1	전	313	경산군 경산면 환상동	平田常藏
하양면 대조동	455	전	503	경산군 경산면 환상동	平田常藏
하양면 대조동	456	답	472	경산군 경산면 환상동	平田常藏
하양면 대조동	457-5	답	54	경산군 하양면 금락동	久保田運通
하양면 대조동	457-7	답	828	경산군 하양면 금락동	久保田運通
하양면 대조동	457-1	답	1316	경산군 하양면 금락동	久保田運通
하양면 대조동	457-2	답	66	경산군 하양면 금락동	久保田運通
하양면 대조동	457-3	답	533	경산군 하양면 금락동	久保田運通
하양면 대조동	460	답	374	경산군 경산면 환상동	牟田アツ
하양면 대조동	463	답	665	경산군 하양면 금락동	久保田運通
하양면 대조동	468	답	638	경산군 압량면 용암동	佐藤小三郎
하양면 대조동	482	답	198	경산군 하양면 대조동	篠原宮市
하양면 대조동	483	답	407	경산군 하양면 금락동	久保田運通
하양면 대조동	485	답	725	달성군 수성면 효목동	吉塚彌吉
하양면 대조동	486	답	343	경산군 하양면 대조동	篠原宮市
하양면 대조동	489	답	1001	경산군 하양면 대조동	篠原宮市
하양면 대조동	499	답	574	경산군 압량면 용암동	佐藤小三郎
하양면 대조동	527	답	577	경산군 압량면 용암동	佐藤小三郎
하양면 대조동	545	답	482	경산군 하양면 금락동	久保田運通
하양면 대조동	551	답	407	경산군 하양면 대조동	小林德次郎
하양면 대조동	555	답	331	달성군 수성면 효목동	吉塚彌吉
하양면 대조동	560	답	424	경산군 하양면 금락동	久保田運通
하양면 대조동	579	답	1140	경산군 하양면 금락동	久保田運通
하양면 대조동	601	전	733	경산군 하양면 대조동	小林德次郎
하양면 대조동	616	전	795	경산군 하양면 대조동	篠原宮市
하양면 대조동	618	전	747	경산군 하양면 대조동	小林德次郎
하양면 대조동	620	전	715	동경시	동척
하양면 대조동	623	전	716	동경시	조선흥업주식회사
하양면 대조동	624	전	1541	경산군 하양면 대조동	小林德次郎
하양면 대조동	625	전	631	경산군 하양면 대조동	篠原宮市
하양면 대조동	626	답	822	경산군 하양면 대조동	篠原宮市
하양면 대조동	629	답	855	경산군 하양면 대조동	小林德次郎
하양면 대조동	632	전	816	경산군 하양면 대조동	篠原宮市
하양면 대조동	652	답	606	경산군 하양면 대조동	小林德次郎
하양면 대조동	656	답	550	경산군 하양면 대조동	篠原宮市
하양면 대조동	658	답	656	경산군 하양면 대조동	篠原宮市
하양면 대조동	661	전	551	달성군 수성면 효목동	吉塚彌吉
하양면 대조동	663	전	893	경산군 하양면 대조동	篠原宮市

하양면 대조동	664	전	815	경산군 하양면 대조동	篠原宮市
하양면 대조동	666	전	704	경산군 하양면 대조동	篠原宮市
하양면 대조동	670-3	답	1	경산군 하양면 대조동	篠原宮市
하양면 대조동	734	전	768	경산군 하양면 대조동	篠原宮市
하양면 대조동	735	전	433	동경시	동척
하양면 대조동	840	전	2149	경산군 하양면 대조동	篠原宮市
하양면 대조동	845	전	450	동경시	동척
하양면 대조동	851-1	전	208	경산군 하양면 대조동	篠原宮市
하양면 대조동	851-3	전	470	경산군 하양면 대조동	篠原宮市
하양면 대조동	853	전	355	경산군 하양면 대조동	篠原宮市
하양면 대조동	856	전	325	경산군 경산면 환상동	平田常藏
하양면 대조동	857	전	803	달성군 수성면 효목동	吉塚瀾吉
하양면 대조동	865-1	답	73	경산군 하양면 대조동	篠原宮市
하양면 대조동	870	전	497	경산군 하양면 대조동	篠原宮市
하양면 대조동	873	전	285	경산군 하양면 대조동	篠原宮市
하양면 대조동	876	전	827	경산군 하양면 대조동	篠原宮市
하양면 대조동	878	전	58	달성군 수성면 효목동	吉塚瀾吉
하양면 대조동	879	전	1130	달성군 수성면 효목동	吉塚瀾吉
하양면 대조동	882	답	90	경산군 하양면 대조동	篠原宮市
하양면 대조동	885	답	830	달성군 수성면 효목동	吉塚瀾吉
경산면 삼남동	6	답	82	동경	동척
경산면 삼남동	151	답	621	동경시	조선흥업주식회사
경산시 삼북동	22	답	791	동경시	동척
경산시 삼북동	24	답	604	동경시	동척
경산시 삼북동	27	답	484	동경시	조선흥업주식회사
경산시 삼북동	33	답	548	동경시	동척
경산시 삼북동	38	답	258	동경시	동척
경산시 삼북동	40	답	243	동경시	동척
경산시 삼북동	41	답	1,430	동경시	조선흥업주식회사
경산시 삼북동	109	답	1,084	동경시	동척
경산시 삼북동	114	답	114	동경시	조선흥업주식회사
경산시 삼북동	136	답	636	동경시	조선흥업주식회사
경산시 삼북동	137	답	195	동경시	동척
경산시 삼북동	139-1	답	270	동경시	동척
경산시 삼북동	139-2	답	1	동경시	동척
경산시 삼북동	145	답	267	동경시	조선흥업주식회사
경산시 삼북동	150	답	369	동경시	조선흥업주식회사
경산시 삼북동	153	답	206	동경시	조선흥업주식회사
경산시 삼북동	160	답	357	동경시	조선흥업주식회사
경산면 대평동	1	답	405	경산군 경산면 대정동	高橋米市
경산면 대평동	6-1	답	744	경산군 경산면 대정동	高橋米市
경산면 대평동	6-2	답	54	경산군 경산면 대정동	高橋米市
경산면 대평동	10	답	1,102	동경시	동척
경산면 대평동	11-2	답	509	동경시	조선흥업주식회사

경산면 대평동	13-1	답	112	동경시	조선흥업주식회사
경산면 대평동	16-2	답	179	경산군 경산면 대평동	高山村多
경산면 대평동	29	답	129	경산군 경산면 대정동	高橋米市
경산면 대평동	36	답	408	동경시	조선흥업주식회사
경산면 대평동	41	답	454	경산군 경산면 대정동	高橋米市
경산면 대평동	136	답	334	경산군 경산면 대평동	高山村多
경산면 대평동	173-1	답	664	동경시	동척
경산면 대평동	173-2	답	151	동경시	동척
경산면 대평동	175-1	답	320	동경시	조선흥업주식회사
경산면 대평동	175-2	답	139	동경시	조선흥업주식회사
경산면 대평동	176-1	답	677	동경시	동척
경산면 대평동	176-2	답	265	동경시	동척
경산면 대평동	179-1	답	424	동경시	조선흥업주식회사
경산면 대평동	179-2	답	5	동경시	조선흥업주식회사
경산면 대평동	179-3	답	270	동경시	조선흥업주식회사
경산면 대평동	182-1	답	455	동경시	조선흥업주식회사
경산면 대평동	182-2	답	45	동경시	조선흥업주식회사
경산면 대평동	183-1	답	232	동경시	조선흥업주식회사
경산면 대평동	183-2	답	120	동경시	조선흥업주식회사
경산면 대평동	187-1	답	533	경산군 경산면 대평동	高山村多
경산면 대평동	210	답	375	동경시	동척
경산면 대평동	216	답	802	동경시	동척
경산면 대평동	217	답	135	동경시	동척
경산면 대평동	221	답	304	동경시	동척
경산면 대평동	224-1	답	1,013	동경시	동척
경산면 대평동	224-2	답	220	동경시	동척
경산면 대평동	226-1	답	532	동경시	동척
경산면 대평동	226-2	답	390	동경시	동척
경산면 대평동	231	답	184	동경시	동척
경산면 대평동	241	답	730	동경시	동척
경산면 대평동	249-1	답	471	동경시	동척
경산면 대평동	249-2	답	24	동경시	동척
경산면 대평동	252-1	답	96	경산군 경산면 대정동	高橋米市
경산면 대평동	252-2	답	8	경산군 경산면 대정동	高橋米市
경산면 대평동	261	답	1,424	경산군 경산면 대정동	高橋米市
경산면 대평동	264	답	180	동경시	동척
경산면 대평동	266	답	1,042	동경시	동척
경산면 대평동	267	답	771	동경시	동척
경산면 대평동	269	답	1,546	동경시	동척
경산면 대평동	272	답	946	동경시	조선흥업주식회사
경산면 대평동	277	답	498	동경시	동척
경산면 대평동	280	답	459	경산군 경산면 대정동	高橋米市
경산면 대평동	282	답	988	동경시	조선흥업주식회사
경산면 대평동	284	답	579	동경시	조선흥업주식회사

경산면 대평동	287	답	358	동경시	동척
경산면 대평동	290	답	288	동경시	조선흥업주식회사
경산면 대평동	291	답	976	경산군 압량면 용암동	佐藤政一郎
경산면 대평동	292	답	284	경산군 경산면 대정동	高橋米市
경산면 대평동	293	답	724	동경시	조선흥업주식회사
경산면 대평동	294	답	1,380	동경시	조선흥업주식회사
경산면 대평동	297	답	477	동경시	조선흥업주식회사
경산면 대평동	298	답	903	동경시	近藤滋彌
경산면 대평동	300	답	1,072	동경시	동척
경산면 대평동	304	답	843	동경시	조선흥업주식회사
경산면 대평동	308	답	584	대구부3정62	江川久之助
경산면 대평동	309	답	392	동경시	동척
경산면 대평동	313	답	1,216	동경시	동척
경산면 대평동	319	답	734	동경시	조선흥업주식회사
경산면 대평동	321	답	1,013	동경시	조선흥업주식회사
경산면 대평동	322	답	417	동경시	조선흥업주식회사
경산면 대평동	324	답	1,026	동경시	조선흥업주식회사
경산면 대평동	325	답	480	동경시	동척
경산면 대평동	327-1	답	694	동경시	동척
경산면 대평동	327-2	답	1,690	동경시	동척
경산면 대평동	334-1	답	90	동경시	동척
경산면 대평동	334-2	답	261	동경시	동척
경산면 대평동	334-3	답	472	동경시	동척
경산면 대평동	339	답	284	동경시	조선흥업주식회사
경산면 대평동	343	답	418	동경시	조선흥업주식회사
경산면 대평동	345	답	454	동경시	近藤滋彌
경산면 대평동	346	답	642	동경시	동척
경산면 대평동	348	답	36	동경시	조선흥업주식회사
경산면 대평동	349-1	답	615	동경시	조선흥업주식회사
경산면 대평동	349-2	답	21	동경시	동척
경산면 계양동	9	답	1,125	동경시	近藤滋彌
경산면 계양동	25	답	512	동경시	조선흥업주식회사
경산면 계양동	271	답	10	동경시	조선흥업주식회사
경산면 계양동	276	답	382	동경시	동척
경산면 계양동	277	답	824	동경시	동척
경산면 계양동	284	답	747	동경시	조선흥업주식회사
경산면 계양동	292	답	782	동경시	조선흥업주식회사
경산면 서상동	2	답	387	경산군 경상면 서상동	澤田耕治
경산면 서상동	3	답	666	동경시	조선흥업주식회사
경산면 서상동	18-1	답	1,502	동경시	조선흥업주식회사
경산면 서상동	31	답	219	동경시	조선흥업주식회사
경산면 서상동	68	답	136	동경시	조선흥업주식회사
경산면 서상동	74	답	120	동경시	조선흥업주식회사
경산면 서상동	113	답	279	동경시	조선흥업주식회사

경산면 서상동	119	답	153	동경시	조선흥업주식회사
경산면 백천동	45	답	292	경산군 경산면 삼남동	野田源次郎
경산면 백천동	539	답	2,025	대구부 동성정	官井正一
경산면 대정동	188	답	266	경산군 경산면 대정동	高橋米市
경산면 대정동	189	답	12	경산군 경산면 대정동	佐藤彌助
경산면 대정동	192	답	354	동경시	조선흥업주식회사
경산면 대정동	199	답	350	경산군 경산면 삼북동	馬場ノブ
경산면 대정동	202	답	302	동경시	동척
경산면 대정동	208	답	373	동경시	동척
경산면 대정동	211	답	1,904	대구부 금정	龜石磯太郎
경산면 대정동	217	답	909	동경시	동척
경산면 대정동	221	답	358	동경시	조선흥업주식회사
경산면 대정동	239	답	283	경산군 경산면 대정동	高橋米市
경산면 대정동	240	답	114	동경시	조선흥업주식회사
경산면 대정동	241	답	711	동경시	조선흥업주식회사
경산면 대정동	242	답	993	동경시	조선흥업주식회사
경산면 대정동	247	답	104	경산군 경산면 대정동	佐藤彌助
경산면 대정동	253	답	537	경산군 경산면 대평동	高山村多
경산면 대정동	259	답	480	경산군 경산면 대정동	高橋米市
경산면 대정동	260	답	662	동경시	동척
경산면 대정동	265	답	1,034	동경시	동척
경산면 대정동	267	답	986	동경시	동척
경산면 대정동	281	답	90	대구부 금정	龜石磯太郎
경산면 대정동	283	답	560	대구부 금정	龜石磯太郎
경산면 대정동	292	답	337	동경시	조선흥업주식회사
경산면 대정동	293	답	635	경산군 금산면 삼북면	山崎富次郎
경산면 대정동	297	답	1,003	동경시	동척
경산면 대정동	347	전	416	동경시	조선흥업주식회사
경산면 대정동	351	전	256	동경시	조선흥업주식회사
경산면 대정동	358	전	492	대구부 금정	龜石磯太郎
경산면 대정동	364	전	280	동경시	조선흥업주식회사
경산면 대정동	366	전	191	동경시	조선흥업주식회사
경산면 대정동	374	전	78	동경시	조선흥업주식회사
경산면 대정동	378	답	477	동경시	동척
경산면 대정동	392	답	636	대구부 금정	龜石磯太郎
경산면 대정동	394	답	518	동경시	조선흥업주식회사
경산면 대정동	395	전	3,450	동경시	조선흥업주식회사
경산면 대정동	401	전	1,851	대구부 대화정	土岐忠藏
경산면 대정동	408	전	943	대구부 본정	주식회사 대구은행
경산면 대정동	410	전	552	동경시	조선흥업주식회사
경산면 대정동	417	전	17	대구부 금정	龜石磯太郎
경산면 대정동	421-2	전	282	경산군 경산면 대정동	白石淺吉
경산면 대정동	425	전	244	경산군 경산면 대정동	高橋米市
경산면 대정동	432	답	79	대구부 금정	龜石磯太郎

경산면 대정동	450	답	579	대구부 금정	龜石磯太郎
경산면 대정동	457-1	전	399	동경시	조선흥업주식회사
경산면 대정동	459	전	286	동경시	조선흥업주식회사
경산면 대정동	469	전	4,960	동경시	동척
경산면 대정동	473	답	630	경산군 경산면 대정동	浜崎 소유
경산면 대정동	476	답	494	동경시	조선흥업주식회사
경산면 대정동	482	답	668	동경시	동척
경산면 대정동	486	답	2,352	동경시	조선흥업주식회사
경산면 대정동	491	답	154	경산군 경산면 대평동	高山村多
경산면 대정동	492	답	356	동경시	동척
경산면 대정동	496	전	258	동경시	동척
경산면 대정동	500	답	1,581	동경시	동척
경산면 대정동	502	답	440	동경시	동척
경산면 대정동	507	답	444	대구부 금정	龜石磯太郎
경산면 대정동	511	답	628	경산군 경산면 삼북동	山崎富次郎
경산면 대정동	513	답	627	동경시	조선흥업주식회사
경산면 대정동	524	답	628	경산군 경산면 대정동	高橋米市
경산면 대정동	529	답	330	동경시	조선흥업주식회사
경산면 대정동	531	답	720	동경시	近藤滋瀾
경산면 대정동	533	답	400	동경시	동척
경산면 대정동	534	답	571	동경시	동척
경산면 대정동	535	답	1,005	동경시	近藤滋瀾
경산면 대정동	536	답	1,126	동경시	동척
경산면 대정동	542	답	326	동경시	동척
경산면 대정동	543	답	986	동경시	조선흥업주식회사
경산면 대정동	546	답	602	동경시	조선흥업주식회사
경산면 대정동	549	답	512	동경시	조선흥업주식회사
경산면 대정동	552	답	884	대구부 금정	龜石磯太郎
경산면 대정동	556	답	801	동경시	조선흥업주식회사
경산면 대정동	561	답	1,964	동경시	조선흥업주식회사
경산면 대정동	562	답	603	동경시	동척
경산면 대정동	567	답	702	동경시	동척
경산면 대정동	574	답	682	동경시	동척
경산면 대정동	578	답	441	동경시	조선흥업주식회사
경산면 대정동	580	답	3,756	동경시	동척
경산면 대정동	582	답	638	동경시	동척
경산면 대정동	584	답	1,196	대구부 금정	龜石磯太郎
경산면 대정동	587	답	592	동경시	조선흥업주식회사
경산면 대정동	594	답	634	동경시	조선흥업주식회사
경산면 대정동	595	답	355	동경시	동척
경산면 대정동	596	답	804	동경시	조선흥업주식회사
경산면 대정동	597	답	592	동경시	동척
경산면 대정동	601	답	471	동경시	동척
경산면 대정동	606	답	1,062	동경시	동척

경산면 대정동	607	답	676	동경시	동척
경산면 대정동	611	답	516	경산군 경산면 대정동	高橋米市
경산면 대정동	617	답	434	경산군 경산면 대정동	高橋米市
경산면 대정동	618	답	482	대구부 금정	龜石磯太郎
경산면 대정동	620	답	357	동경시	동척
경산면 대정동	621	답	1,082	대구부 삼정	江川久之助
경산면 대정동	623	답	1,010	동경시	조선흥업주식회사
경산면 대정동	626	답	304	동경시	조선흥업주식회사
경산면 대정동	649	답	140	경산군 경산면 대정동	佐藤彌助
경산면 대정동	650	답	56	경산군 경산면 대정동	佐藤彌助
경산면 대정동	653	답	483	대구부 금정	龜石磯太郎
경산면 대정동	659	답	639	동경시	조선흥업주식회사
경산면 대정동	666	답	149	동경시	동척
경산면 대정동	746-1	답	434	동경시	동척
경산면 대정동	746-2	답	86	동경시	동척
경산면 중방동	4	답	2,344	동경시	동척
경산면 중방동	5	답	332	동경시	조선흥업주식회사
경산면 중방동	6	답	477	동경시	조선흥업주식회사
경산면 중방동	7	답	530	동경시	동척
경산면 중방동	10	답	577	동경시	조선흥업주식회사
경산면 중방동	11	답	700	동경시	조선흥업주식회사
경산면 중방동	13	답	428	동경시	조선흥업주식회사
경산면 중방동	15	답	436	동경시	동척
경산면 중방동	18	답	1,292	동경시	동척
경산면 중방동	22	답	421	대구부 금정	龜石磯太郎
경산면 중방동	23	답	845	동경시	조선흥업주식회사
경산면 중방동	24	답	789	동경시	동척
경산면 중방동	29-1	답	195	동경시	조선흥업주식회사
경산면 중방동	29-2	답	288	동경시	조선흥업주식회사
경산면 중방동	31-1	답	519	동경시	조선흥업주식회사
경산면 중방동	31-2	답	418	동경시	조선흥업주식회사
경산면 중방동	36	답	1,374	동경시	동척
경산면 중방동	39	답	438	동경시	조선흥업주식회사
경산면 중방동	43-1	답	241	동경시	近藤滋彌
경산면 중방동	43-2	답	1,060	동경시	近藤滋彌
경산면 중방동	47-1	답	562	동경시	동척
경산면 중방동	47-2	답	8	동경시	동척
경산면 중방동	48	답	402	동경시	조선흥업주식회사
경산면 중방동	51	답	454	동경시	동척
경산면 중방동	59	답	352	동경시	동척
경산면 중방동	63	답	1,538	동경시	조선흥업주식회사
경산면 중방동	65	답	593	동경시	조선흥업주식회사
경산면 중방동	68	답	982	동경시	조선흥업주식회사
경산면 중방동	70	답	1,258	동경시	동척

경산면 중방동	72	답	637	동경시	조선흥업주식회사
경산면 중방동	76	답	495	동경시	조선흥업주식회사
경산면 중방동	85	답	969	동경시	조선흥업주식회사
경산면 중방동	91	답	127	동경시	동척
경산면 중방동	94	답	688	동경시	조선흥업주식회사
경산면 중방동	97-1	답	354	동경시	조선흥업주식회사
경산면 중방동	97-2	답	18	동경시	조선흥업주식회사
경산면 중방동	112	답	562	동경시	조선흥업주식회사
경산면 중방동	113	답	424	동경시	조선흥업주식회사
경산면 중방동	130	답	687	동경시	동척
경산면 중방동	170	답	844	동경시	조선흥업주식회사
경산면 중방동	178	답	387	동경시	조선흥업주식회사
경산면 중방동	180	답	1,525	동경시	조선흥업주식회사
경산면 중방동	185	답	926	동경시	조선흥업주식회사
경산면 중방동	188	답	792	동경시	조선흥업주식회사
경산면 중방동	191	답	1,242	동경시	조선흥업주식회사
경산면 중방동	196	답	377	경산군 경산면 대정동	高橋米市
경산면 중방동	199	답	744	동경시	조선흥업주식회사
경산면 중방동	205	답	652	동경시	近藤滋瀾
경산면 중방동	210	답	1,401	동경시	동척
경산면 중방동	216	답	366	동경시	동척
경산면 중방동	218-1	답	1,537	동경시	동척
경산면 중방동	218-3	답	8	동경시	동척
경산면 중방동	222	답	69	동경시	조선흥업주식회사
경산면 중방동	229	답	214	동경시	동척
경산면 중방동	235	답	153	경산군 경산면 대평동	高山村多
경산면 중방동	236	답	505	동경시	조선흥업주식회사
경산면 중방동	253	답	1,234	동경시	조선흥업주식회사
경산면 중방동	264	답	1,938	동경시	조선흥업주식회사
경산면 중방동	354	답	321	경산군 경산면 사정동	高田眞豊
경산면 중방동	361	답	118	대구부 삼립정 141	小平道三郎
경산면 중방동	362	답	786	동경시	조선흥업주식회사
경산면 중방동	364	답	716	대구부 삼립정 141	小平道三郎
경산면 중방동	390	답	2,411	동경시	조선흥업주식회사
경산면 중방동	494	답	552	경산군 경산면 서상동	澤田耕治
경산면 중방동	524	답	48	대구시 삼립정	小平道三郎
경산면 중방동	528	답	164	동경시	조선흥업주식회사
경산면 중방동	534	답	718	동경시	조선흥업주식회사
경산면 중방동	535	답	384	동경시	동척
경산면 중방동	538	답	658	동경시	조선흥업주식회사
경산면 중방동	542-1	답	4	동경시	조선흥업주식회사
경산면 중방동	542-2	답	1,041	동경시	조선흥업주식회사
경산면 중방동	545	답	327	동경시	조선흥업주식회사
경산면 중방동	548-1	답	1,447	동경시	조선흥업주식회사

경산면 중방동	548-2	답	593	동경시	조선흥업주식회사
경산면 중방동	548-3	답	161	동경시	조선흥업주식회사
경산면 중방동	551	답	532	동경시	동척
경산면 중방동	554	답	1,705	동경시	조선흥업주식회사
경산면 중방동	564	답	133	동경시	동척
경산면 중방동	583	답	442	경산군 경산면 서상동	澤田耕治
경산면 중방동	620-1	답	65	동경시	조선흥업주식회사
경산면 중방동	620-2	답	210	동경시	조선흥업주식회사
경산면 중방동	626	답	159	동경시	동척
경산면 중방동	633	답	816	동경시	조선흥업주식회사
경산면 중방동	676-1	답	529	동경시	조선흥업주식회사
경산면 중방동	676-2	답	31	동경시	조선흥업주식회사
경산면 중방동	725	답	274	경산군 경산면 중방동	加藤林八
경산면 중방동	727-1	답	11	경산군 경산면 중방동	川井田金太郎
경산면 중방동	727-2	답	456	경산군 경산면 중방동	川井田金太郎
경산면 중방동	738	답	429	동경시	조선흥업주식회사
경산면 신교동	4	답	230	동경시	조선흥업주식회사
경산면 신교동	42	답	285	동경시	조선흥업주식회사
경산면 신교동	97	답	519		澤田耕治
경산군 임당동	3	전	150	경산군 경산면 대정동	高橋米市
경산군 임당동	4	전	56	경산군 경산면 대정동	高橋米市
경산군 임당동	5	전	451	대구부 금정	龜石磯太郎
경산군 임당동	12	전	698	경산군 경산면 대정동	佐藤瀾助
경산군 임당동	13	전	652	경산군 경산면 서상동	澤田耕治
경산군 임당동	37	전	536	동경시	조선흥업주식회사
경산군 임당동	42	전	828	경산군 경산면 중방동	川井田金太郎
경산군 임당동	45	전	1,085	동경시	조선흥업주식회사
경산군 임당동	47	전	658	경산군 경산면 대정동	高橋米市
경산군 임당동	51	전	716	경산군 경산면 서상동	澤田耕治
경산군 임당동	54	전	476	동경시	조선흥업주식회사
경산군 임당동	59	전	368	대구부 금정	龜石磯太郎
경산군 임당동	61	전	672	동경시	조선흥업주식회사
경산군 임당동	64	전	194	동경시	조선흥업주식회사
경산군 임당동	85	전	134	동경시	조선흥업주식회사
경산군 임당동	86	전	744	동경시	조선흥업주식회사
경산군 임당동	93	전	279	동경시	조선흥업주식회사
경산군 임당동	109	전	666	동경시	동척
경산군 임당동	116	전	630	동경시	조선흥업주식회사
경산군 임당동	133	전	879	동경시	조선흥업주식회사
경산군 임당동	154	전	560	동경시	동척
경산군 임당동	157	답	702	대구부 금정	龜石磯太郎
경산군 임당동	169-1	전	88	경산군 경산면 대평동	高山村多
경산군 임당동	169-2	전	81	경산군 경산면 대평동	高山村多
경산군 임당동	171	전	680	동경시	조선흥업주식회사

경산군 임당동	179	전	608	동경시	조선흥업주식회사
경산군 임당동	292	답	544	대구부 동성정 1-2	宮井正一
경산군 임당동	293	답	418	대구부 동성정 1-2	宮井正一
경산군 임당동	296	답	264	동경시	조선흥업주식회사
경산군 임당동	298	답	146	동경시	조선흥업주식회사
경산군 임당동	313-2	답	31	경산군 경산면 중방동	宇野龜喜
경산군 임당동	334	답	590	대구부 금정	龜石磯太郎
경산군 임당동	339	답	542	동경시	조선흥업주식회사
경산군 임당동	348	답	666	대구부 원정	江川久之助
경산군 임당동	358	답	404	경산군 경산면 중방동	川井田金太郎
경산군 임당동	359	답	285	동경시	동척
경산군 임당동	364	답	444	동경시	近藤滋彌
경산군 임당동	367	답	603	대구부 금정	龜石磯太郎
경산군 임당동	368	답	291	동경시	동척
경산군 임당동	370	답	752	동경시	동척
경산군 임당동	374	답	1,107	동경시	동척
경산군 임당동	377	답	348	동경시	동척
경산군 임당동	379	답	741	동경시	동척
경산군 임당동	382	답	1,224	동경시	동척
경산군 임당동	383	답	854	동경시	조선흥업주식회사
경산군 임당동	385	답	580	대구부 금정	龜石磯太郎
경산군 임당동	387	답	876	동경시	近藤滋彌
경산군 임당동	388	답	894	동경시	동척
경산군 임당동	389	답	952	동경시	동척
경산군 임당동	390	답	621	동경시	조선흥업주식회사
경산군 임당동	392	답	514	대구부 금정	龜石磯太郎
경산군 임당동	393	답	705	동경시	동척
경산군 임당동	396-1	답	207	경산군 경산면 계양동	丸田乙市
경산군 임당동	396-2	답	81	경산군 경산면 계양동	丸田乙市
경산군 임당동	401	답	458	동경시	동척
경산군 임당동	404	답	538	동경시	조선흥업주식회사
경산군 임당동	407	답	759	대구부 원정	江川久之助
경산군 임당동	408	답	555	대구부 동운정	宮井正一
경산군 임당동	414	답	693	동경시	조선흥업주식회사
경산군 임당동	423	답	660	동경시	동척
경산군 임당동	430	답	448	대구부 금정	龜石磯太郎
경산군 임당동	438	답	950	대구부 원정	江川久之助
경산군 임당동	443	답	368	대구부 금정	龜石磯太郎
경산군 임당동	454	답	1,149	동경시	조선흥업주식회사
경산군 임당동	456	답	1,941	동경시	동척
경산군 임당동	500-2	답	251	경산군 남천면 대명동	金金直洙
경산군 임당동	755	답	496	대구부 금정	龜石磯太郎
경산군 임당동	758	답	660	대구부 동운정	宮井正一
경산군 임당동	775	답	801	대구부 금정	龜石磯太郎

경산군 임당동	784	답	339	동경시	조선흥업주식회사
경산군 임당동	790	답	651	동경시	동척
경산군 임당동	792	답	668	대구부 원정	江川久之助
경산군 임당동	799	답	886	동경시	조선흥업주식회사
경산군 임당동	800	답	621	동경시	近藤滋瀾
경산군 임당동	806	답	579	동경시	동척
경산군 임당동	807	답	861	동경시	近藤滋瀾
경산군 임당동	811	답	735	동경시	조선흥업주식회사
경산군 임당동	812	답	442	동경시	동척
경산군 임당동	819	답	472	동경시	조선흥업주식회사
경산군 임당동	821-1	답	352	동경시	조선흥업주식회사
경산군 임당동	821-2	답	195	동경시	조선흥업주식회사
경산군 임당동	824-1	답	693	대구부 금정	龜石磯太郎
경산군 임당동	833	답	729	경산군 경산면 중방동	川井田金太郎
경산군 임당동	839	답	555	동경시	조선흥업주식회사
경산군 임당동	843	답	676	동경시	近藤滋瀾
경산군 임당동	844	답	453	동경시	조선흥업주식회사
경산군 임당동	847	답	291	동경시	동척
경산군 임당동	851	답	680	동경시	近藤滋瀾
경산군 임당동	856	답	704	경산군 경산면 서상동	澤田耕治
경산군 임당동	861	답	351	동경시	동척
경산군 임당동	865	답	336	동경시	近藤滋瀾
경산군 임당동	866	답	588	동경시	조선흥업주식회사
경산군 임당동	872	답	696	경산군 경산면 서상동	澤田耕治
경산군 임당동	876	답	771	동경시	조선흥업주식회사
경산군 임당동	881	답	910	동경시	조선흥업주식회사
경산군 임당동	883	답	302	경산군 경산면 서상동	澤田耕治
경산군 임당동	884	답	324	동경시	동척
경산군 임당동	886	답	508	동경시	近藤滋瀾
압량면 금구동	191	답	940	동경시	조선흥업주식회사
압량면 금구동	195	답	160	동경시	동척
압량면 금구동	197	답	222	경산군 경산면 서상동	應平下右正門
압량면 금구동	200	답	578	경주군 압량면 용암동	佐藤 政一
압량면 금구동	211	답	603	동경시	조선흥업주식회사
압량면 금구동	217	답	1,100	동경시	조선흥업주식회사
압량면 금구동	231	답	803	경산군 압량면 용암동	佐藤小三郎
압량면 금구동	243	답	737	경산군 압량면 용암동	佐藤小三郎
압량면 금구동	252	답	683	경산군 경산면 서상동	應平下右正門
압량면 금구동	255	답	742	동경시	동척
압량면 금구동	270	답	622	경산군 압량면 용암동	佐藤小三郎
압량면 금구동	277	답	732	경산군 압량면 용암동	佐藤小三郎
압량면 금구동	278	답	543	경산군 압량면 용암동	佐藤小三郎
압량면 금구동	280	답	2,619	동경시	조선흥업주식회사
압량면 금구동	285	답	866	경산군 경산면 서상동	應平下右正門

압량면 금구동	287	답	627	경산군 압량면 용암동	佐藤小三郎
압량면 금구동	289	답	723	경산군 압량면 용암동	佐藤小三郎
압량면 금구동	290	답	720	경산군 압량면 용암동	佐藤政一
압량면 금구동	305	답	591	경산군 압량면 용암동	佐藤小三郎
압량면 금구동	309	답	669	경산군 압량면 용암동	佐藤小三郎
압량면 금구동	312	답	672	경산군 압량면 용암동	佐藤政一
압량면 금구동	313	답	520	동경시	조선흥업주식회사
압량면 금구동	317	답	716	동경시	조선흥업주식회사
압량면 금구동	327	답	758	경산군 압량면 용암동	佐藤小三郎
압량면 금구동	334-2	답	243	경산군 압량면 용암동	佐藤政一
압량면 금구동	335-2	답	692	경산군 압량면 용암동	佐藤小三郎
압량면 금구동	340	답	608	경산군 압량면 용암동	佐藤小三郎
압량면 금구동	341-1	답	2,663	동경시	동척
압량면 금구동	341-2	답	382	동경시	동척
압량면 금구동	341-3	답	5,236	동경시	동척
압량면 금구동	346	답	411	경산군 압량면 용암동	佐藤小三郎
압량면 금구동	353	답	558	경산군 압량면 용암동	佐藤小三郎
압량면 금구동	358-1	답	590	경산군 압량면 용암동	佐藤小三郎
압량면 금구동	361	답	588	동경시	동척
압량면 금구동	364	답	1,642	경산군 압량면 용암동	佐藤小三郎
압량면 금구동	367-2	답	192	동경시	동척
압량면 금구동	369-2	전	900	동경시	동척
압량면 금구동	372	답	430	경산군 압량면 금구동	直井淺吉
압량면 금구동	375	답	400	경산군 압량면 금구동	直井淺吉
압량면 금구동	379	답	1,252	경산군 압량면 용암동	佐藤政一
압량면 금구동	380	답	172	동경시	동척
압량면 금구동	391	답	670	동경시	조선흥업주식회사
압량면 금구동	401	전	831	동경시	동척
압량면 금구동	401-2	전	17,592	동경시	동척
압량면 금구동	406	답	786	경산군 압량면 용암동	佐藤政一
압량면 금구동	417	답	138	동경시	동척
압량면 금구동	418	답	597	동경시	조선흥업주식회사
압량면 금구동	420	답	402	동경시	동척
압량면 금구동	425	답	1,887	경산군 압량면 용암동	佐藤小三郎
압량면 금구동	426-1	답	1,171	경산군 압량면 금구동	直井淺吉
압량면 금구동	426-2	답	2,569	동경시	동척
압량면 금구동	426-3	답	4,516	경산군 압량면 금구동	直井淺吉
압량면 금구동	426-4	답	5,356	동경시	동척
압량면 금구동	426-5	답	874	동경시	동척
압량면 금구동	558	답	187	경산군 압량면 금구동	直井淺吉
압량면 금구동	559	전	3,041	동경시	동척
압량면 금구동	562	전	518	경산군 압량면 금구동	直井淺吉
압량면 금구동	575	전	2,394	동경시	조선흥업주식회사
압량면 금구동	576	전	1,221	동경시	조선흥업주식회사

압량면 금구동	587	전	937	경산군 압량면 용암동	佐藤政一
압량면 금구동	628	전	700	동경시	조선흥업주식회사
압량면의송동	349	답	674	福岡縣	高松宗八郎
압량면 현흥동	4-1	답	1283	동경시	동척
압량면 현흥동	4-3	답	108	동경시	동척
압량면 현흥동	8	답	10312	동경시	동척
압량면 현흥동	12	답	267	경산군 압량면 용암동	佐藤小三郎
압량면 현흥동	15	답	540	동경시	동척
압량면 현흥동	17	답	1256	경산군 압량면 구암동	佐藤小三郎
압량면 현흥동	18	답	298	경산군 압량면 용암동	佐藤政一
압량면 현흥동	19-2	답	8857	동경시	동척
압량면 현흥동	20-3	답	631	경산군 압량면 용암동	佐藤小三郎
압량면 현흥동	21	답	1142	달성군 해안면 방촌동	和田力太
압량면 현흥동	22	답	837	동경시	동척
압량면 현흥동	24-2	답	4300	동경시	동척
압량면 현흥동	25	답	537	경산군 압량면 현흥동	中野實或
압량면 현흥동	26	답	354	동경시	동척
압량면 현흥동	30	답	766	경산군 압량면 현흥동	中野實或
압량면 현흥동	33	답	453	동경시	동척
압량면 현흥동	36-3	답	1436	동경시	동척
압량면 현흥동	37	답	153	대구부 원정	곡물주식회사
압량면 현흥동	45-1	답	511	동경시	동척
압량면 현흥동	46-1	답	501	동경시	동척
압량면 현흥동	48	답	172	대구부 원정	곡물주식회사
압량면 현흥동	49	답	169	경산군 압량면 용암동	佐藤小三郎
압량면 현흥동	77	답	91	경산군 압량면 용암동	佐藤小三郎
압량면 현흥동	78	답	413	경산군 압량면 용암동	佐藤小三郎
압량면 현흥동	80	답	282	경산군 압량면 용암동	佐藤政一
압량면 현흥동	82	답	340	경산군 압량면 현흥동	中野實或
압량면 현흥동	83	답	627	福岡縣	高松宗八郎
압량면 현흥동	86	답	1034	福井縣	佐佐木西兵衛
압량면 현흥동	91	답	1149	경산군 압량면 용암동	佐藤小三郎
압량면 현흥동	92	답	1593	경산군 압량면 용암동	佐藤小三郎
압량면 현흥동	98	답	1574	동경시	조선흥업주식회사
압량면 현흥동	104	답	470	佐賀縣	橫尾勘六
압량면 현흥동	107	답	1274	경산군 압량면 용암동	佐藤小三郎
압량면 현흥동	108	답	956	佐賀縣	橫尾勘六
압량면 현흥동	112	답	561	동경시	조선흥업주식회사
압량면 현흥동	117	답	742	福岡縣	高松宗八郎
압량면 현흥동	119	답	236	香川縣	應平懇七
압량면 현흥동	124	답	860	경산군 압량면 현흥동	中野實或
압량면 현흥동	125	답	326	福岡縣	佐佐木西兵衛
압량면 현흥동	127	답	597	香川縣	應平懇七
압량면 현흥동	129	답	782	경산군 경산면 서상동	澤田耕治

압량면 현흥동	133	답	616	경산군 경산면 용암동	佐藤小三郎
압량면 현흥동	134	답	562	동경시	조선흥업주식회사
압량면 현흥동	135	답	844	福岡縣	高松宗八郎
압량면 현흥동	136	답	550	동경시	조선흥업주식회사
압량면 현흥동	140	답	150	동경시	조선흥업주식회사
압량면 현흥동	143	답	300	경산군 경산면 용암동	佐藤小三郎
압량면 현흥동	146	답	513	경산군 압량면 현흥동	高木武作
압량면 현흥동	152	답	582	동경시	조선흥업주식회사
압량면 현흥동	153	답	399	경산군 압량면 현흥동	中野實或
압량면 현흥동	154-1	답	676	경산군 경산면 용암동	佐藤小三郎
압량면 현흥동	156-2	답	621	福岡縣	高松宗八郎
압량면 현흥동	158	답	485	동경시	조선흥업주식회사
압량면 현흥동	161-1	답	408	香川縣	應平摠七
압량면 현흥동	161-2	답	411	경산군 압량면 현흥동	佐佐木ス正ノ
압량면 현흥동	163	답	532	동경시	조선흥업주식회사
압량면 현흥동	167	답	1167	동경시	조선흥업주식회사
압량면 현흥동	173	답	1053	동경시	조선흥업주식회사
압량면 현흥동	174-2	답	3574	동경시	동척
압량면 현흥동	177	답	300	경산군 경산면 용암동	佐藤小三郎
압량면 현흥동	178	답	195	동경시	동척
압량면 현흥동	182	답	2078	동경시	동척
압량면 현흥동	185	답	1861	동경시	동척
압량면 현흥동	190	답	1761	동경시	동척
압량면 현흥동	191	답	780	경산군 경산면 용암동	佐藤小三郎
압량면 현흥동	192	답	360	동경시	동척
압량면 현흥동	193	답	1018	동경시	조선흥업주식회사
압량면 현흥동	194	답	664	경산군 하양면 대조동	竹條原宮市
압량면 현흥동	195	답	1231	경산군 압량면 현흥동	中野實或
압량면 현흥동	196	답	549	동경시	조선흥업주식회사
압량면 현흥동	200	답	782	경산군 경산면 용암동	佐藤小三郎
압량면 현흥동	201	답	504	동경시	조선흥업주식회사
압량면 현흥동	203	답	914	경산군 압량면 신촌동	直井磯治
압량면 현흥동	208	답	730	경산군 경산면 용암동	佐藤小三郎
압량면 현흥동	215	답	894	橫井縣	佐佐木西兵衛
압량면 현흥동	216	답	442	경산군 경산면 용암동	佐藤小三郎
압량면 현흥동	220	답	705	동경시	동척
압량면 현흥동	224	답	604	동경시	조선흥업주식회사
압량면 현흥동	226	답	884	동경시	조선흥업주식회사
압량면 현흥동	227	답	892	달성군 해안면 방촌동	和田力太
압량면 현흥동	230	답	568	경산군 압량면 현흥동	中野實或
압량면 현흥동	236	답	3962	동경시	조선흥업주식회사
압량면 현흥동	237	답	314	동경시	동척
압량면 현흥동	241	답	478	佐賀縣	橫尾勘大
압량면 현흥동	249	답	754	경산군 경산면 용암동	佐藤政一

압량면 현흥동	250	답	1902	동경시		동척
압량면 현흥동	252	답	798	동경시		조선흥업주식회사
압량면 현흥동	253	답	1376	동경시		동척
압량면 현흥동	254	답	939	佐賀縣		橫尾勘大
압량면 현흥동	255	답	1316	동경시		조선흥업주식회사
압량면 현흥동	262	답	520	동경시		동척
압량면 현흥동	264	답	322	동경시		동척
압량면 현흥동	265	답	398	경산군 압량면 신촌동		直井磯治
압량면 현흥동	267	답	680	경산군 경산면 용암동		佐藤政一
압량면 현흥동	268	답	896	橫井縣		佐佐木西兵衛
압량면 현흥동	270	답	1593	佐賀縣		橫尾勘大
압량면 현흥동	276	답	1893	동경시		조선흥업주식회사
압량면 현흥동	277-1	답	278	경산군 압량면 현흥동		高木武作
압량면 현흥동	277-2	답	312	경산군 압량면 현흥동		高木武作
압량면 현흥동	277-3	답	673	경산군 압량면 현흥동		高木武作
압량면 현흥동	279	답	570	동경시		동척
압량면 현흥동	280	답	800	동경시		조선흥업주식회사
압량면 현흥동	282	답	2577	동경시		동척
압량면 현흥동	286	답	82	경산군 하양면 대조동		奈崎忠雄
압량면 현흥동	290	답	508	경산군 경산면 용암동		佐藤小三郎
압량면 현흥동	292	답	554	동경시		조선흥업주식회사
압량면 현흥동	293	답	1119	경산군 경산면 용암동		佐藤小三郎
압량면 현흥동	295	답	766	동경시		동척
압량면 현흥동	296	답	807	동경시		조선흥업주식회사
압량면 현흥동	299	답	1491	동경시		조선흥업주식회사
압량면 현흥동	300	답	1264	동경시		동척
압량면 현흥동	302	답	615	동경시		동척
압량면 현흥동	304	답	830	경산군 자인면 동부동		中田忠五郎
압량면 현흥동	306	답	1690	동경시		동척
압량면 현흥동	308	답	8298	동경시		동척
압량면 현흥동	310	답	1305	동경시		조선흥업주식회사
압량면 현흥동	311	답	1089	동경시		동척
압량면 현흥동	312	답	768	대구부 동운정		宮井正一
압량면 현흥동	313	답	1134	동경시		동척
압량면 현흥동	314	답	884	경산군 압량면 용암동		佐藤小三郎
압량면 현흥동	316	답	490	동경시		조선흥업주식회사
압량면 현흥동	317	답	906	동경시		동척
압량면 현흥동	319	답	622	동경시		동척
압량면 현흥동	321	답	7358	동경시		동척
압량면 현흥동	322	답	1234	동경시		조선흥업주식회사
압량면 현흥동	324	답	674	동경시		조선흥업주식회사
압량면 현흥동	325	답	903	동경시		조선흥업주식회사
압량면 현흥동	326	답	17666	동경시		동척
압량면 현흥동	341-1	답	167	경산군 압량면 현흥동		原無二一

압량면 현흥동	342	답	23	경산군 압량면 용암동	佐藤小三郎
압량면 현흥동	344-1	답	27	경산군 압량면 용암동	佐藤小三郎
압량면 현흥동	347-2	답	366	경산군 압량면 용암동	佐藤小三郎
압량면 현흥동	348-1	답	1645	동경시	동척
압량면 현흥동	353	답	963	동경시	조선흥업주식회사
압량면 현흥동	360-2	답	851	동경시	동척
압량면 현흥동	361-1	답	70	동경시	동척
압량면 현흥동	362-1	답	1769	동경시	동척
압량면 현흥동	372	전	582	경산군 압량면 용암동	佐藤小三郎
압량면 현흥동	375	답	1022	경산군 경산면 서상동	藤井時治
압량면 현흥동	384	답	458	동경시	동척
압량면 현흥동	388	답	634	부산부 보수동	池田丹三
압량면 현흥동	391	전	468	경산군 압량면 현흥동	白木八太郎
압량면 현흥동	392	전	291	동경시	조선흥업주식회사
압량면 현흥동	403	답	531	동경시	조선흥업주식회사
압량면 현흥동	404	답	1365	동경시	조선흥업주식회사
압량면 현흥동	405	답	1006	동경시	동척
압량면 현흥동	407	전	759	경산군 압량면 용암동	佐藤小三郎
압량면 현흥동	409	전	688	동경시	조선흥업주식회사
압량면 현흥동	417	답	614	동경시	조선흥업주식회사
압량면 현흥동	429	전	1006	동경시	동척
압량면 현흥동	431	전	241	동경시	동척
압량면 현흥동	444	답	770	동경시	동척
압량면 현흥동	453	전	828	경산군 압량면 용암동	佐藤小三郎
압량면 현흥동	467	답	92	동경시	동척
압량면 현흥동	470-1	전	205	동경시	동척
압량면 현흥동	470-2	전	161	동경시	동척
압량면 현흥동	471	전	21	경산군 압량면 현흥동	佐藤小三郎
압량면 현흥동	472	전	62	경산군 압량면 현흥동	佐藤小三郎
압량면 현흥동	481	전	434	경산군 압량면 현흥동	佐藤小三郎
압량면 현흥동	484	전	516	경산군 압량면 현흥동	白木八太郎
압량면 현흥동	486	전	520	경산군 압량면 용암동	佐藤小三郎
압량면 현흥동	489	전	296	경산군 압량면 용암동	佐藤小三郎
압량면 현흥동	490	전	512	경산군 압량면 용암동	佐藤小三郎
압량면 현흥동	491	전	680	경산군 압량면 용암동	佐藤小三郎
압량면 현흥동	492	전	537	동경시	동척
압량면 현흥동	497	전	464	경산군 압량면 용암동	佐藤小三郎
압량면 현흥동	499	전	470	경산군 압량면 용암동	佐藤小三郎
압량면 현흥동	501	답	1686	동경시	동척
압량면 현흥동	502	전	104	경산군 압량면 현흥동	白木八太郎
압량면 현흥동	510	답	494	경산군 압량면 용암동	佐藤政一
압량면 현흥동	511	답	540	경산군 압량면 용암동	佐藤小三郎
압량면 현흥동	514	전	507	동경시	조선흥업주식회사
압량면 현흥동	525	답	399	경산군 압량면 용암동	佐藤小三郎

압량면 현흥동	536	답	278	경산군 압량면 용암동	佐藤小三郎
압량면 현흥동	537	답	647	동경시	동척
압량면 현흥동	583	답	627	동경시	조선흥업주식회사
압량면 현흥동	595	답	594	동경시	조선흥업주식회사
압량면 현흥동	600	답	518	동경시	조선흥업주식회사
압량면 현흥동	601	답	666	경산군 압량면 용암동	佐藤小三郎
압량면 현흥동	602	답	1106	경산군 경산면 서상동	應平? 右正門
압량면 현흥동	608	답	931	동경시	조선흥업주식회사
압량면 현흥동	609	답	2046	동경시	동척
압량면 현흥동	610	전	440	경산군 압량면 용암동	佐藤小三郎
압량면 현흥동	612	전	88	경산군 압량면 용암동	佐藤小三郎
압량면 현흥동	614	답	866	경산군 압량면 용암동	佐藤小三郎
압량면 현흥동	620	답	1815	동경시	조선흥업주식회사
압량면 현흥동	631	답	69	달성군 수성면 황정동	馬又述
압량면 현흥동	633-1	답	1029	달성군 수성면 황정동	馬又述
압량면 현흥동	639	답	876	동경시	조선흥업주식회사
압량면 현흥동	641	답	705	동경시	조선흥업주식회사
압량면 현흥동	642	답	351	경산군 자인면 동부동	中田忠五郎
압량면 현흥동	643	답	723	동경시	조선흥업주식회사
압량면 현흥동	648	답	5824	동경시	동척
압량면 현흥동	649	답	801	경산군 압량면 용암동	佐藤政一
압량면 현흥동	651	답	675	경산군 압량면 용암동	佐藤小三郎
압량면 현흥동	653-2	답	663	경산군 압량면 용암동	佐藤小三郎
압량면 현흥동	664-1	답	589	동경시	조선흥업주식회사
압량면 현흥동	667-1	답	154	동경시	조선흥업주식회사
압량면 현흥동	672-2	답	222	동경시	조선흥업주식회사
압량면 현흥동	672-3	답	60	동경시	조선흥업주식회사
압량면 현흥동	673-1	답	1323	경산군 압량면 용암동	佐藤政一
압량면 현흥동	674-1	답	1674	동경시	동척
압량면 현흥동	674-3	답	505	동경시	동척
압량면 현흥동	679-1	답	182	동경시	동척
압량면 현흥동	679-2	답	523	동경시	동척
압량면 현흥동	684-1	답	3145	동경시	동척
압량면 현흥동	684-2	답	24	동경시	동척
압량면 현흥동	684-4	답	103	동경시	동척
압량면 현흥동	688	답	1395	경산군 압량면 용암동	佐藤政一
압량면 현흥동	689	답	796	경산군 압량면 부적동	龜井辻松
압량면 현흥동	690	답	1030	동경시	동척
압량면 현흥동	691	답	360	동경시	조선흥업주식회사
압량면 현흥동	692	답	952	동경시	조선흥업주식회사
압량면 현흥동	693-1	답	2552	동경시	동척
압량면 현흥동	693-2	답	5	동경시	동척
압량면 현흥동	693-3	답	5	동경시	동척
압량면 현흥동	693-7	답	824	동경시	동척

압량면 현흥동	693-8	답	1054	동경시		동척
압량면 현흥동	695-1	답	209	동경시		동척
압량면 현흥동	695-2	답	379	동경시		동척
압량면 현흥동	699-1	답	727	동경시		동척
압량면 현흥동	703	답	696	동경시		조선흥업주식회사
압량면 현흥동	704	답	464	경산군 압량면 용암동		佐藤政一
압량면 현흥동	705	답	1494	경산군 압량면 용암동		馬場硏一
압량면 현흥동	707	답	1498	동경시		조선흥업주식회사
압량면 현흥동	708	답	1155	동경시		동척
압량면 현흥동	709	답	516	경산군 압량면 용암동		佐藤政一
압량면 현흥동	712-1	답	1968	동경시		동척
압량면 현흥동	712-2	답	510	동경시		동척
압량면 현흥동	712-3	답	83	동경시		동척
압량면 현흥동	712-5	답	1515	동경시		동척
압량면 현흥동	712-6	답	193	동경시		동척
압량면 현흥동	712-7	답	300	동경시		동척
압량면 현흥동	713-8	답	3948	경산군 압량면 용암동		馬場硏一
압량면 현흥동	712-9	답	5362	동경시		동척
압량면 현흥동	712-10	답	4605	동경시		동척
압량면 현흥동	714	답	1292	경산군 압량면 용암동		佐藤政一
압량면 현흥동	715	답	544	경산군 압량면 용암동		佐藤政一
압량면 현흥동	717	답	643	동경시		조선흥업주식회사
압량면 현흥동	721	답	645	동경시		조선흥업주식회사
압량면 현흥동	724-1	답	1813	경산군 압량면 용암동		佐藤政一
압량면 현흥동	724-2	답	783	동경시		동척
압량면 현흥동	726	답	868	경산군 압량면 용암동		佐藤小三郎
압량면 조영동	42-2	전	445	경산군 경산면 서상동		澤田耕治
압량면 조영동	45	전	802	동경시		조선흥업주식회사
압량면 조영동	48	전	514	동경시		조선흥업주식회사
압량면 조영동	56	전	600	동경시		조선흥업주식회사
압량면 조영동	62	전	453	동경시		조선흥업주식회사
압량면 용암동	14	답	978	경산군 압량면 용암동		佐藤政一
압량면 용암동	19	답	422	동경시		조선흥업주식회사
압량면 용암동	43	답	1977	경산군 압량면 용암동		佐藤政一
압량면 용암동	81	전	470	경산군 압량면 용암동		佐藤政一
압량면 용암동	82	전	432	경산군 압량면 용암동		佐藤政一
압량면 용암동	83	전	506	경산군 압량면 용암동		佐藤政一
압량면 용암동	84-1	전	655	경산군 압량면 용암동		佐藤政一
압량면 용암동	95	답	1350	동경시		조선흥업주식회사
압량면 용암동	96	답	236	동경시		조선흥업주식회사
압량면 용암동	100	답	693	경산군 압량면 용암동		佐藤政一
압량면 용암동	101	답	51	경산군 압량면 용암동		佐藤政一
압량면 용암동	102-1	답	2466	동경시		동척
압량면 용암동	102-2	답	2166	경산군 압량면 용암동		佐藤政一

압량면 용암동	103	답	570	동경시	조선흥업주식회사
압량면 용암동	108	답	633	경산군 압량면 금구동	佐藤小三郎
압량면 용암동	114	답	1293	경산군 압량면 금구동	佐藤小三郎
압량면 용암동	115	답	612	동경시	조선흥업주식회사
압량면 용암동	121	답	1854	경산군 압량면 용암동	佐藤政一
압량면 용암동	125	답	396	경산군 압량면 용암동	佐藤政一
압량면 용암동	137	답	908	경산군 경산면 중방동	谷村善之助
압량면 용암동	145-1	답	363	경산군 압량면 용암동	佐藤政一
압량면 용암동	152	답	512	동경시	조선흥업주식회사
압량면 용암동	157	답	302	佐賀縣	橫尾勘六
압량면 용암동	159	답	477	佐賀縣	橫尾勘六
압량면 용암동	161-1	답	1755	동경시	동척
압량면 용암동	161-3	답	9	동경시	동척
압량면 용암동	166	답	537	佐賀縣	橫尾勘六
압량면 용암동	169	답	630	동경시	조선흥업주식회사
압량면 용암동	172	답	578	경산군 압량면 용암동	佐藤小三郎
압량면 용암동	209	전	100	경산군 압량면 용암동	金崎定八
압량면 용암동	219-2	답	99	동경시	동척
압량면 용암동	221	전	450	동경시	동척
압량면 신촌동	1	답	340	경산군 압량면 용암동	佐藤小三節
압량면 신촌동	8	답	398	福岡縣	高松宗八郎
압량면 신촌동	13-1	답	523	경산군 압량면 용암동	佐藤政一
압량면 신촌동	13-2	답	1663	경산군 압량면 용암동	佐藤政一
압량면 신촌동	15	답	542	福岡縣	高松宗八郎
압량면 신촌동	17	답	542	동경시	조선흥업주식회사
압량면 신촌동	19-1	답	300	경산군 압량면 용암동	佐藤政一
압량면 신촌동	70	답	560	동경시	조선흥업주식회사
압량면 신촌동	118	전	394	경산군 압량면 용암동	佐藤小三節
압량면 신촌동	127	답	243	동경시	조선흥업주식회사
압량면 신촌동	139	전	696	경산군 압량면 용암동	佐藤政一
압량면 신촌동	145	답	1521	경산군 압량면 용암동	佐藤アキノ
압량면 신촌동	147	답	3914	동경시	조선흥업주식회사
압량면 신촌동	150	답	50	경산군 압량면 용암동	佐藤アキノ
압량면 신촌동	160	답	672	동경시	조선흥업주식회사
압량면 신촌동	164	답	820	경산군 압량면 신촌동	失野良數
압량면 신촌동	165	답	405	경산군 압량면 용암동	佐藤政一
압량면 신촌동	168	답	2908	동경시	조선흥업주식회사
압량면 신촌동	169	답	229	경산군 압량면 용암동	佐藤政一
압량면 신촌동	172	답	2110	동경시	조선흥업주식회사
압량면 신촌동	173	답	699	경산군 압량면 용암동	佐藤政一
압량면 신촌동	175	답	768	경산군 압량면 용암동	佐藤政一
압량면 신촌동	185	답	1011	경산군 압량면 용암동	佐藤政一
압량면 신촌동	187	답	408	동경시	조선흥업주식회사
압량면 신촌동	188	답	408	경산군 압량면 용암동	佐藤小三節

압량면 신촌동	192	답	585	동경시	조선흥업주식회사
압량면 신촌동	195	답	1480	동경시	조선흥업주식회사
압량면 신촌동	201	답	4424	동경시	조선흥업주식회사
압량면 신촌동	205-1	답	558	경산군 압량면 용암동	佐藤政一
압량면 신촌동	206	답	356	경산군 압량면 용암동	佐藤政一
압량면 신촌동	208	답	2444	동경시	조선흥업주식회사
압량면 신촌동	212	답	1416	동경시	조선흥업주식회사
압량면 신촌동	215	답	609	동경시	조선흥업주식회사
압량면 신촌동	232	답	434	동경시	조선흥업주식회사
압량면 신촌동	234	답	762	佐賀縣	横尾勘六
압량면 신촌동	235	답	1250	동경시	조선흥업주식회사
압량면 신촌동	238	답	435	동경시	조선흥업주식회사
압량면 신촌동	240	답	291	경산군 압량면 용암동	佐藤小三節
압량면 신촌동	244	답	1068	동경시	조선흥업주식회사
압량면 신촌동	247	답	1136	동경시	조선흥업주식회사
압량면 신촌동	264	답	5300	동경시	동척
압량면 신촌동	274	답	4096	동경시	조선흥업주식회사
압량면 신촌동	276	답	596	동경시	조선흥업주식회사
압량면 신촌동	279	답	616	동경시	동척
압량면 신촌동	280	답	951	佐賀縣	横尾勘六
압량면 신촌동	284	답	892	경산군 압량면 신촌동	失野良數
압량면 신촌동	286	답	4905	동경시	조선흥업주식회사
압량면 신촌동	288	답	664	경산군 압량면 용암동	佐藤小三節
압량면 신촌동	290	답	794	경산군 압량면 신천동	失野良數
압량면 신촌동	292	답	2061	경산군 압량면 용암동	佐藤政一
압량면 신촌동	293	답	314	福岡縣	高松宗八郎
압량면 신촌동	294	답	572	경산군 압량면 용암동	佐藤小三節
압량면 신촌동	296-5	답	494	경산군 압량면 신촌동	直井磯治
압량면 신촌동	301	답	1442	경산군 압량면 용암동	佐藤政一
압량면 신촌동	308	답	2070	동경시	조선흥업주식회사
압량면 신촌동	317	답	1228	동경시	동척
압량면 신촌동	321	답	414	동경시	동척
압량면 신촌동	328	답	728	경산군 압량면 용암동	佐藤小三節
압량면 신촌동	333	답	753	경산군 압량면 신촌동	直井磯治
압량면 신촌동	334	답	16059	동경시	동척
압량면 신촌동	335	답	519	동경시	조선흥업주식회사
압량면 신촌동	340	답	418	동경시	조선흥업주식회사
압량면 신촌동	343	답	1624	동경시	조선흥업주식회사
압량면 신촌동	344	답	698	경산군 압량면 신촌동	直井磯治
압량면 신촌동	347	답	602	경산군 압량면 용암동	佐藤政一
압량면 신촌동	348	답	285	경산군 압량면 용암동	佐藤政一
압량면 신촌동	351-1	답	516	경산군 압량면 용암동	佐藤政一
압량면 신촌동	351-2	답	584	경산군 압량면 용암동	佐藤小三節
압량면 신촌동	355	답	1078	동경시	조선흥업주식회사

압량면 신촌동	364	답	1323	동경시	조선흥업주식회사
압량면 신촌동	368	답	1336	동경시	조선흥업주식회사
압량면 신촌동	373	답	491	경산군 압량면 용암동	佐藤小三節
압량면 인안동	15-1	답	746	동경시	동척
압량면 인안동	17-1	답	503	동경시	조선흥업주식회사
압량면 인안동	17-2	답	9	동경시	조선흥업주식회사
압량면 인안동	21	답	501	동경시	동척
압량면 인안동	24	답	634	동경시	동척
압량면 인안동	25	답	934	동경시	조선흥업주식회사
압량면 인안동	26	답	204	동경시	동척
압량면 인안동	28-1	답	928	동경시	동척
압량면 인안동	28-2	답	6	동경시	동척
압량면 인안동	29	답	597	동경시	동척
압량면 인안동	30	답	339	동경시	조선흥업주식회사
압량면 인안동	178	답	564	동경시	조선흥업주식회사
압량면 인안동	179	답	706	동경시	조선흥업주식회사
압량면 인안동	180	답	221	동경시	조선흥업주식회사
압량면 인안동	280	답	30	대구부 원정 1정목	대구곡물주식회사
압량면 인안동	292	답	494	동경시	조선흥업주식회사
압량면 인안동	294	답	441	동경시	조선흥업주식회사
압량면 인안동	300	답	392	경산군 자인면 동부동	中田忠五郞
압량면 인안동	305	답	1155	동경시	조선흥업주식회사
압량면 인안동	308	답	720	동경시	동척
압량면 인안동	309	답	459	동경시	조선흥업주식회사
압량면 인안동	313	답	30	대구부 원정 1정목	대구곡물주식회사
압량면 인안동	315	답	536	동경시	조선흥업주식회사
압량면 인안동	335	답	42	동경시	조선흥업주식회사
압량면 인안동	336	답	1510	동경시	조선흥업주식회사
압량면 인안동	340	답	1654	동경시	조선흥업주식회사
압량면 인안동	341	답	714	동경시	조선흥업주식회사
압량면 인안동	342	답	187	동경시	조선흥업주식회사
압량면 인안동	343	답	568	동경시	조선흥업주식회사
압량면 인안동	347	답	968	대구부원정	대구곡물주식회사
압량면 인안동	351	답	2664	동경시	동척
압량면 인안동	352	답	1023	동경시	조선흥업주식회사
압량면 인안동	358	답	528	대구부 원정	대구곡물주식회사
압량면 인안동	367	답	472	동경시	동척
압량면 인안동	369	답	486	동경시	조선흥업주식회사
압량면 인안동	370	답	348	경산군 압량면 신촌동	直井磯治
압량면 인안동	371	답	363	경산군 압량면 신촌동	失野良敷
압량면 인안동	373-1	답	561	동경시	조선흥업주식회사
압량면 인안동	373-2	답	166	동경시	조선흥업주식회사
압량면 인안동	376-1	답	456	동경시	동척
압량면 인안동	376-2	답	241	동경시	동척

압량면 인안동	382-1	답	707	동경시	조선흥업주식회사
압량면 인안동	382-2	답	90	동경시	조선흥업주식회사
압량면 인안동	383-1	답	2714	동경시	동척
압량면 인안동	383-2	답	1592	동경시	동척
압량면 인안동	386-1	답	665	佐賀縣	橫尾勘大
압량면 인안동	388-1	답	2491	동경시	동척
압량면 인안동	388-2	답	245	동경시	동척
압량면 인안동	391	답	369	경산군 압량면 용암동	佐藤政一
압량면 인안동	393	답	2602	동경시	조선흥업주식회사
압량면 인안동	398	답	910	동경시	조선흥업주식회사
압량면 인안동	400	답	3087	동경시	동척
압량면 인안동	402	답	1000	동경시	동척
압량면 인안동	407	답	178	동경시	동척
압량면 인안동	408	답	3429	동경시	조선흥업주식회사
압량면 인안동	411	답	1968	경산군 압량면 용암동	佐藤小三節
압량면 인안동	412	답	1492	동경시	조선흥업주식회사
압량면 인안동	413	답	142	동경시	조선흥업주식회사
압량면 인안동	419	답	1636	동경시	조선흥업주식회사
압량면 인안동	424	답	1074	경산군 압량면 현흥동	高岡辛之助
압량면 인안동	426	답	576	동경시	조선흥업주식회사
압량면 인안동	427	답	1400	동경시	동척
압량면 인안동	429	답	890	경산군 압량면 용암동	佐藤政一
압량면 인안동	433	답	1788	동경시	조선흥업주식회사
압량면 인안동	434	답	620	경산군 경산면 서상동	澤田耕治
진량면 선화동	556	답	110	佐賀縣	橫尾勘大
진량면 선화동	557	답	135	경산군 압량면 용암동	佐藤政一
진량면 선화동	572	답	481	경산군 압량면 용암동	佐藤政一
진량면 선화동	573	답	477	경산군 압량면 용암동	相川文五郎
진량면 선화동	576	답	460	동경시	조선흥업주식회사
진량면 선화동	578	답	627	경산군 압량면 용암동	相川文五郎
진량면 선화동	580	답	442	동경시	조선흥업주식회사
진량면 선화동	585	답	573	神奈川縣	相川文五郎
진량면 선화동	588	답	631	경산군 압량면 용암동	佐藤政一
진량면 선화동	598	답	314	대구부 동운정	宮井正一
진량면 선화동	600	답	402	神奈川縣	相川文五郎
진량면 선화동	604	답	736	경산군 환상동	牟田アツ
진량면 선화동	618	답	692	대구부 동운정	宮井正一
진량면 선화동	619	답	226	경산군 하양면 환상동	牟田アツ
진량면 선화동	621	답	389	경산군 하양면 환상동	平田常範
진량면 선화동	623	답	485	神奈川縣	相川文五郎
진량면 선화동	625	답	602	동경시	동척
진량면 선화동	626	답	807	神奈川縣	相川文五郎
진량면 선화동	630	답	288	경산군 하양면 환상동	牟田アツ
진량면 선화동	631	답	292	경산군 하양면 환상동	牟田アツ

진량면 선화동	638	답	562	달성군 수성면 효목동	吉塚彌吉
진량면 선화동	640	답	1285	神奈川縣	相川文五郎
진량면 선화동	642	답	234	神奈川縣	相川文五郎
진량면 선화동	643	답	408	경산군 하양면 환상동	牟田アツ
진량면 선화동	652	답	454	神奈川縣	相川文五郎
진량면 선화동	653	답	535	神奈川縣	相川文五郎
진량면 선화동	655	답	684	동경시	조선흥업주식회사
진량면 선화동	658	답	1066	동경시	조선흥업주식회사
진량면 선화동	659	답	449	동경시	조선흥업주식회사
진량면 선화동	661	답	357	佐賀縣	橫尾勘大
진량면 선화동	1179	답	932	대구부 동운정	宮井正一
진량면 선화동	1185	전	461	동경시	조선흥업주식회사
진량면 선화동	1193	답	658	경산군 하양면 환상동	牟田アツ
진량면 선화동	1194-2	답	567	경산군 하양면 금락동	久保田運通
진량면 선화동	1199	답	688	달성군 수성면 효목동	吉塚彌吉
진량면 선화동	1202	답	1137	佐賀縣	橫尾勘大
진량면 선화동	1204-1	답	1171	神奈川縣	相川文五郎
진량면 선화동	1205	답	1227	동경시	조선흥업주식회사
진량면 선화동	1210	답	2975	佐賀縣	橫尾勘大
진량면 선화동	1211	답	332	神奈川縣	相川文五郎
진량면 선화동	1225	답	110	神奈川縣	相川文五郎
진량면 선화동	1231	답	90	佐賀縣	橫尾勘大
진량면 선화동	1232	답	731	동경시	조선흥업주식회사
진량면 선화동	1233	답	489	神奈川縣	相川文五郎
진량면 선화동	1237	답	512	동경시	조선흥업주식회사
진량면 선화동	1240	답	474	동경시	조선흥업주식회사
진량면 선화동	1242	답	519	神奈川縣	相川文五郎
진량면 선화동	1246	답	1614	佐賀縣	橫尾勘大
진량면 선화동	1254	답	498	동경시	조선흥업주식회사
진량면 선화동	1269	답	476	경산군 하양면 금락동	久保田運通
진량면 선화동	1270	답	714	대구부	주식회사대구은행
진량면 선화동	1275	답	474	경산군 하양면 대조동	篠原宮市
진량면 선화동	1287	답	414	달성군 수성면 효목동	吉塚彌吉
진량면 선화동	1302	답	1671	神奈川縣	相川文五郎
진량면 선화동	1306	답	532	神奈川縣	相川文五郎
진량면 선화동	1309	답	336	대구부 동운정	宮井正一
진량면 선화동	1310	답	421	경산군 하양면 환상동	牟田アツ
진량면 선화동	1317	답	1301	대구부 본정	주식회사대구은행
진량면 선화동	1320	답	497	경산군 하양면 금락동	久保田運通
진량면 선화동	1326	답	302	대구부 경정	주식회사대구은행
진량면 선화동	1334	답	423	경산군 하양면 환상동	牟田常我
진량면 선화동	1339	답	526	대구부 본정	주식회사대구은행
진량면 선화동	1345	답	415	경산군 하양면 환상동	牟田常我
진량면 선화동	1350	답	571	경산군 하양면 환상동	牟田ムツ

진량면 선화동	1358	답	663	대구부 동운정	宮井正一
진량면 선화동	1361	답	929	경산군 경산면 환상동	牟田アツ
진량면 선화동	1363	답	849	달성군 수성면 효목동	吉塚瀾吉

참고문헌

1. 사료

『개벽』, 『대구일보』, 『대한매일신보』, 『동광』, 『동아일보』, 『매일신보』, 『별건곤』, 『부산일보』, 『시대일보』, 『삼천리』, 『朝鮮及滿洲』, 『조선농회보』, 『조선휘보, 』, 『해조신문』, 『중외일보』, 『황성신문』, 『조선총독부관보』

강진화, 『대한민국인사록』(1949).

갱생수리조합연합회 편, 『更生水利組合聯合會の成立とその所屬組合の將來』(1942).

鎌田勝太郎, 『貴族院改革と將來』(大日本印刷株式會社, 1925).

경산군, 『慶山郡郡勢槪要』(1925).

경산군, 『慶山郡勢槪要』(1933).

경산수리조합, 『조합설치인가신청서류』(1925).

경상북도, 『慶北の農業』(1928).

경상북도, 『慶北の農業』(1929).

경상북도, 『慶北の農業』(1936).

경상북도, 『郡行政一斑』(1929).

경상북도, 『권업통계서』(1912).

경상북도, 『農務統計』(1925~1929).

경상북도, 『농무통계』(1927).

久間健一, 『朝鮮農政の課題』(1943).

達捨藏, 『慶北大鑑』(1936).

近藤徹君, 『大邱地方經濟事情』(1913).

吉田英三郎, 『朝鮮誌』(町田文林堂, 1911).

吉倉凡農, 『(企業案內)實利之朝鮮』(文星堂書店, 1904).

김용제, 『영일군읍지』(1929).

納富由三, 『(朝鮮) 商品と地理』(日本電報通信社京城支局, 1912).

大橋淸三郎, 『朝鮮産業指針』(1915).

대구상공회의소, 『최근대구요람』(1920).

대구신문사, 『鮮南要覽』(1912).

대한민국문교부 국사편찬위원회, 『大韓帝國官員履歷書』31(1972).

東亞經濟時報社, 『朝鮮銀行會社組合要錄』(1939).

東亞經濟時報社編, 『朝鮮銀行會社組合要錄』(1929).

東亞經濟時報社編, 『朝鮮銀行會社組合要錄』(1933).

동양척식주식회사, 『동척10년사』(1918).

동양척식주식회사, 『植民事業各地方別成績』12(1915).

동양척식주식회사, 『식민통계』4(1915).

동양척식주식회사, 『식민통계』6(1917).

동양척식주식회사, 『식민통계』7, 8(1918).

尾川半三郎, 『實業之朝鮮』(1911).

山本庫太郎, 『最新朝鮮移住案內』(1904).

明治大正史刊行會編, 『明治大正史』(1929).

민중시론사조선공로자명감간행회, 『조선공로자명감』(1935).

四國大觀總務部, 『四國大觀』(1930).

山本庫太郎, 『最新朝鮮移住案內』(民友社, 1904).

三成文一郎 外, 한상찬 역, 『한국토지농산조사보고 III』(민속원, 2012).

澁澤榮一傳記資料刊行會, 『澁澤榮一傳記資料』16(1957).

小松悅二 編, 『新撰韓國事情』(1909).

實業タトムス社大陸研究社, 『事業と鄕人』1(1939).

안강수리조합, 「동의서」, 『安康水利組合設置認可及其他關係書』(1930).

안강수리조합, 『안강수리조합 조합원명부(규약에 동의한 자)』(1932).

안강수리조합, 『안강수리조합 조합원명부(규약에 부동의한 자)』(1932).

안강수리조합, 『安康水利組合設置認可及其他關係書』(1930).

안강수리조합, 『土地原簿』(1930).

淵上福之助, 『朝鮮と三州人』(1933).

영일수리조합, 『영일수리조합공사인가서류』(1918~1919).

영일수리조합, 『영일수리조합관계』(1918).

영일수리조합, 『영일수리조합기채인가의 건: 경북』(1931).

영일수리조합, 『영일수리조합설치관계서류』(1916).

영일수리조합, 『영일수리조합소화5년도수해복구공사계획서』(1931).

영일수리조합, 『영일수리조합토지개량사업보조서류』(1922~1929).

原田彦態·小松天浪, 『朝鮮開拓誌』(朝鮮文友會, 1913).

日韓大阪商報社, 『日韓通商便覽』(1905).

田中正之助, 『浦項誌』(朝鮮民報社浦項支局, 1935).

朝鮮公論社, 『紳士名鑑』(1917).

朝鮮工業協會, 『朝鮮工場名簿』(1932).

朝鮮及滿洲社편, 『最新朝鮮地誌 上』(1918).

조선민보사, 『慶北産業誌』(1920).

朝鮮商工業協會, 『朝鮮工場名簿』(1932).

조선신문사, 『鮮南發展史』(1913).

朝鮮新聞社, 『朝鮮人事興信錄』(1922).

조선신문사, 『조선인사흥신록』(1935).

조선총독부, 국토해양부 역, 『치수 및 수리답사서(1920년)』(2011).

조선총독부, 『경주군』(1934).

朝鮮總督府, 『朝鮮に於ける內地人』(1924~1937).

조선총독부, 『조선지형도』(1921~1922).

조선총독부, 『조선총독부및소속관서직원록』(1919~1938년).

조선총독부, 『韓國水産誌』 4(1910).

조선총독부농림국, 『經營困難ナル水利組合ノ各組合別整理計劃票』(1936).

조선총독부농림국, 『經營困難ナル水利組合ノ各組合別整理』(1934).

조선총독부식산국, 『1923년 朝鮮の農業』(1925).

조선총독부식산국, 『1927년 朝鮮の農業』(1929).

조선총독부식산국, 『1931년 朝鮮の農業』(1933).

朝鮮總督府殖産局, 『朝鮮の農業』(1922, 1925).

조선총독부철도국, 『조선여행안내기』(1934).

조선총독부철도국, 『조선철도연선시장일반』(1912).

조선총독부토지개량부, 『朝鮮土地改良事業要覽』(1928~1940년).

조선흥업주식회사, 『(旣往十年)事業槪況』(1914).

조선흥업주식회사, 『조선흥업주식회사30주년기념지』(1936).

佐瀬直衛, 『最近大邱要覽』(1920).

中村資良, 『朝鮮銀行會社要錄』(1923년판).

中村資良, 『朝鮮銀行會社組合要錄(1942년판)』(1942).

中村資良, 『朝鮮銀行會社組合要錄(1921~1939).

中村資良, 『朝鮮銀行會社組合要錄(1927년)』(1929).

척식국, 『朝鮮産米增殖ニ關スル意見』(1921).

靑柳綱太郎, 『韓國植民策』(日漢書房, 1908).

통감부, 『韓國ニ於ケル農業ノ經營』(1907).

統監府鐵道管理局, 『韓國鐵道線路案內』(1908).

波形昭一 외 감수, 『(朝鮮興業株式会社) 旣往十五年事業槪説; 朝鮮興業株式会社二
         十五年誌; 朝鮮興業株式会社三十周年記念誌』,(ゆまに書房, 2002).

橫山要次郎, 『朝鮮米輸移出の飛躍的發展とその特異性』(1938).

『朝鮮銀行會社要錄(1921년판)』.

『朝鮮銀行會社要錄(1925년판)』.

『朝鮮銀行會社組合要錄(1927년판)』.

『朝鮮銀行會社組合要錄(1929년판)』.

『朝鮮銀行會社組合要錄(1931년판)』.

『朝鮮銀行會社組合要錄(1937년판)』.

『조선총독부시정25주년기념표창자명감』(1935).

『조선총독부통계연보』.

2. 단행본

경북대관편찬위원회, 『慶北大觀』(1958).

경산문화원, 『다시 쓰는 경산이야기』(2009).

경주수리지편찬위원회, 『경주수리지』(1983).

高谷弘, 『帝國日本と植民地都市』(吉川弘文館, 2004).

高成鳳, 『植民地の鉄道』(日本経済評論社, 2006).

古川昭, 『大邱の日本人』(ふるかわ海事事務所, 2007).

廣韓書林 편, 『(現行)朝鮮府郡島面洞里名稱一覽』(1925).

국가기록원, 『국가기록원 일제문서해제: 수리조합편』(2009).

국가기록원, 『일제문서해제: 토지개량편』(2008).

김기문 편저, 『경주풍물지리지』(2006).

대한수리조합연합회, 『한국토지개량사업10년사』(1956).

三輪如鐵, 최범순 역, 『조선대구일반』(영남대출판부, 2016).

三成文一郎, 한상찬 외 역, 『한국토지농산조사보고 III』(민속원, 2012).

손경희, 『한국근대수리조합연구』(선인, 2015).

안용식 외, 『일제하 읍·면장 연구』(연세대 공공문제연구소, 2012).

영일군지편찬위원회, 『영일군지』(1990).

영일읍지편찬위원회, 『영일읍지』(2001).

이규수, 『개항장 인천과 재조일본인』(보고사, 2015).

이규수, 『近代朝鮮における植民地地主制と農民運動』(信山社, 1996).

이규수, 『식민지 조선과 일본, 일본인』(다할미디어, 2011).

이영훈 외, 『근대조선수리조합연구』(일조각, 1992).

이윤갑, 『한국 근대 상업적 농업의 발달과 농업변동』(지식산업사, 2011).

이학열, 『간추린 마산역사』(도서출판 경남, 2003).

일월향지편찬위원회, 『日月鄕誌』(1967).

정재정, 『일제침략과 한국철도(1892~1945)』(서울대출판부, 1999).

조선공로자명감간행회, 『朝鮮功勞者銘鑑』(1935).

조선총독부, 국토해양부 역, 『조선하천 조사서(1929년)』(2010).

조선총독부, 『朝鮮五万分一地形圖. [19-1-13]: 慶州(慶州十三號)』(1917).

조선총독부, 『朝鮮五万分一地形圖. [19-1-13]: 영일(慶州十三號)』(1918).

淺田喬二, 『日本帝國主義と舊植民地地主制』(御茶の水書房, 1968).

토지개량조합연합회, 『토지개량사업20년사』(1967).

波形昭一 외 감수, 『(朝鮮興業株式会社) 既往十五年事業概説; 朝鮮興業株式会社二
十五年誌; 朝鮮興業株式会社三十周年記念誌』,(ゆまに書房, 2002).

河井朝雄, 『대구이야기』 손필헌 역(대구중구문화원, 1998).

하지연, 『일제하 식민지 지주제 연구: 일본인 회사지주 조선흥업주식회사 사례를 중심으로』(혜안, 2010).

河合和男, 『朝鮮における産米增殖計劃』(未來社, 1986).

한국농어촌공사, 『한국농어촌공사100년사』(2008).

허우긍, 『일제강점기의 철도 수송』(서울대학교출판문화원, 2010).

홍성찬 외, 『일제하 만경강 유역의 사회사: 수리조합, 지주제, 지역정치』(혜안, 2006).

3. 논문

강태호, 「형산강의 현황과 관리 방악」, 『경주연구』 17-1(2008).

김도형, 「일본인 농장·농업회사의 농업기술 보급체계」, 『국사관논총』 77(1997).

김동철, 「경부선 개통 전후 부산지역 일본인 상인의 투자 동향」, 『한국민족문화』 28(부산대, 2006).

김재훈, 「1925~1931년 米價하락과 부채불황」, 『한국경제연구』 15(2005).

김재훈, 「한말 일제의 토지점탈에 관한 연구: '국유미간지이용법(1907년)'을 중심으로」(한국정신문화연구원 석사학위논문, 1984).

김호범, 「동양척식주식회사(東洋拓殖株式會社)의 금융활동에 관한 연구」, 『경제연구』 6-1(1997).

稻州生, 「安康開發の恩人」, 『朝鮮』 97(1923).

藤井寬太郎, 「水利組合に對する世評とその眞相」, 『朝鮮總覽』(1933).

藤井寬太郎, 「朝鮮の産米增殖計劃と水利事業」, 『朝鮮之研究』(朝鮮及滿洲社, 1930).

馬鳴, 「조선사람의 운명을 制하는 당면의 농촌정책문제, 사회는 모름즉이 큰 주의를 이에 던지라」, 『별건곤』 34(1930).

박성섭, 「일제강점기 임천수리조합 설립과 토지소유권 변동」, 『한국독립운동사연구』 51(2015).

박수현, 「1920·30년대 수리조합 설치반대운동 추세와 그 원인」, 『사학연구』 67(2002)

박수현, 「1920·30년대 수리조합사업에 대한 저항과 주도계층」, 『한국독립운동사연구』 20(2003).

박수현, 「1920~30년대 황해도지역 수리조합반대운동」, 『한국민족운동사연구』 24(2000).

박수현, 「식민지시대 수리조합반대운동: 1920~34년을 중심으로」, 『중앙사론』 7(1991).

박수현, 「일제하 수리조합 항쟁 연구: 1920~1934년 산미증식계획시기를 중심으로」 (중앙대박사학위논문, 2001).

배영순, 「한말·일제초 일본인 대지주의 농장경영: 수전농장을 중심으로」, 『인문연구』 3(1983).

소순열, 「한국에서 근대농업기술의 변용: 수용과 이전」, 『농업사연구』 14-1(2015).

손경희, 「1920년대 경북지역 동양척식주식회사 및 일본인 농장경영」, 『계명사학』 13(2002).

손경희, 「일제 강점기 경북 영일군의 이주일본인 증가와 토지소유 확대」, 『대구사학』 122(2016).

손경희, 「일제강점기 포항의 일본인 이주와 상품유통」, 『계명사학』 19(2008).

손경희, 「일제시기 경북 경산군의 이주일본인 증가와 농업경영」, 『역사와 경계』 100(2016).

손경희, 1910년대 경북지역 일본 농업이주민의 농장경영:扶植農園을 중심으로」, 『계명사학』 11(2000).

손경희, 『일제 강점기 경상북도 경주군 서면수리조합의 운영과 토지 소유의 변동』 경북대박사학위논문(2006).

松岡正男, 「일본인이 본 조선문제(2), 조선통치와 수리조합문제」, 『삼천리』 4-5(1932).

송규진, 「구한말(舊韓末)·일제초(日帝初)(1904~1918) 일제의(日帝) 미간지정책에 (未墾地政策) 관한 연구」, 『사총』 39(1991).

松村松盛, 「土地改良事業の一般」, 『朝鮮及滿洲』 262(1929).

우대형, 「일제하 만경강 유역 수리조합 연구」, 『일제하 만경강 유역의 사회사 수리조합, 지주제, 지역정치』(혜안, 2006).

윤수종, 「일제하 일본인 지주 회사의 농장 경영 분석: 조선흥업주식회사의 사례」, 『사회와 역사』 12(1988).

이규수, 「일본인 농업이민의 전개과정」, 『한국농촌경제연구원연구자료』(2003).

이애숙, 「일제하 수리조합의 설립과 운영」, 『한국사연구』, 50·51(1985).

이영학, 「1910년대 조선총독부의 농업정책」, 『한국학연구』 36(2015).

이영호, 「일제의 식민지 토지정책과 미간지 문제」, 『역사와 현실』 37(2000).

이정미, 「경산지역 군현지도와 地誌에서 나타나는 표현요소와 환경인식:『輿地圖書』를 중심으로」, 『경산문화연구』 3(1999).

이형식, 「재조일본인 연구의 현황과 과제」, 『일본학』 37(2013).

이훈구, 「수리조합의 위기, 조선농촌의 암종」, 『동광』 30(1932).

임채성, 「쌀과 철도 그리고 식민지화: 식민지조선의 철도운영과 미곡경제」, 『쌀삶문명 연구』 1(2008).

전강수, 「일제하 수리조합사업이 지주제전개에 미친 영향: 산미증식계획기(1920~34년)를 중심으로」, 『경제사학』 8(1984).

전성현, 「식민자와 식민지민 사이, '재조일본인' 연구의 동향과 쟁점」, 『역사와 경계』 48(2015).

정병옥, 「1920·30년대 조선식산은행의 농업금융과 식민지지주제」, 『사학연구』, 69(2003).

정연태, 「1910년대 일제의 농업정책과 식민지지주제」, 『한국사론』 20(1988).

정연태, 1993 「대한제국 후기 일제의 농업식민론과 이주식민정책」, 『한국문화』 14(1993).

정인관, 「수리조합은 왜 파탄되나, 농촌좌담회」, 『별건곤』 47(1932).

정치영, 「『여지도서』를 이용한 조선후기 제언의 지역적 특성 연구」, 『대한지리학회지』 43-4(2008).

조명근, 「일제시기 조선은행 공정이율 결정 방식과 조선에서의 비판」, 『한국사학보』 63(2016).

池田泰治郎, 「朝鮮に於ける水利事業の發展」, 『朝鮮總覽』(1933).

최성원, 「일제강점기 포항의 도시화 과정」, 『경주사학』 38(2013).

최용석, 「1920년대 경상북도 영일군지역의 청년운동」 계명대석사학위논문(2010).

최원규, 「동양척식주식회사의 이민사업과 동척이민 반대운동」, 『한국민족문화』 16(2000).

최원규, 「일제의 초기 식민책과 일본인 '농업이민'」, 『동방학지』 77·78·79(1993).

최원규, 「日帝의 初期 韓國植民策과 日本人'農業移民'」, 『동방학지』 77-79(1993).

하지연, 「삽택계(澁澤系) 지주회사 조선흥업주식회사(朝鮮興業株式會社)(1904~1945)의 재무구조와 대주주 및 경영진 분석」, 『梨花史學研究』 35(2007).

하지연, 「澁澤榮一 자본의 朝鮮興業株式會社 설립과 경영실태」, 『한국 근현대사 연구』 39(2006).

하지연, 「일제강점기 일본인 회사지주의 소작제 경영실태: 朝鮮興業株式會社(1904~1945)의 사례」, 『한국민족운동사연구』 54(2008).

韓長庚, 「조선토지겸병의 추세, 現下 조선농촌의 연구」, 『삼천리』 15(1931).

찾아보기

손경희 경남 밀양 출생으로, 현재 계명인문역량강화사업단(CORE) 연구교수로 재직 중이다. 주요 저서로는 『조선이 버린 여인들』(2008, 글항아리), 『왜 조선시기에는 양반과 노비가 있었을까』(2011, ㈜ 자음과 모음), 『왜 신여성은 구여성과 다른 삶을 살았을까』(2012,(주) 자음과 모음), 『공주』(2013, 꿈꾸는 달팽이), 『한국 근대 수리조합 연구』(2015, 선인)가 있다. 공저로는 『한국사』(2014, 경북대출판부), 『달성군지: 달성을 되짚다』(2014, 달성문화재단), 『달성군지: 달성에 살다』(2014, 달성문화재단), 『국사편찬위원회수집 지역사 자료 편람』(2016, 국사편찬위원회) 등이 있다. 논문으로 「일제시기 경북 경산군의 이주일본인 증가와 농업경영」, 『역사와 경계』 100(2016), 「일제시기 경산수리조합의 설립과 운영」, 『대구사학』 129(2017) 등 다수가 있다.